선동언론의 *거짓*과 진실

– 가짜뉴스(Fake News)와의 전쟁과 되찾은 평화 –
(명예훼손 법리와 가짜뉴스 대처방법)

선동언론의 거짓과 진실

초판 1쇄 발행 2021년 12월 15일

지 은 이   김홍기
감   수   한상대
발 행 인   권선복
편   집   백예나
디 자 인   김소영
전 자 책   오지영
발 행 처   도서출판 행복에너지
출판등록   제315-2011-000035호
주   소   (07679) 서울특별시 강서구 화곡로 232
전   화   0505-666-5555
팩   스   0303-0799-1560
홈페이지   www.happybook.or.kr
이 메 일   ksbdata@daum.net

값 25,000원
ISBN 979-11-5602-947-2 (93340)

Copyright ⓒ 김홍기, 2021

도서출판 행복에너지는 독자 여러분의 아이디어와 원고 투고를 기다립니다. 책으로 만들기를 원하는 콘텐츠가 있으신 분은 이메일이나 홈페이지를 통해 간단한 기획서와 기획의도, 연락처 등을 보내주십시오. 행복에너지의 문은 언제나 활짝 열려 있습니다.

선동언론의 *거짓*과 진실

– 가짜뉴스(Fake News)와의 전쟁과 되찾은 평화 –
(명예훼손 법리와 가짜뉴스 대처방법)

김홍기 지음 | 한상대 감수

도서
출판 행복에너지

표지 설명

〈절규〉(노르웨이어: Skrik, 영어: The Scream of Nature; 1893~1910년 작)는 노르웨이의 화가 에드바르트 뭉크(Edvard Munch, 1863~1944)의 연작 중 하나이다. 뭉크는 노르웨이 지폐에 그의 얼굴이 들어가 있을 만큼 자국 국민의 사랑을 받은 예술가이다. 이 작품은 표현주의 그림으로, 핏빛의 하늘을 배경으로 괴로워하는 인물을 묘사하였다. 배경의 풍경은 노르웨이 오슬로의 이케베르크 언덕에서 보이는 오슬로 피오르(노르웨이어: fjord, 영어: fiord)이다.

이 작품은 화자의 절망적인 심리상태를 역동적으로 움직이는 것처럼 보이는 곡선형의 붉은 구름으로 나타내었으며, 화면 하단에서 비명을 지르고 있는 인물은 마치 유령과 같은 모습을 띠고 있는데, 뭉크는 깊은 좌절에 빠진 사람을 극적으로 표현하기 위해 이와 같은 형태의 왜곡을 하였다고 한다. 이 작품 속 모습에 대해 "사람이 절규하는 모습이 아닌 자연의 절규를 듣고 있는 것"이라는 해석론이 있다. 필자는 사람들에게 인간의 절규를 듣는 귀가 있기를, 공감과 연민을 회복하기를 소망하면서 이 그림을 선택했다.

뭉크는 1892년 1월 〈절규〉를 그리게 된 배경을 글로 남겼다. "친구 둘과 함께 길을 걸어가고 있었다. 해질녘이었고 나는 약간의 우울함을 느꼈다. 그때 갑자기 하늘이 핏빛으로 물들기 시작했다. 그 자리에 멈춰선 나는 죽을 것만 같은 피로감으로 난간에 기댔다. 그리고 핏빛 하늘에 걸친 불타는 듯한 구름과 암청색 도시와 피오르 강에 걸린 칼을 보았다. 나는 그 자리에 서서 두려움으로 떨고 있었다. 그때 자연을 관통하는 그치지 않는 커다란 비명 소리를 들었다. 나는 이 그림을 그렸고 구름을 실제 피로 그렸다. 색이 비명을 질렀다. 이것이 '절규'가 되었다."

필자는 뭉크의 절규(The Scream)를 이 책의 표지 이미지로 선택했다. 선택(prohairesis)은 인간 의지의 표현이고 '할 수 있는 것'과 '할 수 없는 것'을 드러내는 '존재'(existence)의 결단이다. 필자는 비정하고 무도한 폭력언론을 세상에 고발하기로 결심했다. 이것은 필자가 '할 수 있는 것'이다. 나는 내가 겪은 고통을 있는 그대로 드러내기로 결심했다. 감추거나 가리고 싶지 않았다. 나와 나의 가족 그리고 서로 사랑하는 사람들이 겪은 좌절과 고통, 그리고 억울함과 울분을 절규(The Scream) 한 장으로 드러내기 원했다.

그리스 철학자 에픽테토스(Epictetus)는 그의 '의지'를 아리스토텔레스가 〈니코마코스 윤리학〉에서 처음 사용한 그리스 단어 '프로하이레시스(**προαίρεσις**)', 즉 선택으로 표현한다. 그는 〈담화(Discourses)〉에서 다음과 같이 말한다.

"τίς οὖν ὁ ἀήττητος; ὃν οὐκ ἐξίστησιν οὐδὲν τῶν ἀπροαιρέτων."
티스 운 호 아에티에토스 혼 욱 엑시스테신 우덴 톤 아프로하이레톤

이 그리스 문장을 번역하면 이렇다.
"누가 난공불락인가? 자신의 의지(volition)와 상관없는 것에 방해받지 않는 사람이다."

이 세상에 인간의 존엄보다 소중한 가치는 없다. 지각 있는 언론인이라면 "악행을 일삼는 기자들의 펜은 흉기이므로 그 펜대를 부러트려 밥줄을 끊어버려야 한다."는 피맺힌 절규를 들을 수 있는 귀가 있어야 한다. 이것은 필자가 '할 수 없는 것'이다. 성경에 '알곡과 가라지'의 비유가 있다. 알곡은 말 그대로 곡식의 알곡인데 가라지는 모양은 곡식 같으나 알맹이가 없는 가짜를 말한다. '진짜 기자들'과 성숙한 시민들은 언론의 자유 뒤에 숨어서 부정과 불의와 부패와 패륜을 자행하는 '가짜 기자들'을 솎아내야만 한다.

가라지의 최후는 어떻게 되는가? 마태복음 13장 41절~43절은 말씀하고 있다. "인자가 그 천사들을 보내리니 저희가 그 나라에서 모든 넘어지게 하는 것과 또 불법을 행하는 자들을 거두어 내어 풀무 불, 지옥 불에 던져 넣으리니 거기서 울며 이를 갈이 있으리라. 그때에 의인들은 자기 아버지 나라에서 해와 같이 빛나리라. 귀 있는 자는 들을지어다."

감수의 글

한상대 변호사 (前 검찰총장)

내가 아는 그는 머릿속이 정리되어 있는 사람이다. 나는 김흥기 교수를 천재라고 부른다. 나는 그를 동지라고도 부른다. 그의 변호인으로 함께 싸웠기 때문이다. 그는 물가에 심은 나무처럼 흔들리지 않는 사람이다. 요동하지 않은 중심이 있고 신앙심이 깊은 사람이다. 그는 거대 언론에 맞서 싸울 용기를 낸 사람이다. 그는 5년간 불굴의 투지로 싸운 전사이다. 그래서 나는 김 교수가 경향신문과의 싸움에서 승소한 것이 나의 일처럼 기쁘다.

어느 날 김 교수가 내게 전화를 걸어 명예훼손 책을 쓰고 있다면서 추천사를 써줄 수 있느냐고 물었다. 나는 내가 써야 할 책을 김 교수가 쓴다고 말했다. 그는 프롤로그와 에필로그 및 본문의 일부를 내게 보내주겠다고 했다. 나는 "그런 거 보내실 필요 없고 내가 쓸게요. 내가 쓸게요."라고 말했다. 우리의 대화는 늘 이렇게 유쾌하다.

그는 나를 만나러 올 때면 늘 미팅 메모를 준비해왔다. 내가 할 일은 그가 작성한 내용을 보고 법적 조언을 하는 정도였다. 사실 나나 그나 거대 언론과 싸워서 승소한다는 게 거의 불가능하다는 걸 잘 알고 있었다. 더구나 경향신문의 허위와 날조는 잔인하고 무도했으며 집요했다. 어쩌면 그랬기에 김 교수는 더욱 불굴의 전의를 다졌을지도 모르겠다. 늘 온화한 사람인데 어디서 그런 용기가 나오는지 알다가도 모를 지경이다.

내가 본 바로 그는 늘 전략적으로 사고하고 있었고 무엇보다 "인간은 완벽하지 않다."라는 점을 명심하고 있었다. 살다보면 누구에게나 크든 작든 잘못이 있을 수 있다는 것을 겸허히 받아들이고 있었다. 물론 그는 잘못이 없었고 경향신문 기자의 허위날조 보도였음이 만천하에 드러났다. 사필귀정이요 인과응보이다.

김 교수가 승리한 요인은 여러 가지 있겠지만 세상 사람들 앞에 까발려지는 걸 두려워하지 않고 용기를 내서 싸운 게 가장 큰 동력이었을 것이다. 그는 영국의 시인 알프레드 테니슨이 말년에 쓴 〈참나무(The Oak)〉를 인용한다. 나뭇잎을 다 떨군 겨울나무는 자신의 몸을 가릴 것이 없다. 한때 무성했던 나뭇잎과 나뭇가지에 둥지 틀었던 새, 그늘 밑에 와서 쉬던 사람들조차 모두 떠나고 없다. 오직 자신의 벌거벗은 몸, 둥치와 가지만으로 겨울을 나야 한다.

김 교수는 인간 실존에게 주어진 본래적인 힘과 의지, 곧 '발가벗은 힘(Naked Strength)'으로 우뚝 서서 싸웠다.

이 책에는 성경 속의 다윗 왕, 베트남의 전쟁 영웅 보구엔 지압 (武元甲, Vo Nguyên Giap) 장군 등 다양한 사례들이 인용되고 있다. 김 교수는 끝까지 싸워서 승리한다는 믿음을 가지고 있었다. 세상 재판관이 외면해도 공의의 심판자이신 하나님은 외면하지 않는다는 믿음을 가지고 있었다. 그는 우리가 '삶의 목적'을 갖고 성실하게 살더라도 모든 것이 산산이 무너질 때가 있음을 고백한다. 하지만 그렇기 때문에 인간을 가장 인간답게 특징짓는 대표적인 능력 중의 하나가 바로 '용기'라고 말한다.

그리스 철학자 디오게네스는 시험 받지 않는 삶은 살 가치가 없다고 말했고, 에픽테토스는 인간 본성이 가장 잘 드러나는 순간은 시련에 부딪힐 때라고 말했다. 그리고 세네카는 "신은 훌륭한 사람을 망치는 것이 아니라 그를 시험하고 단련해서 맡은 바 의무를 다할 수 있는 사람으로 만든다. 특히 우리가 살아가면서 겪는 역경은 그저 훈련에 지나지 않으며 몸서리치게 무서운 경험마저도 우리에게 도움이 된다."고 설파했다.

이 책에는 한 개인이 거대 언론에 맞서 싸운 생생한 경험담이 진솔하게 담겨 있다. 하지만 이 책은 김 교수의 넋두리나 한풀이가 아니다. 이 책에는 철학과 예술과 한 인간의 진솔한 삶과 진면목이 듬뿍 담겨있다. 우리가 어떤 삶을 살아야 하는지 보여주는 귀한 보배 같은 책이다. 게다가 언론의 허위날조 보도로 인해 고통 받는 이들에게 금과옥조 같은 실용적 지식과 기술을 전해주고 있다.

김 교수는 가짜 뉴스로 고통 받은 장본인임에도 자유로운 토론과 사실에 근거해 비판하는 '좋은 기자와 언론'이 존중받는 세상을 기대하고 있다. 김 교수는 새로운 시작을 노래하고 있다. 김 교수의 능력과 인품을 잘 알고 아끼는 한 사람으로서 이 책이 널리 오래오래 읽히기를 기대한다. 한국을 넘어서 미국, 러시아, 중국, 일본, 유럽 등 김 교수의 발길이 미치는 곳곳까지 애독되는 책이 될 것으로 믿는다.

한상대: 고려대 법대·대학원 졸업, 미국 Southern Methodist 대학원, 제23회 사법고시(사법연수원 13기), 제38대 검찰총장, (사)국가안보포럼 이사장, (사)대한민국감사국민위원회 이사장, (사)6·25공원국민운동본부 이사장

추천사

유즈베코프(Mr.Yuzbekov) 前 장관

　무엇보다 먼저 나는 김흥기 교수가 이토록 멋진 책을 출간하는 것을 나의 가족과 함께 축하한다. 나는 이 책이 그의 피와 땀과 눈물의 결실이라는 것을 잘 알고 있다. 이 책의 표지는 '절규'하고 있지 않은가. 하지만 깊은 강물은 돌을 집어 던져도 흐려지지 않듯 그는 모욕을 받고 이내 발칵 하는 작은 웅덩이가 아니었다. 그는 참고 견디며 법적투쟁을 했다. 그가 거짓과 가짜를 물리치고 승리한 건 너무나도 당연한 귀결이다. 나는 이 자리를 빌어서 그가 지난 몇 년간 겪은 억울함과 그 가족의 고통에 깊은 위로의 말씀을 전한다.

　나는 김 교수를 2011년 모스크바 국립대에서 처음 만났지만, 그가 2015년 한국에서 곤경에 처한 이래 더욱 깊은 교제를 이어가게 되었다. 나는 그의 지난 몇 년간을 잘 지켜보았다. 나는 그가 받은 고통이 어땠을지 결코 완전히 이해할 수는 없을 것이다. 하지만 70대 중반의 나이를 살다보니 직접 체험하지 않아도 저절로 알게 되는 게 많이 있다. 김 교수는 진정 용기 있는 사람이었다. 그는 그가 보여준 용기 하나만으로도 존경받을 자격이 있다.

또한 그는 마음이 따뜻한 사람이고 매우 지혜로운 사람이다. 내가 경험한 바, 모스크바 국립대학교와 다게스탄 국립대학교 등 그의 강의를 들은 러시아 대학의 학생들은 김 교수를 존경하고 그에게 배우는 것을 큰 영광으로 여기고 있다. 나는 학생들이 그를 인간적으로 존경하는 것을 잘 알고 있다. 왜냐하면 그는 학생들을 진정 사랑하기 때문이다. 그는 학생들에게 지식을 전해줄 뿐 아니라 미래에 대한 통찰력을 심어준다. 그는 학생들 스스로 창의와 협력이 무엇인지 깨닫게 해준다.

그는 러시아연방 과학예술 분야의 영재 학생들인 Altair(Sirius)의 멘토이기도 하다. 이 학생들은 그야말로 러시아의 미래이다. 그는 철학, 과학, 예술과 경제의 모든 분야를 넘나들면서 지식재산과 인공지능 등 학생들에게 탁월한 강의를 한다. 학생들은 김 교수의 강의를 듣는 날을 손꼽아 기다릴 정도이다. 또한 그는 러시아의 Summit Conference의 기조발표자로 초청되어 '경제와 생태에 대한 창의적 전망'이라는 독특하고 유의미한 발표를 하였다. 나를 포함한 참석자 모두는 그의 탁월한 식견에 정말 감탄하였다.

나는 개인적으로 한국의 대통령들도 만났다. 하지만 내가 본 최고의 한국인은 김 교수이다. 그는 개인뿐 아니라 집단 그리고 국가가 어떻게 가치를 창출해서 생존, 번영하는지에 대한 통찰력과 지혜를 가지고 있다. 김 교수는 스스로 창안한 교육 프로그램을 통해 러시아를 지역 단위로부터 변화시키고 있다. 나는 그런 그를 아는 것이 큰 영광이다. 모스크바 국립대학교 등 러시아 대학의 교수들도 김 교수와 함께 미래를 위한 공동 작업을 하고 싶어 한다. 그는 이미 한국과 러시아 간의 교류와 우호증진을 위한 의미 있는 프로젝트를 시작했다.

우리는 김 교수가 참으로 박식하고 재능 있는 전문가라고 생각한다. 우리는 그와의 미팅과 강의를 듣는 것을 즐겁게 여기며, 매우 존경하고 그리고 러시아에서 항상 기대하는 것이다. 한국에서 김 교수와 나를 비방한 기자가 있다는 것은 매우 이해할 수 없는 이상한 일이다. 나는 러시아 연방 공화국의 장관, 부총리, 러시아 과학아카데미(RAS, Russian Academy of Sciences)의 과학 연구소 소장, 모스크바 국립대학교 교수 등 정부의 고위직을 역임했다. 그 기자의 거짓, 날조 보도는 테러행위이며 러시아와 한국 간의 우호와 친선을 해치는 적(enemy)임이 명백하다. 그는 법적인 처벌을 받아야 마땅하다.

"유리는 망치에 깨지지만 강철은 단련된다."는 러시아 속담이 있다. 인간은 시련과 고난을 극복하는 과정에 성장한다. 김 교수는 지난 5년간 더욱 성숙해졌을 것이다. 인간의 진정한 가치는 고통을 이겨내는 과정 속에 드러난다. 나는 그가 보여준 용기와 지혜에 존경을 보낸다. 나는 그가 전쟁을 치르면서도 평안을 유지하고 그리고 미래를 도모하는 모습을 보았다. 그것은 참으로 고결한 인격자만이 보일 수 있는 진정한 불굴의 용기(indomitable courage)이다.

레프 니콜라예비치 톨스토이(Lev Nikolayevich Tolstoy)는 "그림자가 있는 곳에는 반드시 밝은 빛이 있다."라고 말했다. 밝은 빛이 있기에 어둠이 존재하는 법이다. 그렇기에 누군가가 잠시 어둠 속에 있을지라도 그는 곧 밝은 빛을 볼 수 있는 것이다. 나는 김 교수의 고매한 인격을 잘 아는 사람으로서 그의 인생을 진심으로 축복해주고 싶다. Altair보다 더 밝은 빛이 항상 그를 인도해주기를 기도한다. 독수리(орел = eagle)처럼 그가 하늘로 날아오르길 소망한다. 그의 건강과 평안을 바란다. 그리고 김 교수와 그의 가족의 앞길에 무궁한 축복과 영광이 있기를 나의 가족과 함께 바란다.

April 28th, 2020

Zeidula Yuzbekov: professor at the Moscow State University

the honored economist of the Russian Federation

추천사

박인환 변호사

(바른사회시민회의 공동대표, 前 건국대 법학전문대학원 교수)

현재 대한민국은 진영논리의 광풍(狂風)에 휩싸여 있다. 보수 또는 진보라는 '이념'이 '사실'을 왜곡하고 있다. 정치인은 물론이고 언론인과 교육자도 진영논리에 갇혀서 궤변을 늘어놓고 있다. 특히 정치권의 위선적 행태에 타락한 언론이 사태의 본질과 진실을 왜곡하면서 장단을 맞추고 있으니 나라의 앞날이 걱정이다.

매미는 가을을 알지 못하고 우물 속의 개구리는 우물 밖을 알지 못하듯 진영논리에 갇힌 사람들은 '확증편향(confirmation bias)' 즉, 보고 싶은 것만 보는 '외눈박이 오류'를 범한다. 그래서 그들은 진실을 바탕으로 하는 상생과 조화의 원리를 알지 못하고, 오직 승리만을 외치는 진영논리와 진영싸움에 몰두하게 된다.

언론의 사명은 정론직필이다. 기자는 사실보도를 해야 한다. 기자가 거짓된 진영논리와 확증편향에 휩싸여 망나니 칼춤을 추는 것은 가장 금기시되는 일이다. 이제 언론과 기자들은 진영논리를 벗어나 진실을 바탕으로 정의를 이루고 국민통합에 앞장서야 한다. 언론은 특정 진영의 이익을 대변하는 도구가 아니라 국민을 위한 공기(公器)이고 사회의 목탁임을 명심해야 한다.

인간사에서 누명(陋名)은 억울함과 원한을 낳는 법인데, 필자인 김홍기 교수는 '억울한 누명'을 사랑과 용서와 상생으로 승화하는 책을 출간하였다. 〈선동언론의 거짓과 진실〉, 이 책은 거짓과 진실을 빛 가운데 드러낸 역작이다. 이 책은 겁쟁이와 소인배가 지천인 세상에서 진정 용기 있는 사람으로 살아가는 것이 무엇인가를 생생한 체험을 통해 보여주고 있다.

이 책의 부제는 '가짜뉴스(Fake News)와 싸워서 승리하는 법' 이다. 김 교수는 언론의 거짓으로 조작된 '가짜뉴스'의 직접 피해자로서 길고도 험난한 고통을 겪어 왔다. 그 엄청난 고통에 맞서고 이를 극복해 가는 과정에서 김 교수는 가짜뉴스와의 싸움에서 승리하는 법을 부수적으로 터득한 것으로 보인다. 이 책을 통해서 김 교수는 우리 사회에서 가짜뉴스의 피해자가 더 이상 생기지 않고, 언론 스스로도 거짓으로 만든 '죄의 종'에서 벗어나 진정한 자유를 얻게 되기를 진심으로 바라고 있다. "진리가 너희를 자유케 하리라." 이것만으로도 이 책은 오랫동안 곁에 두고 읽을 가치가 있다.

조상수 법무법인 태일 변호사
(前 서울중앙지검 부장검사)

죄지은 자가 벌을 받아야 한다는 것은 정의의 요청이다. 형사소송은 이러한 정의의 요청을 구현하기 위해서 사건의 진상을 밝혀내 죄지은 자를 처벌하는 것을 이념으로 한다. 하지만 죄지은 자들을 찾아내 필벌하기는 참으로 어렵다. 특히나 언론의 허위보도로 인해 명예훼손을 당한 피해자가 언론을 상대로 승리하기는 무척이나 어렵다. 형사적인 처벌은 물론이고 민사적으로 손해배상을 받기도 어려운 것이 현실이다.

이 책의 저자는 거대 언론을 상대로 5여 년 동안 법적 투쟁을 벌였다. 누가 보더라도 약자인 사람이 사회적 강자인 언론을 상대로 형사고소와 민사소송을 제기한다는 것은 그 약자가 진정 억울한 상황에 놓여 있었음을 반증한다. 현재의 법 환경은 언론에 일방적으로 유리하다고 할 수 있다. 특히 '진실의 誤信'의 법리와 위법성의 조각은 언론으로부터 피해를 당한 당사자들에게 가혹하고 정의롭지 못한 측면이 있는 것이 사실이다.

하지만 김 교수는 '기울어진 운동장'에서 고독하게 싸웠고 승리했다. 김 교수의 변호인의 한 사람으로서 모든 증거와 기록을 통해 무엇이 진실이고 거짓인지 똑똑히 보았다. 또한 언론의 자유라는 미명 하에 자행된 조작과 날조의 부끄러운 민낯도 보았다. 불의에 맞서 싸운 김 교수의 결기와 인격에 경의를 표한다.

'교육'과 '언론'은 "사람을 바꿀 수 있다."는 점에서 같은 역할을 한다고 본다. 진정한 선진국이란 성숙한 시민이 전제이고, 국가의 품격은 시민 수준에 달려있기에 우리는 자녀를 유치원부터 대학, 전 교육과정을 통해 언론, 즉 방송, 신문 등 미디어 시스템을 이해하고 비판적 사고를 갖게 키울 필요가 있다.

우리는 학생들이 시사, 뉴스에 관심을 갖게 이끄는 동시에 정직하고 책임 있는 시민이 되도록 도와야 한다. 거짓, 선동뉴스의 홍수 속에서 진실과 진리를 탐구하는 역량을 갖게 하는 것이 중요한데 학생뿐 아니라 부모, 교사 등 성인도 국경 없는 허위정보와 가짜뉴스의 정체에 대해 제대로 이해할 필요가 있다.

이런 점에서 볼 때 이 책은 참으로 독특하고 창의적이다. 이 책의 저자는 신문기사의 제목과 내용을 비판적으로 읽는 것을 넘어논증 및 오류를 실사례로 설명하고 있다. 우리가 어떤 안목과 믿음을 가져야하는지 확률, 통계 등 다양한 교육 자료로 알려준다.

저자는 황당한 언론의 피해자로 미친 언론을 상대해 담대하고도 주도면밀하게 대응해 완벽한 승리를 이뤄냈다. 그 사례를 일관된 기승전결 스토리텔링을 통해 가짜뉴스와 오류를 파악하고 비판할 수 있게 배려해 내고 있다.

그렇기에 이 책은 기존의 단순한 NIE(New in Education) 수준이 아니라 창의적이면서도 비판적 사고를 형성하는데 도움을 줄 것으로 기대한다. 특히 가치를 파괴하는 사람이 아니라 가치를 창조하는 사람이 되라는 큰 울림을 줄 것이다. 교육현장에 널리 전파되어 후 세대들이 현명해지기를 기대한다.

이애란 자유통일문화원 원장
(탈북여성 1호 박사)

국제 언론감시 단체인 '국경 없는 기자회'(RSF)가 발표한 '세계 언론자유 지수 보고서'에 따르면 북한은 최하위인 180위를 기록하고 있다. 북한에는 사실상 독립적인 언론의 자유가 전혀 존재하지 않는다는 뜻이다. 보고서는 북한의 전체주의 정권이 외부 라디오만 들어도 강제수용소로 보낼 정도로 주민들을 무지와 공포에 가둬두고 있다고 지적했다. 관영매체인 조선중앙통신(KCNA)만이 북한 내 인쇄와 방송 매체의 유일한 공식 자료란 것이다.

반면 보고서에 따르면 한국은 아시아 국가 가운데 언론의 자유(Freedom of Press)가 가장 잘 보장되고 있는 나라이다. 그런데 한국의 언론이 북한의 인권 현실에 대해 제대로 보도하고 있는지 의문이다. 한국의 언론은 그들이 누리는 언론의 자유에 걸맞게 사실을 있는 그대로 보도해야 할 막중한 책임이 있다. 왜냐하면 개인의 자유와 언론의 자유는 평화와 발전의 핵심이기 때문이다.

언론의 자유보다 앞서는 것이 인간의 존엄과 인격권임에 틀림없다. 인간의 존엄성은 언제 어디에서나 똑같이 지켜져야 하고 변할 수 없는 고귀한 가치이다. 인간이라는 이유만으로 사람은 그 존재 가치가 있으며, 그 인격은 존중받아야 마땅하다. 언론의 사명은 정론직필에 있다. 따라서 입으로는 정의를 외치면서 진영논리에 사로잡혀 가짜뉴스를 양산하고 무고한 시민의 인격과 존엄을 훼손한다면 이런 언론에게 언론의 자유는 가당치않다.

이 책은 제목만으로도 짜릿하다. 이 책에는 저자인 김 교수가 혈혈단신으로 거대 언론에 맞서 싸운 생생한 기록이 담겨 있다. 거대 언론권력의 숨겨진 폭력성과 위선이 적나라하게 드러나 있다. 폭력에 굴복했거나 패배했다면 거짓과 진실이 밝혀지지 못했을지도 모른다. 죽은 자는 말이 없는 법이니까. 이 자리를 빌어서 김 교수의 고통을 위로하며 그의 용기와 지혜가 우리사회 곳곳의 불의와 惡을 드러내고 정의와 善을 바로 세우는데 쓰이기를 기대한다.

프롤로그

이 사건은 필자와 관련된 실화이기에 실제 있던 사건들을 설명하는 부분을 1부에 실었다. 다음 2부에서는 명예훼손 관련 법리와 구제를 살펴보고, 여러 사례를 살펴본다.

그 다음 3부에서는 선동언론과의 분쟁의 특징과 대처방안, 4부에서는 사법적 구제의 한계와 대안에 대해 순서대로 실었다. 본 서적을 읽을 때 ① 일반적인 책처럼 앞에서부터 뒤로 읽거나 ② '사전'을 찾듯 필요한 내용을 찾아서 해당 부분을 읽거나 ③ 원하는 사례를 골라서 읽는 등 독자의 필요에 의해 편한 방식으로 읽을 수 있다.

이 그림은 영국의 화가 윌리엄 터너(William Turner, 1775~1851)의 〈눈보라: 알프스를 넘는 한니발(Snow Storm: Hannibal and his Army Crossing the Alps, 1812)〉이다. 제목은 한니발의 군대라고 붙여져 있지만 정작 이 그림에서 군대는 눈에 잘 들어오지 않는다. 거대한 눈보라가 화폭을 가득 채우고 있기 때문이다. 태양마저 이 눈보라

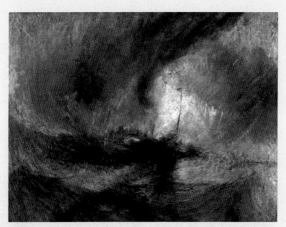

〈눈보라: 알프스를 넘는 한니발(Snow Storm, 1812), William Turner〉

에 가려 희미하고 대기는 맹렬하게 요동친다. 그림을 한참 보고
나서야 비로소 엄청난 눈보라에 흩어지고 자빠지는 한니발의 군
대가 눈에 들어온다.

　알프스를 넘다 눈보라를 만난 한니발처럼, 필자는 2015년 10월
엄청난 회오리바람을 만나게 된다. 영국의 낭만파 시인이자 정치
가였던 바이런 경(Lord George Gordon Byron, 1788~1824)이 "자고 일어
나니 유명해져 있었다."라고 말했듯, 필자가 바로 그랬다. 어느 날
갑자기 대한민국을 뒤 흔들었던 국정원 댓글부대 배후로 지목되
면서 하루아침에 뉴스의 주인공이 되었다. 국정농단의 주범이 되
고 민주주의 파괴자로 지목된 한편 모든 사회적 이력이 허위인 천
하의 사기꾼으로 전락했다.

　터너는 동시대 화가들과 달리 인물이 아니라 자연현상을 주로

그렸다. 그렇기에 이 그림은 한니발의 위대함이 아니라 눈보라의 거대함을 그린 것이다. 알프스의 눈보라는 그 스케일로 필자를 압도했다. 선동언론은 압도적인 스케일로 필자에게 휘몰아쳐왔다. 눈보라에 흩어지고 자빠지는 한니발의 군대는 바로 나의 초라한 모습이었다. 눈보라에 눈을 뜰 수조차 없었다. 눈보라는 진실도 거짓으로 뒤덮어 버렸다.

하지만 위대한 장군 한니발은 결국 알프스를 넘지 않았던가. 한니발의 리더십을 생각했다. 그리고 알프스의 거대한 스케일에 압도되지 않고 그 풍경을 바라보는 한 '인간'을 발견했다. 원래 '풍경'이란 고정된 시점에서 바라보는 '인간'에 의해 초래된 것이 아니던가. 눈보라치는 알프스의 풍경을 관조했다. 그러자 거짓의 실체가 보이기 시작했다. 해당 기자와 거대 신문사를 대상으로 외로운 법적투쟁을 했고 5년 만에 최종적으로 승리했다. 결국 진실은 드러나기 마련이다.

언론은 믿을 만한가? (Can you trust the press?)

지금 우리는 쓰레기가 말을 하고 글을 쓰는 희한한 현상을 목도하고 있다. 언론의 자유라는 헌법적 가치의 뒤에 숨어서 기자의 펜과 아나운서와 앵커의 말이 흉기가 되어 날뛰고 있다. 망나니의 칼이 허공을 날아다니며 행인들을 위협하고 겁박하고 찌르고 있는 형국이다. 이미 거대권력이 되어버린 언론의 자유가 예전처럼 보호되는 것이 과연 올바른 것인지 질문을 던져야 할 때가 된 듯하다.

 파울 괴벨스(Paul Goebbels, 1897~1945)는 나치 독일의 선전 장관이었다. 그는 히틀러의 최측근이자 열렬한 추종자로서 나치 선전 및 미화를 책임졌던 인물이다. 그는 "나에게 한 문장만 달라 누구든 범죄자로 만들 수 있다."라고 말했다. 그는 선전선동의 달인이었다. 필자는 2015년부터 느닷없이 대한민국에서 괴벨스의 환생을 보게 된다. 나는 99가지의 거짓과 1개의 진실의 적절한 배합이 100%의 거짓보다 더 큰 효과를 낸다는 말을 체험했다.

 나는 대중이란, 거짓말을 처음에는 부정하고 그 다음엔 의심하지만 되풀이하면 결국에는 믿게 된다는 것을 실제로 보았다. 거짓은 한 문장으로 가능하지만 그것을 반박하려면 수십 장의 문서와 종이가 필요하다는 것을 뼈저리게 알게 되었다. 그리고 그것을 반박하려고 할 때에는 이미 사람들은 선동되어 있었다.

 필자의 변호인들에 따르면 대한민국 헌정사상 한 개인을 대상으로, 한 언론사가 이렇게 오랜 기간 수많은 허위보도로써 무참하게 반인륜적으로 공격하고 괴롭힌 사례는 없었다고 한다. 피고는 끝까지 반성하지 않으며, 마치 자신은 자신의 보도를 사실로 믿었기에 믿은 대로 보도한 것이라며 언론의 자유 뒤에 숨어서 보도의 공익성(공익에 부합한다)과 상당성(진실로 믿고 보도할 만 했다)을 악용하는 후안무치한 태도를 보였다. 더 이상 인간사회가 이런 저질 기자를 용납해서는 안 된다.

미국의 26대 대통령 시어도어 루스벨트(Theodore Roosevelt. Jr. 1858~1919)는 1910년 4월 23일 프랑스 파리 소르본 대학교에서 '경기장의 투사'라는 별칭으로도 불리는 연설을 했다.

"우리가 만약 '경기장의 투사'라면, 비평하는 사람은 중요하지 않다. 관중석에 앉아서 훈수 두고 지적하는 사람은 중요하지 않다. 진짜 중요한 사람은 경기장에 서 있는 투사이다. 그는 얼굴에 흙먼지와 땀과 피를 잔뜩 묻혀가며 싸운다. 그가 경기장에 있을 땐 잘하면 이길 것이고 못하면 질 것이다. 하지만 그가 실패하더라도 또는 지더라도 그는 감히 무모하리만치 멋지게 질 것이다."

인간은 누구나 실수를 한다. 인간은 결점투성이라는 것을 인정하라. 당신이 할 일은 대담하게 용기를 내고 경기장 안으로 들어가는 것이다. 누군가가 당신에게 손가락질하고 모욕한다면 그들을 올려다보며 "네가 뭔데?"라고 소리 질러야만 한다. 잘잘못은 다음에 따져도 된다. 용서는 당신이 사는 길이고 뒤틀린 관계를 회복할 축복의 통로가 된다. 하지만 그에게 최후의 자비를 베풀 유일한 인간은 당신이어야 한다.

〈삼국지〉의 적벽대전(赤壁大戰)에서 오나라 주유(周瑜) 진영이 조조(曹操)의 백만 대군과 싸울 때였다. 주유 진영의 황개(黃蓋)라는 장수가 일부러 가혹한 고문을 받은 뒤 거짓으로 조조에게 항복하여 신임을 얻었다. 황개는 조조에게 배를 묶게 해서 마침내 오나라가 화공(火攻)으로 전쟁을 승리로 이끌도록 하였다. 이렇듯 황개처럼 어떤 큰일을 이루기 위해 제 몸의 괴로움이나 손해를 감수하면서 쓰는 계책을 고육책(苦肉策)이라고 한다.

유대인들은 옷을 찢고 머리에 재를 뒤집어쓰면서 슬픔을 표현했다. 필자는 유대인들의 회개하며 울부짖는 심정으로 그리고 황개와 같은 몸을 찢는 심정으로 이 글을 쓰기 시작했다. 아무리 거짓, 조작, 날조로 쌓은 가짜 뉴스의 산이지만 그래도 그것을 다시 만인 앞에 드러내는 것은 여전히 고통스럽다.

하지만 필자는 나를 위해서가 아니라 나의 사랑하는 가족과 일가친척들 그리고 내가 사랑하고 나를 사랑하는 주위 모든 사람들을 위한 책임감으로 썼다. 끝까지 싸울 수 있도록 은혜주시길 기도했고 그리고 승리했고 이제 잘못된 더러운 것들을 바로 잡기 위해 책을 쓰기 시작했다.

이 책을 쓰는 일은 고통스러웠다. 과거 기사를 다시 읽어야 했고, 잊고 싶은 과거를 다시 떠올려야 했기 때문이다. 하지만 믿음으로 거짓에 맞서 싸웠듯이 사명감으로 이 책의 집필을 마쳤다. 미국의 시인 월터 휘트먼이 〈풀잎(Leaves of Grass)〉의 개정판을 평생 출간했듯, 필자는 앞으로 평생에 걸쳐 이 책의 개정판을 출간할 계획이다. 언론에게 맡겨진 소명은 세상의 빛과 소금이 되는 것이다. 세상을 아름답게 만드는 역할을 해야 한다.

오늘의 이 자리를 있게 하신 하나님께 감사하고 모든 영광을 올려 드린다. 가장을 믿고 묵묵히 따라준 가족에게 감사하다. 연습이 없는 인생이다 보니 잘한 것보다는 후회스런 일들이 많다. 연로하신 어머니와 장모께 근심을 끼쳐드려 한없는 죄스러움을 느낀다. 기도의 응답이 캄캄한 어둠일 때조차 두려움을 이겨내고 부족한 사위를 위해 기도해주신 장모께 감사드린다.

필자에게 위로와 격려의 말을 전해준 지인들에게도 감사한다. 우선 어려운 여건 속에서도 끝까지 변호를 맡아준 한상대 前 검찰총장을 비롯한 변호인들께 감사드린다. 그리고 필자가 이 책을 발간하면서 혹시라도 저작권 침해의 우를 범하지 않도록 세심하게 자문해 주신 두 분께 감사드린다. 언론인으로서 저작권 권위자인 (사)한국방송기자클럽 사무총장 류종현 박사와 (사)한국저작권법학회 前 회장 이호흥 박사께 깊은 감사의 마음을 전한다. 두 분의 경륜에 힘입어 이 책이 더욱 값지게 되었다.

그리고 음으로 양으로 필자를 위해 기도와 믿음으로 동역해준 모든 이들에게 감사드린다. 그들은 한국과 미국, 중국, 러시아 등 사는 곳은 달랐지만 성경 속의 인물 잇대(Ittai) 그 이름의 단어 뜻 그대로 〈near; timely; or, with the Lord〉이었다. 그들의 도움이 없었더라면 진실을 밝히기 어려웠을 것이다.

내 곁에는 나와 같은 마음으로 함께 하는 사람들이 있었다. 나는 혼자서 믿음의 길을, 믿음의 경주를 달려간 것이 아니라 함께 하는 사람이 곁에 있었다. 그들은 늘 '생각나는 사람들'이다. 그들은 '기도할 때 기억나는 사람들'이다. 하나님의 크신 사랑과 풍성하신 은혜와 넘치는 축복이 그들 모두와 그들의 가정과 특별히 자녀들 가운데 함께하기를 기도한다.

일러두기

1. 본문 내용 중 '거짓'과 '진실'의 구분

본 서적의 표지 하단을 보면 제목인 "선동언론의 거짓과 진실"에서 '거짓'은 빨간색으로 기울여져 있고, '진실'은 파란색으로 곧게 서 있다.

선동언론의 *거짓*과 진실
- 가짜뉴스(Fake News)와의 전쟁과 되찾은 평화 -

거짓은 본래 누워있는 것이다. 영어 동사 Lie(= 눕다)가 그렇다. 하지만 우리는 가끔 거짓이 사탄과 함께 일어나서 활개 치는 것을 목도하게 된다. 거짓과 진실이 뒤섞이고 우리의 눈을 가려 선악의 구분을 어렵게 만들기도 한다. 하지만 그렇더라도 거짓은 결코 똑바로 설 수 없다. *거짓(False)*은 위태롭게 설 뿐이다. 그리고 진실(True)은 빛과 함께 영광스럽게 드러나기 마련이다.

본 서적은 전 지면을 2도 인쇄로 인쇄하였는데, 3년간에 걸친 100여 회가 넘는 허위보도가 자칫 지금 이 책을 읽는 독자들까지도 현혹시킬 것을 우려하여 이를 예방하기 위함이다. 위 네모 글상자에 '거짓'과 '진실'이 구분되어 있는 것처럼 본문 내용에 가짜뉴스 또는 가짜뉴스와 관련된 거짓된 내용들은 빨간색으로 기울여져 있고, 진실은 회색으로 곧게 서 있다.

거짓 예시) 〈경향신문〉은 그를 서울중앙지검에 사기죄로 고소한 상태다.
진실 예시) 그러나 기사와 달리 경향신문은 필자를 고소한 적이 없다.

2. 인용한 신문 기사에 대한 표기

본 서적은 허위보도에 관한 내용을 다루고 있기에 신문사의 기사를 원문 그대로 또는 기사내용 일부를 인용하였다. 이와 관련 독자들의 오인 혼동을 피하기 위해서 다음과 같은 방법을 사용하여 인용된 기사 원문 또는 기사 내용을 명확히 명기하였고, 인용되지 아니한 부분과 구분하였다.

인용된 기사 내용 예시) '두 줄 박스' 안에 기사 내용 인용

[인용] 2015년 10월 7일 수요일 경향신문 10면	
보도	2015년 10월 7일 수요일
제목	'댓글부대'로 의심 KTL 용역업체 국정원 간부 출신 '회장' 영입했다
기사 내용 요약	김홍기 씨, 그린미디어 발행 경제전문지에 작년 12월 취임. '국정원 댓글부대'로 의심받아온 한국산업기술시험원(KTL) 글로벌정보 용역업체가 지난해 국정원 간부 출신 인사를 회장으로 영입한 사실이 드러났다.

인용된 기사 원문 예시) '두 줄 박스' 안에 기사 원문 인용

[인용] 2015년 10월 7일 수요일 경향신문 10면

10 2015년 10월 7일 수요일   사회

'댓글부대'로 의심 KTL 용역업체
국정원 간부 출신 '회장' 영입했다

김홍기씨, 그린미디어 발행 경제전문지에 작년 12월 취임

'국정원 댓글부대'로 의심받아온 한국산업기술시험원(KTL) 글로벌정보 용역업체가 지난해 국정원 간부 출신 인사를 회장으로 영입한 사실이 드러났다. 이 업체가 최종 용역보고서에서 국정원을 정보원 리포트너로 제시하는 국정원 출신을 회장으로 끌어들인 사실도 확인돼 이 용역사업과 국정원이 어떻게 연계돼왔는지 의혹이 증폭되고 있다. 용역업체에 근무했던 내부고발자들은 팀원들이 하루 종일 댓글작대로 의심하는 활동을 주로 하고 유사 사업 예산 배정 과정에 국정원이 개입한 정황도 제기하는 상태다.

6일 경향신문 취재 결과 김홍기 카이스트(KAIST) 지식재산대학원 겸임교수(53)는 지난해 12월 글로벌이코노믹 회장으로 취임했다. 글로벌이코노믹은 지난해 7월 KTL로부터 문제의 용역을 수주한 그린미디어가 발행하는 경제전문지이다.

카이스트 홈페이지를 보면 김교수는 국방부 고시 합격 후 특허청장을 거쳐 국정원에서 근무했으며, 현재미 관정조과학회 글로벌창업정책포럼 심의상임의장을 맡고 있다. 김교수가 글로벌이코노믹 외에 은행다임즈 회장도 달아 정부·여당의 정책을 노골적으로 지지하는 칼럼을 자주 썼다.

KTL은 김 교수 영업 사실이 드러나기 전까지 아당 의원들에게 "사업 추진 과정에서 국정원 고위 관료 출신을 영입하려 했으나 연봉이 너무 비싸 포기했다"며 국정원 직적 관료 영입 의혹을 부인했다. 하지만 그린미디어는 국정원 출신의 김교수를 영입한 후 주간지라고 밝혔다. 글로벌이코노믹으로 제호를 바꾸고, 한 달 뒤 KTL에 '중가수준 정보지원사업'이라는 최종 용역보고서를 제출한 것으로 드러났다. 그린미디어가 제출한 최종 용역보고서엔 국정원·민주평통·자유총연맹과 함께 광범위한 정보망을 구축하는 구상이 포함돼 김 교수가 용역사업 추진 과정에서 어떤 역할을 했는지도 주목받고 있다. 서울경찰청 지능범죄수사대에서 파악한 용역팀원 26명에게는 인물 출신으로 국정원 산하 연구기관 연구위원으로 재직했던 사람도 포함돼 있는 것으로 확인됐다.

김 교수 측은 "글로벌이코노믹 회장은 명예직에 불과했고 위촉후 한번도 출근하지 않았으며 지난해 6월 사직했다"고 말했다. 자유총연맹도 "그린미디어가 정보협력 구축을 시도했다는 것은 전혀 사실과 근거가 없고 그린미디어를 알지도 못한다"고 말했다.

광진구 기자 kangki@kyunghyang.com

목차

1부 가짜뉴스(Fake News)와의 전쟁과 되찾은 평화

4부 **사법적 구제의 한계와 대안**

1부

가짜뉴스(Fake News)와의 전쟁과 되찾은 평화

1. 사건의 개요

　러시아의 극작가 안톤 체호프(Anton Chekhov, 1860~1904)는 "평탄한 길에서도 넘어지는 수가 있다. 인간의 운명은 그런 것이다. 신 이외에 누구도 진실을 아는 사람은 없기 때문이다."라고 말했다. 삶은 가끔 변화를 위해 우리를 구렁텅이에 밀어 넣는다.

　필자는 2015년 10월부터 엄청난 회오리바람을 만나게 된다. 어느 날 갑자기 필자는 대한민국을 뒤 흔들었던 국정원 댓글부대 배후로 지목되면서 하루아침에 뉴스의 주인공이 되었다.

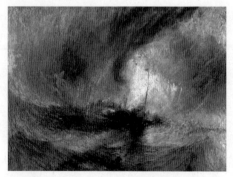

〈눈보라 : 증기선(Snow Storm, 1842), William Turner〉

　민주주의 파괴자로 지목된 한편 모든 사회적 이력이 허위인 사기꾼으로 전락했다. 필자는 살면서 대중 앞에 공개적으로 망신을 당한 적이 없었기 때문에 이 사건이 필자의 대외적인 인간관계를 파괴했을 뿐만 아니라 내면을 폭풍 속으로 내몰았다. 이 사건은 필자의 존재이유와 삶의 목적에 대해 깊이 성찰하는 계기가 되었다.

〈필자와 경향신문 및 기자의 관계 = 고소인과 피고소인의 관계〉

출간에 즈음하여 주위 사람들에게 안부를 전하다보니 적지 않은 사람들로부터 다소 황망한 이야기를 듣게 되어 책의 서두에 이를 명확히 밝히고 이야기를 써내가려한다. 본 서적에 등장하는 민·형사상 대응은, 필자인 '김흥기'가 기자인 '강진구'의 허위보도를 처벌해 달라고 형사 고소한 것이고 허위보도로 인한 피해는 강진구 기자와 '경향신문'이 함께 책임지라는 민사 소송을 진행한 것이다. 즉, 필자가 고소 및 소송의 주체(원고)이고 기자와 경향신문은 고소 및 소송의 대상(피의자 및 피고)이다.

필자는 본 서적에 등장하는 'KTL 용역'을 포함하여 그 어떤 사건으로도 '댓글부대'와 관련된 조사를 받거나 수사기관으로부터 참고인 진술조차 요청받은 사실이 전혀 없다. 2017년 '국정원 개혁발전위원회 적폐청산 태스크포스(TF)'가 출범하여 여러 사안들을 조사했지만 그중 필자와 관련된 사안은 전무하였다.

그런데 워낙 악랄한 허위보도이기도 하거니와 허위보도의 피해자가 필자와 같이 주체적으로 법적 대응한 사례가 흔치 않다 보니, 힘들고 긴 싸움 끝에 승리를 거뒀음에도 불구하고 마치 그동안 필자가 '댓글부대'에 연루됐다는 오해를 풀어야 하는 입장에서 민형사상 고초를 겪은 것으로 알고 있는 경우가 있던 것이다. 독자들은 본 서적에 등장하는 소송의 주체(필자)와 그 대상(기자와 신문사)을 명확히 인지한 상태에서 글을 읽어나가기를 바라며 이를 서두에 밝히는 바이다.

전쟁과도 같았던 필자의 경험을 독자들에게 전하기에 앞서, 한 가지 분명히 해둘 점이 있어 짚고 넘어가려고 한다. **필자에 관한 경향신문의 보도는 2심 법원에 의해 비방목적의 허위보도로 결론**

이 나서, 피고 경향신문과 강진구 기자가 공동하여 피해자인 필자에게 손해배상 하라는 판결이 났다. 그리고 피고들이 대법원에 상고를 포기하여 명예훼손에 따른 손해배상판결이 최종 확정됐다. 이에 그러한 결론이 공식적으로 인정된 재판 결과를 독자 여러분께 전해드리고, 그 후 이러한 결과를 얻기까지 과정을 설명해 드리는 순서로 이야기를 진행하고자 한다.

다음은 2심 항소심 재판부(서울고등법원 제13민사부)의 재판결과이다.

> 주문
> 1. 원고들의 피고들에 대한 항소를 기각한다.
> 2. 이 법원에서 추가된 청구에 따라, 피고들은 공동하여 원고에게 10,000,000원과 이에 대하여 2019. 1. 11부터 2020. 2. 7까지 연 5%, 그 다음날부터 다 갚는 날까지 연 12%의 비율로 계산한 돈을 지급하라.

피고 강진구는 2015년 12월 19일 ['댓글부대' 김흥기, 중국 빅데이터 전문센터와 계약 왜?] 제하 기사에서 *"김 전 교수가 민사소송을 제기했고, 〈경향신문〉은 그를 서울중앙지검에 사기죄로 고소한 상태다. 김 전 교수가 경찰 수사에서 면죄부를 받더라도 민·형사소송이 진행되는 한 그를 둘러싼 의혹은 사법적 심판을 받을 기회가 여전히 남아 있게 되는 것이다."*라고 보도했다.

그러나 기사와 달리 경향신문은 필자를 고소한 적이 없다. 다만 가해자인 강진구가 피해자인 필자를 고소·고발한 적은 있지만, 위 판결과 관계없는 사건이고 고소·고발 사유가 필자의 기자회견이 기자의 명예를 훼손했다는 어처구니없는 이유였을 뿐이다. 그가 기사에서 떠들어대던 '댓글부대'는 고소·고발 사유에서 전혀 찾아볼 수 없었다. 가해자가 피해자를 능멸하는 이런 작태는 사법권을 농단하는 천인공노할 범죄행위이다. 강진구의 표현대로라면 강진구가 경향신문을 사칭한 것이기도 하다.

또한 위 기사는 필자가 댓글부대 관련 서울지방경찰청 수사를 받은 듯이 보도하고 있는데 이는 명백한 허위사실이다. **필자는 경찰의 수사를 받은 적이 없다.**

강진구의 '소망적 사고(wishful thinking)'와는 달리 결론적으로 피고 강진구가 사법적 심판을 받았다. 강진구는 '그랬으면 하는 것'을 '실제 그런 것'으로 여기는 생각의 오류에 빠진 것이다. 소망적 사고에 빠지면 그렇게 되었으면 하는 것이 실제로 그렇게 됐다고 예단하게 된다. "그것이 진실/거짓이었으면 좋겠다. 그러므로 그것은 진실/거짓이다."라고 결론을 내려 버린다. 합리적인 추론과정과 제대로 된 확인은 생략되기 일쑤다.

불교에서는 전생에 지은 선악에 따라 현재의 행과 불행이 있고, 현세에서의 선악의 결과에 따라 내세에서 행과 불행이 있다고 한다. 여류 소설가 최명희의 〈혼불〉에는 *"그 미안하던 마음의 인과응보를 받았는지, 똑같은 마당에서… 오늘은 거꾸로, 바로 그 자리에서 춘복이가, 쇠 여울 네 당한 만큼 직사 하게 맞은 것이다."* 라는 구절이 나온다. 사필귀정이고 인과응보이다. 죄지은 자가 죄값을 치르는 거야 당연지사다.

사실이 아닌 일로 이름을 더럽히는 억울한 평판, 누명을 쓰고 죽으면 억울한 죽음이 된다. 그렇기에 최명희는 〈혼불〉에서 "악인 춘복이도 쇠여울네 당한 만큼 '직사(直死)하게' 맞아야만 하는 것 아닌가?"라고 인과응보를 말했을 것이다. 최 작가는 피해자의 처절한 심정을 대변했을 것이다.

재판부가 인용한 손해배상액은 당사자인 필자는 물론이고 필자의 가족 그리고 이웃들이 겪은 처절한 고통에 비하면 절대로 받아들일 수 없는 수준의 금액이었다. 하지만 필자는 깊은 심호흡을 반복하면서 영원히 변치 않는 우주의 사랑과 평화로운 기운 속에 있기를 원했다. 그래서 밝고 긍정적으로 생각하기로 마음을 먹었다. 끝까지 사랑하라는 말씀을 명심하려고 애썼다. 살다보면 때에 따라 매기도 하고 풀기도 하고 또다시 매기도 하는 '매듭'이라는 게 필요하지 않던가.

성경은 "내가 천국 열쇠를 네게 주리니 네가 땅에서 무엇이든지 매면 하늘에서도 매일 것이요. 네가 땅에서 무엇이든지 풀면 하늘에서도 풀리리라."라고 말씀하고 있다. 마태복음 16장의 '매다'와 '풀다'의 의미를 다시 묵상했다. 필자가 해야 할 것(풀 것) 즉 하나님이 허락하신 것과 하지 말아야 할 것(=맬 것) 즉 금지하신 것에 대해 묵상했다. 무엇을 허용하고 적법하다고 선언할 것인지, 그리고 무엇을 금지하고, 부적절하고 불법적이라고 선언할 것인지에 대해 고심했다.

다음은 2심 재판부의 판결문 중 일부 요약한 것이다.

(전략) 피고 경향신문과 강진구는 명예훼손 행위가 공공의 이해가 관한 사항으로서 그 목적이 오로지 공공의 이익을 위한 것이고 보도한 내용이 진실이거나 그것이 진실이라고 믿을 만한 상당한 이유가 있으므로 피고들의 행위에 위법성이 없다고 주장하나, 사이버 여론조작을 위한 민간 댓글부대가 존재함을 전제로 그 배후로 의심되는 원고에 대한 의혹의 제기로서 사회 일반의 선거 관련 경각심을 일깨우는 측면에서 일부 공익성이 인정되기는 하나,

원고가 그러한 민간 댓글부대를 조직하여 활동하고 있음을 소명할 만한 신빙성 있는 자료가 없는 점, 피고 강진구가 원고와 박형준에 의하여 명예훼손 등이 혐의로 고소되어 상당한 기간 수사를 받은 바 있는 점, 1년 4개월이 넘는 기간 동안 수십 회에 걸쳐 중복하여 보도할 필요성도 없어 보이는 점 등의 사정을 고려하며 보면, 피고들은 원고를 비방하려는 의도에서 보도한 것으로 보인다.

그리고 피고들이 제출한 모든 증거에 의하더라도 새로운 댓글부대에 관한 보도가 진실하다고 인정할 수 없음은 물론, 이러한 보도로 예상되는 원고 개인의 피해뿐 아니라 정치적, 사회적 파급효과가 상당하고 원고와 청와대의 일부 반론을 청취하였음에도 그 진위 여부에 관한 적절하고도 충분한 조사를 통하여 확실한 근거자료를 확보하지 아니한 채 단지 원고의 종래 행적이나 관련성이 부족한 주변 사실에 기초하여 이를 보도하였으므로, 피고들이 이 보도사실을 진실이라고 믿을 만한 상당한 이유가 있다고도 볼 수 없다.

원고가 입게 되는 피해의 심각성, 원고의 사회적 지위, 보도 동기, 당사자의 동의 여부, 유포 횟수, 기간 및 정도, 사회적 관심도, 보도 후의 정황 등의 모든 사정을 참작하면, 피고들이 배상할 위자료의 액수는 1,000만 원으로 정함이 타당하다. 경향신문과 강진구 피고들은 공동불법행위자로서 공동하여 원고에게 손해금 1,000만 원과 2019년 1월 11일부터 그 이행 의무의 존재 여부나 범위에 관하여 항쟁하는 것이 타당하다고 인정되는 판결 선고일인 2020년 2월 7일 까지 민법에서 정한 연 5%, 그 다음날부터 다 갚는 날까지 연 12%의 비율로 계산한 지연손해금을 지급할 의무가 있다. (후략)

위의 판결문을 보라.

"피고들은 원고를 비방하려는 의도에서 보도한 것으로 보인다. (중략) 피고들이 이 보도사실을 진실이라고 믿을 만한 상당한 이유가 있다고도 볼 수 없다. (중략) 원고의 사회적 지위, 보도 동기, 당사자의 동의 여부, 유포 횟수, 기간 및 정도, 사회적 관심도, 보도 후의 정황 등의 모든 사정을 참작"

즉 한마디로 "피고들의 보도는 위법하다."라고 판시했다. 재판부가 이렇게 인정해야만 손해배상이 인용된다.

그리고 경향신문과 강진구 기자는 자신들이 가짜뉴스를 만들어서 보도했던 그 기사들 바로 아래에 '반론보도문'을 게재하게 되었다.

[인용] 2015년 11월 2일 월요일 인터넷 경향신문

경향신문

[단독]대선 후 초고속 부상한 김홍기 스토리

기사입력 2015.11.02. 오전 6:11   최종수정 2020.02.28. 오후 4:48   기사원문   스크랩   본문듣기 · 설정

👁 15   💬 4   요약봇   가   🖨   ↗

벤처기업가에서 창조경제 전도사를 거쳐 '댓글부대' 회장이 되기까지

국정원 출신의 김홍기 카이스트(KAIST) 겸직교수가 벤처기업가에서 대표적인 창조경제 전도사를 거쳐 국정원 '댓글부대' 용역업체의 회장으로 영입되기까지의 과정은 한 편의 드라마다. 2000년 국정원에서 나와 10여년 동안 무명에 가까운 벤처기업가로 살던 그의 인생에 있어 중요한 전환기는 2012년 대선을 전후한 시점으로 보인다. 2011년부터 국가 지식재산보호 전문위원으로 중앙 정치무대에 명함을 내밀기 시작한 지 불과 2~3년 만에 그는 국가의 온갖 자문위원을 도맡았다.

(중략)

〈반론보도문〉

경향신문은 원고에 대하여 2015. 11. 2. 보도한 [(단독)'댓글용역' 김홍기, 장 차관 동원해 '가짜 수료증 장사'] 기사, 2015. 11. 2. 보도한 [장, 차관 강사진에⋯미래부, 특허청, 한림원도 깜빡 속아 후원] 기사 등에서 '원고는 중국 과학원 명의를 도용한 중국과학원 지식재산 최고위과정을 개설하여 수강료로 1인 600만 원을 받음으로써 가짜 수료증 장사를 하였다'는 내용, '원고가 모스크바 국립대학에서 명예이학박사 학위를 취득한 것처럼 행세하였다'는 내용을 보도한 사실이 있습니다.

그러나, 원고는 위 각 보도에 대하여 원고가 운영하는 '지식센터 주식회사'는 중국과학원의 쓰용 교수가 부원장으로 재직하던 '중국과학원 가상경제 및 데이터과학센터'로부터 운영에 관한 정식 승인을 받아 '중국과학원 지식재산권 최고위과정'을 개설, 운영하면서 그 수료자에게 '중국과학원 가상경제 및 데이터과학센터'가 발급한 수료증을 교부하여 주었고, 원고는 '유라시아 무브먼트'로부터 명예이학박사학위를 취득하였다는 반론을 제기하므로, 이를 보도합니다.

물론 이 반론보도문은 법원의 판결에 의해 게재하게 된 것이다. 필자는 나에게 덧씌워진 이러한 가짜 뉴스가 지워지길 바라며 4년 6개월 간 법적소송을 포함하는 고통스러운 투쟁을 했다.

"독침이 박혀 있는 사실이 아니면 사실을 얘기하지 않는 사람으로부터, 나쁜 의도를 품고 선을 행하는 체하는 사람으로부터, 그리고 다른 사람의 결점을 헐뜯음으로써 자신의 위치를 굳히려는 사람으로부터 나를 해방해 달라."는 칼릴 지브란(Kahlil Gibran, 1883~1931)의 기도는 바로 필자의 간절한 기도였다.

하지만 결국 필자는 알게 되었다. 아름다움은 진실이고 진실은 바로 아름다움이라는 것을, 진리와 진실에는 장식이 필요 없다는 것을, 누구도 진실을 이길 수 없다는 것을. 피고들의 거짓과 날조,

조작과 악행은 모두 백일하에 드러났다. 이제 피고들이 조작한 기사들은 그들에게 주홍글씨가 되어 돌아갔다.

장두노미(藏頭露尾)라는 사자성어가 있다. 쫓기던 타조가 머리만 덤불 속에 처박은 채 꼬리는 숨기지 못하고 쩔쩔매는 모습에서 유래한 말이다. 진실을 꼭꼭 숨겨두려 하지만 그 실

출처 : 우승용 화백 作 일러스트

마리는 이미 만천하에 드러나 있다는 의미로 쓰인다. 들통 날까 봐 전전긍긍하는 태도를 뜻하기도 한다. 전국 대학 교수들이 꼽은 2010년의 사자성어이기도 했다.

일찍이 노자가 말했듯 진실은 아름답게 장식하지 않고, 화려하게 장식한 말이 진실이 없는 법이다. 1957년 노벨문학상 수상자인 프랑스의 알베르 카뮈가 역설적으로 말했듯 거짓은 가끔 아름다운 저녁노을처럼 모든 것을 멋지게 보이게 한다. 하지만 진실은 숨기려 해도 드러나기 마련이다. 그 무엇으로도 가릴 수 없다.

본 서적 집필을 마무리하고 있는 2021년 7월말 개인적으로도, 사회적으로도 충격적인 기사가 보도되었다. 필자를 존재하지도 않는 'KTL국정원댓글부대'의 배후로 허위비방 음해 보도하여 막대한 피해를 준 강진구 기자가 다른 기사로 구설수에 오른 것이다.

다음은 관련 기사이다. 2021. 7. 28. 한국경제에 "윤석열 캠프, 열린공감TV 강진구 기자 등 3명 형사고발"라는 제목으로 보도되었다.

[인용] 2021년 7월 28일 수요일 인터넷 한국경제
"윤석열 캠프, 열린공감TV 강진구 기자 등 3명 형사고발"

대선 예비후보인 윤석열 전 검찰총장 캠프 측은 28일 "열린공감TV 강진구 기자 등 3명에 대한 형사고발 조치했다"고 밝혔다.

윤석열 캠프 측은 이날 공식입장문을 통해 "열린공감TV 정천수 대표, 강진구 기자 등 3명을 주거침입 및 정통망법위반(명예훼손) 혐의로 고발했다"면서 "자신들의 '정치적 이해관계'와 '방송 수익'만을 노리고, 검증을 빙자하여 입에 담을 수도 없는 거짓을 퍼뜨리는 범죄행위를 더는 두고 볼 수 없다"고 강조했다.

이어 "이번 고발을 시작으로 본격적인 법적 대응을 하겠다. 열린공감TV 방송을 토대로 거짓 내용을 확산한 매체들을 포함하여 즉시 기사를 내리는 등 조치를 하지 않을 경우 추가적인 법적 대응을 할 것이다"라고 경고했다.

(중략)

이와 관련 윤 전 총장 캠프는 입장문을 통해 "열린공감TV, 경기신문에서 94세의 A 변호사의 노모를 신분을 속이고 만나 허위 내용의 진술을 유도한 것은 **취재윤리를 위반한 수준이 아니라 '패륜취재'이자 심각한 범죄행위를 한 것**"이라면서 법적 대응을 예고한 바 있다.

본서 출간을 앞두고 발생한 위 사건은 필자가 상대한 괴물이 얼마나 비정상적이고 비상식적인지 대중들도 알아 볼 수 있는 하나의 상징적 사건으로 생각되었다. 기사에 나와 있듯 해당 기자는 수단과 방법을 가리지 않는 패륜취재 행위를 저질렀다.

그러나 수많은 매체에 의해 보도되어 좌우 양 진영의 시각이 동시에 존재하는 위 사건과 달리, 필자에 관련된 사건은 오직 경향신문의 일방적인 왜곡 보도만 있었기에 피해가 막대하고 피해자가 반박을 전혀 할 수 없는 상황이었다.

더욱이 당시는 해당 기자가 '한국기자상'을 받은 '논설위원'이라는 직함으로 괴물 같은 실체를 철저히 감추고 있을 때였다. 3부에서 '중앙일간지'인 '경향신문'과 소속 기자를 상대하는 것이 얼마나 어려운 일인지를 언급해 두었지만, 중앙일간지의 보도와 소속 기자에 대한 대중들의 신뢰는 필자에게 가장 거대한 장애물이었다.

필자도 이 사건 이전에는 좌파 매체가 관점이 달라서 서로가 해석은 다를 수 있겠지만, 최소한의 취재윤리와 도덕적 기준을 지키고 사실(Fact) 위에서 기사를 취재하고 보도할 것이라 생각했었다. 그러나 본서를 읽다 보면 이러한 상식이 오히려 적절한 대응을 방해하는 요소로 작용했다는 것을 알 수 있다.

2. 사건의 시작

속칭 'KTL국정원댓글부대' 사건보도
(15.10.7~15.10.27)

필자는 2015년 10월초 스위스 제네바에 체류 중이었다. 제네바는 유엔의 4개 사무소(뉴욕, 제네바, 비엔나, 나이로비) 중 뉴욕 다음으로 큰 유엔제네바사무소(UNOG, United Nations Office in Geneva), 세계무역기구(WTO), 세계보건기구(WHO) 등 2018년 기준 37개 국제기구(IO)와 399개 비정부 기구(INGO)가 위치하고 있는 국제도시이다.

또한 세계지식재산권기구(WIPO, World Intellectual Property Organization) 본부도 있다. 필자는 2002년 제네바 국제발명전(International Conventions & Exhibitions)에서 금상을 수상한 바 있어 여러 좋은 인연이 있는 도시이기도 하다. 나는 WIPO와의 미팅 등 현지일정을 진행하고 있는 와중에 한국으로부터 난데없는 문자를 받았다.

[*"경향신문 강진구 기자입니다. 맡고 있는 글로벌이코노믹 법인인 그린미디어가 부실용역으로 경찰 수사를 받고 있습니다. 특히 용역이 국정원 댓글부대로 의심을 받고 있는 가운데 국정원 출신*

의 김 회장님이 지난해 12월 회장을 맡고 계신 경위에 의혹이 쏠리고 있습니다. 이에 대한 설명을 듣고자 합니다. 연락이 없으면 반론 없이 기사를 출고할 예정입니다. "]

필자는 비서를 통해 다음과 같이 짧은 해명 문자를 먼저 보내게 한 후에 현지 일정을 계속 진행했다. 다음은 필자의 비서가 경향신문 강진구 기자에게 보낸 문자이다.

[필자의 비서가 경향신문 강진구 기자에게 보낸 문자]

강진구 기자님 안녕하십니까. 저는 김흥기 교수님 비서 조○○입니다. 교수님께서 부재중이신데 문자를 보내셨기에 연락드립니다. 교수님은 현재 유럽 컨퍼런스 참석차 해외체류 중이십니다.
기자님 아래사항을 정리하였습니다.

1. 신문사는 지난 6월 사임함
2. 회장직은 명예회장직으로 일체 무보수였음
3. 취임식 후 신문사에서 연락이 없어 실제 회장직을 수행한적이 전무함.
4. 현재 회사 홈페이지 조직도에 회장직이 없으며, 발간 신문에도 회장 명기 안함
5. 교수님을 찾아와 경제전문지에 실을 해외전문가 칼럼기고를 요청하였기에
6. 파워인터뷰 코너를 시작하였고 연말에 글로벌이코노믹 측에서 명예회장직 제의하였음

그런데 바로 다음날인 10월 7일 ㈜그린미디어 박형준 대표로부터 아래의 문자를 받았다. ㈜그린미디어는 글로벌이코노믹 등 3개의 신문을 발행하는 미디어 매체였다. 필자는 ㈜그린미디어에서 발행하는 경제지 '글로벌이코노믹'의 회장으로 위촉된 바 있었

지만, 급여나 사무실 등 전혀 제공받지 않는 단순 명예회장이었을
뿐이었다.

　　그렇기에 필자는 2014년 1월 ㈜그린미디어의 박 대표를 처음
알게 된 이래 단 한 번도 ㈜그린미디어 본사에 찾아간 적이 없었
다. 필자는 ㈜그린미디어의 사업은 물론이고 글로벌이코노믹 운
영에도 전혀 관여한 적이 없었다. 그런데 다음날 박형준 대표의
문자를 받았다.

출처 : 2014년 12월 3일 국회헌정기념관
글로벌이코노믹 명예회장 취임 촬영

*"회장님 박형준입니다. 그
동안 경황없이 지내다 보니
제가 회장님께 큰 빚만 지
고 사람의 도리를 못한 것 같
습니다. 먼저 사과부터 드립
니다. 대충 아시겠지만 제가
지금 구설수에 휘말려 힘든
생활을 하고 있습니다. 모든 것이다 사실이 아니기 때문에 문제는
없습니다. 저야 상관없지만 오늘 아침 자 경향신문에 회장님 관련
기사가 나와 송구스럽습니다. 괜히 저 도와 주시다 피해 입으신
것 같아 고개를 들 수 없네요. 그래서 제가 먼저 말씀 드리는 것이
도리일 것 같아 말씀 드립니다. 회장님 죄송하고요. 회장님 늘 감
사드리며 생활하고 있습니다. 고마움 잊지 않겠습니다. 그리고 일
이 수습되면 인사드리러 가겠습니다."*

박형준 드림

박 대표와 연락을 끊고 지낸 지 오래되었기에 갑작스런 문자였는데 내용조차 유쾌하지 못했다. 필자는 빨리 박 대표가 말하는 기사를 찾아보았다. 스마트폰으로 경향신문 기사를 보고서야 사태의 심각성을 알게 되었다. 다음이 그 기사이며, 해당 기사가 경향신문이 필자를 거론한 첫 번째 기사이다.

10 2015년 10월 7일 수요일　　　　　　　　　　　　　　　　　　　　　　　　사회

'댓글부대'로 의심 KTL 용역업체
국정원 간부 출신 '회장' 영입했다

김흥기씨, 그린미디어 발행 경제전문지에 작년 12월 취임

'국정원 댓글부대'로 의심받아온 한국산업기술시험원(KTL) 글로벌정보 용역업체가 지난해 국정원 간부 출신 인사를 회장으로 영입한 사실이 드러났다. 이 업체가 최종 용역보고서에서 국정원을 정보협력 파트너로 제시하고 국정원 출신을 회장으로 끌어들인 사실도 확인돼 이 용역사업과 국정원이 어떻게 연계됐는지 의혹이 증폭되고 있다. 용역팀에서 근무했던 내부고발자들은 팀원들이 하루 종일 댓글부대로 의심되는 활동을 주로 했고 용역사업 예산 배정 과정에 국정원이 개입한 정황도 제기한 상태다.

6일 경향신문 확인 결과 김흥기 카이스트(KAIST) 지식재산대학원 겸임교수(53)는 지난해 12월 글로벌이코노믹 회장으로 취임했다. 글로벌이코노믹은 지난해 7월 KTL로부터 문제의 용역을 수주한 그린미디어가 발행하는 경제전문지다. 카이스트 홈페이지를 보면 김교수는 행정고시 합격 후특허청을 거쳐 국정원에서 근무했으며, 현재 미래조각학부 글로벌창업정책모임 상임의장을 맡고 있다. 김교수는 글로벌이코노믹 외에 e팬타지즈 회장도 맡아 정부·여당의 정책을 노골적으로 지지하는 칼럼을 자주 썼다.

KTL은 김교수 영입 사실이 드러나기 전까지 해당 의원들에게 "사업 추진 과정에서 국정원 고위 관료출신을 영입하려 했으나 연봉이 너무 비싸 포기했다"며 국정원 전직 관료 영입 의혹을 부인했다. 하지만 그린미디어는 국정원 출신의 김교수를 영입한 후 주간지인 킨경제를 일간지인 글로벌이코노믹으로 제호를 바꾸고, 한 달 뒤 KTL에 '중기수출 정보지원사업'이라는 최종 용역보고서를 제출한 것으로 드러났다. 그린미디어가 제출한 최종용역보고서엔국정원·민주평통·자유총연맹과 함께 광범위한 정보망을 구축하는 구상이 포함돼 김교수가 용역사업 추진 과정에서 어떤 역할을 했는지도 주목받고 있다. 서울경찰청 지능범죄수사대에서 파악한 용역팀원 26명에는 언론인 출신으로 국정원 산하 연구기관 연구위원으로 재직했던 사람도 포함돼 있는것으로 확인됐다.

김교수 측은 "글로벌이코노믹 회장은 명예직에 불과했고 위촉후 한 번도 출근하지 않았으며 지난해 6월 사직했다"고 밝혔다. 자유총연맹도 "그린미디어가 정보협력 구축을 시도했다는 것은 전혀 사실무근이고 그린미디어를 알지도 못한다"고밝혔다.

강진구 기자 kangjik@kyunghyang.com

보도	2015년 10월 7일 수요일
제목	**'댓글부대'로 의심** KTL 용역업체 국정원 간부 출신 '회장' 영입했다
기사 내용 요약	**김흥기 씨, 그린미디어 발행 경제전문지에 작년 12월 취임**
	'국정원 댓글부대'로 의심받아온 한국산업기술시험원(KTL) 글로벌정보 용역업체가 지난해 국정원 간부 출신 인사를 회장으로 영입한 사실이 드러났다. 이 업체가 최종 용역보고서에서 국정원을 정보협력 파트너로 제시하고 국정

기사 내용 요약	원 출신을 회장으로 끌어들인 사실도 확인돼 이 용역사업과 국정원이 어떻게 연계됐는지 의혹이 증폭되고 있다. 용역 팀에서 근무했던 내부 고발자들은 팀원들이 하루 종일 댓글부대로 의심 되는 활동을 주로 했고 용역사업 예산 배정 과정에 국정원이 개입한 정황도 제기한 상태다.

⟨Fact Check⟩

보도 당시 필자는 한국산업기술시험원(KTL) 용역이 무엇인지 전혀 알지 못했다. ㈜그린미디어 박형준 사장조차 나에게 전혀 언급한 적이 없었다. 무엇보다 필자는 ⟨KTL 용역⟩을 수행한 업체라는 ㈜그린미디어의 회장이 아니라, 동 회사가 발행하는 신문인 '글로벌이코노믹'의 명예직 회장이었을 뿐이었다.

필자는 해외 출장 일정을 마치자마자 바로 귀국하여 사태파악에 나섰다. 그리고 경향신문의 발행인, 편집국장 그리고 강진구에게 10월 17일까지 허위보도를 시정하지 않을 경우 법적대응에 나설 것이라는 취지의 내용증명을 10월 13일 경향신문 본사 사업장으로 보냈다.

그러자 강진구 기자는 10월 15일 저녁시간에 필자에게 다음 게재될 기사를 예고하면서 반론할 게 있으면 하라고 했다. 그리곤 문자를 통해 작성된 초고(10월 17일 보도됨)를 보내주기 시작했는데, 분량이 너무 많아서 문자로 전송이 되질 않자, 새벽 시간에 이메일로 보내왔다. 필자는 강 기자에게 10월 15일 직접 전화를 걸어서 50여 분 통화를 하며 해명을 했다. 다음은 통화의 골자이다.

"나는 ㈜그린미디어의 회장이 아니라 ㈜그린미디어가 발행하는 글로벌이코노믹 신문의 명예회장을 했을 뿐이다. 무보수 명예직이었고 그나마도 작년 6월 그만두었다. 칼럼을 기고하고 '파워 인터뷰' 코너를 운영했을 뿐이다. 그렇기에 ㈜그린미디어가 관여됐다는 KTL 용역에 대해 전혀 알지 못한다. 당장 허위보도를 그만둬라."

한편 허위보도가 사실이 아닐 경우 "펜을 꺾으라."는 경고 메시지를 강 기자 개인 이메일 계정으로 보내 적절한 시정을 요구하였다. 그러나 필자의 정당한 요구에 강 기자는 **"기사는 이미 출고 일정이 잡혀서 다른 대체기사가 어렵습니다."**라는 황당한 문자를 보내왔다.

소송 과정에서 알게 된 사실이지만, 강진구 기자는 '목적'을 가지고 필자를 '일부러' 기사에 끼워 넣은 것이기에 필자의 보도중단 요청에 응할 리가 만무했던 상황이었다. 최소 3건 이상의 연속 기사를 보도할 계획을 가지고 있었던 것으로 보였다.

다음은 10월 17일 기사이다. 첫 보도(10월 7일)는 단신 보도였는데 비해 10월 17일 기사는 장문의 스토리였다. 정상적인 기자는 취재 당사자의 해명을 통해 기사가 허위임이 밝혀진다면 응당 해당 기사출고를 중단하고 데스크(편집부)와 의논해서 해당 지면을 다른 용도로 사용해야 함이 당사자의 피해뿐 아니라 신문사 입장에서도 피해를 최소화하는 방법일 텐데, 강진구는 기사가 보도되는 것을 **기정사실화**하고 이야기를 하고 있었던 것이다.

보도	2015년 10월 17일 토요일
제목	[단독] KTL 용역업체 국정원 출신 김흥기 회장은 누구? [특집]'댓글부대' 의심 KTL 용역업체 국정원 출신 김흥기 회장은 누구?
기사 내용 요약	국가정보원 '댓글부대'로 의심받아온 한국산업기술시험원(KTL) 글로벌기술정보 용역사업의 '민낯'이 여지없이 공개됐다. 그러던 차에 지난해 12월 **국정원 출신 김흥기** 카이스트(KAIST) 지식재산대학원 겸임교수(54)가 해당 용역업체에서 발행하는 글로벌이코노믹 회장으로 영입된 사실이 〈경향신문〉 취재팀을 통해 드러났다. 김 교수는 행정고시 출신에 특허청을 거쳐 국정원에서 근무하다 2000년 퇴직한 경력을 갖고 있다. **지금까지의 등장인물 중에서는 스펙이 가장 화려했다.** 전·현직 장·차관들이 그가 운영하는 중국과학원 최고위과정에 수강생과 강사로 등록한 것도 순수하게 그의 영향력만으로는 설명하기 어렵다. **현 정권의 막강한 실세 중 누군가가** 그를 창조경제의 대표주자로 띄워주고 있는 게 아니냐는 의구심이 제기되는 대목이다. 용역팀의 내부 고발자들은 "**민진규 소장 뒤의 부채도사는 김흥기 회장**일 수도 있지만 어쩌면 **그보다 훨씬 강력한 배후인물**이 있을지도 모른다."고 의문을 제기했다. 하지만 김 교수는 "**이번 사건은 수사가 진행 중이며 수사 결과 본인이 관계가 없음이 드러날 것**"이라며 **의미심장한 말**을 던졌다.

〈Fact Check〉
내부고발자(최 씨)는 2018년 증인신문에서 자신이 댓글을 단 적도 없고 다른 팀원들이 댓글을 다는 것을 본적도 없으며 경향신문과 국민권익위원회에 댓글이라고 제보한 적도 없고, 다만 사람들이 전혀 이용가치 없는 정보를 번역하고 짐스 홈페이지도 작동도 안 되는 걸 보고 정부 돈을 빼먹으려는 의심이 든다는 말을 했을 뿐이라고 증언했다. 강진구가 인용한 최와 김 내부 고발자들의 제보라는 건 모두 강진구가 조작한 것으로 드러났다. 비방목적의 명백한 허위보도이다.

이 기사는 강진구 기사의 지문(Finger Print)과도 같은 특징인데, 기사 말미에 3류 추리소설에나 나올법한 문장으로 마무리를 한다. 이번 기사에서는 다음과 같이 기사를 마무리 했다.

용역 팀의 내부고발자들은 **"민진규 소장 뒤의 부채도사는 김흥기 회장**일 수도 있지만 어쩌면 그보다 훨씬 강력한 배후인물이 있을지도 모른다"고 의문을 제기했다. 하지만 김 교수는 **"이번 사건은 수사가 진행 중이며 수사 결과 본인이 관계가 없음이 드러날 것"**이라며 **의미심장한 말**을 던졌다.

"내부 고발자라니 이들은 대체 누구인가? 그리고 내가 민진규 뒤의 부채도사라니?" 그리고 "민진규는 또 누구인가?" 2015년 10월 당시 아무 것도 모른 채 격랑의 회오리 속에 빠져든 필자는 모든 게 답답할 뿐이었다. 그렇다고 나에게 이러한 험악한 곤경을 초래하고 이 모든 사건의 원인 제공자로 생각되어지는 박 대표에게 연락하고픈 마음도 없었다. 하지만 상황 파악을 해야 하기에 비서를 통해서 노부국장에게 연락을 하고 기본적인 정보를 입수하기 시작했다.

나는 '용역 팀'은 고사하고 '용역 자체'에 대해 전혀 알지 못하는데, 나의 이름을 거론했다는 내부 고발자라는 사람들은 과연 누구인가?

2018년 2월 6일 서울중앙지법 서관 513호 법정. KTL 용역사건의 형사재판이 개최되었는데 이 날 최 씨의 증인신문이 있었다. 그는 KTL 용역팀에 4개월간 알바생으로 근무하던 사람인데 처우에 불만을 품고 퇴사한 후 KTL 용역사업이 문제가 있다고 강진구에게 제보한 것으로 알려졌다. 이 사람이 내부 고발자들(최 씨와 김 씨)의 정체였다.

관련, 강진구 기자는 자신의 기사 및 서부지검과 서울중앙지검 등 수사(피의자), 그리고 미디어오늘 등과의 인터뷰에서 최 씨와 김 씨의 제보에 따라 KTL 용역사업을 취재하기 시작했고 이 용역이 국정원 댓글부대라는 의혹을 갖게 되었다고 주장했다.

강진구는 자신의 기사에서 최 씨와 김 씨를 정의의 사도인 양 내부 고발자(또는 공익 신고자)로 포장하고 있다. 통상 김 씨와 최 씨 식으로 가나다 순으로 표기하는 게 관례인데, 강진구가 최·김 씨라고 표기하는 건 최 씨가 강진구의 악행에 기여한 공이 더 크기 때문일 것으로 보였다.

위 형사재판은 최 씨가 〈KTL 용역사업〉이 국가자금을 횡령하기 위한 사기극이라면서 2015년 1월 1일 국민권익위원회에 KTL

용역사업 관련자들을 신고하고, 강진구가 이 용역사업이 〈국정원 댓글부대〉라고 보도한 데서 촉발되었다. 그 후 서울지방경찰청의 수사와 서울중앙지검의 수사를 거쳐 최종적으로 서울중앙지법 형사재판으로 진행되게 된 것이다.

그렇다면 이 형사재판의 공소사실, 즉 검찰이 기소한 사실은 무엇일까? 즉 검찰은 무슨 혐의로 KTL 용역 관련자들을 기소했을까? 그리고 서울중앙지법은 그 공소사실에 대해 어떻게 선고했을까? 위 공판일로부터 2년 후인 2020년 2월 위 형사재판의 1심 선고가 내려지게 된다.

필자는 위의 2018년 2월 6일 서울중앙지법 공판을 참관했다. 내부고발자라는 최 씨가 재판장에서 서서 증인 선서를 하고 증언을 하는 광경과 참석한 변호인들이 최 씨에게 질문하고 답하는 광경을 빠짐없이 지켜보았다. 그리고 공판이 마친 후, 필자는 재판정을 빠져나가는 최 씨 뒤를 따라갔다.

그리고 필자는 최 씨의 바로 옆에서 나란히 걸어가며 그의 얼굴을 바라보면서 말을 걸었다. "최××씨, 오늘 증언하느라 수고하셨어요." 그러자 최 씨가 필자를 쳐다보면서 "감사합니다."라고 대답했고, 나는 그에게 물었다. "그런데… 혹시 저 아세요?" 그러자 최 씨가 다시 필자를 바라보며, "아니요… 모릅니다… 누구시지요?"라고 대답했다.

나는 2015년 10월 17일자 경향신문을 최×× 앞에 보여주면서 차분하게 물었다. "여기 경향신문 기사를 봐요. 당신이 제가 국정원 댓글부대 배후인 부채도사라고 말했다고 되어 있잖아요. 그런데 당신은 날 알지도 못하잖아요?" 최 씨는 재차 "저는 그런 말을 한 적이 없습니다."라고 말했다. 그래서 나는 다시 물었고, 최 씨는 그 기사를 본 적도 없고 그런 말을 한 적도 없다고 다시 부인했다.

이때 뒤 따라오던 강진구가 "… 무슨 그런 질문을 하고 그러세요? 안봉근이나 만나러 가시죠. 여긴 왜 오셨어요?"라고 빈정거리면서 필자와 최×× 사이를 가로막았다. 필자가 강진구에게 말했다. "이게 뭐하는 짓이야? 최 씨가 나를 알지도 못하고, 부채도사라는 말을 한 적이 없다고 하잖아?" 그린미디어 박형준 사장과 KTL 정 모 본부장 등이 합류하는 틈에, 강진구는 최 씨와 둘이서 엘리베이터를 타고 황급히 빠져나갔다.

10월 17일자 기사에 나오는 필자의 배후인물은 마치 소설에 나오는 복선처럼 강진구 기자가 기사 중간에 미리 설명해 두었다. **"현 정권의 막강한 실세 중 누군가**가 그를 창조경제의 대표주자로 띄워주고 있는 게 아니냐는 의구심이 제기되는 대목이다."라는 문장이 바로 복선에 해당하는 문장이다. 이 문장이 복선이었음은 기자의 후속 기사에서 밝혀지게 된다.

내부 고발자 얘기가 나온 김에 10월 7일 첫 기사에 보도된 내용만 이 자리에서 미리 설명할까 한다. 10월 7일 보도에 따르면 [용역 팀에서 근무했던 내부 고발자들은 팀원들이 하루 종일 댓글부대로 의심되는 활동을 주로 했고 용역 사업 예산배정 과정에 국정원이 개입한 정황도 제기한 상태다.]라고 되어 있다.

필자는 위 내부 고발자들의 증언에 대해, 서부지검 수사결과를 보고 그 진실의 일부를 알게 되었고 그리고 서울지방경찰청의 수사와 서울중앙지검의 수사처분 내용 및 형사 재판 과정을 지켜보면서 거의 모두 알게 되었다.

먼저 최 씨는 2015년 7월 9일 서울지방경찰청 지능범죄수사대의 참고인 조사에서 용역 팀에서 어떤 일을 했느냐는 수사관의 질문에 대해 "팀원들은 모두 해외 경제기사 번역을 했는데 최와 김은 스스로 번역을 했고 다른 직원들은 구글 번역기로 번역만 했다. 그 정보들은 전부 쓰레기였다."라고 진술했고, 2015년 말 서부지검 피의자 조사에서 자신들은 국정원 댓글알바라는 취지로 제보한 적이 없다고 진술했고, "국정원 예산이라는 말을 한 적이 없다."라고 진술했다.

관련, 최 씨는 서울중앙지법(형사재판)에서 2018년 2월 6일 증인신문에서도 다음과 같이 진술을 한다.

변호인이(피고인4.를 위한) 증인에게
문(변호인) : 증인은 피고인 민OO로부터 정치적 현안에 대한 인터넷 기사나 여론 글에 댓글을 달라는 지시를 받은 일이 있나요.

답(최 씨) : 없습니다.

문 : 프로젝트 팀원들 중에서 댓글 작업을 하는 것을 본 일이 있거나 증인에게 현재 댓글을 다는 업무를 하고 있다고 말한 적이 있나요.

답 : 없습니다.

문 : 그렇다면 무엇을 근거로 왜 경향신문이나 국민권익위에 프로젝트팀이 댓글부대라고 제보했나요.

답 : 댓글이라고 한 적은 없고, "이 사업이 이상하다. 정부로부터 뭔가 돈이 나오고는 있는데 이 사람들이 하는 이야기가 이상하다. 정보라는 이야기를 하면서 주요 정치인이나 경제인들의 정보를 취합하고 그다음에 무슨 워룸을 만들어서 거기서 정보취급 하겠다고 한다."라고 했는데... 그때 그 이야기는 한 적 있습니다. "이것 마치 국정원에서 하는 일을 하겠다고 하는데 실질적으로 안에서는 그것하고는 전혀 상관없는 번역 일을 한다." 이렇게 이야기를 한 적은 있었습니다.

문 : **댓글부대라고 제보한 사실은 없다는 것이지요.**

답 : **예.**

최 씨는 수차례에 걸쳐 자신이 '댓글부대'라고 제보한 사실이 없다고 진술한다. 그러나 2015년 2월 10일 강진구 기자가 작성한 경향신문 기사를 보면 최 씨가 "'댓글알바 조직'을 연상시키는 대목이 많았다는 의문을 제기했다"고 보도하였다.

[인용] 2015년 2월 10일 화요일 인터넷 경향신문	
보도	**2015년 2월 10일 화요일**
제목	**[단독]산업기술시험원 '검은 거래' 수사 미루는 검찰**
기사 내용 요약	지난해 4월부터 KTL 별관에서 5개월간 용역 작업을 수행했던 **최씨와 김씨**는 (중략) 기사·정보를 검색해 서버에 올리는 작업 과정도 신문에 보도된 **'2012년 대선 당시 국정원 댓글알바 조직'을 연상시키는 대목이 많았다는 의문도 제기했다.**

이처럼 강진구 기자는 처음부터 국정원 댓글부대와 전혀 무관한 정부 발주 용역사업에 대한 제보를 왜곡(또는 날조)하여 댓글부대라고 보도한 것이다.

10월 17일의 기사는 필자가 보낸 내용증명과 전화 통화 및 이메일을 통한 해명과 요청이 아무 소용이 없었다는 반증이다. 나는 가족과 지인들과 상의를 했고 나의 진실과 무고함 및 쓰레기 기자의 가짜 뉴스를 드러내어 바로 잡기 위해 싸우기로 결단했다. 그리고 일주일 후인 10월 24일에 또 기사가 나왔다.

[인용] 2015년 10월 24일 토요일 인터넷 경향신문

경향신문

[단독]KTL '댓글부대' 용역업체 사장 2013년부터 국정원과 특수관계 과시

기사입력 2015.10.24. 오후 12:25   최종수정 2020.02.28. 오후 4:31   기사원문   스크랩   🐵 본문듣기·설정

보도	2015년 10월 24일 토요일
제목	[단독] KTL '댓글부대' 용역업체 사장 2013년부터 국정원과 특수 관계 과시
기사 내용 요약	국정원과 연계 의혹 어디까지… 국정원 출신 김 회장 영입 전에 이미 자리 마련. 실제로 그린미디어가 1차 용역과제를 끝내고 2단계 용역에 들어가기 직전인 지난해 12월 행정고시 출신의 **국정원 퇴직관료 김흥기**(52) 카이스트 겸임교수가 해당 업체의 회장으로 취임한 사실은 의미심장한 대목으로 보인다. 물론 김 교수는 "나는 단순한 무보수 명예직에 불과하고 업무에 아무런 영향을 미치지 못했으며 지난 6월 그만뒀다."고 했다. 하지만 지난해 7월 KTL과 계약을 체결할 때 그린미디어가 제출한 기업 조직 구성도를 보면 대표이사 위에 회장이 존재했다. 사실상 김 교수가 공식 취임

기사 내용 요약	하기 5개월 전에 그린미디어가 회장 자리를 마련해 놓고 있었던 것이다. 김 교수가 오래전부터 용역사업에 개입해 왔을 가능성을 보여주는 대목이다. 실제 김 교수 스스로도 그린미디어와 첫 번째 접촉 시점을 **2013년으로 얘기**하고 있다. 그는 "박 사장 측이 파워인터뷰 연재를 부탁하기 위해 찾아왔던 것"이라고 설명했다. 하지만 파워인터뷰가 **2014년 3월부터 시작된 점**을 감안하면 고작 파워인터뷰 하나만을 위해 그가 1년 전부터 박 사장과 접촉했다는 것은 믿기 어렵다. 이 점에서 용역사업 추진과정에서 김 교수의 실제 역할에 대한 규명작업은 이제부터가 시작이라고 볼 수 있다.

〈Fact Check〉

파워인터뷰가 시작된 시점은 2014년 3월이고, ㈜그린미디어의 박형준 사장과 노 부국장이 연재를 부탁하기 위해 필자를 찾아온 시점은 2014년 1월이다. 기사에 나온 것처럼 파워인터뷰를 하나만을 위해 찾아온 것이기 때문에 첫 번째 만남은 2013년이 아니라 2014년이었다.

필자는 경향신문의 허위보도에 항의하기 위해 2015년 10월 15일 50여 분간 강진구와 통화하였다. 해당 통화에서 강진구는 미리 준비했던 것처럼 갑자기 "(박형준을) 언제 만나셨죠? 2012년인가요? 2013년?"라고 양자택일 식으로 질문했는데 준비되지 않은 상태에서 답변을 하다 보니 2012년은 아니고 아마 2013년인 것 같다고 잘못된 답을 하였다.

하지만 통화를 마치고 시점을 확인해보니 2014년 1월에 처음 만난 것으로 확인되어 그 후로 수차례에 걸쳐 정정을 요청하였으나, 기자는 자신이 원하는 대답(2013년)만 듣고 실제 사실(2014년)은 상황을 수습하기 위한 거짓말이라고 매도하고 5년간의 법정공방에서도 똑같이 주장하고 있다. 강진구 기자는 필자뿐 아니라 취재 과정에서 다른 사람들에게도 이와 같은 트릭(사실상 사기)을 수십여 차례 사용하였다.

2015년 10월 29일 밤 9시 5분. 강진구 기자에게 문자가 들어왔다. 나와 아내, 그리고 비서에게도 같은 문자가 수신되었다. 거의 동일 시간인걸로 보아 단체 문자로 추정된다. 문자만 수신되었고, 전화는 따로 오지 않았다 아래 문자에서 보듯 반론 시간을 한 시간도 주지 않고 반론하라고 하고 반론포기로 간주하고 있다.

[*"김흥기 교수님 중국과학원 승인 없이 대학이름 무단도용하신 부분과 모스크바 초빙교수 허위로 드러난 부분 기사로 쓰려고 합니다. 반론하시기 바랍니다. 10시까지 연락 없으면 반론포기로 간주하겠습니다."*]

나는 며칠간 강진구가 주위 지인들을 괴롭히는 전화를 하는 통에 생각만 해도 짜증이 일어날 판이었다. 50분간 해명하고 내용증명과 장문의 이메일로 시정을 요구했음에도 오히려 더 조롱했다. 참다 참다 못해 10월 29일 서울중앙지검에 고소장을 제출한 날이기도 했다. 몇 시간 전까지도 카이스트 박 교수와 미국에 체류 중인 김 변호사와 강진구로 인한 장시간의 해명 통화로 인해 피곤과 불쾌함이 폭발 직전이었다.

더구나 중국과학원과 모스크바 건에 대해선 대꾸할 필요조차 느끼지 못했다. 내가 중국과학원의 승인 없이 대학이름을 무단도용 했다니? 모스크바 국립대 초빙교수가 허위로 드러났다니? 무슨 이런 개XX가 있나 싶었다. 직접 전화를 걸어서 해명하고 장문의 글을 통해 해명했는데 모두 무시하고 대체 기사가 없어서 그냥 나간다고 하던 XX가 그것도 잠잘 시간에 달랑 문자 몇 자 보내놓곤 해명하라니? 심지어 1시간 안에 반론하라니?

정치적으로 매우 민감하고 폭발력이 큰 이슈인 '국정원' 댓글부대의 배후로 몰리는 게 개운치 않았고 마음이 불편하기는 했지만 필자에게 곧 닥쳐올 폭풍우를 예감하지 못했다. 왜냐하면 필자는 댓글부대 같은 일에 관여한 적이 없을 뿐 아니라, 중국과학원 최고위과정의 운영 등에 있어서 잘못한 일이 없었기 때문이었다. 그래서 평소처럼 잠자리에 들었다. 당일은 이 문자가 무엇을 뜻하는지 알지 못했다.

3. 사건의 전개

가짜뉴스 폭탄과 늘어나는 거짓말
(15.11.2~15.12.26)

2015년 11월 2일 아침에 아내가 스마트폰을 보다가 기겁을 했다. 11월2일 하루에 총 9건의 기사가 쏟아졌다. 경향신문 1면 탑, 9면 전면, 하단 통 광고 및 사설(칼럼)과 주간경향 표지 및 14면, 15면, 16면, 17면, 18면, 19면, 20면 등 하루에만 총 11면에 9건의 기사를 쏟아냈다. 필자에 대한 뉴스로 도배되었다. 가히 경향신문의 전사적인 전투력을 총동원했다고 볼 만 했다. 그리고 주위에서 전화가 빗발치고 난리가 났다.

[인용] 2015년 11월 2일 월요일 경향신문 1면
[인용] 2015년 11월 10일 화요일 주간경향 1150호 표지

필자의 최○○ 변호사가 소장에 작성한 표현을 그대로 옮기면 다음과 같다.

"수사결과를 기다려 신중하게 보도를 할 수도 있는 상황임에도 피고들은 매우 급박하게 연일 기사를 쏟아 냈습니다. 심지어 2015. 11. 2. 에는 하루에 9건의 기사가 쏟아져 나왔습니다. 조금 과장하면 ***거의 대통령 후보 수준 정도의 보도****를 하고 있습니다."*

또한 다음날인 아래의 11월 3일 칼럼을 보면 그야말로 악랄함의 극치이다. 짧은 칼럼에 '가짜', '사기'라는 단어가 총 13번 등장한다. 그리고 '행세', '농락', '놀아난', '장사', '들러리' 등의 온갖 더러운 단어를 갖다 붙여놓았다. 필자는 태어나서 이런 악질적인 비난을 처음으로 들어보았다.

철학자 마르틴 하이데거는 "언어는 존재의 집이다."라고 말했다. 인간이 사유하는 방식은 그가 사용하는 언어 수준을 넘어서지 못한다는 점을 강조할 때 인용하는 명구이다. 사람은 그가 사용하는 언어의 수준을 보면 그 생각의 한계를 알 수 있다. 그 사람의 품격도 하는 말에 고스란히 담겨 있다. 언어는 그 사람의 생각이고 의식이고 인격이고 사상이다.

그런데 이 모든 기사가 거짓과 조작이라면 믿어지는가? 하지만 어쨌든 당시에 필자는 그야말로 속칭 '멘붕(mental 붕괴)'이 왔다. 그리고 피해와 의혹이 확대재생산 되고 있기에 가만히 있을 수 없었다. 주위에서도 기자회견을 하여 해명할 것을 권유했다. 생전 처음으로 기자회견이란 것을 해야 할 판이었다.

경향신문은 단군 이래 최대의 사기꾼이라 불리는 조희팔과 비교해도 원고의 기사를 더 크고 비중 있게 보도했다. 원고의 기사는 1면 탑 중앙에 위치한 반면에 조희팔은 좌측 하단 구석에 있다.

경향신문의 보도는 무엇보다도 뉴스의 크기가 적절하지 않다. 뉴스 가치를 왜곡한 것이다. 누군가 실제로 외국 대학의 명의를 도용하여 가짜 수료증을 팔았다고 하더라도, 사회면의 작은 단신(短信) 1회 보도면 충분하다는 건, 군이 언론인의 자문을 듣지 않더라도 일반인의 통념에 맞는다.

박경만 한겨레 기자는 〈조작의 폭력 : 불량신문은 어떻게 여론을 조작하는가?〉라는 책에서 다음과 같이 신문의 지면과 기사가치에 대해 말하고 있다.

공자는 일찍이 "반드시 이름을 바로 해야 한다"라는 정명사상(正名思想)을 설파했다. 자기 이름을 바로 쓰듯이 남의 이름, 단체이름, 사물의 이름도 바로 써야 한다. 본래 주어진 이름, 주어진 뜻 그대로 써야 한다. 피고들(경향신문과 강진구)은 바른 이름이 있음에도 엉뚱한 이름을 갖다 붙여 누명(陋名)을 씌우고 오명(汚名)을 입히는 악질적인 행태를 서슴없이 한 것이다.

필자는 11월 4일 바로 프레스센터에서 기자회견을 하였다. 하지만 경향신문에 보도된 내용들의 경위에 대해 알지 못했기에, 기자회견에서 말할 수 있는 게 매우 제한됐다. 필자는 이치장, 씨에용 등 전혀 알지도 못하는 사람이 경향신문에 등장한 영문을 알지 못했다. 그들이 지식재산 최고위과정에 대해 '승인한 적이 없다니', '위조'라니 등 가타부타 말하는 걸 이해할 수 없었다. 대체 이 사람들은 누구이기에 최고위과정에 대해 이렇게 함부로 말했을까?

그리고 보도내용 중 정말 이해할 수 없는 것은 예를 들면 다음과 같은 것이었다.

경향신문은 11월 2일 ['가짜수료증' 장사에 장차관 동원한 국정원 출신 댓글부대]라는 제목 아래 {쓰용 교수는 자신의 이름으로 공식 수료증이 발급됐다는 얘기에 *"한국학생들이 (우리센터를) 방문하면…인증을 주는 것이고 그것도 비공식 교류일 뿐이라며 펄쩍 뛰었다."*라고 보도했다.

쓰용(Dr.Shi Yong) 교수는 중국과학원과 공동으로 운영한 '지식재산 최고위과정(IP AMP at Chinese Academy of Sciences)'의 중국 측 당사자였다. 그가 이렇게 말했다는 걸 도저히 이해할 수 없었다. 이메일이나 통화로 확인할 사항이 아니었다. 중국에 가서 직접 만나 해명을 들어야만 했다. 필자는 쓰용으로부터 전혀 들은 바가 없이 아직 경위 파악조차 되지 않은 사항에 대해 기자회견에서 발표할 수 없었다. 지금 돌이켜봐도 참으로 곤혹스런 일이 아닐 수 없었다.

주위에 아는 기자들은 많았지만 그렇기에 그들을 부를 수도 없었다. 게다가 기자들은 담당 출입처가 있고 예정 스케줄이 있기 때문에 하루 전에 부른다고 쉽사리 와줄 수 있는 것도 아니었다. 더욱 큰 이유는 주위 언론계 선배들과 상의한 결과 다른 언론에서까지 관련 내용을 다루게 되면 나중에 수습하기가 더욱 어렵다는 조언이었다.

그래서 나는 '중국과학원 지식재산 최고위과정(IP AMP at CAS)'을 개설하게 된 배경, 어려운 과정에서도 좋은 과정으로 운영하려 노력한 점, 중국과학원과의 계약(Agreement)에 의해 과정을 진행했다는 점, 당연히 수료증(Certificate)도 중국과학원에서 발급한 수료증을 수여했을 뿐이라는 점 등에 대해 준비해간 발표문을 읽고 명예원장님들, 강사 분들, 수료생들이 오해할 소지가 없도록 노력했다.

당시 필자가 이 과정의 원장이었고 이상희 前 과기부 장관, 양승택 前 정통부 장관, 권병현 前 주중대사, 정길생 前 한국과학기술한림원 이사장 등 네 분이 공동 명예원장이었고, 정운찬 前 국무총리와 당시 특허청장, 중기청장, 故 이민화 KAIST 교수 등이 한국 측 강사진이었고 중국 특허청 차장, 국장과 중국과학원 교수진 및 중국 기업가 등이 중국 측 강사진이었다. 2021년 현재까지도 韓·中간에 이런 탁월한 과정이 개설된 곳은 어느 곳에도 없다.

필자는 나머지는 중국에 가서 확인할 것이라고 말하고 기자회견을 마무리했다. 필자는 11월4일 바로 프레스센터에서 기자회견을 한 후 변호사와 법적 절차를 포함하는 전쟁상태에 돌입했다.

고대 그리스 신화에서 한 때를 풍미했던 늙은 왕 오디세우스가 예전 동료들에게 다시 모험을 떠나자고 외치는 장면은 언제나 우리에게 힘(strength)과 장엄한 용기를 준다. 영국의 시인이자 현자였던 알프레드 테니슨(Alfred Lord Tennyson, 1809~1892)은 Ulysses(오디세우스의 영어 이름)에서 "강력한 의지로 싸우고, 추구하고, 발견하고 결코 굴복하지 않겠도다."(but strong in will to strive, to seek, to find, and not to yield.)라고 극적인 독백으로 노래하지 않았던가.

(전략)

비록 잃는 것이 많더라도

남아 있는 것도 적지 않도다

비록 우리의 힘(strength)이 옛날처럼 하늘과 땅을 뒤흔들 수는

없더라도

그래도 우리는 우리다, 모두 하나같이

영웅의 기개(heroic hearts)를 가진 우리는,

우리는 시간과 운명에 어쩔 수 없이 약해졌다 하여도

강력한 의지로 싸우고, 추구하고, 발견하고

결코 굴복하지 않겠도다

2015년 11월 2일 보도한 9건의 허위기사 폭탄과 2015년 12월까지 이어진 후속기사들은 크게 3가지 부분으로 나눌 수 있다.

① KTL 국정원댓글부대 의혹

② 중국과학원 가짜 수료증

③ 모스크바 국립대 초빙교수 가짜

강진구 기자는 의도적으로 3가지 사안(+α)을 하나의 기사에 백화점식으로 나열하여 독자의 혼란을 가중시켰다. 그렇기에 실체적 진실을 밝히는 방법으로 위 3가지 사안을 분리하여 설명코자 한다.

(1) 중국과학원 수료증 관련 내용

[인용] 2015년 11월 2일 토요일 인터넷 경향신문	
보도	2015년 11월 2일 토요일
제목	[단독]'댓글 용역' 김흥기, 장차관 동원해 '가짜 수료증' 장사
기사 내용 요약	(전략) 김흥기 씨(53·경향신문 10월7일자 10면 보도)가 중국과학원(CAS) 명의를 도용해 2년 여간 '가짜 수료증 장사'를 한 것으로 확인됐다. 전국무총리와 현직 장차관들도 강사로 나서고, 가짜 수료증을 받은 고위직 공직자도 다수인 것으로 드러났다. 김 씨는 2013년 9월 서울 강남에 '중국과학원(CAS) 지식재산 최고위과정'을 개설해 중국과학원과 한국과학기술한림원을 공동 주최기관으로 명시하고 중국과학원 명의로 1~4기 수강생 150여 명에게 영문 수료증을 발급했다.

〈Fact Check〉
필자는 중국과학원 가상경제 및 데이터과학센터(CAS FEDS, 이하 약칭 '가상경제센터')의 권위 있는 책임자인 쓰용 부원장(현재 원장)과 적법하고 적절한 질차를 통해 지식재산최고위과정 프로그램 운영 계약(Agreement)을 체결했고, 해당 운영 계약에 의해 중국과학원과 '공동으로' 프로그램을 운영했다. 따라서 필자는 중국과학원의 명의를 도용한 것이 결코 아니며, 이는 중국과학원이 가상경제센터 홈페이지를 통해 밝힌 '성명서(Statement)'에도 명확히 명기되어있다.

2015. 11. 4. 기자회견 이후에 이어지는 이야기는 '중국과학원 가짜 수료증'과 관련된 이야기이다. 필자는 사태 파악을 위해서 기

자회견 바로 다음날 북경으로 출장을 나섰다. 밤 10시 넘어서 북경 공항 커피숍에서 쓰용(Dr. Shi Yong)을 만났다. 그는 다음날 아침 일찍 산시 성(陝西省)의 성도인 시안(西安, Xi'an)에서 개최되는 컨퍼런스에 행사 주빈으로 참석해야 하기에 그도 시간이 별로 없었다.

그는 세계적인 빅 데이터 및 데이터분석 분야의 권위자로서 빅 데이터와 가상경제 부문에서 SCI급 논문만 수 백편을 발표한 중국의 과학기술영웅으로, 지식재산 최고위과정의 중국 측 계약자이자 과정의 공동운영 책임자였으며 2015년 8월부터 중국과학원 가상경제 및 데이터과학센터(CAS FEDS)의 원장을 역임했다.

출처 : 중국과학원 가상경제센터 홈페이지
(2015년 11월 25일 방문)

참고로 중국과학원(CAS, 1949년 설립)은 중국 최대의 자연과학 학술·연구 및 사업화 기관으로 12개 분원과 중국과학원대학(UCAS) 등 3개 대학교와 120여개의 분야별 연구소 등 부속기관을 두고 있다. Nature Index 평가에서 세계 1위(대학, 연구기관 종합 경쟁력 점수)로 평가받는다. 2위는 미국의 하버드대로 중국과학원의 경쟁력 점수와는 약 1.8배가량 차이 난다.

서울중앙지검은 중국과학원 가상경제센터(CAS FEDS) 원장인 쓰용(Dr. Shi Yong)에게 2017년 총 41개에 이르는 질의서를 보낸다. 필자가 입수한 이 질의답변서에 따르면, 쓰용은 '질문 8번'에 대해 다음과 같이 답한다. 질문자는 서울중앙지검 노진원 수사관이며, 답변자는 쓰용이다. IPAM은 지식재산 최고위과정(IP Advanced Management Program)의 약자이다.

8. 您是否曾经和韩国人金兴起签订合同, 约定给其开设"中国科学院知识产权培训项目"教育课程?
→ Yes, we did.

질문	한국인 김흥기와 계약(约定)을 체결했습니까? '중국과학원 지식재산권 교육과정'("中国科学院知识产权培训项目"教育课程)을 개설하기로 합의했습니까?}
답변	그렇다. 우리는 계약을 체결했다.

필자는 11월 5일 쓰용 원장에게 한국의 상황을 설명했다. 쓰용은 필자에게 강진구가 중국과학원 원장에게 보낸 이메일 등 세 개의 이메일을 전해주었다. 필자는 그 세 개의 이메일을 통해서 비로소 사태의 정황과 경향신문 강진구 기자와 김신애 통신원 등 피고들의 공작 및 그 심각성을 알게 되었다. 그렇지만 눈으로 보고도 도대체 경향신문과 강진구는 왜 이런 짓을 하는지 여전히 그 실체를 알 수는 없었다. 다만, 반드시 끝까지 싸워서 진실을 바로잡고, 피고들에게 준엄한 법의 심판이 내리게 하겠다고 다짐했다.

강진구와 김신애는 중국과학원에 필자를 범죄자로 매도했다.

그들은 필자가 한국에서 80만 달러를 횡령하여 국회 국정감사까지 열렸고 경찰수사를 받고 있다고 중국과학원 관계자를 속였다. 그리고 피고들은 필자가 중국과학원의 승인 없이 한국에서 중국과학원의 코리안 캠퍼스(분교)를 설립하여 가짜 수료증 장사를 해서 큰 사회적 파문이 일어나고 있다고 허위사실을 날조하여 음해했다. 중국과학원 입장에서 자신들도 모르게 분교가 설립되고 가짜 수료증이 팔리고 있다는 건 큰 문제가 아닐 수 없었다.

필자와 쓰용(Dr. Shi Yong)은 중국과학원 명의의 공식 성명서(Statement) 발표를 통해 이 사태를 해명하는 것이 필요하다는 인식을 공감하고 성명서 초안을 작성한 후 헤어졌다. 피고 강진구와 그 일당이 2015. 11. 3 중국과학원 바이 춘리(Bai Chunli) 원장에게 보낸 이메일의 핵심내용은 다음과 같다.

① 김흥기는 한국에서 80만 달러를 횡령한 혐의가 대한민국 국회의 국정감사에서 드러나서 현재 경찰 조사를 받고 있는 사기꾼이다.
② 그는 자신이 모스크바 국립대 초빙교수라고 주장하는데 경향신문이 모스크바 국립대에 직접 알아보니 가짜라고 한다.
③ 그런데 김흥기는 중국과학원이 북경에 캠퍼스를 운영하는 것처럼, 한국에서 중국과학원의 코리안캠퍼스(한국 분교)를 설립하여 프로그램을 운영하고 있다.
④ 미래창조과학부 명칭도 승인 없이 사용하고, 한국의 장차관을 동원해서 일인당 600만 원씩 받고 가짜 수료증을 발급해

서 장사하고 있어서 한국 언론이 대서특필하고 있다.

⑤ 또한 정운찬 前 국무총리와 함께 북경에 또 다른 사기 프로그램을 운영하려는 의혹이 있다. 중국과학원은 이에 대해 해명하기 바란다.

피고들이 중국과학원 원장에게 보낸 이메일의 위 ①부터 ⑤까지의 주장은 그 어느 것 하나도 진실이 아니다. 모두 거짓이다. 정말 가공할만한 것은 피고들 주장의 '근거'자체가 조작, 날조된 것이라는 사실이다. 참으로 천인공노할 일이 아닐 수 없다.

① 필자는 80만 달러를 횡령한 적이 없다. 국회의 국정감사를 받은 적도 없다. 또한 이러한 건으로 경찰조사를 받은 적도 없다. 모두가 새빨간 거짓말이다.

② 필자는 2011년 모스크바 국립대 초빙교수로 위촉되었다. 모스크바 국립대는 피고들에게 필자가 모스크바 국립대 초빙교수가 아니라는 확인을 해 준 적이 없다.

③ 필자는 중국과학원의 코리안 캠퍼스(한국 분교)를 설립·운영한 적이 없다. 그렇게 주장한 적도 없으며, 다만 중국과 공동으로 중국과학원 지식재산 최고위과정을 운영했을 뿐이다.

④ 필자는 '미래창조과학부' 명칭을 사용한 적이 없다. 오히려 미래창조과학부는 이 사실을 확인해주는 보도 자료를 배포한 바 있다. 필자는 다만 미래창조과학부 글로벌창업정책포럼 상임의장으로서 당연히 '미래창조과학부 글로벌창업정책포럼' 명칭을 사용한 적이 있다.

⑤ 정운찬 前 총리는 중국과학원 지식재산 최고위과정의 특강 강사였다. '중한학원'은 필자와 전혀 무관하다.

필자는 피고들과의 소송과정에서 ㈜그린미디어가 한국산업기술시험원(KTL)의 '글로벌기술정보 시스템 구축사업'의 용역업체(용역대금 약 8억 원)로서 그중 약 2억 원을 계약금으로 받았음을 알게 되었다. 하지만 필자는 이 사업과 전혀 무관할 뿐 아니라 알지도 못하는 상태였다.

피고들은 이러한 날조사실을 필자에게 뒤집어씌운 것이었다. 왜냐하면 필자를 사기꾼으로 만들어야 '필자가 중국과학원의 분교를 설립'했다는 황당한 주장을 중국과학원이 믿게 되고 그래야 필자에게 좋지 않은 답변(예를 들면 중국과학원이 필자와의 관계를 부인하는)을 얻을 수 있기 때문이었다.

피고들의 공작은 일부 성공했다. 필자와의 계약내용을 잘 알지 못하는 중국과학원 관계자가 김신애 경향신문 통신원과 통화하면서 "누군가가 한국에서 중국과학원 코리안 캠퍼스의 프로그램을 운영하고 있다면 그것은 불법이라고 보아야 합리적이다."라고 답변했던 것이다.

그런데 피고들은 이 답변을 가지고 '누군가' 자리에 '김흥기'를 끼워 넣고, '중국과학원 코리안 캠퍼스의 프로그램'이라는 (피고들이 날조한) 가공의 프로그램을 (실제로 운영된) '중국과학원 지식재산프로그램'이라고 둔갑시켜서 국내에 보도했다. 즉 *"중국과학원은 김흥기가 운영하는 지식재산프로그램이 중국과학원의 승인을 받지 않은 불법이라고 확인했다."* 라고 허위 보도했다.

피고들은 중국과 한국 사이에서 기회주의적 이중플레이를 자행했다. 이들은 [김흥기가 80만 달러를 횡령해서 경찰조사를 받고 있다.]라고 '국내에' 보도한 적이 없다. 피고들은 [김흥기가 한국에서 '중국과학원의 코리안 캠퍼스'를 운영했다.]라고 '국내에' 보도하지 않았다. 왜냐하면 너무나도 자명한 거짓말이기 때문이다.

'중국과학원'측에 그렇게 거짓말을 해대면서 국내에는 그렇게 보도하지 않았던 것이다. 예를 들면 상식적으로 해외 분교 설립과 운영은 교육부 소관이다. 중국과학원에 문의할 필요 없이 한국 교육부에 전화 한 통이면 알아볼 수 있다.

드디어 필자가 기다리던 중국과학원의 성명서(Statement)가 11월 18일자로 발표되었다. 필자는 이 성명서가 발표되기만을 학수고대 했다. 강진구의 보도는 필자가 중국과학원의 승인 없이 가짜 수료증을 만들어서 장차관을 동원에서 600만 원에 장사했다는 게 골자이니, 필자가 백 번 설명한다고 진실이 규명되거나 필자의 억울함이 해소되지 않고 오직 중국과학원에서 해명해주어야만 해결이 될 일이었기 때문이다.

중국과학원의 성명은 다음과 같다. 즉, 중국과학원은 11월 18

일 중국과학원 가상경제센터 홈페이지를 통해 다음과 같이 **공식 성명서**(Statement)를 발표하였다. 아래의 서류는 홈페이지 성명서의 내용을 번역하고 공증을 받아 검찰과 법원에 증거로 제출한 것이다.

2015년 11월18일 성명서(Statement)
출처 : 중국과학원 가상경제센터 홈페이지
(2015년 11월 25일 방문)

■ 首页 · 通知公告 声明

声 明

李所明 ⊙ 发布于 2015-11-16 75

作为中国科学院虚拟经济与数据科学研究中心主任，我现庄重申明以下事项：

1 为促进中韩两国知识产权交流与合作活动，中国科学院虚拟经济与数据科学研究中心（FEDS）为韩国知识产权前沿管理培训项目（IPAM）学生在北京中国科学院虚拟经济与数据科学研究中心所在地提供了知识产权高端演讲培训课程，并为结束课程的韩国学生颁发由时任中心常务副主任石勇署名并盖有中心印章的结课证书。

2 中国科学院虚拟经济与数据科学研究中心（FEDS）在韩国首尔并没有所谓 "校园"，仅在北京协助韩国知识产权前沿管理培训项目（IPAM）举办知识产权高端演讲培训课程。

石勇
中国科学院虚拟经济与数据科学研究中心主任
北京
2015年11月9日

Statement

As the director of Research Center on Fictitoutis Economy and Data Science, Chinese Academy of Sciences, I formally declare the following:

1. In order to enhance the exchange and collaboration between China and Korea in Intellectual Property, the Research Center on Fictitoutis Economy and Data Science, Chinese Academy of Sciences (FEDS) and the IPAM Program of Korea had an agreement for the seminar courses of the IPAM Program taken by Korean students at the Chinese Academy of Sciences, Beijing, and gave the certificate to these students, authored by Dr. Yong Shi, the Executive Deputy Director under the seal of FEDS.

2. FEDS did not have any "campus" in Seoul, Korea but only jointly offered the IPAM program field-trip courses at Beijing.

Shi, Yong
Director of Research Center on Fictitoutis Economy and Data Science, Chinese Academy of Scinnces
November 9, 2015

성명서의 내용은 다음과 같다.

1. 중국과학원가상경제센터(CAS FEDS)와 한국의 **IPAM**이 계약을 체결했다. 계약서에 따라 가상경제센터의 직인을 찍고 Dr.Shi가 서명한 수료증이 발급되었다.(The Center on Fictitious Economy and Data Science, Chinese Academy of Sciences (FEDS) and the IPAM Program of Korea had an agreement for the courses of the IPAM Program taken by Korean students at the Chinese Academy of Sciences, Beijing, and gave the certificate to these students, signed by Dr. Yong Shi, the Executive Deputy Director under the seal of FEDS.)

2. 중국과학원가상경제센터는 한국에 Campus가 없으며, 다만 공동으로 **IPAM**의 현지연수를 북경에서 제공했다.'(FEDS did not have any "campus" in Seoul, Korea but only jointly offered the IPAM program field-trip courses at Beijing.)고 발표했다.

* **IPAM program** : Intellectual Property Advanced Management Program 의 줄임말로서 지식재산최고위 과정을 뜻하며, AMP는 통상 최고위과정을 뜻하는 약칭으로 사용됨.

이미 설명했듯 경향신문은 11월 2일 대대적인 보도를 통해서, 필자가 중국과학원의 명의를 도용해서 장차관을 동원하여 가짜 수료증 장사를 했다는 무시무시한 보도를 쏟아냈다.

그래서 필자는 11월 4일 프레스센터에서 기자회견을 진행하며 "나는 중국과학원 지식재산최고위과정을 계약에 의해 진행했고 수료증은 중국에서 발급된 것을 받아서 수여했다."고 사실관계를 밝힌 바 있다. 그리고 이러한 사실을 중국에 출장을 다녀와서 명백하게 밝히겠다고 말한 후 기자회견을 마쳤다.

필자가 지난 11월 4일 기자회견에서 중국과학원과 '계약'에 의해서 최고위과정을 운영한 것이라고 밝혔는데, 진짜로 그런 '계약(Agreement)'이 있다는 것을 중국과학원이 성명서를 통해서 명확하게 천명한 것이었다. 이에 대해 강진구 일당이 어떻게 나오는지 보자.

강진구 기자와 김신애 통신원은 성명서가 발표되고 일주일이 지난 후 2015.11.23 경향신문에 [김흥기 가짜 수료증 장사 한국경찰 수사 적극협조]라는 큰 제목과 {중국과학원 "명백한 범법", **한국캠퍼스**는 존재 안 해. 법적 대응 공식입장 밝혀}라는 소제목 아래에 다음과 같이 보도했다.

[인용] 2015년 11월 23일 월요일 인터넷 경향신문	
보도	**2015년 11월 23일 월요일**
제목	"김흥기, 가짜 수료증 장사 한국경찰 수사 적극 협조"
기사 내용 요약	· 중국과학원 "명백한 범법" · "한국캠퍼스는 존재 안 해" 중국과학원이 김흥기 카이스트 겸직교수가 2013년 9월 '**중국과학원 지식재산 최고위과정**'을 국내에 설립해 2년간 150여명에게 가짜수료증 장사를 한

의거 중국과학원(

을 수여할 권한이

쓰용은 또한 2

진구와 경향신문

러난다.

21. (若上述2013年	
国科学院知识产权	
→ In principle, yes	
and associated c	
at the end of any	
difficult to resume	
Newspaper.	
질문	전술한 20
	지식재산
	지고 있습
답변	원칙적으
	기간 만료
	경향신문
	프로그램

또한 아래 23

적으로 발행된

법적인 수료증(

기사 내용 요약	데 대해 **'한국캠퍼스'**는 존재하지 않는다는 공식입장을 밝혔다. 대학 측의 강경 기류가 전해지자 쓰용 교수도 지난 18일 웹페이지에 올린 공식입장에서 "수료증은 현장방문(field trip)에 불과하고 **한국캠퍼스는** 없다."며 꼬리를 내렸다

〈Fact Check〉

방금 전 살펴본 성명서 전문의 1항을 다시 보면, "1. 중국과학원가상경제센터 (CAS FEDS)와 한국의 IPAM이 계약을 체결했다. 계약서에 따라 가상경제센터의 직인을 찍고 쓰용(Dr.Shi)이 서명한 수료증이 발급되었다."라고 계약서의 존재를 인정하였으며, 2항의 내용은 강진구가 날조해낸 중국과학원 한국 '분교'가 없다는 것을 확인해주는 문구이다. (자세한 내용은 다음 본문을 참조하기 바란다.)

참으로 황당하지 않은가? 강진구가 그 동안 보도하던 골자는 필자가 "중국과학원의 명의를 도용해서 한국에서 가짜 수료증을 만들어서 600만 원씩 팔아먹었다."는 것이기에 성명서 1항에 최고위과정이 중국과학원과 계약(Agreement)에 의해 공동으로 진행되었다는 것과 중국과학원이 수료증을 발급했다는 사실을 밝힌 것인데 이에 대해서는 한 마디 언급 없이 한국 캠퍼스가 존재하지 않는다는 공식입장을 밝혔다고 보도한다.

중국과학원의 한국 캠퍼스라는 건 원래부터 존재하지 않던 것인데 피고들이 원고에게 누명을 뒤집어씌웠기에 중국과학원이 성명(Statement)을 통해 피고가 말하는 한국 캠퍼스는 존재하지 않는다고 밝히니, 오히려 강진구는 이 성명서를 가지고선 "그것 봐라 한국 캠퍼스는 없지 않느냐. 김흥기 교수가 가짜 한국 캠퍼스를 만들어 가짜 수료증 팔아먹은 게 드디어 만천하에 들통이 났다."

라는 식으로 다

정상적인 기

{중국과학원은

는 경향신문의

동으로 최고위

학생들에게 수

다음은 서울

해 쓰용 원장(

은 중앙지검의

20. 2013年7月29 Intellectual F Academy of Sci 的学生颁发 "다	
→ Yes. Prof. Ki	
질문	20. 20 "중국과 Advance 고 쓰어 학생들 이 있다
답변	사실이 했다.

23.	上述结业证是合法颁发，还是伪造？
→ It is, of course, **a legitimate certificate** for the training program.	
질문	위의 수료증은 합법적으로 발행되었거나 또는 위조입니까?
답변	물론 이것은 (지식재산최고위과정) **교육 프로그램에 대한 합법적인 수료증**이다.

한편 쓰용 원장은 **계약서**가 '반나절짜리가 아니라 13주 과정'이라고 명확하게 다음과 같이 밝히고 있다. 그는 중앙지검의 질문 33번에 대해 다음과 같이 답변했다.

33.	您于2015年11月18日回复"金信爱(S Kim)"的电子邮件中提到"FEDS在韩国首尔并没有所谓'校园'，仅在北京协助提供IPAM在当地的培训课程"，那这是意味着仅仅约定了在北京提供field trip courses培训课程，还是约定又在韩国开设运营为期12周的培训项目？
→ I sent the e-mail mentioned above to S Kim because she and Kyung-Hyang Newspaper claimed that **Korean Campus of CAS** existed. Prof. Kim and I have never run **the Korean Campus of Chinese Academy of Sciences**. Thus **the Korean Campus, which is falsely claimed by Kyung-Hyang Newspaper**, does not exist. I revealed the truth through **the Statement No. 2**. However, CASFEDS and Prof. Kim Heung-Kee jointly operated the 13-week Advanced Management Program on Chinese Intellectual Property under the agreement. The Program course consists of 13 weeks in total. Twelve of 13 weeks are processed in Korea. And one week is a field trip education in China. After completing the 13 weeks course, "Certification of Intellectual Property Advanced Management program Course at Chinese Academy of Sciences" will be issued in accordance with Article 4 of the agreement. Those certificates were issued and stamped by FEDS and I signed it.	

다음은 위 내용의 번역문이다. 쓰용은 '반나절 코스'가 아니라 총 '13주 코스'이고 그중에 12주는 한국에서, 1주는 중국에서 현지 연수(a field trip)로 구성된다고 말한다. 또한 13주 과정을 마치면 중국과학원이 수료증을 발급한다고 명확히 밝히고 있다.

질문	S Kim의 이메일에 대해 당신은 **2015년 11월 18일**, "FEDS는 한국 서울에 소위 'campus'가 없고, 그리고 단지 북경에서 IPAM의 현지연수를 제공했다"고 **성명서**를 발표했다. 이것은 북경에서 현지연수 과정만 제공하는 것에 동의한다는 것인가 아니면 한국에서 12주 교육 과정을 개설하는 것에도 동의한 것인가?
답변	나는 위에 언급된 성명서의 내용을 S Kim(김신애)에게 보냈다. 왜냐하면 그녀와 경향신문이 **'중국과학원의 코리아캠퍼스(Korean Campus of CAS)'**가 존재한다고 주장했기 때문이다. 김 교수와 나는 **'중국과학원의 코리아 캠퍼스'**를 결코 운영한 적이 없다. 따라서, **'경향신문에 의해 날조된 그 코리아 캠퍼스'**는 존재하지 않는다. 나는 **성명서**(Statement) 2조를 통해 진실을 공개했다. 그러나 CAS FEDS와 김흥기 교수는 계약에 의해 공동으로 중국의 지식재산에 대한 13주 과정을 운영했다. **최고위과정은 총 13주로 구성된다.** 13주 중에 12주는 한국에서 진행된다. 그리고 1주는 중국에서의 현지연수(a field trip)이다. 13주 과정을 마치면, 계약서(the agreement) 제4조에 의거 **"중국과학원 지식재산최고위과정"** 수료증이 발급된다. 이 수료증은 CAS FEDS가 발급하여 날인하고 내가 서명했다.

그러나 피고 강진구는 스스로 날조해낸 거짓을 바로 잡지 않았다. 필자가 보기에 그는 양심이 없고, 진실 앞에 직면하는 용기가 없고, 반성과 회개가 없으며, 어차피 조작날조에 나선 거 끝까지 간다는 심산이었을 것으로 보인다. 20여 년 기자생활을 하면서

허명(虛名)으로 쌓아올린 모래성이 무너지는 게 두려웠을까?(위의 S Kim은 경향신문 김신애 통신원이다.)

피고 강진구는 2015년 11월2일 다음과 같이 보도했다.

*[김흥기 씨(경향신문 10월7일자 10면 댓글부대 보도)가 중국과학원(CAS) 명의를 도용해 2년 여간 '가짜 수료증 장사'를 한 것으로 **확인됐다.** 수료증에 중국과학원 도장이 찍혀 있으나 가짜로 **판명됐다.**]*

위와 같이 첫 보도를 시작한 이후 2015년 11월 2일, 11월 5일, 9일, 14일에 이어, 성명서가 발표된 이후인 23일, 30일, 12월 12일, 19일, 2016년 6월 15일, 7월 25일, 8월 22일로 이어가면서 끊임없이 "중국과학원 이름을 팔아", "휴지조각에 불과한" 등 온갖 광란의 질주를 하면서 원고가 **가짜수료증 장사**라고 보도했다. 필자와 가족들의 고통은 살의(殺意)를 느낄 정도로 극심하게 이어졌다.

강진구는 필요에 따라 자기 모순된 평가도 서슴지 않는다.

"드디어 중국과학원이 공식입장을 발표했다."라고 성명서의 신뢰를 끌어올리는가 하면, 필요에 따라 "중국과학원이 일개 센터(=가상경제센터)의 홈페이지를 통해 성명서를 발표한 것은…"이라고 성명서를 폄하하기도 한다. 그는 쓰용 원장(Dr.Shi)을 사기꾼으로 매도했다가 (중국과학원과 KTL댓글부대를 엮을 필요가 생기자) 가상경제센터(CAS FEDS)는 중국 최고의 빅 데이터 기관이며 쓰용은 세계적 빅

데이터 분야의 권위자라고 보도하기도 한다.

① 11월 5일 기사의 어조 : 중국과학원 최고위과정을 폄하하기 위해 중국과학원 가상경제 및 데이터과학센터(가상경제센터)를 **100여 개 센터 중 하나에 불과**한 것으로 표현하였다. 그러나 이는 사실이 아니며, 중국과학원 가상경제센터는 중국과학원 직속 연구기관인 동시에 중국과학원대학교(UCAS) 소속 24개의 주요 학술 기구 중 하나로서 **단과대학**(College)급의 기관이다.

② 12월 19일자 기사의 어조 : 11월 5일 폄하했던 중국과학원

가상경제센터를 빅데이터와 댓글부대를 연관짓기 위해 **전 세계적으로 유명한 기관**이며, 중국 정부에서도 지대한 관심을 가지고 있는 기관으로 보도하였다. 자기가 쓴 기사를 필요(목적)에 의해서 손바닥 뒤집듯이 아무렇지 않게 바꿔버렸다.

실제 중국과학원 가상경제센터는 경향신문의 11월 5일 기사와는 큰 거리가 있으며, 12월 19일 기사 내용에 가까운 전 세계적인 기관이다. 그러나 그와 별개로 이 사례에서 보시다시피 강진구는 자신의 보도와 모순되는 기사도 어떤 해명이나 사과 없이 끼워 맞추기식 보도를 자행하였다.

[인용] 2015년 11월 5일 목요일 인터넷 경향신문 [비교] 2015년 12월 19일 토요일 인터넷 경향신문	
보도	2015년 11월 5일 목요일
제목	가짜 수료증 장사 김흥기 교수 007 기자회견
기사 내용 요약	결국 가능성은 두 가지다. 김 교수가 쓰용 교수를 전체 중국과학원을 대표하는 인물인 것처럼 연출을 했거나 **쓰용 교수가 김 교수를 상대로 사기를 쳤을 가능성**이다. 물론 두 사람이 공모를 했을 가능성도 배제할 수 없다.
보도	2015년 12월 19일 토요일
제목	'댓글부대' 김흥기, 중국 빅데이터 전문센터와 계약 왜?
기사 내용 요약	**김 전 교수와 운영계약을 체결한 쓰용 부원장 역시 빅데이터 연구의 권위자다.** 이 분야에서만 20권의 책과 200편이 넘는 논문을 발표했다. 그의 전공은 비즈니스 인텔리전스(business intelligence)와 데이터마이닝(data mining)이다. 데이터를 수집·보관하고, 데이터에 안에 숨겨진 관계를 분석해 미래 실행가능한 정보를 추출함으로써 신속한 의사결정에 도움을 주는 것이 그의 관심 분야다.

① 11월 5일 기사의 어조 : 중국과학원 최고위과정을 폄하하기 위해 중국과학원 가상경제센터의 부원장인 **쓰용 교수를 국제적 '사기꾼'**으로 표현하였다. 그러나 쓰용 교수는 경향신문이 본 건과 관련하여 중국과학원측에 분쟁을 일으키고 있는 와중에서도 중국 과학원 가상경제센터의 원장으로 승진할 정도로 대내외적으로 인정받는 인물이다.

② 12월 19일자 기사의 어조 : 11월 5일 폄하했던 중국과학원 가상경제센터의 부원장인 **쓰용 교수를 빅데이터와 댓글부대를 연관짓기 위해 빅데이터 연구의 권위자**로 보도하였다. 자기가 쓴 기사를 필요에 의해서 손바닥 뒤집듯이 바꿔버렸다.

위에서 보듯 두 기사는 서로 모순되는 기사이다. 필요에 의해 중국과학원 가상경제센터를 별것 아닌 기관으로 만들었다가 갑자기 전 세계적인 기관으로 보도하고, 가상경제센터의 원장으로 승진한 쓰용 교수를 사기꾼으로 만들었다가 세계적 권위를 가진 전문가로 보도하였다. 강진구 기자의 기사는 이렇게 코에 걸면 코걸이, 귀에 걸면 귀걸이식 보도이다.

중국과학원 가상경제센터(CAS FEDS) 홈페이지에는 중국과학원(CAS)과 가상경제센터(FEDS)의 관계가 천명되어 있다. 첫 줄에 **[FEDS는 중국과학원(CAS)의 직접적 지휘감독을 받는 연구소**(FEDS is a research institute under the directed leadership of CAS)]라고 밝혀져 있다. 또한 홈페이지의 소개란(Introduction)을 보면 FEDS와 쓰용(Dr.

Shi)의 위상을 짐작할 수 있다.

　쳉시웨이(成思危, Cheng Siwei, 1935~2015) 중국 '전인대'(전국인민대표회의) 상무위원회 부위원장이 FEDS의 창립자이며 초대 원장이었고 CAS "Hundred Talents Program" 교수인 쓰용이 현재 FEDS 원장이라고 명시되어 있다. 현재 상무위원회 위원장은 중국 공산당 서열 3위인 리잔수(栗戰書)이다. 쓰용 원장은 쳉시웨이 前 원장 사망 후부터 중국과학원 가상경제 및 데이터과학센터 원장으로 재직하고 있다.

　2015년 11월 23일 경향신문 보도는 [한국경찰 수사 적극협조]라는 큰 제목과 {중국과학원 "명백한 범법", **한국캠퍼스**는 존재 안해. 법적 대응 공식입장 밝혀]라는 소제목을 뽑아서 보도하고 있다. 이 기사는 사실일까?

　당연히 사실이 아니다. 중국과학원이 '계약에 의해 공동으로' 최고위과정을 운영했다고 성명서를 발표하면서 동시에 한국 경찰의 수사에 적극 협조한다는 게 말이 되는가? 또한 그게 명백한 범법이라고 했다는 게 말이 되는가? 정상적인 사람이나 조직이라면 한 입으로 두 말 하지 않는 게 당연하며 더구나 세계 최고의 학술연구 및 교육기관인 중국과학원이 공식 성명서를 발표한 내용이다.

　2015년 12월 15일, 필자는 서울시 '강남서초교육지원청'으로부터 전화를 받았다. 필자가 운영한 중국과학원 지식재산최고위과정이 학원법을 위반했다는 고발이 있으니 해명하라는 것이었다. 담당자와 만나 경위를 알아보니 강진구가 뒤에서 조치를 한 것이었다.

필자가 11월말 경향신문과 강진구 기자를 피고로 하여 민사소송을 제기하자, 강진구가 필자를 명예훼손으로 맞고소한데 이어 필자를 학원법 위반으로도 고발한 것이다. 필자는 해명을 했고 학원법을 어긴 사실이 없는 것으로 확인되었음에도 두 차례나 조사를 더 받아야 했다.

만약 필자가 중국과학원의 코리안 캠퍼스(즉 한국 분교)를 운영했다면 경향신문은 외국 대학 해외분교 설립의 주무관청인 교육부에 문의하는 게 마땅하다. 그런데 강진구 기자는 필자를 서울시교육청에 학원법 위반으로 고발했다. 이것은 피고 스스로 (당시 실제로 운영됐던 과정이) 분교가 아님을 알고 있었다는 반증이다.

피고들은 중국과학원을 속이는 한편 한국 독자들도 속였다. 단 하루(11월 2일)에 9개의 기사를 쏟아붓듯이 온갖 정부 기관을 동원해서 (필자를) 묻어버리면 끝이라고 생각했던 것일까? 하긴 죽은 자는 말이 없는 법이니까.

도저히 정상적이라고 볼 수 없는 피고들의 취재 행태 중 고의성과 악의성이 백일하에 드러나는 부분이 있다.

최근 JTBC의 '뉴스룸' 보도 내용 중 '요즈마 그룹'에 관해 보도한 내용이 있는데, 해당 기사 보도 후 반론보도가 게시되었다. 그 내용은 다음과 같다.

[인용] 2021년 8월 9일 월요일 인터넷 JTBC
[반론보도] 요즈마그룹 추적 보도 관련

뉴스룸은 7월 6일 「박형준 '1조원대 창업펀드 공약' MOU 요즈마그룹 추적」이라는 기사에서 요즈마그룹이 주소도 확인되지 않는 등 실체가 의심된다고 보도했습니다.

이에 대해 요즈마그룹코리아는 "현재 요즈마그룹은 이스라엘 실리콘밸리 라마트간에서 정상적으로 영업하고 있고, 뉴스룸이 보도한 요즈마그룹의 이스라엘 주소와 전화번호는 예전 것이었으며, 방송 시 JTBC 취재진이 방문한 사무실 간판이 '요즈마'라고 기재되어 있지 않았는데 '요즈마'라고 방송됐고, 홍콩 법인은 싱가포르로 이전하여 영업하고 있다."고 밝혀왔습니다.

요약하면 관계없는 주소와 전화번호로 연락한 뒤 '주소도 확인되지 않는 등 실체가 의심된다'고 보도하였기에 반론보도를 게시했다는 내용이다. 위와 같은 반론보도가 게시된 원인을 찾아보니 다음 기사가 확인되었다.

[인용] 2021년 7월 26일 월요일 인터넷 조선비즈
[단독 인터뷰] 이갈 에를리히 요즈마그룹 회장 "유령회사 보도에 굉장히 화가 났다…
韓 바이오 집중 투자할 것"

에를리히 회장은 "(해당 보도에 대해) 굉장히 실망했고, 화가 났다"라며 "이런 일이 벌어진 것에 대해 상당히 유감을 표한다."라고 했다. 그는 "방송 내용을 모두 봤는데, 허위적 보도에 대해 큰 충격을 받았다."라며 "우리는 해당 방송사의 취재 전에 충분한 답변과 해명, 자료를 보냈지만 악의적 편집이 된 것에 대해 이 또한 유감이 아닐 수 없다."고 했다.

요즈마그룹코리아는 해당 보도를 한 언론사에 100억원 규모의 손해배상소송을 제기한 상태다. 한국은 물론이고, 미국에서도 동일한 내용의 소송을 진행한다. 에를리히 회장은 "이번 소송은 특정 언론사에 대한 문제제기가 시발이지만, 이와 동시에 불공정하고, 왜곡된 보도가 신용이 생명인 회사에 얼마나 큰 피해를 줄 수 있는지를 알리기 위한 목적이 있다."며 "회사는 앞으로도 정해진 대응 방침에 따라 명예와 신용 회복을 위해 노력할 것이다."라고 했다.

필자는 JTBC와 요즈마 그룹 사이의 일은 자세히 알지 못한다. 언론 보도를 통해 공개된 정보만 알고 있을 뿐이다. 그러나 위 반론보도 내용과 인터뷰를 참고하면 JTBC가 "주소가 확인되지 않아서 실체가 의심된다."라고 보도하면서 잘못된 주소지에 가서 취재를 했다는 사실은 확인된다.

엉뚱한 곳(잘못된 주소)에 가면 엉뚱한 답(존재하지 않는다)이 나온다. 이것은 상식이다. JTBC의 취재가 고의인지 아닌지는 알 수 없다. 그런데 만약 이것이 고의라면 문제가 작지 않다. 의도적으로 허위보도를 했다는 뜻이기 때문이다. 바로 이런 잘못을 피고가 저지른 것으로 강하게 의심된다.

피고와 김신애는 오관철 북경특파원이 쓰용에게 수료증의 진위를 질문하던 시점인 2015년 10월 22일에 수료증에 적힌 교육기간에 대해 이미 잘 알고 있었다. 피고 강진구와 김신애는 2015년 11월 2일부터 가짜 수료증이라고 보도해놓곤, 1년이 지난 2016년 8월이 되어서 '수료증의 기간이 3개월이라고 적혀있다'고 묻고 있다.

피고와 김신애는 당초 2015년 10월 22일 오관철 경향신문 북경특파원을 통해 쓰용의 이메일로 연락하면서 첨부증서(최고위과정 수료증과 특허청장 상장)의 진위에 대해 문의한 바가 있다.

――原始邮件――
发件人: "오관철" ⟨okokc@hanmail.net⟩
发送时间: 2015年10月22日 星期四
收件人: yshi@ucas.ac.cn
抄送:
主题: 您好！我是韩国媒体记者

石勇副院长您好。我叫吴官哲。韩国京乡新闻的驻北京常住记者。
我想确认一下文件的真伪。附件的证书以您的名义发行的对吗？
我手机号码是13521324353。
请答复。谢谢。

Ｄ° okokc @hanmail.net ☒

일반 첨부파일 1개(79KB) 전체저장

🖾 사본 -중국과학원수료증1.jpg 79 KB   미리보기 | PC

发件人: "오관철" ⟨okokc@hanmail.net⟩
发送时间: 2015年10月22日 星期四
收件人: yshi@ucas.ac.cn
抄送:
主题: 您好！ 我是韩国媒体记者
石勇副院长您好。我叫吴官哲。韩国京乡新闻的驻北京常住记者。我想确认一下文件的真伪。附件的证书以您的名义发行的对吗？
我手机号码是13521324353。
请答复。谢谢。
"石勇 부원장, 당신 명의로 첨부한 증서를 발급한 것이 맞습니까?"
(추가 설명 : 이처럼 피고는 쓰용의 직책과 e-mail을 정확히 알고 있었다.)

출처 : 쓰용 원장이 2015년 10월 필자에게 제공한 이메일

　오관철 특파원은 부원장(副院長)이라고 호칭하고 있지만, 쓰용은 2015년 8월부터 가상경제센터의 원장(Director)이었다. 수료증 (Certificate)에 쓰용의 소속과 직책이 분명히 밝혀져 있고, 가상경제센터는 CAS, UCAS와 연결되는 독립적인 홈페이지가 있다.

출처 : 중국과학원 가상경제센터 홈페이지(2015년 11월 25일 방문)

즉 피고는 당시 '중국과학원 지식재산최고위과정'의 수료증을
입수해서 갖고 있었다. 수료증에 수료증을 발급한 곳이 중국과학
원 가상경제센터임이 명기되어 있다. 또한 리플렛과 발명진흥회
홈페이지 광고에 '최고위과정' 운영이라고 명백하게 밝혀있는데
이걸 '한국캠퍼스'라고 누명을 씌웠다는 고의가 명백한 것이다.

피고 강진구와 김신애(캐나다 국적자로 영어 네이티브)의 눈에도 상식
적으로 볼 때 이들이 장님이 아니라면 최고위과정은 중국과학원
가상경제센터와 개설된 것이었을 것이다. 따라서 피고들은 최고
위과정에 관해 가상경제센터에 문의해야 마땅하다.

'중국과학원 지식재산최고위과정' 수료증

만약 쓰용으로부터의 답장이 없다면 피고는 아래 가상경제센터
대표 연락처(전화와 이메일)로 문의해야 마땅하다. 가상경제센터에

연락하여 그곳에서 한국과 최고위과정을 운영한 게 맞는지 수료
증에 찍힌 직인은 가상경제센터 직인이 맞는지 확인을 해야 한다.

그런데 피고는 이 질문을 11월 2일 가짜수료증이라고 대서특
필해 놓곤, (11월4일 기자회견 후인) 11월5일 되서야 쓰용에게 하고 있
다.(Is the stamp on the certificate from your research center?) 가상경제센터
에 최고위 과정을 공동으로 개설한 한국 측 파트너인 원고 김홍기
의 이름 실명을 명확히 공개적하고 확인을 요청해야 하는 게 마땅
하다. 한국의 원고와 그곳 간에 최고위과정이 개설되어 운영되었
는지 확인해야 하는 게 상식이다.

가상경제센터 연락처
출처 : 중국과학원 가상경제센터 홈페이지(2015년 11월 25일 방문)

중국과학원 지식재산 최고위과정의 수료증은 필자와 중국과학
원 간의 계약(2013년 7월)에 의거해 발급되었고, 쓰용도 중국과학원

가상경제센터가 발급하고 자신이 서명한 것이라고 수차례 확인해 주었다.

중국과학원은 **성명서**(2015년 11월) **발표**를 통해 그 수료증이 계약서에 의해 발급된 것이라고 명확히 밝혀주었다. 피고들은 이미 2015년 10월경 수료증 사본을 확보하고 있었다.

'**계약서**(Agreement)'**와** '**수료증**(Certificate)', 그리고 '**성명서**(Statement)' **가 모두 일치**함에도, 피고 강진구 일당들은 성명서와 수료증이 일치하지 않는다고 2016년 8월에 되어서야 뒤늦게 '눈 뜬 장님' 또는 '외눈박이' 행세를 하고 있던 것이다.

(2) 모스크바 국립대 초빙교수 관련 내용

[인용] 2015년 11월 23일 월요일 인터넷 경향신문	
보도	2015년 11월 2일 토요일
제목	김흥기는 누구…국정원 출신 기업가·**모스크바대 교수 위장**·정부 자문위원 맡아와
기사 내용 요약	평범한 벤처기업인에 불과한 그는 2012년 대선 후 갑자기 온갖 정부부처 자문위원을 맡기 시작했다. 여기엔 2011년부터 시작된 모스크바국립대 행정대학원 초빙교수 약력이 후광으로 작용했다. 모스크바국립대는 지난달 30일 블라디미르 예레민 제1부총장 명의로 경향신문에 '그가 초빙교수인 적이 없었다'는 e메일을 보내왔다. 그전까지 아무도 그의 약력을 의심하는 사람은 없었다.

피고들의 기사와 칼럼에서 필자가 모스크바 국립대 초빙교수 '가짜'라는 건 또 어찌된 영문일까? 피고들은 모스크바 국립대의 예레민(Mr.Yeremin) 제1부총장에게 확인한 결과 필자가 모스크바 국립대 행정대학원 초빙교수가 아니라는 공식 답변을 받았다며, "초빙교수가 가짜인 것으로 드러났다."라고 단정적으로 보노했나.

이에 대한 해답은 피고들이 2015년 10월 29일 심야에 모스크바 국립대 사도비치(Mr.Sadovnichy) 총장에게 보낸 이메일에 있다.

- 이메일 내용 -
[김흥기는 한국에서 80만 달러를 횡령한 혐의가 대한민국 국회의 국정감사에서 드러나서 경찰 조사를 받고 있는 사기꾼이다. 그는 자신이 모스크바 국립대에서 명예박사학위를 받았다고 주장한다. 첨부 사진(좌측)을 참고하기 바란다. 그는 모스크바 국립대 행정대학원 초빙교수라고도 주장하는데 사실을 확인해주기 바란다.]

이메일 내용 출처 : 피고가 제출한 증거 (Part IV 이메일 원본 참조)

여러분의 기억을 되살리자면 강진구는 10월 29일 밤 9시가 넘어서 필자에게 다음과 같은 문자를 보낸 적이 있다.

[*"김흥기 교수님 중국과학원 승인 없이 대학이름 무단도용하신 부분과 모스크바 초빙교수 허위로 드러난 부분 기사로 쓰려고 합니다. 반론하시기 바랍니다. 10시까지 연락 없으면 반론포기로 간주하겠습니다."*]

강진구는 필자에게 '모스크바 초빙교수 허위로 드러난 부분'이라고 단정적인 문자를 먼저 보내놓곤 그제야 모스크바 국립대에 'Urgent'라는 제목을 달아서 허겁지겁 이메일을 보낸 것이다. 강진구가 필자에게 연락할 당시, 그는 모스크바 국립대에 연락조차 해본 적이 없었던 것이다.

언론의 보도방식으로 볼 때 편집국과 협의아래 11월2일 보도날짜가 잡혔기에 '초빙교수 가짜'로 조작하기 위해선 시간이 많지 않았을 거라는 게 쉽게 짐작이 간다. 필자는 모스크바 국립대 행정대학원에서 예레민을 만나서 피고 강진구가 모스크바 국립대 총장에게 보낸 이메일과 강진구가 예레민으로부터 받았다는 이메일을 보여주었다.

예레민은 필자에게 자신은 두 개의 이메일을 모두 처음으로 보며, (경향신문이 모스크바 국립대 총장에게 보낸 이메일에 첨부된 사진 속의) 유즈베코프 장관을 매우 잘 알고 있는데 이 편지(피고들이 제시한 편지)에서는 자신이 그(= 유즈베코프)를 모른다고 하고 있으며 이름의 철자도 완전히 다른 사람이라고 지적했다.

예레민은 필자에게 "내가 유즈베코프 장관님의 이름이 러시아 어로 'Юзбеков(유즈베코프)'라는 것을 잘 알고 있는데, 이 편지엔 'Узбеков(우즈베코프)'라고 잘못된 이름이 쓰여 있다. 이것은 러 시아에서 있을 수 없는 일이다. 물론 이 편지는 내가 쓴 것이 아니 다."라고 했다.

맞는 말이다. 외국인이 보기에 '김'과 '감'은 비슷해 보이고 발음 도 비슷하게 들릴 수 있지만, 모국어인 우리나라 사람에게는 전혀 다른 글자이다. 공식적인 상황에서 러시아인들은 보통 서로 풀 네 임(full name)으로 부른다. 그리고 러시아 풀 네임은 개인 이름과 부 칭(아버지의 이름)으로 구성되어 있다. 이런 러시아에서 성(姓)의 스펠 링을 헷갈린다는 것은 전혀 상식에 맞지 않는다.

아래 사진 좌측이 피고에게 이메일을 보냈다는 예레민 행정대 학원 부원장이다. 강진구가 받았다는 이 이메일에 의하면 예레민 과 유즈베코프 前 모스크바대 재산관리국장은 모스크바 대학과 무관한 사람이고 서로 모르는 사람이어야 한다. 아래는 필자와 셋 이 찍은 사진이다. 이들이 서로 모르는 사이인가?

〈 좌측 예레민, 우측 필자 〉	〈좌측부터 예레민, 유즈베코프 장관, 필자의 순〉

출처 : 필자가 촬영 (2017년 5월 15일)

예레민의 말대로라면 구글(Google) 번역기를 돌려서 영어를 러시아어로 번역한 후, 이 번역된 내용을 누군가에게 확인한 것으로 보인다. 유즈베코프 장관의 영문 이름(姓, Last name)은 'Yuzbekov'인데 김신애는 모스크바국립대 사도비치 총장에게 보낸 이메일에서 유즈베코프 장관의 이름을 'Uzbekov(우즈베코프)'로 오기했다. 성(姓)이 다르므로 완전히 다른 사람인 것이다.

김신애 통신원이 오기한 영어이름 'Uzbekov(우즈베코프)'를 구글 번역기를 이용해 러시아어로 번역해보면 'Узбеков(우즈베코프)'로 번역되는데, 경향신문이 예레민 부원장으로부터 받았다는 예레민 명의의 러시아로 쓰인 이메일에서도 동일한 'Узбеков'라고 기재되어 있다. 이것이 무엇을 의미하는지는 독자들의 판단에 맡긴다.

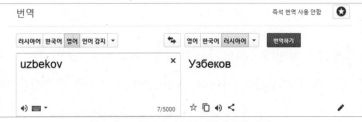

Eurasia party leader and a former professor at MSU. (Please refer to photos attached to this email.) The photo is the "honorary doctorate" ceremony with Jaydula Uzbekov, the Director of Property Management of MSU.

을 제6-1호증

〈김신애가 보낸 이메일 중 유즈베코프 영문 오기〉

출처 : 피고가 제출한 증거

번역　　　　　　　　　　　　　　　　　즉석 번역 사용 안함 ⚙

러시아어 한국어 영어 언어 감지 ▼　　↔　영어 한국어 러시아어 ▼　번역하기

uzbekov　　　　　　　　　×　Узбеков

🔊 🖵 ▼　　　　　　　7/5000　☆ 🗋 🔊 <　　　　　✎

〈유즈베코프 영문 오기 구글 번역기 입력 결과〉

ВШГА МГУ <office@anspa.ru>　　　　　　　　Fri, Oct 30, 2015 at 3:16 PM
To: jayandfriends4321@gmail.com

Уважаемый Шейн Ким,

Г-н Ким никогда не был почетный профессор нашей школы. Дипломы , Которые показаны на фото, не доказательство того, что он, как и дипломы, имеет дело с МГУ. Предприятие определены в им, мне неизвестно. Мистер. Узбеков а Мистер. Дугин, насколько я знаю, в настоящее время не являются сотрудники в МГУ. учителей из Кореи в нашей школе никогда не было. Рад помочь вам.

〈예레민이 작성하지 않았다고 하는 이메일에서 등장하는 유즈베코프 오기〉

출처 : 피고가 제출한 증거

모스크바 국립대 행정대학원의 마카로프 원장은 2011년 12월 필자를 초빙교수로 위촉했다. 그는 소련 국적으로 유일하게 1975년 노벨 경제학상을 수상한 레오니트 칸토로비치(Leonid Kantorovich)의 제자로서 자원배분 분야 수리경제학 권위자로 대학 총장과 이사장을 역임했고 80세가 넘은 고령임에도 현재도 행정

대학원 원장(Director)으로 봉사하고 있다.

좌측 : 마카로프 원장과 예레민
출처 : MSU 홈페이지 21년 9월 10일 방문

예레민과 필자
출처 : 필자 촬영

예레민은 행정대학원의 수석부원장(1st vice-director)일 뿐 모스크
바 국립대의 부총장이 아니다. 모스크바 국립대에 부총장은 8명
있지만 제1부총장이라는 직책 자체가 없다. 상식적으로도 해외협
력 업무는 국제관계 부총장의 업무이다.

피고들은 예레민 제1부총장이 보내온 이메일이 있다고 보도했
지만, 정작 예레민은 자신이 그런 이메일을 보낸 적이 절대로 없
고 정상적인 교육을 받은 러시아인이 쓴 편지가 아니며 '누군가
조작한 편지'라고 확인해주었다. 마카로프 원장은 자신이 필자를
행정대학원 초빙교수로 위촉했다는 사실 확인서를 한국 법원에
발급해주었다.

Подтверждение

От академика РАН Макарова Валерия Леонидовича

Подтверждаю, что профессор Ким Хынги провел для студентов интересную лекцию на тему «Обзор интеллектуальной собственности в Koree» («Overview of Korean intellectual Property») в Высшей школе государственного администрирования Московском Государственном Университете им. М.В. Ломоносова 15 декабря 2011 года и в знак благодарности вручил ему сертификат приглашенного профессора (visiting professor) от 15 декабря 2011.

17.09.2018

출처 : 마카로프 원장이 한국법원에 제출하도록 필자에게 제공(2018년 9월 17일)한 사실 확인서

필자는 러시아에서 2011년 12월 사진 속에 들고 있는 명예박사를 수여받은 바 있다. 학위를 수여하는 사람은 당시 모스크바 국립대의 경제학부 교수이자 재산관리국장인 유즈베코프(Mr. Yuzbekov)이다. 필자가 명예박사학위를 받은 경위는 위 사진과 함께 필자가 명예회장으로 있던 은평타임즈 신문에 보도된 바 있다.

사진을 보면 학위를 발급한 기관명과 학위명이 명확하다. 사정이 이런데도 피고들은 손바닥으로 하늘을 가리는 짓을 하면서 필자에게 누명을 씌웠던 것이다. 연세대 학위증을 고려대에 보이면서 이게 고려대 학위증이 맞느냐고 묻는 식이다. 당연히 고려대 학위증이 아니다. 천인공노할 짓을 자행하는 범죄 집단이다.

книжное обозрение

Сайт создан при финансовой поддержке Феде

НОВОСТИ   КНИЖНЫЕ НОВИНКИ   ВЫБОР РЕДАКЦИИ   КОНТАКТЫ   ПОД

КИМ ХЫНГИ: «ИСТОРИЯ ЧЕЛОВЕЧЕСТВА – ЭТО ИСТОРИЯ СОЗДАНИЯ ЦЕННОСТИ»

Ким Хынги - приглашенный профессор МГУ им. М.В. Ломоносова, директор центра Льва Гумилева в Республике Корея.

위 기사는 러시아 유력 언론이 필자의 러시아 내 다양한 활동을 비중 있게 소개한 대담 형식의 기사이다. 모스크바 국립대뿐 아니라 러시아 고등경제대학 등의 명문 대학과 기업 및 시민단체에서 21세기 인공지능 시대를 대비하여 혁신과 가치창출(value creation)에 대해 기여하고 있는 필자의 활동을 소개하고 있다. 참고로 여기 실린 사진이 바로 모스크바 국립대 행정대학원 학생들에게 강의 후 기념 촬영했던 것이기에 소개한다. 가운데 필자가 앉아있다.

(3) KTL 국정원댓글부대 의혹 관련 내용

이러던 중 12월이 되자 이제는 필자가 청와대 안봉근 비서관을 사칭했다는 황당한 기사까지 등장했다. 아주 가지가지 한다는 생각이 들었다.

[인용] 2015년 10월 24일 토요일 인터넷 경향신문	
경향신문 **[단독]KTL '댓글부대' 김흥기, "안봉근 비서관 만나러 청와대 간다"**	
보도	2015년 12월 12일 토요일
제목	[단독] KTL '댓글부대' 김흥기, "안봉근 비서관 만나러 청와대 간다"
기사 내용 요약	다만 그가 ㄷ월간지에 관심을 보인 시기는 국정감사를 앞두고 〈주간경향〉의 잇단 '댓글부대' 의혹 제기로 KTL이 그린미디어에 용역계약을 해지 통보한 직후였다.

〈Fact Check〉
필자는 안봉근 비서관을 만나러 청와대를 간 사실도 없고, 그러한 사실을 이야기 한 사실조차 없다. 경향신문은 필자가 2015년 10월 2일 ㄷ월간지 편집장에게 전화했다고 보도했다. 그러나 필자는 그에게 전화한 사실이 없기에 그 사실을 입증할 통신사 통화기록을 검찰에 제출했다. 당시 대한화보의 박○○ 편집국장은 수차례의 사실 확인서를 통해 필자가 안봉근과의 친분을 거론한 적이 전혀 없을 뿐 아니라 모든 게 ㄷ월간지 김×× 발행인이 꾸민 일임을 밝혔다.

2015년 9월 필자에게 인터뷰를 요청한 매체가 있었다. ㄷ화보라는 월간지였다. 필자는 인터뷰 요청을 정중히 거절했다. 하지만 박○○라는 편집국장이 '좋은 일'이라면서 집요하게 미팅을 요청하기에 한 번 만났고, 며칠 후엔 김××이라는 발행인과 함께 찾아왔다. 김××이라는 발행인은 자신이 1947년생으로 해병대 의장대 출신이며 정부에서 운영하던 국정홍보지인 '대한화보'를 자신이 운영하고 있고 박근혜 전 대통령이 1998년 첫 유세 때 독점 밀착 인터뷰를 했다는 등 떠벌렸다.

필자가 대한화보의 경영 현황을 문의하자 발행인은 월 4천~4만 부, 평균 2만 부 내외를 발간한다며, 표지 바꿔서 인쇄하고 누군가를 표지의 주인공으로 해서 잡지를 판매하는 방식으로 수익을 내고 있다고 설명하였다. 즉 김×× 발행인이 설명한 내용은 잡지 사업을 영위하기 위한 구체적인 계획이 전혀 없고 '표지 갈이'로 재원을 조달한다는 이야기였다. 당시 필자는 발행인의 설명을 들으면서 수첩에 아래와 같이 메모하였다.

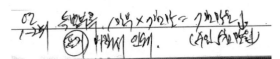

출처 : 필자의 메모 (2015년 11월 25일 촬영)

출처 : 김×× 발행인

필자는 그 발행인이라는 사람이 한 눈에 사기꾼 아닐까 의심했지만, 동행한 박 국장이라는 사람이 진정성이 있고 열심히 하려는 의지가 있어 보여서 그 회사현황에 대해 몇 가지 질문을 하고 이렇게 만난 것도 인연으로 생각해 그 잡지가 발전할 아이디어를 말해주었다. 필자의 아이디어는 대한화보가 '화보 사진'에 강점이 있으니 광복70주년을 맞아 '광복 70주년 대한민국 발전화보'를 발간하면 좋겠다는 것이었다.

그랬더니 박 국장은 물론이고 김 발행인이 크게 반색하면서 도와달라고 요청을 했고 필자는 해외 출장을 앞두고 있어서 바쁘긴 하지만 청와대 홍보파트에 아이디어를 전달해주겠다고 했다. 위 만남이 있고나서 바로 다음날 필자에게 "김홍기 원장님, 대한화보에서 약정서 보내드립니다!"라는 제목으로 이메일이 수신되었다. 내용은 대한화보의 회장직을 맡아달라는 내용이었다.

그러나 필자는 필자가 준 아이디어에만 관여하려는 생각이었지 표지갈이 등 사기느낌이 강한 대한화보 회장에는 아무 관심도 없었기에 이메일에 답변하지 않는 것으로 거절했다.

만일의 응급사고를 대비하기 위해 여러대의 구급차량도 체육관 입구에 배치된다.

이 문화제 행사에는 박근혜 대통령의 격려사도 있을 예정이다.

또한, 국가 원로인사, 독립유공자, 행정부, 입법부, 6.25 참전 유공자, 베트남 참전 유공자, 문화예술, 경제, 언론계 등 각계 인사 약 1500명을 초대한다.

대한화보 김 상석 발행인은 "폐허의 잿더미 위에 우뚝

출처 : 김×× 발행인 제공한 대한화보 잡지 2015년 10월호

그런데 알고 보니 그 매체 발행인(김××)은 정상적으로 잡지를 발전시키는 데는 관심이 없고 필자를 바지사장으로 앉혀서 돈을 빼먹으려는 속셈과 필자의 인맥을 이용해서 '대한민국 효(孝) 문화제'

라는 정체를 알 수 없는 이벤트로 돈을 노린 불순한 의도를 가지고 있었던 것으로 강한 의심이 들었다. 다음은 박근혜 전 대통령이 표지로 있던 잡지에 소개되어있는 효 문화제 관련 특집이다.

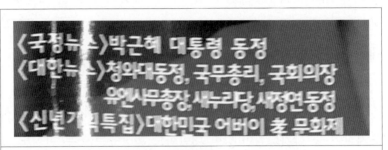

출처 : 김×× 발행인 제공한 대한화보 잡지 2015년 10월호

출처 : 김×× 발행인 제공한 대한화보 잡지 2015년 10월호

일시 : 2015년 5월 22일 오후 2시(식전행사 : 오전 10시)   <www.photokn.co.kr>
장소 : 서울 잠실체육관
주최 : 時事大韓畫報
주관 : (사)신상록수
후원 : 행자부, 문체부, 교육부, 보건복지부, 대한노인회 중앙회, KBS, MBC, SBS, 조선, 중앙, 동아, 한국, 경향, 문화일보
협찬 : 삼성, SK, LG, 현대, 롯데 외

출처 : 김×× 발행인 제공한 대한화보 잡지 2015년 10월호

실체도 불분명한 '효 문화제' 행사를 성북구청, 용산구청 등 지방자치단체 홈페이지에 광고 글을 게시하였다. 위 후원과 협찬 목록을 보면 방송 3사와 조중동, 한국, 경향, 문화일보 등 신문사, 삼성, SK, LG, 현대 등 굴지의 대기업이 후원과 협찬을 한다고 되어있다.

발행인 김××은 '효 문화제'라는 행사를 개최하려 한다면서 그 홍보에 빠짐없이 박근혜 전 대통령을 이용하고 있었다. 필자와 첫 만남에서 박근혜 대통령을 표지 모델로 한 대한화보 잡지를 가져와 박 대통령과의 인연을 강조했던 것처럼, 박근혜 대통령을 미끼로 금전적 이득을 취하려고 했던 것이다.

이런 판단은 발행인이 필자에게 발송한 이메일에서도 드러난다. 우선 이메일에 첨부된 약정서의 파일 이름이 '**약정서**(김홍기).hwp'인 것으로 보아, 괄호안의 이름만 바꾸어 여러 사람에게 미끼 던지듯이 회장직을 제안했던 것으로 강하게 의심된다.

출처 : 김×× 발행인 제공한 대한화보 잡지 2015년 10월호

◎ 갑은 을이 추천한자를 대한화보 임원으로 위촉할 수 있는 인사권을 행사할 수 있게 하고 그 범위는 취재, 사진, 편집 기자를 제외한 명예회장, 상임고문, 부회장, 부사장, 편집위원, 사업본부장, 기획특집국장, 전국 각 지사장 등으로 한다.

출처 : 대한화보 직원 이 모 씨(actremember@naver.com)가 필자에게 보낸 이메일
날짜 : 2015년 9월 16일 수요일, 15시 43분 30초 +0900
제목 : 김흥기 원장님. 대한화보에서 약정서 보내드립니다!

또한 이메일에 첨부된 약정서 내용을 보면, 갑(김×× 대한화보 발행인)은 을(회장직)에게 취재 기자를 제외한 전체 인사권을 부여하고 있는데, 이는 회장으로 하여금 잡지사 경영에 대한 책임을 부담하도록 하여 효 문화제 등 행사 문제 발생 시에 필자에게 책임을 전가하려고 했던 것이다.

더구나 필자가 주위 몇 개 언론사를 통해 알아보니 월간지를 발간도 못할 뿐만 아니라 사무실 월세와 직원들 급여도 못주는 형편이었다. 필자가 회장직을 수락하지 않자 자기 뜻대로 되지 않는 것에 앙심을 품고 필자에 대해 강진구 기자에게 거짓으로 악의적인 제보(또는 강진구와 공모)를 한 것이었다.

필자는 당시 청와대 홍보실 담당자를 만나러 간 것이었다. 안봉근 비서관과 알지 못할 뿐만 아니라 그와의 친분을 과시한 적도 없고 그럴 필요도 없었다. 필자는 선의로 대한화보를 도와주려던

것이었는데 누군가와의 친분을 과시해야 할 이유가 없지 않은가? 필자가 뭐가 부족해서 청와대를 팔면서 (직원의 급여를 체납하고 식당의 밥값조차 떼먹어서) 고용부에 고발되고 처벌받는 잡지사의 회장직을 요구한단 말인가?

경향신문은 필자가 10월 2일 김××에게 전화했다고 보도했다. 필자는 전화한 적이 없다는 통화기록을 검찰에 제출했다. 그리고 당시 대한화보의 편집국장은 수차례의 사실 확인서를 통해 필자가 안봉근과의 친분을 거론한 적이 전혀 없을 뿐 아니라 모든 게 김××이 꾸민 일임을 밝혔다.

당시 점심을 함께 하던 필자의 지인이 필자의 사정을 듣곤 고사성어 양금택목(良禽擇木)을 언급했다. "현명한 새는 나무를 가려서 둥지를 튼다." 또는 "슬기로운 새는 나무를 가려서 앉는다."는 얘기다. 미물도 저 앉을 곳을 가려 앉는다는데, 사람으로 태어나 그 자리가 자신에게 합당한지 또는 자신이 모실 사람이 합당한 인물인지를 생각해 보고 진퇴를 결정해야 한다는 뜻으로 종종 인용된다.

필자는 큰 모욕감을 느꼈고 마치 인생을 크게 잘못 산 것 같은 비애감이 들었다. 그날 밤은 영원히 잊지 못할 밤으로 기억될 것 같다. 성경의 욥기를 보면 욥(Job)은 자신의 괴로움을 저울에 달아보면 바다의 모래보다 무거울 것이라고 말한다. 욥은 바다의 모래보다 많은 고통을 느꼈다. 친구는 이런 하나님의 긍휼로 고난당하는 자를 도와야 마땅하다. 친구들은 친구가 어려울 때 이해하고 동정하는 자들이다. 친구의 위로로 고통은 반감되고 기쁨은 배가 된다.

그러나 욥의 친구들은 욥을 이해하고 동정하기보다 바른 소리만 하였다. 아픈 자에게 바른 소리는 위로를 주지 못한다. 세상은 죄로 인하여 낙심하는 자라도 위로해 준다. 그런데 하나님을 경외한다고 하는 친구들은 욥을 위로해 주지 못하였다. 그들은 옳은 것이 있었지만, 가장 중요한 사랑을 잃었다.

욥은 "너희는 남의 말꼬투리나 잡으려는 것이 아니냐?"고 묻는다. 욥은 친구들에게 도움을 구하지 않았다. 무엇을 달라고 하지도 않았고, 선물을 달라고 하지도 않았다. 원수나 폭군의 손에서 구해달라고 하지 않았다. 그런데도 그들은 욥을 책망하고 옳은 소리를 하였다. 욥의 고난을 보고 죄가 있다고 몰아붙였다. 그래서 욥은 더욱 고통스러웠다.

철새 기러기 떼의 포메이션에는 절제된 행동과 규율과 조화가 있다. 맨 앞에 선 기러기가 바람막이 역할을 하다가 힘겹고 지치면 뒤로 가고 순서를 바꾼다. 꺅꺅 서로 소리를 내면서 격려한다. 여럿이 갈 때 속도가 71퍼센트 증가한다. 기러기 무리 중에서 상처를 입던지 더 이상 같이 날아가지 못할 기러기 생기면 꼭 두 마리가 함께 내려갔다가 다른 떼가 오면 그때 합류한다.

기러기들은 아무도 성경 속 욥의 친구들처럼 비난하지 않는다.

우리는 그냥 기다려줄 수는 없는 것일까? 세상에 문제가 없는 사람이 어디 있는가? 세상에는 기러기 떼보다 못한 사람들이 많다. 아무도 욥을 위로해주지 않았듯이.

필자가 기자회견을 하고 피고들을 명예훼손으로 소송을 세기하자 명예훼손 가해자가 피해자를 오히려 역으로 고소하면서 해당 신문지면을 통해 더욱 더 잔인한 보도를 이어가기 시작했다.

이러한 천인공노할 악행은 반드시 근절되어야 한다. 피고는 형사고소와 민사소송의 전 과정을 통해 끝까지 반성하지 않았고 현재도 사과를 표한 적이 없다. 강진구는 자신이 자신의 취재를 사실로 믿었기에 믿은 대로 보도한 것이라며 언론의 자유 뒤에 숨어서 보도의 공익성(공익에 부합한다)과 상당성(진실로 믿고 보도할 만했다)을 악용하는 후안무치한 태도를 보였다.

"KTL 용역이 국정원 댓글부대가 아니라는 검찰의 결론이 났음에도 왜 계속 보도했느냐?"는 재판부의 질문에 대해, 피고 강진구는 *"김 교수가 대한민국의 민주주의를 파괴하는데도 청와대, 감사원, 국정원과 검찰이 한통속이 되어 비호하기에 자신이 나서서 보도할 수밖에 없었다."*고 항변했다.

속칭 '무적의 논리'가 바로 이 경우이다. 강진구 자신에게 유리하면 잘된 수사이고 판결이지만, 자신에게 불리하면 편파수사이고 잘못된 판결이라는 식이다. 더 이상 인간사회가 이런 저질 기자를 용납해서는 안 된다.

다음은 피고 강진구가 원고와의 중앙지검 대질신문을 앞두고 2017년 10월15일 글로벌이코노믹 노부국장에게 보낸 문자이다.

"제(=강진구)가 수사의 가이드라인을 제시하게 될 겁니다."

〈피고 강진구가 글로벌이코노믹에 보낸 카톡 문자
출처 : 글로벌이코노믹 제공 2017년 12월 〉

강진구는 대한민국의 검찰을 피고의 수족처럼 부리고 있다. "제 (=강진구)가 수사의 가이드라인을 제시하게 될 겁니다." 흥행 영화 '내부자들'에 등장했던 조국일보 이강희 주필과 너무나 닮은 파렴치한 주인공이 한국사회에 실제로 존재했다. 필자, 박형준, 강진구와의 검찰대질신문에서 박 사장이 이것을 검사에게 제공했다. 직접 쓴 게 맞느냐는 검사의 추궁에 한참 동안 문자만 쳐다보더니 "제가 쓴 게 맞고요… 적절하지는 않은 것 같습니다."라고 입을 열던 강진구의 모습이 눈에 선하다.

· 필자의 변호인들에 따르면, 대한민국 헌정사상 '한 개인을 대상으로 한 언론사가' 이렇게 오랜 기간 수많은 허위보도로써 무참하게 반인륜적으로 공격하고 괴롭힌 사례는 없었다고 한다. 언어가 얼마나 위선적이고 거짓일 수 있는지 그리고 글과 말이 얼마나 더럽고 추악할 수 있는지 피고의 기사가 모범이다. 노벨 허위문학상 감이다. 필자는 5년간의 법적 다툼을 통해서 예나 지금이나 악인의 특성은 무자비하며 회개하지 않는(merciless, remorseless) 것임을 절감했다.

강진구는 2015년 12월 19일 기상천외한 기사를 내놓는다. KTL 용역 즉 피고가 주장하는 KTL 국정원 댓글용역과 중국과학원이 사이버 여론조작으로 서로 연결되어 있다는 것이다. 필자와 중국과학원 간에 계약(Agreement)을 통해 최고위과정이 운영되었다는 것이 밝혀진 만큼 살 길을 찾아야 했을 것이다. 강진구는 이 위기상황에서 탈출구를 모색한다.

핵심은 이 기사의 제목에 드러난다. "빅 데이터 전문센터와 계약 왜?"에 그 방점이 있다. 첫째 중국과학원측의 최고위과정 운영 주체인 '가상경제 및 데이터 과학센터'를 갑자기 '빅 데이터 전문센터'라고 둔갑시킨다. 그리고 둘째 가상경제센터와의 '계약'을 왜 했는지 의문을 제기한다. 재프레이밍(reframing)에 나선 것이다.

[인용] 2015년 12월 19일 토요일 인터넷 경향신문

경향신문
'댓글부대' 김흥기, 중국 빅데이터 전문센터와 계약 왜?
기사입력 2015.12.19. 오후 2:05 　기사원문　 스크랩 　📢 본문듣기 · 설정

보도	2015년 12월 19일 토요일
제목	**'댓글부대' 김흥기**, 중국 빅데이터 전문센터와 계약 왜?
기사 내용 요약	'댓글부대'로 의심받는 한국산업기술시험원(KTL) 수출정보사업 용역은 단순한 국고보조금 횡령사건으로 막을 내릴 것인가. 국정원 출신의 김흥기 전 카이스트 겸직교수가 지난해 12월 용역업체 회장으로 영입된 사실이 밝혀지면서 KTL 용역팀의 정체에 대해 온갖 의혹이 제기돼 왔지만 경찰 수사는 예상했던 수준을 벗어나지 못하고 있다. 하지만 경찰 수사가 단순 횡령사건으로 끝나더라도 KTL '댓글부대' 의혹에 대한 진상규명 기회가 완전히 사라진 것은 아니다. 불행인지 다행인지 〈주간경향〉 보도에 불만을 제기한 김 전 교수가 민사소송을 제기했고, 〈경향신문〉은 그를 서울중앙지검에 사기죄로 고소한 상태다. 김 전 교수가 경찰 수사에서 면죄부를 받더라도 민·형사소송이 진행되는 한 그를 둘러싼 의혹은 사법적 심판을 받을 기회가 여전히 남아 있게 되는 것이다. '댓글부대'로 의심되는 KTL 용역사업과 중국과학원의 교류가 사이버 여론조작을 위한 시스템구축 차원에서 서로 유기적으로 연결돼있을 가능성이 포착된 것이다.

〈Fact Check〉
앞서 밝힌 대로, 필자는 KTL 용역 진행 당시에는 용역의 존재조차 모르던 사람
이고 이 사실은 KTL 용역관련 경찰 수사, 필자가 경향신문과 강진구를 고소한
명예훼손 형사사건, 손해배상 민사사건 등에서 수사기관과 법원에 의해 명백한
사실임이 밝혀졌다. 따라서 필자가 존재조차 모르던 KTL 용역과 민간 차원에서
적법한 절차를 통해 진행한 최고위과정의 파트너인 중국과학원이 '시스템구축
차원에서 서로 유기적으로 연결돼있을 가능성'은 성립 불가한 명제이다.

경향신문은 필자를 고소한 적이 없다. 가해자인 강진구가 피해
자인 필자를 고소·고발한 적은 있다. 가해자가 피해자를 능멸하
는 이런 작태는 사법권을 농단하는 천인공노할 추가 범죄행위이
다. 강진구의 표현대로라면 위 기사에서 강진구가 경향신문을 사
칭한 것이기도 하다. 또한 위 기사는 필자가 댓글부대 관련 서울
지방경찰청 수사를 받은 듯이 보도하고 있는데 이는 명백한 허위
사실이다. 필자는 경찰의 수사를 받은 적이 없기 때문이다.

이 기사의 제목 "댓글부대 김흥기, 왜?"와 {'댓글부대'로 의심되
는 KTL 용역사업과 중국과학원의 교류가 사이버 여론조작을 위한
시스템구축 차원에서 서로 유기적으로 연결돼있을 가능성이 포착
된 것이다.}라는 기사는 전형적인 '음모론(Conspiracy theory)'이다.

이에 대해 나무위키는 "집중적으로 파헤치다 보면 진실을 밝혀
내기도 하지만, 대부분은 생사람을 잡는다."라고 음모론의 위험을
경계하고 있다. 나무위키의 내용을 보자.

음모론은 어떤 일에 관해 알고 싶은 사람은 많은데 정보가 부족할 때 발생한다. 그것이 일루미나티와 프리메이슨이 될 수도 있고, 월가의 이너 서클이 될 수도 있다. 보통 한 음모론에 빠진 사람은 다른 음모론에도 쉽게 경도되는 경향이 있으며 심지어 서로 상충되는 음모론을 동시에 믿는 것도 가능하다는 게 밝혀졌다.

음모론은 증거가 있고 개연성이 있지만 사실이 아닌 경우가 많다. 즉, 예언가의 모호한 예언처럼 다 끼워 맞춘다. 음모론 자에게 결정적 증거를 요구하면 정부 혹은 특정 지배 계층이 공개하지 않기 때문에 보여줄 수 없다고 한다. 나중에 음모론이 틀렸다는 증거가 공개된다고 해도 그것은 조작된 것이라고 우기면 그만이다.

음모론은 대부분 〈A가 일어난 것은 B 때문이다.〉 형식으로 구성되는데 B가 근거가 아니라 또 다른 주장인 경우가 많다. 예를 들어 〈이 밥이 맛있는 이유는 소금을 넣었기 때문이다.〉라는 주장을 생각해 보자. 말도 되고(?) 이치에도 맞다. 그러나 소금은 하나의 가능성일 뿐 절대적 사실은 아니다. 이 밥이 맛있는 이유는 좋은 밥솥으로 해서 그럴 수도 있고, 배고파서 그럴 수도 있다. 모두 가능성을 제기하는 가설일 뿐이다. 그러나 음모론자는 자기가 믿고 싶은 가설 하나를 절대적 사실로 믿는다.

음모론에 심취한 이들은 세상의 모든 것을 음모로 판단하며 자그마한 하나하나에서까지 의미를 찾으려고 애를 쓴다. 사실 그들의 근거는 작은 심볼에서부터 무언가를 끌어내는 것이 전부라고 봐도 좋다. 음모론에 심취하다가 망상장애로 발전하여 정신과 치료를 받는 경우가 많다. 예를 들면, 초기에는 큰 단체가 뭔가를 숨기고 있다는 것에서 시작해서, 나중에는 점점 '본인'과 관계가 있다고 믿더니, 결국 그 단체에서 보낸 요원이 나를 미행하고 도청한다며 창문을 틀어막고 이웃을 정부요원으로 의심하여 싸움을 하는 식이다.

음모론자들은 자신들이 논리적이고 확고한 근거를 기반으로 사실을 도출했다고 믿고 있기 때문에 음모론자가 자신의 생각을 뒷받침하기 위해 모은 증거의 양은 엄청나다. 하지만 겉으로는 그럴싸해 보이더라도 더는 이성적인 성찰 따위가 아니라 믿음을 강화하고 스스로를 지탱을 위한 괴물로 만드는 수단이기 때문에, 문맥을 무시한 인용과 잘못된 이해가 숱하게 발견된다.

전상진 서강대 교수는 "진실과 거짓이 뒤섞여 해석 장애가 일어나는 상황에서 음모론은 공식적 설명과 대등한 지위를 누린다."고 지적한다. 찌라시가 만연해 무엇이 진실인지 모를 때 음모론이 힘을 발휘한다는 것이다. 이런 상황에서 찌라시에 나오는 내용들은 독자들이 알지 못하는 진짜 무언가가 있다고 확신시켜 주기 때문에 매우 위험하다고 경계하고 있다.

한국산업기술시험원(KTL)이 조달청 입찰을 통해 용역업체를 선정해서 진행하는 글로벌수출정보사업을 〈국정원 댓글부대〉라고 의혹을 제기하는 것만 해도 음모론일진대, 여기에 명예회장일 뿐인 사람을 국정원 출신이라는 단 한 가지 이유로 〈국정원 댓글부대의 배후〉라고 다시 음모론을 펼친다.

그리고 세계 최고의 과학기술 학술 및 연구기관인 중국과학원과 '공동으로' 최고위과정을 진행한 것을 사이버 여론조작을 위한 것이라고 의심하고 그리고 이 모두가 연결되어 있다고 주장하는 것은 거의 광란의 도가니라고 말할 수밖에 없다. 그런데 경향신문은 강진구 기자 일당의 이 미친 짓을 멈추게 하지 않았다.

시기적으로만 보면 빅 데이터 전문기관인 중국과학원 가상경제센터와 계약, 짐스 프로그램 구축, 강미발 조직이 서로 유기적으로 연결돼 추진됐을 가능성이 높은 셈이다??? 이런 식으로 가져다 붙이면 이 세상에 연결되지 않는 게 없을 것이다.

이래놓곤 강진구 기자는 다음의 12월 26일 기사를 마지막으로 2015년을 마감하고, 2016년 5월까지 필자에 관한 기사를 쓰지 않고 5개월간 속칭 잠수를 탄다. 후에 알게 된 사실이지만 강진구는 ㈜그린미디어가 제기한 서부지검 수사로 인해 기소되지 않을까 전전긍긍 두려워하고 있었던 것이다.

2015년 마지막 두 건의 기사는 강진구가 2016년부터 시작될 민사 소송에서 살 길을 찾기 위해 쓴 그야말로 **스스로의 악행을 가리고 마치 공익적인 목적을 위해 기사를 써왔던 것처럼 포장하기 위한 장치**라는 게 향후 법적 소송 과정에서 드러난다.

4. 사건의 전환

비방보도와 드러난 악의
(16.5.~16.12.)

강진구 기자는 2016년 들어 기사를 전혀 쓰지 않았다. 그러다가 ㈜그린미디어 박형준 사장이 강진구 일당을 고소했던 서부지검으로부터 불기소 처분을 받자 마치 면죄부를 받은 냥 오마이뉴스와 미디어오늘 등의 매체와 인터뷰를 통해 '다시 칼을 뽑아들겠다'고 했다. 하지만 강진구 자신의 이름으로는 기사를 쓰지 않았다. 필자가 대외활동을 하지 않자 쓸 기사가 마땅치 않았기 때문이다.

그러다가 강진구에게 필자가 접수한 고소장(5월 23일 고소장 접수)이 도착하자, 다시 기사를 쓰기 시작한 것이다. 시기적으로 필자에 대한 비방 목적으로 기사를 썼다는 의도가 명확히 드러나는 것이다. 서부지검 건이 불기소처분 나자 조작날조 보도를 해도 처벌받지 않을 거라는 자신감이 붙었던 것 같다. 하지만 이런 게 다 '악인의 비참한 말로'로 가는 길인지 악인들은 그때는 알지 못한다. 자신이 아니라 자손에까지 화근이 미친다는 옛말과 경구를 흘려듣는다.

마치 자신의 죄를 자백하는 듯한 다음의 기사를 시작으로, 6월부터 경향신문의 기사가 다시 쏟아지기 시작했다.

[인용] 2016년 6월 8일 수요일 인터넷 경향신문

경향신문

경향신문 국정원 댓글보도와 장강명 소설 '댓글 부대' 같은 점과 다른 점

기사입력 2016.06.08. 오후 1:26 최종수정 2016.06.08. 오후 3:35 기사원문 스크랩 본문듣기 · 설정

보도	2016년 6월 8일 수요일
제목	경향신문 국정원 댓글보도와 장강명 소설 '댓글 부대' 같은 점과 다른 점
기사 내용 요약	소설 속 K신문 기자는 허위제보에 의해 파멸, 〈경향신문〉은 무혐의 결정
	2014년 12월 〈글로벌이코노믹〉으로 이름을 바꾼다. 바로 이 시기 행정고시를 거쳐 국정원에서 근무했던 김흥기 씨가 〈글로벌이코노믹〉 회장에 취임했다.
	장강명의 소설 〈댓글부대〉에 등장하는 합포회 회장은 재력가 출신으로 우국충정이 넘쳐나는 인물로 묘사되고 있다. 〈글로벌이코노믹〉 회장에 취임했던 김흥기 씨 역시 경기도 성남에 8층짜리 비즈니스 빌딩을 가지고 있는 재력가로 알려져 있다.

〈Fact Check〉
장강명의 소설 원제는 '제2세대 댓글부대'이다. 강진구 기자가 2016년 필자에 관한 첫 기사를 위와 같은 내용의 기사로 선정한 것은 필자에게 '제2세대 댓글부대'의 프레임(Frame)을 씌우겠다는 자백이나 마찬가지이다. 여기서 '제2세대 댓글부대'란 장강명의 소설에서 차용된 개념으로 단순 댓글작업이 아니라 카페, SNS 등 온라인 플랫폼을 핸들링 하는 수준으로 진화된 댓글부대를 의미한다. 2016년 강진구의 기사는 필자를 '제2세대 댓글부대의 회장'으로 만들려는 것을 첫 기사를 통해 밝히고 있는 것이다. 그리고 이어지는 그의 후속 기사들을 보면 실제로 그러한 의도였음이 드러난다.

필자는 위 기사가 나오기 전인 2015년 말경, 이미 장강명의 소설 〈댓글부대〉라는 책의 존재와 그 내용에 대해 알고 있었다. 그러나 단순히 소설책에 등장하는 '댓글부대'의 컨셉과 기자가 쓰는 기사에 등장하는 '댓글부대'가 비슷한 의미로 쓰였다고 해서 "기자가 소설책을 참고하여 필자를 음해한다."는 주장은 설득력이 약하다고 생각했기에 이런 생각은 필자 혼자만의 생각으로 남겨두고 있었다.

그런데 기자가 마치 스스로의 죄를 자백하는 것처럼, 자신의 보도와 소설을 일대일로 비교하는 기사를 쓴 것이다. 기사 내용을 보면 '소설 속의 기자'는 현실의 벽을 넘지 못하고 파멸당하지만 '현실 속의 기자'인 본인은 (서부지검 수사로부터) 무혐의 결정을 받았다는 것이 주요 내용이다.

[인용] 2016년 6월 8일 수요일 인터넷 경향신문	
보도	2016년 6월 8일 수요일
제목	경향신문 국정원 댓글보도와 장강명 소설 '댓글 부대' 같은 점과 다른 점
기사 내용 요약	장강명의 소설 〈댓글부대〉 표지. 〈경향신문〉과 〈주간경향〉이 2014년 말부터 1년여간 추적보도한 KTL 댓글부대 의혹과 소설 내용이 여러 가지 점에서 흡사한 대목이 많다.

짐작컨대, 소설의 댓글부대를 참고해서 자신만의 소설을 쓰던 기자가 소설의 결말이 결국 기자의 파멸로 끝나는 것이 항상 마음에 걸렸었기 때문에 서부지검에서 불기소처분을 받고 빠져나온 자신의 승리를 자랑하는 한편 前 검찰총장이 변호인으로 참여하는 고소장을 서울중앙지검으로부터 받게 되자 불안감에 위와 같은 기사를 쓴 것이 아닌가 생각된다. 일종의 정신승리로 보인다.

그러나 시간이 지나고 나서 진실이 명명백백 드러나자, 위 기사는 결국 '약자의 자백'에 불과한 기사가 되었다. 침묵을 참지 못하는 자가 약자다.

[인용] 2016년 6월 15일 수요일 인터넷 경향신문

경향신문

[단독] '댓글부대' 논란 김흥기, '청 비서관 사칭' 탄로 이후에도 우익 연사로 '맹활약'

기사입력 2016.06.15. 오전 10:47 최종수정 2016.06.15. 오후 5:47 　기사원문　스크랩　🔊본문듣기·설정

보도	2016년 6월 15일 수요일
제목	[단독] '댓글부대' 논란 김흥기 우익청년단체 주최행사에 전희경 의원과 공동연사로 등장
기사 내용 요약	한국산업기술시험원(KTL) '댓글부대' 의혹보도와 관련해 〈경향신문〉을 명예훼손으로 고소한 국정원 출신 김흥기 씨가 또다시 청와대를 곤혹스럽게 만들고 있다. 김 씨는 〈경향신문〉이 2014년 말부터 근 1년간 추적 보도해 온 KTL 댓글부대 의혹과 관련해 주요 인물로 계속해서 이름이 오르내렸다. 게다가 결정적으로 지난해 12월 〈주간경향〉에서 김 씨가 청와대 안봉근 비서관 이름을 팔아 ㄷ월간지 회장 취임을 시도한 사실을 보도하면서, **그는 웬만한 사람들로부터 기피 대상이었다.**

기사 내용 요약	정말 청와대나 검찰은 김 씨의 실체를 모르는 것일까. 아니면 알면서도 어떻게 하지 못하는 것일까. **청와대와 검찰이 그에 대한 처리를 미적거릴수록 그를 둘러싼 '댓글부대' 의혹은 더 커질 수밖에 없다.**

〈Fact Check〉
기사 제목은 "'댓글부대' 논란 김흥기"로 시작되나, 그 기사 중 이와 관련된 내용은 국정원 출신인 원고가 〈경향신문〉이 1년간 추적 보도해 온 KTL 댓글부대 의혹과 관련해 주요 인물로 계속해서 이름이 오르내렸고, 〈경향신문〉을 고소하였다는 내용 이외에는 없다. 물론 필자는 강진구 개인을 고소했지 경향신문을 (형사) 고소한 적이 없다. 나머지 내용은 원고가 2016년 2월 27일 개최된 '제1회 청년일자리문화제'의 연사로 초빙되었다는 것과 기존에 원고의 명예를 훼손하던 내용의 백화점식 반복일 뿐이다.

위 기사는 문화제 개최일로부터 3개월 이상이 훨씬 지난 2016년 6월 15일 보도되었는데, 청년일자리문화제 강연과 국정원댓글부대가 어떠한 연관이 있을 수 있는지는 기자만이 알고 있을 것이고 '댓글부대' 관련 내용은 기사라기보다는 기자가 필자의 민사소송에 이어 5월 23일 형사고소를 하자 이에 대한 보복거리를 찾다가 Google 검색을 하여 지난 행사를 알아내곤 이미 보도했던 것들을 긁어모아서 백화점에 진열판매 하듯이 비방 보도한 것이다.

위 기사에서 필자가 가장 마음이 아픈 것은 **"그는 웬만한 사람들로부터 기피 대상이었다."**라는 부분인데, 필자를 이와 같이 만든 사람이 바로 기자 본인이며 기자 스스로 '인격살인'을 목적으로 기사의 효과를 '알면서' 썼다는 것을 실토한 셈이다.

아래 사진에서 보듯 필자는 2016년 2월 27일 13시 광장에서 청년들을 위한 길거리 특강을 했다. 장소는 사진에서 보듯 광화문 광장이다. 그런데 강진구는 무려 4개월이나 지난 시점에 [단독]이라고 버젓이 문패를 달아놓곤 '댓글부대', '청와대 사칭' 등 비난 기사를 백화점 식으로 모아 다시 보도했다. 자신을 형사 고소했던 ㈜그린미디어의 서부지검 수사가 불기소처분 나자 다시 법 위에 군림하는 망나니 칼춤을 추기 시작한 것이었다.

〈필자가 2016년 2월 27일 광화문에서 특강하는 모습〉

(출처 : 기사로 보도된 사진이 아닌 행사주최 측인 '청년네트워크'가 찍은 사진임)

필자의 변호사는 재판정에서 당사자신문을 통해 강진구에게 질문했다. "피고는 원고가 우익 선동연설을 했다고 보도했는데 광화문 특강의 주제와 내용을 아세요?" 그러자 황당하게도 강진구는 "모릅니다."라고 답변했다. 행사를 취재하지 않았기에 필자가 특강하는 사진을 싣지도 못하고 뜬금없이 한국대학생 포럼의 사진을 게재하고 있다.

필자는 당시 청년들에게 힘을 줄 수 있는 내용을 고민하다가 우샤인 볼트와 자메이카 계주 팀의 사례를 소재로 하여 이야기를 구성하였다. 그리고 초등학생 시절의 가을 운동회로부터 이야기를 시작하여 자메이카 팀의 계주 사례를 거쳐 계주의 개념을 공간에서 시간으로 확장시켜 계주를 우리 인생에 비유하면서 청년들에 대한 특강을 마무리 하였다.

이렇듯 필자는 '백주 대낮'에 '광화문 광장'에서, 일자리가 없어서 고통을 겪는 청년들에게 힘이 되는 특강을 했다. 그런데 경향신문 강진구는 형사고소 피의자로 수사를 받고 민사소송 피고로 소송을 당한 주제임에도 불구하고 댓글부대 논란이라는 제목을 여전히 달아놓고 허위기사 보도를 이어갔다.

중국과학원 수료증 가짜, 모스크바 초빙교수 가짜, 청와대 사칭 등 자신이 조작해놓은 거짓의 산위에 서서 온갖 저질 비방과 욕지거리를 늘어놓으면서 필자가 '댓글부대'의 배후로서 청년 극우세력을 선동했다는 식으로 매도했을 뿐 아니라 법정에서조차 여전히 필자가 '댓글부대' 배후라고 믿었다고 항변했다. 누구의 표현대로 '손바닥으로 하늘을 가리는' 행위이다.

학부모들과 공교육살리기학부모연합(공학연) 등 58개 교육관련 단체들은 2016년 6월 9일 600여 명이 참석한 가운데 국회의원회관 대강당에서 전국학부모교육시민단체연합(전학연) 출범식을 개최했다. 학부모교육운동에 힘써 온 시민들과 학부모들이 '이제 더 이상 국회나 정부에 교육개혁을 기대할 수 없다.'는 공감대가 출범의 결정적인 역할을 했다.

〈'전국학부모교육시민단체연합'('전학연') 창립대회 출처 : 전학연 제공〉

관련 학부모와 시민단체들이 필자에게 실효적인 교육개혁의 성
과를 내기 위한 방안에 대한 기조발표를 요청해 왔기에 필자는
'전학연' 출범식에서 '대한민국 국민청원 및 주민소환 플랫폼'이라
는 아이디어를 기획한 후에 소개하였다.

필자는 정치권의 불법과 비리 및 무능에 대해 국민이 투표권 외
에 시정할 기회가 없다는 점에서, 헌법에는 보장되어 있음에도 사
문화된 헌법 제26조의 '청원권'을 실효적으로 만들어서 행사할 수
있는 플랫폼을 기획하고 학부모와 시민단체에게 제안했던 것이다.

참고로 청원(請願, petition)은 민주주의 국가에 있어 국민의 기본
권 중 하나로 국민이 국가에 대하여 불만 또는 희망사항을 개진하
고 시정을 요구하는 행위를 말하며 대한민국 헌법은 '모든 국민은
법률이 정하는 바에 의하여 국가기관에 문서로 청원할 권리를 가

진다(헌법 제126조 제1항)'. '또한, 국가는 청원에 대하여 심사할 의무를 진다.'라고 규정하여 청원을 국민의 기본권의 하나로 보장하고 있다(헌법 제26조 제2항)

다음은 당일 행사를 취재한 (경향신문이 아닌) 다른 매체의 보도내용이다.

〈 2016년 6월 9일 필자가 '전학연' 출범식에서 특강하는 모습〉
출처 : 전학연 제공

김흥기 교수는 '대한민국 교육현장은 지금 전쟁 중'이라고 하면서, 역사교과서, 학생인권조례, 동성애 문제를 지적하였다. 김 교수는 '나쁜' 요구라 할지라도 '강하게' 요구하면, 포퓰리즘으로 말미암아 영향력을 주게 된다고 하였다. 그리고 아무리 '선한' 요구라 할지라도 '약하게' 요구하면 탁상공론(卓上空論)에 그치기 때문에 '선한' 요구를 '강하게' 하여야 바른 세력(正勢, 정세)이 된다고 하였다.

김 교수는 1982년 미국의 범죄학자 제임스 윌슨과 조지 켈링이 주장했던 [깨진 유리창 이론 Broken window theory]을 설명하면서, 유리창을 교체하지 않으면, 아무도 관심이 없는 집인 줄 알고 마구 돌들을 던져서 결국 집이 망가지고 마는 것처럼, 우리 사회의 잘못된 점을 빨리 바로 잡는, 유리창 교체 작업을 해야 한다고 하였다.

김 교수는 '국민청원과 주민소환 플랫폼'을 대한민국의 '청소부'로 소개하면서, 조상들로부터 물려받은 아름다운 대한민국을 더 깨끗하게 가꿔서 후손들에게 물려주어야 한다고 하였다. 월남의 패망원인을 예로 들면서, 월남이 망한 것은 지식인이 없어서가 아니라 행동하는 애국자가 없었기 때문이라고 하였다. 김 교수의 강의는 청중의 뜨거운 박수를 여러 차례 받았다.

그리고 필자가 국회에서 '청원'에 대한 발표가 있고 나자 1개월 후 다시 경향 신문의 보도가 이어졌다.

[인용] 2016년 7월 18일 월요일 인터넷 경향신문

경향신문

[단독]'댓글부대 김흥기 의혹' 모르쇠 일관하는 청와대

기사입력 2016.07.18. 오전 11:45 최종수정 2016.07.18. 오후 2:12 기사원문 스크랩 본문듣기 · 설정

보도	2016년 7월 18일 월요일
제목	[단독] '댓글부대 김흥기 의혹' 모르쇠 일관하는 청와대
기사 내용 요약	청와대는 국정원 출신의 김흥기 씨가 **내년 대선을 앞두고 '댓글부대'를 연상시키는 조직 구축을 시도**한 사실에 또다시 침묵을 지켰다. 김 씨가 당시 행사에서 제안한 애국세력 청원사이트는 박 대통령의 국정철학을 전파하는 '댓글부대' 조직을 연상시키고 있다. 김 씨는 청원사이트를 통한 보수우파 세력들의 대동단결을 강조하면서 '월남 패망론'에 대해 언급했다.

다만 이공계 출신으로 행정고시에 합격해 국정원에 근무했던 김 씨가 사이버 여론전에서 뭔가 새로운 아이디어를 준 것은 분명했다.

〈Fact Check〉
2015년 기사에서는 '(일부) 부실용역'인 KTL 용역을 'KTL 댓글부대'로 날조해 전혀 무관한 필자를 끼워 넣더니, 2016년 기사에서는 2020년 현재 '청와대 홈페이지의 청원'과 동일한 '청원시스템'의 필요성을 시대상황에 맞춰 공개강연에서 피력하였을 뿐인데 이를 '댓글부대 조직 구축 시도'라 날조하고 있는 것이다. 이 기사 논리대로면 현재 청와대는 대놓고 댓글부대를 운영하고 있는 셈이다.

또 다른 기사에서는 필자에 대해 다음과 같이 언급하였다.

필자에 대해 가히 '민주주의 파괴자'로 묘사한 수준의 기사이다.

[인용] 2016년 7월 11일 월요일 인터넷 경향신문	
보도	2016년 7월 11일 월요일
제목	[단독] 청와대 안봉근 비서관 '사칭' 김흥기, 보수진영 '댓글기지' 구축 시도 확인
기사 내용 요약	**모든 권력기관과 법 위에 군림**하며 거의 대놓고 우파세력의 '댓글기지'를 만들려는 김 씨의 거침없는 행보 앞에서 **대한민국의 민주주의와 법질서는 무너져가고 있다.**

당시 경향신문과 강진구의 악행이 얼마나 심각했는지 대한민국 애국시민연합(회장 : 이상훈 前 국방부장관)의 성명서에 드러난다.

대한민국애국시민연합은 자유총연맹, 재향군인회 등으로 구성된 애국단체총협의회와 한국기독교총연합 등 대한민국의 정통성과 자유민주 시장경제질서 등 헌법적 가치를 수호하고 국가발전을 도모하는 500여 개의 시민사회단체가 2013년 8월 결정한 한국 보수우파의 최대 단체이다.

필자는 동 단체와 '전국학부모교육시민단체연합('전학연') 자문위원장으로 봉사한 바 있다. 다음은 그 성명서이다.

〈성명서〉
좌익언론 경향의 비정, 독선, 해도 너무한다.❷
– 신문은 사회 공기(公器)이지, 기자들 사유물이 아니다.

(전략)
'전학연'은 학부모, 교육시민단체가 하나 되어 무너진 공교육을 '바로 세우기 위해' 힘겹게 만든 단체이며 김흥기 씨를 대외협력위원장에 위촉한 것은 다방면의 역량을 검증했기 때문이다. 강진구 기자와 경향신문이 자신들과 적대관계에 있는 인물이 활동하는 단체라고 팩트도 없이 전학연을 마치 대선조직처럼 폄훼하는 모습에서 강 기자가 과연 경향신문이라는 중앙일간지 논설위원까지 역임했는지 의심하지 않을 수 없다. 경향신문의 수준이 이 정도로 독선인지? 칼보다 무서운 게 펜이라 했는데, 경향은 그 칼질을 너무 잘못 휘두르고 있는 것 같다. 우리나라 경향 같은 신문과 기자가 주인행세 한다면 자유롭게 숨쉬기운동이나 할 수 있겠나?

(중략)
강 기자가 지금까지 이런 자세로 기자생활 했다면 그 기사에 상처 입은 개인, 광우병 과장소설로 혼란 겪은 사회, 팩트도 제시 못 하며 몇 년째 '댓글부대'라는 소설로 국정원 흔들기로 안보기관 신뢰 실추 등 허위사실 유포에 대해 책임을 질 수 있는가? 강 기자의 무자비할 정도의 경향신문 지면 폭력에 대해 김 위원장도 서울중앙지법과 서울중앙지검에 허위사실 유포에 따른 명예훼손 혐의로 손해배상소송과 형사고소를 제기해 현재 강 기자는 피고와 피의자 신분이다. 이유는 2015년 10월부터 현재에 이르기까지 경향신문 1면 탑, 전면, 사설, 하단광고, 주간경향 표지모델 등 하루에만 10여 면에 걸쳐 김 위원장에 대한 허위사실을 쏟아 내는 등 10여 개월 동안 100여 건을, 그것도 사실이 아닌 허위 기사를 도배한 혐의다.

‒ 강 기자는 경향의 '무자비'한 권력을 내세워 세상을 난도질하고 있다 ‒

언론피해자 구제 전문법조인에게 사정을 상담하니 한 언론사가 개인을 이렇듯 무자비하게 짓밟은 사례는 대한민국 건국 이래 전무후무하다고 한다. (중략) 김 위원장이 강 기자의 주장대로 국정원 댓글 부대 배후라면 대한민국이 경천동지할만한 일대 사건인데 어찌 조·중·동은 물론이고 한겨레 등 다른 신문에서 단 한 줄도 기사를 다루지 않는다 말인가? '단독', '속보' 등의 낚시질로 클릭 수 올리는 소아병에 빠져 허위날조 보도를 하여 민사소송의 피고이자, 형사소송의 피의자 신세이면 자중도 해야 하건만 강 기자의 부패한 언론권력자 행사는 조선시대 망나니의 칼춤과 다름없다.

애국연합은 경향신문과 강진구 기자에게 당부한다. 신문은 사회 공기이지, 기자들의 사유물이 아니다. 강진구 기자처럼 일간신문 10여 면에 한 사람의 기사를 도배하는 행위는 용서받을 수 없는 지면, 언론 폭력이지 절대로 정상언론과 언론인이라면 이런 짓을 할 수 없는 것이다. 경향신문이 정상언론이라면 이제라도 기자들의 막가파식 취재와 보도에 의해 피해를 입은 사람에게 정신적, 물질적 손해배상에 나서야 한다. (강진구 기자의 전력 및 허위사실 기사고발③)

2016년 7월 20일
대한민국애국시민연합(애국연합)

참고로 필자가 2016년 6월 9일 대한민국 국회에서 '국민청원 플랫폼'의 필요성을 제안한 이래 약 1년 후에 현 정부는 2017년 8월 17일 문재인 정부 출범 100일을 맞이하여 청와대 홈페이지를 '국민소통플랫폼'으로 개편하면서 '국민청원플랫폼'을 신설하였다.

청와대 국민청원은 '국민이 물으면 정부가 답한다'는 국정철학을 지향·반영하고자 청와대가 도입한 전자청원 플랫폼이라고 한다. 사정이 이러함에도 불구하고 피고들은 원고가 제안한 '국민청원 플랫폼'이 제 2세대 댓글부대, 즉 진화된 댓글부대라는 터무니없는 주장을 이어가며 피고인 당사자들이 언론이라는 무기를 활용하여 소송 중에도 필자를 비방하는 악의적인 보도를 계속했다.

[인용] 2016년 8월 29일 월요일 인터넷 경향신문	
보도	2016년 8월 29일 월요일
제목	'댓글부대' 논란 김흥기, 빅데이터 전문가와 계약 왜 공개 못하나
기사 내용 요약	· 2013년 8월 중국과학원 쓰용 교수와 계약 체결 이후 김흥기 씨 행보 의문 증폭 **'살아 움직이는 댓글부대'** 의혹을 1년 반 넘게 추적 · 보도해온 〈경향신문〉 취재진이 인천국제공항에서 중국과학원 빅데이터 센터 쓰용 교수를 만난 것은 8월 18일 새벽 1시쯤이었다. 〈경향신문〉은 **2012년 국정원 심리전단이 주도했던 재래식 댓글부대가 한 단계 업그레이드 되는 과정에서 쓰용 교수의 역할을 오랫동안 주목했다.** 물론 중국과학원 빅데이터센터를 직접 '댓글부대'와 관련짓기는 어렵다. 물론 김 씨가 이 과정에서 어떤 역할을 했는지는 정확히 드러난 게 없다. 다만 ㅎ대가 쓰용과 협약을 체결한 바로 그 시점은 그린미디어가 산업자원부 산하기관인 한국산업기술시험원(KTL) 별관에서 '댓글부대'로 의심받는 수상한 용역에 착수한 시기와 일치한다. 당시는 김 씨가 이미 그린미디어의 운영에 깊숙이 간여하기 시작한 때였다. 청와대 안봉근 국정홍보비서관과 친분을 과시하면서 감사원과 검찰의 손발까지 꽁꽁 묶은 김 씨의 거침없는 행보가 어디까지 이어질지, **내년 대선**을 앞두고 벌써부터 **진화된 '십알단'**의 망령이 어른거리고 있다.

'댓글부대 김흥기'로도 수식어가 부족했다고 생각했는지 이제는

'살아있는 댓글부대', '살아 움직이는 댓글부대'라는 수식어가 등장하였다. 애당초 강진구의 뇌 속 망상에만 존재하고 현실에는 존재하지도 않는 댓글부대가 이제는 살아 움직이기까지 한다는 것이다.

새로운 수식어를 만든 것으로 부족했는지, 강진구는 소설을 앞으로만 연장시키는 것이 아니라 과거시점으로 확장시켜 난데없이 2012년 댓글부대까지 필자와 연결시킨다. 실체가 없는 KTL 댓글부대로는 부족하다고 생각했는지, 당시 이슈화 되었던 '십알단'이란 조직까지 필자에 엮으려고 한 것이다.

게다가 강진구가 모방한 진짜 소설인 '댓글부대'에 등장하는 '재래식 댓글부대'라는 표현까지 뻔뻔하게 자신의 기사에 등장시킨다. '재래식 댓글부대'란 기존의 댓글부대(1세대 댓글부대)를 의미하는 것으로 장강명의 소설 '댓글부대'의 원래 이름은 '2세대 댓글부대'였다.

"2012년 대선에서 활동했던 댓글부대"라는 표현은 이 기사에서 하늘에서 뚝 떨어지듯이 처음 등장하여 이후의 기사에서 마치 국정원 댓글부대와 관련이 있는 것처럼 애용되는데, 이 사건에서의 국정원 댓글부대 자체가 존재하지 않으므로, 서로 관련이 있을 수도 없고, 물론 이에 관한 소명도 전무하다.

특히 법정에서 재판장이 "기사 내용에 댓글부대 내용이 없더라도 원고 이름이 나오면 계속 '댓글부대 김흥기'라고 제목을 붙이신 건가요?"라고 질문한데 대해, 강진구는 "예, 주로 이 사건을 특정하기 위해서 압축적으로요."라고 답변하였다. 대체 무엇을 특정하고 압축하였다는 것인가? 오로지 원고를 비방하기 위한 것이었고, 결국 피고 강진구는 법의 철퇴를 맞았다.

지금 이 글을 읽고 있는 독자들 입장에서는 보고 있는 책 한 페이지만 넘기더라도 바로 다음 기사로 넘어갈 수 있고 모든 사실이 명명백백히 드러난 상황이기에 위와 같은 음해성 기사를 보더라도 "말도 안 되는 소설을 어디까지 쓰는 것인지 어처구니가 없다."는 생각을 할 수 있겠으나, 위 기사가 보도될 당시 필자의 입장에서는 억울하고 답답한 마음을 금할 길이 없었다.

여기에 끝나는 것이 아니라, 강진구는 위 소설 같은 기사에 또 다른 복선 하나를 또다시 심어두었다. 필자와 아무 관계가 없는 '십알단'을 키워드로 넣어 낚시 기사로 트래픽 장사하더니, 바로 2016년 당시 가장 장사가 잘되는 키워드인 '최순실 게이트'를 기사 앞단에 등장시켰다. 그리고 다음 기사를 보면 필자가 왜 그의 기사를 소설이라 부르는지 다 같이 확인 할 수 있을 것이다.

[인용] 2016년 12월 2일 목요일 인터넷 경향신문

경향신문

[박근혜·최순실 게이트]'국정원 댓글부대' 구축 의혹 김흥기, 안봉근과 밀착 관계 정황

A10면 TOP 기사입력 2016.12.01. 오전 6:03 최종수정 2016.12.01. 오전 10:03 기사원문 스크랩 본문듣기·설정

보도	2016년 12월 2일 목요일
제목	[박근혜·최순실 게이트] '국정원 댓글부대' 구축 의혹 김흥기, 안봉근과 밀착관계 정황
기사 내용 요약	안봉근 전 청와대 국정홍보비서관(왼쪽 사진)의 비호 아래 '댓글부대' 구축 의혹을 받아온 국가정보원 출신의 김흥기 전 카이스트(KAIST) 겸직교수(오른쪽)에 대해 검찰이 수사에 나섰다. 특히 두 사람이 나눈 대화 메모 중에는 '댓글부대'로 의심되는 온라인 청원사이트 구축을 암시하는 내용도 들어 있다. 그 뒤로 김 전 교수는 지난 6월 국회에서 새누리당 의원과 보수단체 회원들이 참석한 가운데 '댓글부대'로 의심되는 온라인 청원사이트 구축을 제안했다. 그가 회장을 맡았던 글로벌이코노믹은 2014년 15억 원의 예산 지원을 받아 산업기술시험원(KTL) 내부에 빅 데이터 시스템을 이용한 100평 규모의 K룸(20명 규모) 설치를 시도, 댓글부대 구축 의혹이 제기된 바 있다.

⟨Fact Check⟩
강진구는 '최순실 게이트'를 키워드로 한 후속 기사를 염두에 두고 있었고, '청원', '안봉근'을 연결고리 삼아 보도한 것이 바로 위의 기사이다. 소설에서 '복선'이 가능한 이유는 작가가 전지적 관점에서 다음 이야기를 '창조'할 수 있기 때문이다. 그런데 있는 사실을 그대로 보도하는 것이 기본인 '기사'에서 소설에 쓰이는 장치인 복선을 자유자재로 활용하는 기자를 어떻게 바라봐야 할까? 한눈에 사건의 본질을 꿰뚫어 보는 천리안을 가진 사람? 아니면 불법과 합법 사이에서 줄타기 하면서 기사인척 소설을 쓰는 사람?

   2016년 12월 당시 박근혜·최순실 게이트는 국민들의 최대 관심사였다. 다음의 경향신문기사를 보자. 아예 신문 상단에 [박근혜·최순실 게이트]의 특별 섹션을 마련해 놓았다. 그리곤 해당 지면 TOP으로 필자에 관련된 기사를 배치했다. 그 이전에는 필자를 세월호 사건에까지 엮어 넣으려고 들먹이기도 했다.

필자를 박근혜·최순실 게이트와 관련이 있는 것으로 인식되게 끔 보도한 것도 허위이고 악질적인 행태일 뿐만 아니라 더욱 어처 구니없는 것은 필자가 '명예훼손'으로 김××을 고소하여 김××이 피의자 신분으로 검찰에 출석하여 조사를 받은 것이 진실인데, 피 고 강진구는 이것을 마치 검찰이 필자를 수사하기 위해 김××을 참고인 신분으로 부른 것처럼 정반대로 보도했다는 사실이다.

필자는 강진구와 김×× 모두를 서울중앙지검에 형사고소했다. 그런데 필자에게 고소당한 피의자(= 강진구)가 한통속인 다른 피의 자(= 김××)를 참고인으로 만들고 오히려 고소인(필자)을 피의자로 둔갑시켜서 보도한 것이다. 사정이 이렇다보니 필자가 소송에서 승소했다고 소식을 전했을 때, 많은 지인들이 필자가 혐의를 벗어 서 다행이라는 황당한 반응을 보였던 것이다.

5. 사건의 결말

사탄은 거짓말쟁이이며 거짓의 아비이다. 마귀의 자식들은 그들의 아비가 원하는 것을 하고 싶어 한다. 그렇기에 마귀의 자식들은 거짓과 위선이 가득하다. 우리는 사탄의 거짓에 속아서는 안 된다. 우리는 사탄의 거짓에 절대 굴복해서는 안 된다. 거짓은 진실이 아니므로 수치스런 일도 아니고 화 낼 이유도 없다.

인간은 존엄한 존재이다. 그러나 악인들은 인간의 수치심을 드러내는 포악한 행위를 서슴지 않는다. 그것은 인간의 존엄성을 빼앗는 행위이다. 만약 누군가 죄가 있다면 죄를 받으면 되는 것이지 그 사람이 설 땅을 빼앗고, 그 사람이 마음에 들지 않는다고 그 사람 잘못을 세상에 폭로하고 능욕하는 것은 악마적인 짓이다. 성경과 인류역사는 파괴자가 파괴당하는 자가 된다는 것을 증언하고 있다.

인류 문명의 4대 발상지로 알려진 메소포타미아(Mesopotamia) 일대의 티그리스 강 유역에 위치했던 앗시리아(B.C. 705~612)의 수도 니느웨(Nineveh)는 현재 이라크에 속해 있다. 이곳은 성경의 요나(Jonah) 예언자가 선교했던 곳이다.

니느웨는 고대 역사에서 가장 잔혹한 문명이었다. 니느웨의 본질은 폭력과 수치를 안기는 문화였다. 자신의 탐욕을 위해 타인을 도구화, 물화하고 그의 인격을 빼앗고 인간의 존엄을 박탈하는 문명이었다. 하나님은 수치를 준 사람에게 그대로 돌려주신다는 것을 니느웨를 통해 보여주고 있다. 니느웨 문명은 파멸했다.

노벨문학상 수상작가 하인리히 뵐(Heinrich Böll, 1917~1985)의 작품인 〈카타리나 블룸의 잃어버린 명예(Die verlorene Ehre der Katharina Blum, 1974)〉는 대중의 호기심을 자극하는 선정적인 언론이 한 개인의 명예와 인생을 파괴해가는 과정을 그리고 있다. 뵐은 이 책에서 '눈에 보이지 않는 또 다른 폭력' 즉 언론의 무자비한 폭력을 고발했다. 이 작품은 아서 밀러의 희곡 '세일즈맨의 죽음'을 영화화한 감독인 폴커 슐렌도르프에 의해 1975년에 영화화되어 큰 인기를 끌기도 했다.

가정관리사 카타리나 블룸은 축제 때 한 남자를 만나 사랑하게 된다. 하지만 그 남자는 경찰에 쫓기는 범법자였고, 블룸은 언론과 경찰의 감시망에 걸려든다. 경찰 조사 중 언론에 노출된 블룸. 그녀에게 가해진 저널리즘의 융단 폭격은 카타리나 블룸의 개인적 명예를 처참하게 짓밟아버린다.

영리하고 이성적인 블룸, 그녀는 왜 퇴트게스 기자를 죽이기로 계획하고 실행에 옮겼으며 권총을 잡고 방아쇠를 당기기까지 했을까? 작가 하인리히 뵐은, 이 작품에서 '신문들이 정말 금수 같은 그들의 무지함으로' 어떤 일들을 야기하는지 똑똑히 보여준다. 언론은, 그리고 대중은 '진실'을 중요한 가치로 꼽는다. 그런데 언론이 비열하게 저지르는 악행은 늘 '진실을 밝히기 위해서'라는 옷을 화려하게 입고 있다.

충격적인 허위보도 이후 진실을 찾기까지 무려 5년의 시간이 필요했다. "시안견유시 불안견유불(豕眼見惟豕 佛眼見惟佛)"이라는 말이 있다. 돼지 눈으로 보면 세상이 돼지로 보이고 부처 눈으로 보면 세상이 부처로 보이는 법이라는 뜻이다. 강진구의 입과 손에서 나온 '위장, 가짜, 위조, 조작, 사칭, 동원, 사기' 등의 온갖 저열한 단어는 모두 강진구 본인의 것이었음이 드러났다.

2020년 2월 서울고등법원 민사 항소심 재판부는 경향신문과 강진구 기자의 보도가 "비방목적의 보도로서 위법하다."고 판시했다. 재판부는 경향신문과 강진구 기자가 공동으로 필자에게 손해배상을 하라고 판시했다.

한편 서울중앙지법 형사재판부는 강진구 기자가 2014년 12월부터 〈KTL 용역사건이 국정원 댓글부대〉라고 장장 6여 년간 주장한 데 대해 논란의 여지없이 종지부를 찍었다.

'국정원 댓글부대'는 애당초 공소사실에 포함되지도 않았다. 이 것은 강진구가 공익제보자라고 포장해놓은 최 씨가 서울지방경찰청(참고인)과 서부지검(피의자)에서 자신은 '국정원 댓글부대'라는 말을 결코 한 적이 없다고 일관되게 진술할 때부터 이미 예고된 것이었다.

필자는 정치인도 아니고 정당인도 아니다. 강 기자가 필자를 '극우'라고 매도한다면 강진구 본인은 '극좌'라는 것인가? 피고 강진구 일당은 필자의 저서와 언론기고 칼럼까지도 짜깁기 하여 박근혜 정부찬양이고 좌파비판이라고 매도했다. 필자는 그런 글을 쓰지 않는다.

필자는 현직 고위관료도 아니고 재벌도 아니고 연예인도 아니고 유명 스포츠맨도 아니다. 피고 강진구는 생면부지의 필자에게 대체 왜 그토록 날카로운 칼을 휘두르는 망나니짓을 해야만 했는가?

도대체 강진구 기자는 지난 몇 년 동안 무슨 짓을 한 것인가? 그의 정체(identity)는 무엇인가? 그의 삶의 목적(purpose)과 존재의 의미는 무엇인가?

강진구 기자는 스스로를 '전국언론노조 지부장을 거친 공인노무사 노동전문기자'라고 내세운다. 본인이 내세우는 참 언론인의 길도 좋고 노동 인권실현도 다 좋지만, 무엇보다 먼저 스스로에게 해당하는 "댓글부대, 명의도용, 사칭, 위장, 가짜 등"이 세상의 온갖 추하고 더러운 것들을 모두 타인에게 누명 씌우고 핍박하는 '희대의 사기꾼과 압제자'가 아닌지 성찰할 필요가 있어 보인다.

필자는 경향신문과 법적 분쟁을 진행하는 과정에 모스크바 국립대학의 행정대학원은 물론이고 경제학부, 정치학부 등에서도 강의를 하게 되었다. 모스크바 국립대 외의 여러 명문대학과 러시아 기업인과 예술인 그리고 학부모들에게도 인기 있는 초청강사가 되었다. 러시아의 명예시민이 되었고 러시아연방 과학예술 영재(gifted)들의 멘토가 되었으며 러시아 연방과 주정부 개최 연례행사의 기조발표자로도 활동 반경을 넓히게 되었다.

〈언론보도 : 러시아 과학 · 예술 영재(Altair) 대상 강의〉

필자가 5년간의 법적 투쟁을 하기 위해서 필요한 것이 많았다. 하지만 그중 가장 절실하게 필요한 것은 '하나님은 거짓을 싫어하시며 공의의 심판자로서 심판하실 것이며 그의 자녀에게 언제나 좋은 것으로 주신다.'는 믿음이었다.

다음은 필자가 2015년 연말과 2016년 초 꼭 붙잡고 기도하던 성경 구절이다. 이 믿음이 고통스런 캄캄한 터널을 걸어갈 수 있도록 나를 지켜주었다.

(삼상 17:45, 47) 다윗이 블레셋 사람에게 이르되 너는 칼과 창과 단창으로 내게 나아오거니와 나는 만군의 여호와의 이름 곧 네가 모욕하는 이스라엘 군대의 하나님의 이름으로 네게 나아가노라, 또 여호와의 구원하심이 칼과 창에 있지 아니함을 이 무리에게 알게 하리라 전쟁은 여호와께 속한 것인즉 그가 너희를 우리 손에 넘기시리라

한편 베트남의 전쟁 영웅이자 붉은 나폴레옹으로도 불리는 보 구엔 지압(武元甲, Vo Nguyên Giap, 1911~2013) 장군의 신념도 내게는 큰 힘이 되었다. 그는 프랑스, 중국과 싸워 모두 승리했다. 특히 그는 인구 면에서 3.5배, 경제력 면에서 60배나 되는 미국에 맞서 베트민(Viet Minh · 월맹) 군대를 지휘해 승리한 명장이다. 그는 1954년 디엔비엔푸 전투에서는 프랑스를, 1979년에는 5만 명의 군대를 동원해 침공한 중국을 각각 물리친 베트남의 국민 영웅이다. 그는 고등학교 역사 교사 출신의 민간인이었지만 스스로 손자병법, 나

폴레옹 전법 등을 터득했다.

그는 적들이 원하는 시간에 싸우지 않고, 그들이 싸우고 싶어 하는 장소에서 전투를 하지 않았고, 그들이 생각하지 못한 방법으로 싸웠다. 그는 적의 방법대로 싸우지 않았다. 그의 신념은 한 마디로 "전쟁을 시작하면 끝까지 싸운다."는 것이었다.

나는 보 구엔 지압 장군의 신념을 다음과 같이 나만의 방식으로 정리해서 가슴에 품었다.

전쟁을 시작하면 '끝까지' 싸운다. '반드시 이긴다.'는 믿음을 갖는다. 이떤 경우라도 평정심 유지한다. 영적, 도덕적 우위를 확보한다. 창조적 연결로 지원군을 얻는다. 적의 다리를 부순다. 나만의 방식으로 싸운다. 이길 수 있는 장에서 싸운다. 공간을 내주고 시간을 얻는다. 공격보다 방어 후 반격에 나선다. 적을 각개 격파한다.

가장 강력한 자원과 파워는 믿음과 인내이다. 오래 견뎌내는 것이다. 공간을 내줘도 시간을 나의 것으로 만들면 최종승리 할 수 있다. 광야를 걷는 심경으로 걸어라. 우리가 인생을 살면서 중요한 것은 불 속을 얼마나 잘 헤쳐 나가는지다.

사람마다 정도의 차이는 있지만 그 누구도 시련과 환란, 슬픔과 고통에서 예외일 수는 없기 때문이다. 필자가 여기서 말하는 '불'

은 외부 환경의 결핍과 곤란이 아니라 우리의 내면을 해치고 파괴하거나 공격하는 주체다. 억울한 마음을 품고 사는 것은 마치 '독(毒)'을 마시면서 다른 사람들이 고통 받기를 바라는 것과 같다. 정작 고통 받는 사람은 자기 자신인데 말이다.

따라서 불길을 걷는다는 것은 우리를 괴롭히는 상황 속에서도 계속 전진할 수 있는 능력이다. 필자가 시련과 환란을 겪을 때 가장 중요한 것은 스스로가 불타지 않고 불 속을 안전히 걷는 능력이었다. 내게는 믿음이 곧 능력이었다. 나는 공의의 심판자이신 하나님께서 하만(Haman)을 진멸하셨듯이 악인을 심판해주실 것을 믿고 기도했다.

다음은 2015년 11월10일 지인으로부터 받은 위로와 격려의 메시지인데, 당시 필자에게 큰 힘이 되었기에 그를 기억하면서 이곳에 소개한다.

저는 처음부터 지금까지 경향신문의 보도를 믿지 않고 있어요! 물결을 보지 않고 바람을 읽어야 하듯, 의혹을 보지 않고 사람을 보면 알 수 있지요! 이러한 어려움을 당하면, 가장 믿어줄 것으로 생각했던 가장 친한 사람들이 외면하게 될 때가 가장 가슴이 아프지요!

추사 김정희 화가의 세한도(歲寒圖)를 기억하시나요? 여름에는 어느 나무가 사시사철 변함없는 상록수인지 구분하기 어렵지만, 겨울 추위가 닥쳤을 때는 저절로 알게 된다는 뜻으로 그린 그림이지요! 억울하게 누명을 쓰고 귀양 가 있을 때, 믿음을 잃지 않고 유일하게 찾아온 친구에게 그려준 것이라 들었습니다.

자고로 이것이 세상의 인심이오니. 그럴 리 없으리라 희망하지만, 혹여 교수님의 주위 분들이 그리 하더라도 너무 상심하지 마시기 바랍니다! 해서, 이러한 어려움은 내가 진정 어느 정도인지도 시험하지만, 남도 진정 어느 정도인지를 시험하는 중요한 리트머스 시험지 같아요! 작금의 의혹을 해명하는데 너무 조급하게 서두르지 마시고, 낙타가 사막을 걷는 심정으로 느긋하게 차분히 대응해 가시면 좋을 듯합니다! 혹여 조금이라도 제 졸견이나 도움이 필요하시면, 언제든 연락을 주세요!

추사 김정희를 인용한 지인이 우려했듯이 세상인심이란 참으로 천박하고 냉혹한 것이었다. 많은 사람들과의 연락이 끊어졌다. 하지만 내게는 매일 새벽에 묵상할 성경구절을 보내주는 미국의 친구가 있고 매일 하루를 마무리하는 시간에 자신의 하루일과를 일기처럼 요약한 후 명시 한편과 다양한 분야의 명곡 한 곡을 박식한 해설과 함께 보내주는 후배가 있었다. 세상 금은보화와 지식과 명예와 권력이 있더라도 동행자가 없다면 참으로 슬프고 실패한 인생일 것이다.

성경구절과 명시 암송 그리고 명곡 감상은 내게 큰 위안이 되었다. 이것은 마치 쇼생크 탈출(The Shawshank Redemption)의 주인공 앤디가 감옥에서 모차르트의 〈피가로의 결혼〉 중에 '저녁 산들바람은 부드럽게'를 감상하는 것과 같은 기쁨이었다. 희망이라곤 전혀 찾아볼 수 없는 감옥에서 울려 퍼지는 천상의 아리아. 앤디는 결국 한 사람의 초인(overman)이 되어 그 어떤 콘크리트 벽과 쇠창살도 없는 자유와 평화의 품에 안긴다.

비록 나의 육체는 여전히 창살 없는 감옥에 갇혀 있었으나 나의 영혼은 푸시킨이 읊조렸듯 '지나가 버린 것 그리움이 될 것'을 믿음의 눈으로 보면서 자유롭게 비상했다. 나에게 '희망'은 살아가야 할 의지와 동의어였고, '감옥 밖의 죄인들'보다 강한 것이었다.

빅터 프랭클(Viktor Frankl, 1905~1997)은 나치 강제수용소에서 찢어진 신발과 발에 난 심한 종기에 극심한 통증을 겪으며 긴 행렬에 끼여 걸었다. 매일같이 하찮은 일만 생각하도록 몰아가는 상황이 역겨웠던 프랭클은 현재에 대한 생각을 내려놓고 미래를 그렸다. 그는 "어떤 상황에서든 자신의 태도를 결정하고 삶의 길을 선택할 자유만은 그 누구도 빼앗을 수 없으며, 그 자유를 포기하게 되면 살아갈 수 없다."라고 반복해서 말한다.

러시아의 천재시인 알렉산드르 푸시킨(Aleksandr Pushkin 1799~1837). 그가 남긴 많은 작품이 비참한 농노제하의 러시아 현실을 그리고 있지만, 세상을 향한 순수함과 열정이 시와 소설 속에 번뜩인다. 러시아 황제는 그런 그가 미워서 시베리아로, 북극 아래 백해(白海)의 솔로베츠키 수도원으로 유배시킨다.

이후 푸시킨은 가난과 엄격한 검열에 시달린다. 그는 물러서지 않았다. '정신의 강골'로 푸시킨은 문학을 놓지 않았다. '삶이 그대를 속일지라도'는 한국인이라면 누구나 한번쯤 암송해본 시다. 한국인이 가장 사랑하는 해외 시 중의 하나다. 어쩌면 '이발소 그림'처럼 특별할 것도 없는 나지막한 목소리의 시지만 잔잔한 울림이 오래간다. 힘들어하는 '지금'을 이겨내면 먼 훗날 그리움이 된다는 내용.

삶이 그대를 속일지라도
슬퍼하거나 노여워하지 말라
슬픈 날은 참고 견디라
기쁜 날이 오고야 말리니.

마음은 미래를 바라느니
현재는 한없이 우울한 것
모든 것 하염없이 사라지나
지나가 버린 것 그리움이 되리니

알렉산드르 푸시킨(Aleksandr Pushkin 1799~1837)의
〈삶이 그대를 속일지라도〉

이른 봄에 피는 아몬드 꽃은 새 생명과 희망을 상징한다. 또한 아몬드 나무는 부활의 상징으로 알려져 있다. 빈센트 반 고흐는 역설적이게도 가장 암울하고 힘들었던 시기에 가장 희망적이고 밝은 그림을 그렸다. 프란츠 슈베르트는 자신의 대표곡집인 '겨울 나그네'란 이름처럼 31년 짧은 인생을 늘 외롭고 춥게 보냈지만 마음속에 찾아온 봄을 기쁘게 노래했다.

〈꽃 피는 아몬드 나무(1890), 빈센트 반 고흐〉

겨울이 항상 춥고 외로운 것이 아니듯 봄이 항상 아름다운 것만은 아니었다. 만발한 진달래꽃이 내겐 슬픔이었다. 하지만 고흐의 작품을 감상하고 슈베르트의 노래를 들으면서 내가 맞는 어떤 봄날이라도 감사하고 사랑하게 되었다. 바울이 빌립보서 4장 11절에서 "나는 자족하기를 배웠노라"라고 말했듯, 필자도 오히려 고난 속에 두신 하나님의 자비하신 목적 안에서 자족함을 얻었다. 행복은 언제나 마음속에 있는 것이었다.

필자의 경우 하나님의 개입이 필요했을지언정 진실이 승리했다. 필자는 1심 재판에서 승소했다. 하지만 재판부가 손해배상을 인용하지 않았다. 필자는 항소했다. 항소심 재판은 2019년 12월 13일 종료되었다. 그리고 또 해가 바뀌어 2020년 2월 7일 진실이

승리했다. 거짓과 불의에 맞서 싸워야 했고, 진실을 밝혀야만 했기에 법적 투쟁에 나섰지만 지난 세월을 되돌아보면 하나님의 세밀한 개입이 없었더라면 결코 승리할 수 없었을 싸움이었다.

　항소심 재판 과정에 재판의 선고는 두 번이나 연기 되었다. 끝날 듯 끝이 나지 않는 시간이 계속되었던 것이다. 결과적으로 2심 재판부는 손해배상을 인용했다. 피고 경향신문과 강진구는 상고기간 내에 상고를 포기했고 항소심 재판결과는 최종 확정되었다. 2020년 2월 24일 24시. 2015년 11월부터 장장 4년여간의 민사소송이 끝나는 순간이었다.

　다음은 2심 항소심 재판부(서울고등법원 제 13민사부)의 재판결과이다.

> 주문
> 1. 원고들의 피고들에 대한 항소를 기각한다.
> 2. 이 법원에서 추가된 청구에 따라, 피고들은 공동하여 원고에게 10,000,000원과 이에 대하여 2019. 1. 11부터 2020. 2. 7까지 연 5%, 그 다음날부터 다 갚는 날까지 연 12%의 비율로 계산한 돈을 지급하라.

　이 재판의 본질은 원고가 선동언론의 거짓과 폭력의 실상을 폭로함과 동시에 피해자의 억울함을 호소하면서 인권의 보루인 법원에 정정보도와 손해배상을 청구한 것이다. 마침내 원고가 승소했지만, 피해보상 금액은 도저히 필자가 납득할 수 없는 수준이었다. 재판부가 인용한 손해배상액은 당사자인 필자는 물론이고 필자의 가족 그리고 이웃들이 겪은 처절한 고통에 비하면 절대로 받아들일 수 없는 수준의 금액이었다.

이 재판은 피고를 처벌하는 것을 결정하는 형사재판이 아니었다. 피해자의 손해를 배상해달라는 민사재판이었다. 그런데도 법원의 판결은 마치 피해자인 원고가 가해자인 피고가 수년 동안 조작 날조한 의혹을 '완전히'=100% 해소해야 한다는 식으로 보였다. 이것은 마치 재판부 자신이 신이므로, 필자에게도 신의 경지에 이를 것을 요청하는 듯해 안타깝다.

필자는 재판부의 판단을 존중하지만 이런 식의 판결은 개인적으로도 지극히 실망스러울 뿐 아니라 국가적으로도 참으로 우려스러운 일이 아닐 수 없다. 이에 대해 필자는 명석한 재판부가 왜 이런 판결을 내놓았을까 생각해보았다.

추측해 보건데 아마도 재판부는 〈KTL 용역사건〉과 〈국정원 댓글부대〉는 전혀 무관하지만, 2017년 8월 이후 언론에 보도된 것처럼 어쨌든 국정원이 관여된 것으로 밝혀진 이명박 정부 시절의 〈국정원 댓글부대〉라는 게 어쨌든 존재했고 국정원장과 국정원 직원은 물론 검사장들도 처벌 받은 점을 고려하지 않았을까? 혹은 2018년 6월 이후 본격화된 초유의 사법농단 사태와 관련된 살벌한 분위기도 재판부를 위축시키는데 한 몫 하지 않았을까? 1심 재판 선고는 8월이었고 당시 재판장은 이상윤 판사(25기)이다.

필자의 민사재판과 이완구 전 총리의 명예훼손 재판이 한창 진행되던 시기는 2018년으로 시기상 겹치는 부분이 있다. 이완구 전 총리는 '성완종 리스트' 무죄 판결 확정(2017년 대법원)을 근거로 2018년 4월 경향신문을 상대로 3억 원 손해배상 소송을 제기했으나 재판부는 "피고(경향신문과 소속 기자 2명)가 돈 전달 매체인 '비타 500'으로 확실히 확인 못해서 원고의 명예를 훼손했지만 악의적이지 않다."라면서 청구를 기각, 2019년 2월 15일 1심에서 패소했다. 당시 재판부가 민사합의 14부이며 재판장은 이상윤 부장판사였다.

[인용] 2019년 2월 15일 금요일 인터넷 서울경제

서울경제

이완구, '성완종 리스트 의혹' 보도한 언론사 상대 소송서 패소

기사입력 2019.02.15. 오후 2:46 기사원문 스크랩 본문듣기 · 설정

2 2
요약봇 가

서울중앙지법 민사합의14부(이상윤 부장판사)는 15일 이 전 총리가 경향신문과 소속 기자 2명를 상대로 낸 손해배상 소송에서 "원고의 청구를 모두 기각한다"고 판결했다./연합뉴스

피해자의 '무고함과 억울함'과 관계없이, 언론으로부터 손해배상을 받아낸다는 게 이렇게나 힘든 것이다.

그런데 법원이 손해배상을 인용했다는 것은 또 다른 중요한 의미가 있다. 만약 피고가 검찰수사에서 온갖 부정한 방법을 동원해서 불기소처분으로 빠져나갔을 경우 원고는 법원의 판결문을 갖고 피고를 또다시 검찰에 고소하면 된다. 이 경우 검찰은 법원이 이미 (허위사실 여부를 떠나) '위법'한 것으로 판단했으므로 검찰은 '위법'한 것으로 여겨 기소할 가능성이 매우 높아지게 된다.

악화가 양화를 구축한다는 그래샴의 법칙(Gresham's law)처럼 세상에는 속칭 기레기들과 정권의 홍위병들이 넘친다. 하지만 이들은 명심해야 한다. 세상에는 정도(正道)라는 게 있다. 그들은 이미 외면 받고 있지만, 앞으로도 거짓을 말하고 악행을 계속하는 한 국민들은 그들이 어떤 말을 해도 보지도, 믿지도 않을 것이다.

이 책을 여기까지 읽은 독자들이라면 3년간에 걸친 허위보도로 인해 발생한 오해는 상당부분 해소되었으리라 생각한다. 그럼에도 불구하고 아직까지 이해할 수 없는 근원적 질문이 남았을 것이다. 가짜뉴스와 전쟁을 치르며 주위 사람들로부터 가장 많이 들었던 질문이 있다. 바로 피고들은 "도대체 **왜?** 이런 허위기사를 보도했는가?"이다.

아쉽게도 그 질문에 대한 대답을 가지고 있는 가해자는 아직까지도 필자에게 제대로 된 사과 한번 한 적이 없기에 정확한 답을 알 수는 없다. 다만, 혼란한 가운데 이 책을 집필할 정도로 파악한 사실들을 종합하면 그 이유를 다음의 두 가지로 추측해 볼 수 있다.

첫째, 존재하지 않는 허구의 'KTL국정원댓글부대' 보도를 위해 필자를 희생양 삼았다. 다음은 필자가 재판부에 '탄원서'로 제출한 내용의 일부이다.

필자가 재판부에 제출한 '탄원서' 中 일부 발췌

피고 강진구 기자의 보도행태를 보면, 대중들의 관심이 있고 시사성 있는 '뉴스와 실시간 검색어 상위랭크 키워드'를 자신의 보도주제로 삼거나 보도내용으로 담는 기회주의적 모습을 보여 왔습니다. 예를 들면, 2016년 말 '최순실'이 대중들의 관심 사안이 되자 피고는 난데없이 원고를 일면식도 없는 안봉근과 함께 해당 지면 TOP으로 보도하였습니다.

그런데 해당 보도 또한 사실이 아니었습니다. 당시 원고가 피고를 명예훼손으로 고소(2016형47274)하여 중앙지검에서 수사 중이었는데, 피고는 이를 마치 원고가 '댓글부대'와 관련된 검찰 수사를 받는 것으로 둔갑시켜 보도한 것입니다.

원고는 과거에는 물론이고 2019. 현재까지도 최순실 및 안봉근과 연관된 어떠한 처벌은 물론이고 수사나 조사를 받거나 진술한 사실도 없습니다. 즉, 해당 기사는 '잘 팔리는' 최순실에 아무 관련이 없는 원고를 끼워 팔아 선동하는 기레기 기사의 전형이었고, 피고는 그러한 기사를 보도하는 전형적 기자와 다름이 없습니다.

2015. 2.부터 2015. 7.까지 국내의 최고 이슈는 '국정원 댓글부대'관련 뉴스였습니다. 2015. 7. 대법원의 '원세훈 전 국장원장 국정원 댓글부대 사건 파기 환송' 및 '국정원 스마트폰 해킹의혹과 직원자살'이 동시에 발생하여 모든 매체가 사건을 집중보도하였습니다. 원고가 보기에 피고는 당시 이슈사항인 '국정원 댓글부대'와 연관된 기사를 보도 하려는 욕심으로 자신이 보도하던 'KTL 부실 용역' 의혹사건을 '국정원 댓글부대'로 둔갑시켜 기자 개인의 공명심과 경향신문 장사 모두에 활용한 것으로 보입니다. 그리고 이 과정에서 원고의 약력(국정원 출신)을 악용한 것이며, 원고를 희생양 삼은 것입니다.

특히 피고는 원고가 지난 정권의 비호 아래에 있기에 수사망을 피해간다고 계속 보도하였습니다. 그러나 현재 정권이 바뀐 지 3년이 되어가는 시점입니다. 이 시점에도 원고는 '댓글부대' 또는 지난 정권과 관련된 어떠한 수사나 처벌을 받은 사실이 없습니다. 만약 피고의 주장대로 'KTL 용역'이 정말 '댓글부대'였고, 원고가 조금이라도 관여가 되어있었다면 이게 과연 가능한 일일지 피고에게 묻고 싶습니다.

둘째, 2016년 이후 소송으로 인한 개인적 원한 때문이다. 이는 객관적 판단주체인 사법기관도 인정한 사안이다. 다음의 판결문에도 명시되어 있다.

(전략)

피고 경향신문과 강진구는 (중략) 원고가 그러한 민간 댓글부대를 조직하여 활동하고 있음을 소명할 만한 신빙성 있는 자료가 없는 점, **피고 강진구가 원고와**

> **박형준에 의하여 명예훼손 등이 혐의로 고소되어 상당한 기간 수사를 받은 바 있는 점**, 1년 4개월이 넘는 기간 동안 수십 회에 걸쳐 중복하여 보도할 필요성도 없어 보이는 점 등의 사정을 고려하며 보면, 피고들은 원고를 비방하려는 의도에서 보도한 것으로 보인다.
>
> (후략)

　강진구 기자의 다음 인터뷰(오마이뉴스, 미디어오늘)에도 명예훼손으로 피고소 된 사건에 대한 감회와, 필자에 대한 개인적 감정이 드러난다.

> **[인용] 2016년 7월 5일 화요일 인터넷 오마이뉴스**
> **"차기 대선도 댓글부대 의혹, 끝까지 추적한다"**
>
> (전략)
>
> 강 기자는 취재를 계속할 것이리고 말했다. "상대가 나를 고소한 이유는 심리적 위축을 노리는 것이다, 소송 결과가 나오는 것과 상관없이, 상대방 측에 '이 보도는 멈추지 않으리라'는 의지를 보여 주려 한다"는 설명이 이어졌다.
>
> (중략)
>
> "제가 입사한 지 올해로 24년 차. 이번 보도로 인해 기자 생활 중 가장 큰 싸움 한 가운데 섰다. 형사처벌 받으면서 쓸쓸히 기자로서 상처받고 물러날지, 아니면 제기한 의혹보도의 정당성을 인정받고 언론자유를 신장하는 데 보탬이 될 수 있을지 갈림길에 서 있다. 역사의 판단과 상관없이 제가 갈 길은 너무나 분명하다. '무소의 뿔처럼' 그저 혼자 가는 것인데, 결말이 어떻게 될지는 모르겠다."
>
> (후략)

> **[인용] 2016년 5월 5일 목요일 인터넷 미디어오늘**
> **"진실을 말하고 검찰 수사받는 기자들, 이게 정의인가"**
>
> (전략)
>
> 그 사이 용역수행 발행 매체의 회장과 사장 등으로부터 명예훼손 고소도 당했다.
>
> **강 기자는 검찰 수사 과정에 대해 "힘들었다"고 소회를 밝혔다. 수사는 5일에**

> 걸쳐 8000쪽 가량의 수사 결과물을 놓고 의견을 진술하는 지난한 과정이었다. 점심 저녁은 주지 않았다. 알아서 사 먹어야 했다. 그러나 단순히 수사 시간이 길어서 힘든 것은 아니었다.
>
> 강 기자는 "검찰은 정작 의혹은 수사 안 하고 의혹을 제기한 기자만 수사했다. 고소인은 기사 목록을 제시하면서 허위 사실이라고 주장하면 끝이다. 기자는 일일이 증거를 제시하며 기사 내용이 진실로 믿을만한 이유를 제기해야한다. 댓글을 직접 다는 걸 봤냐. 댓글을 달아야 댓글부대 아니냐는 부분도 30여분에 걸쳐 소명해야 했다"고 말했다.
>
> (중략)
>
> 강 기자는 "6월부터 다시 (댓글부대 보도로) 칼을 빼들 것"이라고 덧붙였다.
>
> (후략)

"6월부터 다시 칼을 빼들 것"이라는 위 인터뷰의 마지막 문장처럼 복수심에 눈이 뒤집힌 그는 6월부터 망나니의 칼춤을 추었고, 결과적으로 이 칼춤은 인과응보의 단초가 되었다.

필자는 상식적으로 도저히 이해되지 않는 피고들의 악행(惡行)의 근원을 궁금해 하던 중 서울신문 [생명의 窓] 코너에서 '회초리가 필요한 성인-아이'라는 서광 스님(한국명상심리상담연구원장)의 칼럼을 발견했다.

이 칼럼은 미국 심리학자 로렌스 콜버그(Lawrence Kohlberg, 1927~1987)의 도덕 발달이론을 가지고 세상의 악행을 비판하고 있었다. 필자는 이 칼럼을 읽곤 피고들의 심리상태를 잘 이해하게 되었고 피고들과의 법적분쟁과 대처에 활용한 바, 내용을 편집·요약하여 소개한다.

콜버그에 따르면 인간의 존귀함이나 양심, 가치 등에 대한 이해는 성인기에 발달한다. 그런데 육체 나이는 성인이지만 도덕 나이는 어린아이 수준인 성인-아이(육체는 성인이지만 도덕정신은 아이)들이 많다. 이들에게는 힘과 권력이 곧 도덕이고 자기중심적 욕구충족이 도덕이다. 그래서 그들은 성인-어른(육체와 도덕정신 모두가 성인)이 왜 충격을 받고 분노하는지 잘 모른다. 성인-아이는 반드시 벌을 받고 혼이 나는 경험에 의해서만 나쁜 행동을 멈춘다. 왜냐하면 그들에게 양심발달은 아직 이뤄지지 않았기 때문이다.

그런데 성인-어른들은 성인-아이들도 자기들과 똑같은 도덕성을 갖고 있다고 믿기 때문에 다른 사람들을 파괴하는 성인-아이들을 향해서 분노하고 절망하게 된다. 또한 성인-아이들이 저지른 범죄를 성인-아이 판사, 검사, 수사관, 경찰이 어이없게 수사하고 판결하는 경우, 성인-어른을 더욱 화나게 한다. 성인-아이들의 또 다른 특징은 자기 얼굴을 가리거나 눈만 감으면 세상 사람들이 자기를 보지 못한다고 착각한다. 그런 성인-아이 범죄자들에게 범죄자의 인권이라는 미명 아래 점퍼 속에 얼굴을 숨기도록 허락해선 안 된다. 잘못하면 벌을 받는다는 것을 제대로 알려줘야 한다.

부록. 날조된 'KTL국정원댓글부대'

한편, 존재하지도 않는 'KTL국정원댓글부대' 보도의 시작이 되었던 'KTL 용역사건'은 어떤 결론이 났는지 살펴보도록 하자. 어떤 건물이던 1층 없는 2층은 있을 수 없는 법이다.

'KTL 용역사건' 형사재판

필자의 항소심 재판이 선고된 지 얼마 후인 2020년 2월 20일 서울중앙지법에서 2017고단6706 사건에 대한 형사재판 선고가 내려졌다.

이 사건의 피고인은 정완수 전 한국산업기술시험원(KTL) 경영지원본부장, 박형준 ㈜그린미디어 대표, 노ㅇㅇ 그린미디어 부국장, 민진규 그린미디어 사업파트너, 이ㅇㅇ 전 ㈜그린미디어 상임고문, 김ㅇㅇ 전 KTL 용역사업 개발팀장 등이다. 정완수는 입찰방해죄로 기소되었다. 박형준, 노○○, 민진규는 입찰방해와 사기로 기소되었다. 그리고 이○○는 배임수재, 김○○는 배임증재로 기소되었다. 참고로 언론보도를 통해 실명이 공개된 사람들만 이름을 공개했다.

이 사건은 'KTL 글로벌기술정보 용역'사건으로서, 피고 경향신문과 피고 강진구가 2014년 12월부터 2020년 2월까지 장장 6년여간 언론보도와 재판과정을 통해 'KTL국정원댓글부대' 라고 주장해온 사건이다. 사건번호를 보면 추측 가능하듯이 2017년 이 재판이 시작된 이래 3년 만에 선고된 것이다.

핵심은 위 재판의 '사건'란에 적시된 공소사실이 [입찰방해, 사기, 배임수재 및 배임증재]라는 데에 있다. 위 사건에 대해 아래 기사에서 보듯이 피고 강진구는 2015년 8월 29일 〈KTL 용역팀은 '국정원 댓글부대'?〉 기사를 보더라도 〈국정원 댓글부대〉 라는 제목으로 보도하고 있다. 강진구가 국정원 댓글부대라고 언론에 대서특필했는데, 공소사실이 이와 전혀 무관하다.

[인용] 2015년 8월 29일 토요일 인터넷 경향신문

KTL 용역팀은 '국정원 댓글부대'?

14:01

해외정보사업 참가자들 관련경력 없고 외국어 전공자 1명뿐...
월 인건비도 파격적으로 고임금 한국산업기술시험원(KTL)의...

댓글 여론 조작을 한 혐의 등으로 기소된 '드루킹'(온라인 닉네임) 김동원(수감 중)이 비슷한 시기인 2020년 2월 13일 대법원에서 징역형을 확정 받았다.

아래 동아일보의 〈대법, '댓글 여론조작' 드루킹 3년형 확정〉 기사는, "대법원 3부(주심 김재형 대법관)는 13일 업무방해 등의 혐의로 기소된 김 씨의 상고심에서 징역 3년을 선고한 원심을 그대로 확정했다. 함께 기소된 경공모 회원 등 6명도 벌금 700만 원부터 징역 1년 6개월의 형을 각각 확정 받았다."라고 보도하고 있다.

[인용] 2020년 2월 14일 금요일 동아일보 A6면 1단

⊛ 동아일보   ✓PiCK ⓘ

대법, '댓글 여론조작' 드루킹 3년형 확정

▦ A6면 1단 기사입력 2020.02.14. 오전 3:03   기사원문   스크랩 🔊 본문듣기·설정

속칭 2017년 대선 댓글조작 드루킹 사건의 1심 재판부와 항소심 재판부는 댓글 여론 조작을 '중대한 범죄'라고 판단하면서 댓글조작 자동화 프로그램인 '킹크랩'으로 댓글을 조작한 혐의에 대해 "업무 방해에 그치지 않고 온라인의 건전한 여론 형성을 방해해 전체 국민의 여론을 왜곡한 중대한 범죄"라고 밝힌 바 있다.

만약 강진구 기자의 주장(=KTL 용역팀은 '국정원 댓글부대')이 옳다면, KTL 용역 관련자들은 드루킹 일당과 마찬가지로 컴퓨터 등 업무방해죄로 기소되었어야 한다. 그러나 그렇게 되지 않았다. 필자는 박형준 사장과 정완수 본부장, 민진규 소장 등이 어떤 계기로 만

나서 어떻게 인연을 맺어가면서 글로벌수출정보사업을 진행했는지 알지 못하고 보지도 못했다. 하지만 5년간 소송을 하면서 각종 수사기록과 증빙자료를 통해 거의 전모를 이해하게 되었다.

강 기자는 2014년 12월부터 KTL 용역을 '부실용역'으로 보도하다가 돌연 '국정원 예산'과 '국정원댓글부대'로 보도하였다. 그리고 2015년 10월 이후부터 바로 필자가 청와대와 기획재정부를 움직여서 국정원으로부터 예산을 꽂아 넣어서 KTL과 그린미디어 합작의 별동대를 만들어서 '국정원 댓글부대'를 운영한 것이라고 보도했다. 그리고 그 과정에서 필자에게 온갖 누명과 허위날조 보도를 함은 물론 각종 고소와 고발까지 남발했다. 결국 법원은 악의적 비방이라고 인정하여 피고 경향신문과 강진구에게 손해배상의 철퇴를 내렸다.

서울중앙지법(형사) 판결내용

다음은 위 KTL 용역사건의 서울중앙지법(판사 신민석) 판결이다.

이 법원이 적법하게 채택하여 조사한 증거들에 의하여 인정되는 아래와 같은 사정 등에 비추어 볼 때, 검사가 제출한 증거들만으로는 검찰의 공소사실이 합리적 의심 여지없이 증명 되었다고 볼 수 없고, 달리 이를 증명할 증거가 없다.

그렇다면 검찰의 공소사실은 범죄사실의 증명이 없는 때에 해당하므로 형사소송법 제325조 후단에 의하여 위 피고인들에게 무죄를 선고하여야 할 것이나, 이와 단일죄의 관계에 있는 입찰방해죄와 사기죄를 유죄로 인정한 이상 따로 주문에서 무죄를 선고하지 아니한다.

판결내용을 요약하면, 강진구가 2014년 12월 이래 문제 삼은 〈KTL 용역〉에 관해 강진구가 기사들을 통해 제기한 대다수 문제(입찰방해, 사기)에 대해서는 '혐의 없음(무죄)' 판결이 내려졌고 절차상 문제가 되는 부분에 대해서만 유죄 판결이 내려졌다.

즉, 필자와 관련지어 말하자면, 강진구가 필자에 대한 의심을 가지게 되었다는 사건부터 이미 〈국정원댓글부대〉도 아니었고, 심지어 〈부실용역〉도 아니었던 것으로 드러난 것이다. 한 마디로 '자작극'이었던 것이다. 다음은 판결내용이다.

가. 피고인 정완수, 박형준, 노○○, 민진규의 공동범행(입찰방해)의 점

첫째, 글로벌정보사업은 KTL이 처음 시행하는 것이어서 잘 알지 못하는 분야였고, 당초 KTL이 위 사업을 추진하게 된 계기도 피고인 정완수가 그린미디어로부터 해외정보사업에 관한 설명을 들은 것이었으며, 그린미디어 외에 글로벌정보사업에 관한 자문을 의뢰할 만한 곳을 찾기 어려웠으므로, KTL이 그린미디어에 글로벌정보사업에 관한 자문을 의뢰하는 것은 부득이한 측면이 있었다.

또한 KTL은 그린미디어의 자문 의견들을 취사선택할 수 있고, 그 외에 자신의 경험이나 다른 의견, 예산 문제 등을 종합적으로 검토하여 글로벌정보사업의 구체적인 내용 및 추진 일정, 이에 따른 입찰조건 등을 결정할 것이므로, KTL이 그린미디어에 글로벌 정보사업에 관한 자문을 의뢰한 것이 공정한 자유경쟁을 방해할 염려가 있을 정도로 입찰과 관련성 있는 정보 내지 시간적 여유를 제공한 것이라고 보기 어렵다.

둘째, 피고인 정완수가 KTL 직원인 이○○을 통해 그린미디어 측에 글로벌정보사업의 입찰조건으로 소프트웨어사업자 업종의 등록이 필요하다는 사실을 알려주었고, 그린미디어는 2014. 2. 21경 업종에 소프트웨어 개발 및 판매업 등을 추가하였다.

그러나 당시는 글로벌정보사업의 입찰조건이 결정되기 수개월 전이었고, 정보시스템 관련 용역의 입찰조건으로 소프트웨어 업종의 등록이 필요하다는 것은 KTL 홈페이지 등을 통해 공개되어 있었으며, 다른 경쟁업체가 소프트웨어사업자 업종을 등록하는 데에 많은 시일이 소요되는 것도 아니므로, 피고인 정완수가 그린미디어 측에 위와 같이 알려준 것은 공정한 자유경쟁을 방해할 염려가 있는 상태를 발생시키는 행위라고 보기 어렵다.

셋째, 글로벌정보사업의 입찰정보가 포함된 과업지시서는 그린미디어가 아니라 이○○가 작성한 것이었다.(다만, 이○○은 그 작성 시 그린미디어에서 제공받은 자료의 내용, 증거기록 제1권 46~48면을 이용하였다.)

넷째, 입찰방해 행위가 있다고 인정하기 위해서는 그 방해의 대상인 입찰이 현실적으로 존재 하여야 한다.(대법원 2001. 2. 9 선고

2000도4700 판결 등 참조) 위 공소사실 기재와 같이 2회에 걸친 유찰로 인하여 그린미디어가 단독 협상대상자로 선정됨으로써 입찰이 존재하지 않게 되었으므로, 이후 KTL 직원인 박○○, 최○○, 김○○, 이○○가 그린미디어에 대하여 공정한 평가 없이 적격업체 선정에 필요한 점수를 부여한 것 등은 입찰방해에 해당하지 않는다.

나. 피고인 박형준, 노○○, 민진규의 공동범행(사기)의 점

첫째, 위 입찰의 대상은 '글로벌 기술정보 제공을 위한 종합시스템 구축'이고 여기에 정보 수집이 포함되어 있지 않다. 따라서 그린미디어가 70여 명의 국내 정보 분석가와 1,800여 명의 해외 정보 수집가를 보유하고 있는지 여부는 위 입찰의 대상인 사업과 직접적인 관련이 없었고, 입찰조건이 아니었다.

둘째, KTL은 그린미디어에 KTL 별관 사무실을 제공함으로써 그린미디어의 인력 투입현황과 업무방식 등을 직접 확인할 수 있었다. KTL은 법인등기부등본 등을 통해 그린미디어가 소규모 업체인 사실을 알고 있었고, KTL이 그린미디어를 글로벌정보사업의 적격업체로 판단함에 있어 그린미디어가 위와 같이 다수의 국내 정보 분석가 및 해외 정보 수집가를 보유하고 있는지 여부는 영향을 미치지 않은 것으로 보인다.

셋째, 그린미디어는 KTL과 체결한 글로벌정보사업 용역계약에 따라 2015. 1경 정보시스템을 구축한 후 수차례 KTL에 검수를 요청하였으나, KTL이 응하지 않았다. 그린미디어가 사단법인 한국정보통신기술사협회에 분석을 의뢰한 결과에 의하면, 위 정보시스템은 수정보완을 통해 사용이 가능할 정도로 완성되어 있다는 것이다. 경찰이 한국산업기술시험원에 분석을 의뢰한 결과에 의하더라도, 항목별로 미흡한 부분이 상당수 있으나 완성된 부분도 상당수 있어 보인다.

그린미디어는 KTL로부터 용역대금 863,500,000원 중 계약금 259,050,000원만 지급받은 상태에서 수개월간 10~20명 정도의 인력을 투입하여 정보시스템을 구축하면서 인건비 등으로 상당한 비용을 지출하였다. (피고인 박형준, 노OO는 지출한 비용이 합계 687,914,561원에 이른다고 주장하고 있다.) 따라서 그린미디어가 위 계약금을 지급받을 당시 위 용역 계약을 이행할 의사나 능력이 없었다고 단정하기 어렵다.

형사재판의 경위

먼저 이 재판이 어떤 경위로 시작된 것인지 살펴보자. 아래의 내용들은 필자가 강진구 일당에 대한 형사고소와 경향신문과 강진구에 대한 손해배상 소송을 진행하면서, 경향신문이 기 보도한 내용과 ㈜그린미디어로부터 제공받은 각종 소송서류들, 그리고 필자 주위의 변호인과 전문가들과의 대응을 통해 파악하게 된 것이다.

필자는 애당초 이 용역에 대해서 박형준 사장이나 그 누구로부터도 들은 바가 없었기 때문에 2015년 연말은 물론이고 그 후로도 오랫동안 이 용역의 내용에 대해 알지 못했다. 설명이 미흡할 수 있는 점 독자들의 양해를 구한다.

지금으로부터 6년 전인 2014년. 피고 강진구는 2014년 12월부터 한국산업기술시험원(KTL)에 대한 보도를 시작했다. 첫 보도는 12월 24일 〈원장 반대 사업, 실무자가 국정원 출신 통해 예산 따와〉라는 자극적인 제목의 기사였다.

[인용] 2014년 12월 25일 목요일 경향신문 A10면 4단

경향신문

"원장 반대 사업, 실무자가 국정원 출신 통해 예산 따와"

A10면 4단 | 기사입력 2014.12.25. 오전 6:01 ｜ 기사원문 ｜ 스크랩 ｜ 본문듣기 · 설정

내용인즉 남궁 전 원장은 KTL 내부 직원들이 글로벌기술정보용역이라는 신규 사업을 추진하려는데 대해 KTL의 고유사업인 시험·인증사업과 관계가 없고, 코트라 같은 기관이 기업들에게 필요한 해외시장의 제품과 기술정보를 이미 제공하고 있어서 반대했는데, (정완수 본부장이 속해 있는) 센터 총책임자가 "정 본부장이 국정원 퇴직 직원을 통해 기획재정부로부터 15억 원의 예산을 따왔으니 일단 연말까지 시범사업으로 밀어줘 보자."고 보고했다는 것이 골자이다.

이 보도의 골자인즉, 그런데 일련의 과정을 거쳐 용역사업이 결과적으로 신행되었는데, 그 사업이 구글 번역기로 번역한 수준의 날림 정보로서 부실용역으로 보인다는 내용이다.

사실 위 두 건의 보도가 나간 것은 이 용역사업에 알바생으로 근무하던 최 씨와 김 씨가 ㈜그린미디어의 처우에 대해 불만을 품고 2014년 9월 말 퇴사하면서 고용노동부에 고발하는 한편 10월경 〈시사인〉이라는 신문과 (자칭 노동전문기자라는) 강진구에게 이 용역사업이 좀 이상하다고 제보를 한 데 기인한 것이다. 강진구는 이 제보를 갖고 남궁 전 원장에게 연락을 했다. 남궁 전 원장은 원장을 그만두게 된데 대해 당시 정부에 불만을 품고 있는 상태로 이해되었다.

그리고 최·김 씨는 국민권익위원회에 〈정부출연기관의 정보화 사업비 관련 부패 의혹〉 제목으로 2015년 1월 1일 정완수, 박ㅇㅇ, 박형준, 노ㅇㅇ, 민진규 등 6인을 신고했다. 권익위는 심사 후 부패방지법 위반, 형법상 사기, 횡령, 사문서위조 및 위조사문서 행사 혐의로 관계기관(경찰청, 산업통상부)에 이첩하는 것으로 의견을 냈다. 계속 시끄럽게 되자, 권익위는 이 문건을 서울경찰청에 이

첩했고 서울경찰청 지능범죄수사대가 2015년 5월경 이 사건을 맡아서 수사에 착수했다.

서울경찰청은 KTL 직원 4명을 포함하여 총 9명을 2016년 4월 말 중앙지검에 불구속송치 했다. 이것은 지내놓고 보면 서울경찰청이 서부지검의 처분 건도 반영한 것으로 보인다. 박형준 사장이 강진구 등을 서부지검에 형사고소한 건에 대해 서부지검은 "국정원 댓글부대라고 볼 증거가 없다."라고 처분했다. 서울경찰청이 박형준 등에게 적용된 혐의는 업무상 배임과 입찰방해죄였다. 강진구는 아래 2016년 6월 27일 경향신문 기사에서 다음과 같이 보도한다.

[인용] 2016년 6월 27일 월요일 인터넷 경향신문

경향신문

[단독]'댓글부대' 논란 직원들, 징계 대신 회식⋯용역팀장 "이원복 원장이 몇개월 피하라 했다"

기사입력 2016.06.27. 오후 2:37 최종수정 2017.01.03. 오후 5:24 기사원문 스크랩 본문듣기·설정

"〈경향신문〉이 최초로 문제를 제기했고, 지난해 10월 국감에서 야당의원들이 가세한 국가정보원 개입 의혹은 사실무근으로 결론을 내렸다. '댓글부대'보다는 정부보조금을 노린 단순 사기극에 불과하다는 것이다." (2016년 6월 27일 경향신문)

하지만 중앙지검은 서울경찰청이 기소의견으로 송치한 9인 중 3명은 혐의 없음으로 불기소 처분했고, 정완수에 대해서는 입찰

방해죄만을 적용하고 박형준, 노○○, 민진규 등 3명에 대해서 입찰방해죄와 사기죄를 적용하고 이○○ 등 2명에게는 수재혐의로 2017년 9월 28일부로 기소했다. 그 이후 서울중앙지법에서 형사재판이 시작되었다. 그리고 약 3년 만에 1심 재판이 선고되게 된 것이다.

요약하면, 서울중앙시법의 형사재판은 최××가 박형준 등을 국민권익위원회에 신고(2015년 1월)하는 게 발단이 되어 아래와 같은 시간 순서로 진행된 것이다.

일 시	내 용
2015년 1월	최××, 박형준 등을 국민권익위원회에 신고
2015년 5월	국민권익위원회, 서울경찰청으로 이첩
2016년 4월	서울경찰청, 기소의견 송치 (박형준 등 9명)
2017년 9월	서울중앙지검, 불구속기소 (박형준 등 6명)
2020년 2월	서울중앙지법(형사재판)의 1심 선고
2021년 2월	서울고법(형사재판)의 2심 선고

'KTL 용역사건'의 전모

전술했듯이, 최 씨가 국민권익위원회에 신고한 내용은 KTL 용역사업이 정부 돈을 빼먹기 위한 입찰방해와 사기라는 것이다. 최 씨는 국민권익위원회에 신고한 장본인으로서 서울경찰청에서 참고인 진술을 하게 되고, ㈜그린미디어가 그를 명예훼손죄로 고소함에 따라 서부지검에서 피의자로 조사받게 되며, 서울중앙지법 형사재판에서도 증인으로 진술을 하게 된다. 최 씨가 시간의 흐름에 따라 어떻게 진술했는지 살펴보자.

먼저, 최 씨가 2015년 7월 9일 서울경찰청 지능범죄수사대 2계 4팀 사무실에서 참고인으로 진술한 내용을 보자.

문 : 그곳에서 일을 한 기간은 어떻게 되는가요?

답 : 2014년 4월 3일부터 2014년 9월 30일까지 KTL 별관 창고에서 해외 경제부분 기사를 번역했는데 저희는 저희 스스로 번역을 했고, 다른 직원들은 구글 번역기로 번역만 해줬습니다.

문 : 그곳에 출근을 해서 진술인들이 어떠한 기자 업무를 하였나요?

답 : 처음에 기자를 채용한다고 해서 기자업무를 하는 줄 알고 출근을 했었는데 그곳에 가보니까 KTL의 별관 창고를 개조한 상태였는데 책상과 의자만 있었고 일을 할 수 있는 장비나 조건이 갖추어지지 않았습니다. 그래서 2일 동안은 출근해서 시간만 보내고 그냥 왔다가 2일이 지난 이후부터 일을 했습니다.

문 : 그곳에서 일을 할 수 있는 장비가 없었는데 어떻게 일을 하였나요?

답 : 노○○ 부국장과 민진규 소장이 면접 때 저희보고 장비가 없으니 저희가 사용하는 노트북 등 장비를 가지고 출근을 하라고 해서 출근을 했습니다. 그렇게 저희들이 가지고 온 노트북 컴퓨터로 그 사람들이 시키는 업무를 했습니다.

문 : 무슨 업무를 하였나요?

답 : 민 소장의 지시로 박○○ 팀장이 외장메모리하드(USB)에 영어로 된 외국의 신문기사를 주면 그것을 저희가 저희 컴퓨터에 옮겨 번역을 해서 다시 외장메모리하드에 저장해서 주는 업무만 했습니다.

문 : 왜 박○○가 외장메모리하드로 외국 신문기사를 담아 그 것을 번역해 달라고 했을까요?

답 : 첫째가 그 사무실이 인터넷이 안 되기 때문에 박○○씨가 가지고 있는 컴퓨터의 인터넷을 무선으로 접속할 수 있는 애그를 이용하여 인터넷에 접속해서 해외 신문기사를 긁어 USB에 담아서 저희한테 준 것입니다. 두 번째는 박○○나 그 외 구성원들이 번역을 할 수 있는 능력이 없어서 구글 번역기를 이용해서 번역을 가동하는 업무를 했고, 저와 김 씨는 직접 그 것을 번역했는데 그 번역 능력이 가능했기 때문에 그런 것입니다.

문 : 그 USB에 있는 해외 기사의 내용이 무엇이었나요?

답 : 인터넷을 확인해보면 뉴스기사, 스포츠기사, 정치기사, 경제기사 등이 구분되어 있는데 박○○이 USB에 담은 기사는 구글에서 검색을 한 경제부분의 기사였습니다.

문 : 진술인들은 그 기사가 구글에 있다는 것을 어떻게 알았나요?

답 : 사실은 처음 USB를 받았을 때 파일제목이 '첩보'라고 되어 있었습니다. 그리고 그 파일의 내용이 민진규는 저희한테 해외에서 수집한 고급첩보라고 말을 했습니다. 그래서 처음 그것을 접한 저희는 마치 해외에서 가져온 고급정보인줄 알았습니다. 그런데 저희가 그것이 구글에서 가져온 기사라는 것을 알게 된 것은 저희가 구글에서 직접 핵심어를 검색해보니까, 저희가 번역했던 그 첩보라고 박○○가 준 것이 결국은 그냥 경제부분 기사였습니다. 그래서 민진규와 박○○가 사기극을 하는 것으로 의심까지 하게 된 것입니다.

문 : 그 외 다른 업무는 하지 않았나요?

답 : 경제 부분의 기사를 가져오면 저와 김○○는 직접 번역만 해줬습니다. 그런데 시간이 갈수록 2014년 5월경에는 저희보고 그 기사를 마치 기자가 기사를 낸 것이 아닌 저희가 그 정보를 수집한 것처럼 편집을 해 달라고 했습니다. 그래서 그때까지 저희가 기자라고 생각하고 있었기 때문에 구글의 출처를 적시를 해 놓으니까 민진규가 자기 마음대로 기사를 어디에서 수집했는지 알 수 없도록 기사를 수정하거나 조작했습니다.

문 : 그 기사를 어디에 어떻게 사용하였는지 아는가요?

답 : 민진규가 자신이 아는 사람을 통해 짐스 홈페이지를 제작했고, 그 홈페이지로 접속을 하면 글로벌 정보 경영, 글로벌 정보경영전략 [국가정보전략연구소]라고 되어 있는데 그 홈페이지에서 ○전략정보, ○활동관리, Admin 이라고 내부접속 부분이 있는데 ○전략정보를 클릭하면 저희가 구글에서 한글로 번역한 경제부분 기사가 올려져 있습니다.

문 : 민진규는 그 홈페이지를 어떻게 사용하려고 할까요?

답 : 저희가 판단하기로는 그 짐스 홈페이지를 이용하여 기획재정부로부터 예산안을 따내기 위한 하나의 형식적으로 만든 것일 것입니다. 그리고 민진규는 그 짐스 홈페이지를 이용하여 KTL에서 받아 온 예산안을 수주 받은 ㈜그린미디어로부터 급여를 더 받고 있다고 들었습니다. 말 그대로 서버 이용료를 받고 있다고 들었습니다.

문 : **그 짐스 홈페이지와 그 홈페이지에 있는 자료의 가치가 없다는 말인가요?**

답 : 그것은 정보로서는 **그냥 쓰레기입니다.** 그 홈페이지를 분석하면 알겠지만 그냥 신문기사를 번역해서 옮겨 놓은 그 정도입니다. 다른 수요자의 맞춤형 정보는 존재하지 않는 기사 정리만 한 자료입니다.

문 : 이 사건에서 '글로벌 정보지원 센터(즉 KOTRA 업무업체)'를 하겠다며 예산을 기획재정부로부터 받아내 사용하거나 KTL의 예산을 사용했는데 결국은 '글로벌 정보지원사업'은 가동되지 않고 형식만 갖추고 그 돈을 횡령한다는 뜻인가요?

답 : 예 그렇습니다.

위 최 씨의 진술을 요약하면, 그는 번역작업을 했을 뿐이며, 민진규가 '첩보'라고 말한 건 고급 정보인줄 알았더니 구글 검색만 해도 나오는 경제정보였을 뿐이고 (강진구가 댓글공작을 위해 쓰였다고 주장하는 짐스라는) 개발했다는 웹사이트는 쓰레기 정보만 담고 있고 작동도 되지 않는 먹통에 불과했다는 것이다. 그래서 용역사업은 형식만 갖춰놓고 정부 돈을 횡령하기 위한 사업으로 보였다는 것이다.

최·김 씨는 서부지검 피의자 신문에서 자신들이 '국정원 댓글' 알바라는 취지로 제보한 사실이 없다며 혐의를 부인했다. 수사 검사는 "피의자 최 씨와 김 씨가 국정원 댓글알바라는 취지로 제보한 적이 없다고 주장하고, 달리 본 건 용역사업이 실제로 국정원 댓글 일바 용역임을 뒷받침할만한 객관적이고 직접적인 증거는 확인되지 아니하였던 바, 본 건 용역이 여론 조작을 위한 댓글 알바라거나 고소인(박형준) 회사가 그러한 댓글 알바를 위한 조직이라고 볼 수는 없다."며 최 씨와 김 씨를 명예훼손 혐의 없음으로 불기소처분 했다.

관련, 서울중앙지검의 수사기록을 보자.

서울중앙지검(검사 이대현)은 2017년 6월 12일 정완수에게 2017 형제*****호 해당 내용 등 피의자 관련 서류를 보여주면서 확인하고 있다.

문 : 정부출연금 19억 원이 확정되는 과정은 어떠하였나요?
답 : 거기까지는 모르겠습니다.

문 : 피의자가 예산을 따온다고 하였는데, 이를 모른다는 것이 이해가 되지 아니한데요?
답 : 예산을 따오려다가 실패하였는데, 느닷없이 예산이 배정되었다고 연락을 받았습니다.

문 : 예산 배정과정에서 국정원과 관련이 있었던 것은 아니던가요?

답 : 저번 달 고발인 강진구가 저를 찾아와서, 저보고 "미안하다. 김기석 KTL 기획조정팀장이 준 자료를 가지고 **사실관계를 확인하지 못하고 보도를 하였다. 미안하다.**"라고 말하면서 사과를 하였습니다.

문 : 관련사건의 고발인 강진구에 따르면, 본건 사업의 개발 사이트가 해킹시 스템을 구축하고, 사이버여론조작을 추진하기 위해서 개발하였다고 하던 데, 어떠한가요?

답 : 전혀 허위입니다. 앞에서도 말하였듯이, 강진구가 저에게 와서 사과하였 습니다.

문 : 또한, 실제로 국정원 직원들이 KTL에 방문하여 본 건 사이트를 실제로 이 용하였다고 하던데, 어떠한가요?

답 : 상식적으로 말이 안됩니다. 이미 국정감사를 하였고 이미 검증을 마친 것 입니다.

문 : 실제로 국정원 직원들이 본건 사업 관련 일한 사실은 없었나요?

답 : 그 사람들이 여기 왜 옵니까. **이 사업은 KTL 사업입니다.**

문 : **그럼에도 강진구가 이와 같이 주장하는 이유는 무엇이라고 생각하는가 요?**

답 : **특종에 욕심이 있어서 그랬나보죠. 전혀 사실 무근입니다.**

위 정완수 본부장의 발언은 사실 그대로이다. 100여 건이 넘는 보도기사를 모두 분석하고, 5년여에 걸친 민·형사상 공방을 끝내 고 보니 당시 강진구 기자는 다음과 같은 생각을 한 것이란 확신 이 든다. 그는 2015년 3월부터 7월까지 가장 뜨거운 뉴스(사람들의 관심이 높아 클릭수가 높은 뉴스)였던 국정원과 댓글부대 검색어에 착안 하여, 단순 용역사건을 '국정원 댓글부대'로 포장하고, 특종보도에 따른 강진구 개인의 공명심과 경향신문 판매부수 증대 양쪽을 만족시키는 '신의 한수'라는 생각을 했던 것으로 보인다.

미디어오늘 조윤호 기자의 책 〈나쁜 뉴스의 나라〉를 인용해 본다. "메이저, 마이너 가리지 않고 수많은 매체가 네이버나 다음 등 포털 인기검색어를 이용해 기사를 만든다. 검색어로 유입되는 누리꾼을 자사 홈페이지로 끌어늘이고 그 트래픽을 바탕으로 광고 수익을 창출하기 위해서다. 이러한 행위를 어뷰징(Abusing)이라고 한다. 이런 기사 밑에는 이런 것도 기사라고 쓰냐는 댓글이 달리고 기자는 기레기가 되고 만다."

이것은 2017년 6월 서울중앙지검 수사 검사가 "관련사건의 고발인 강진구에 따르면, 본건 사업의 개발 사이트가 해킹시스템을 구축하고, 사이버여론조작을 추진하기 위해서 개발하였다고 하던데, 어떠한가요?"라고 질문한데 대해 정완수가 "전혀 허위입니다. 강진구가 저에게 와서 사과했습니다."라고 답하고, 이어서 "KTL 사업인데도 강진구가 국정원이 관여되었다고 주장하는 이유는 무엇이라고 생각하는가요?"라는 질문에 "특종에 욕심이 있어서 그랬나보죠. 전혀 사실 무근입니다."라고 답한 게 바로 그 반증이다.

이 점은 ① KTL국정원댓글부대 기사 ② 민사 준비서면 내용에서 뿐 아니라 ③ 같은 내용의 기사를 '각색'한 기사를 보면 뚜렷하게 드러난다. 이는 강진구 기자 기사의 특징이기도 한데, 다음과 같은 식이다. 2015년 3월부터 7월까지 가장 뜨거운 뉴스였던 국정원과 댓글부대 검색어에 착안하여, 단순 용역사건이 8월 이후부터 '국정원 댓글부대'로 포장된다.

기존 기사 (2015년 2월 이전)
o "해외기사를 번역 · 분석하는 사람은 우리 2명뿐이고, 나머지 직원들은 콘텐츠 생산보다는 주로 통장을 갖고 왔다 갔다 했다"
변경 기사 (2015년 8월 이후)
o "**서버에** 외국기사를 번역해 **콘텐츠를 올리는 일은** 우리 둘만 했고, 나머지 팀원들은 **종일 국정원 댓글부대로 의심되는 이상한 일에** 매달렸다" 말했다.
o "대부분 팀원들은 지난 **대선** 때 **댓글알바** 조직을 연상시키는 활동을 했고 서버에는 무수히 많은 아이디와 이름이 보관돼 있었다."고 말했다.
기존 기사 (2015년 2월 이전)
o "민 소장은 도청과 위치파악을 피하기 위해 2G폰을 사용했다"   – "용역을 책임진 민 모씨와 그의 팀원들이 쓴 정보관련 용어들이 대부분 **국정원**에서 사용하던 암호들이었다."
변경 기사 (2015년 8월 이후)
o "민 소장은 **항상 국정원 직원들이** 도청과 위치추적 피하기 위해 사용하는 2G폰을 들고 다녔고 사무실 용어가 **국정원** 암호들이었다."

강진구는 객관적 관찰자가 아니라 **같은 내용의 사실을 본인의 보도목적과 필요에 따라 능수능란하게 변형**시키는 주관적 참여자로서 기사를 쓴 것이다.

'KTL 용역사건' 판결의 의미

서울중앙지검의 수사와 서울중앙지법 형사재판부의 진행경과와 선고결과를 보면, '경천동지'할 피고 경향신문과 강진구의 'KTL 국정원 댓글부대' 보도가 얼마나 일반인의 상식과 동떨어진 터무니없는 보도였는지가 적나라하게 드러난다.

강진구는 KTL이 발주하고 ㈜그린미디어가 용역업체로서 수행한 글로벌기술정보 용역사업을 '국정원 댓글부대'라고 주장하며 2014년 12월부터 2015년 10월까지 근 1년 동안 보도했지만 서울지방경찰청의 수사와 서울중앙지검의 2년에 걸친 수사결과 정완수, 박형준 등은 국정원 댓글부대가 아니라 '사기 및 입찰방해' 혐의로 기소가 되었다.

관련, ㈜그린미디어가 강진구를 서부지검에 고소한 이 사건관련 명예훼손 사건 수사에서도 서부지검은 국정원 댓글부대로 볼 수 없다고 결론을 내린 바 있다. 그리고 서울중앙지법의 형사재판부는 서울중앙지검이 (입찰방해와 사기죄로) 기소한 혐의사실 마저도 재판 과정과 선고를 통해 기각했다.

'빛' 가운데 있으면 모든 게 드러나는 법이다.

2020년 2월 서울중앙지법 형사재판부의 1심 판결과 2021년 1월 서울고법 2심 판결에 따라 그야말로 한국산업기술시험원(KTL)

글로벌기술정보 용역사업의 '속살'이 여지없이 공개된 것이었다.

'겉'으로 볼 땐 그 '속'을 정확히 알 수 없었을지 몰라도, 5년여간의 수사와 재판을 통해서 'KTL 글로벌수출정보용역사업'이 '국정원 댓글부대'가 아니라는 것과 (경향신문이 '댓글부대'라고 보도하기 전에 문제 삼았던) '부실용역'이라는 주장조차도 사실이 아닌 것으로 밝혀진 것이다.

경향신문이 KTL이 수행한 '글로벌수출정보용역'을 '국정원댓글부대'라고 날조보도하는 과정에 용역의 발주처인 KTL 책임자로서 억울하게 수사 받고 기소되었던 정 본부장이 입찰방해죄라는 허무맹랑한 공소사실조차도 모두 무죄로 판결난 것이 가장 큰 증거이다.

어떤 건물이던 1층 없는 2층은 있을 수 없는 법이다. 어떤 다리가 무너져 내렸다고 단독·특종 보도를 하려면, 해당 다리가 어딘가에 존재는 해야 한다. 존재하지도 않는 다리가 무너질 수는 없지 않은가? 'KTL국정원댓글부대'라는 건 애당초 존재하지 않는 가공(架空)이었던 것이다. 말 그대로 거짓과 상상으로 꾸며낸 것이었다.

서울중앙지법 1심 형사판결과 연속된 서울고법 2심 형사판결로 피고 경향신문과 강진구 기자 일당의 허위날조 보도가 파산선고를 맞은 것이다. 그동안 'KTL국정원댓글부대'라며 보도했던 모든 기사들이 쓰레기 종이 쪼가리가 된 것이다.

   지난 과거를 복기해보면, 강진구는 이렇듯 가공의 'KTL국정원 댓글부대'를 날조해놓곤 이에 대해 서울경찰청 수사, 서울중앙지검 수사가 진행되는 중인 2015년 10월부터 필자를 존재하지도 않는 'KTL국정원댓글부대' 배후로 지목하여 허위보도를 이어갔던 것이다.

2부

명예훼손의
법리와 구제

1. 명예훼손이란?

　명예훼손은 이름이나 신분, 사회적 지위, 인격 등에 해를 끼쳐 손해를 입히는 것을 말한다. 여기서 법적으로 말하면 '명예'란 사람의 인격적 가치에 대한 사회적 평가, 즉 외부적 명예를 말한다. 따라서 명예훼손이란 사람의 품성, 덕행, 명성, 신용 등에 대한 객관적인 사회적 평가를 위법하게 저하시키는 행위를 말하고, 단순히 주관적으로 명예 감정이 침해되었다는 것만으로는 명예훼손이 성립되지 아니한다.

　명예훼손은 민사와 형사로 나뉠 수 있다. 민법상 명예훼손은 불법행위로 간주되며 민법 750조 '민사손해배상의 청구'에 의해 위자료를 청구할 수 있다. 민법 제750조는 불법행위에 대한 일반적 원칙으로서 "고의 또는 과실로 인한 위법행위로 타인에게 손해를 가한 자는 그 손해를 배상할 책임이 있다"고 규정하고 있다.

　형법상 명예훼손은 형법 제307조에서 일반규정으로서 '공연히 사실이나 허위사실을 적시하여 사람의 명예를 훼손함으로써 성립하는 범죄'라 규정하고 있다.

① 형법상 '명예'라 함은 사람의 인격적 가치에 대한 사회적 평가를 말한다. 악한 일, 추잡한 일 등 윤리적인 것에 한하지 않고, 사람의 신분·성격·혈통·용모·지식·능력·직업·건강·품성·덕행·명싱 등에 대한 사회적인 평가, 즉 외부적 명예를 의미하며, 그 사람이 가지는 진가(眞價), 즉 내부적 명예와는 관계가 없다.

자기의 인격적 가치에 대한 자기 자신의 주관적인 평가, 즉 명예의식 또는 명예감정을 침해하는 행위는 모욕(侮辱)이라고 하여 별도로 모욕죄가 성립한다. 신용은 사람의 경제적 지위(지급능력 또는 지급의사)에 대한 사회적 평가로서 명예의 일종이나, 형법은 명예훼손과는 별도로 신용훼손을 신용훼손죄로 처벌하고 있으므로 명예에서 제외된다.

형법상 명예훼손이 되려면 공연(公然)히, 즉 불특정 또는 다수인이 인지(認知)할 수 있는 상황에서 사실 또는 허위의 사실을 적시(摘示)하여야 한다. 그 방법에는 제한이 없으며, 그로 인해 반드시 사회적 평가를 저하(低下)시켰음을 요하지 아니하고, 저하케 하는 위험상태를 발생시킴으로써 족하다.

② 민법상 명예훼손의 개념은 형법상의 개념과 별다를 바가 없다. 민법상 고의 또는 과실로 타인의 명예를 훼손한 경우에는 불

법행위가 되어 손해배상 책임을 지게 될 뿐만 아니라, 피해자의 청구에 의하여 손해배상과 함께 또는 손해배상에 가름하여 명예를 회복시키기에 적당한 처분을 법원에서 명할 수 있게 하고 있다 (민법 764조).

(1) 명예훼손의 위험성

27살의 평범한 여인 카타리나 블룸은 언론의 허위 보도와 그에 호응하는 군중에 의해 살인범의 정부(情婦), 테러리스트 공모자, 그리고 음탕한 공산주의자가 되고 만다. 언론은 이혼한 전 남편과의 사생활과 알코올중독으로 사망한 카타리나의 아버지에 관한 기사까지 쏟아 낸다. 심지어 위험한 수술을 한 어머니가 입원한 병원에도 기자가 침투해 집요하게 카타리나의 과거를 캐낸다.

그뿐인가. 수년간의 입출금 기록, 자동차 주행거리까지 계산하여 그녀의 공모 사실을 '입증'하려는 경찰과 검사들은 조금씩 언론에 단서를 흘리면서 다방면으로 카타리나를 압박한다. 결국 견디다 못한 카타리나는 절망감과 분노에 휩싸여 몰지각한 신문기자를 총으로 쏘아 살해한다.

이 소설은 선정적인 언론의 위험성을 살인이라는 극단적인 방법으로 보여 주는 동시에, 언론의 잘못된 보도가 한 사람의 인권을 철저히 유린하는 모습을 잘 묘사하고 있다. 물론 언론은 사회적으로 중요한 사실을 신속히 보도하지 않으면 안 된다. 이때 종종 사실을 충분히 확인하지 않고 진실에 반하여 사실을 보도하는 경우가 있다. 또 영리적인 입장에서 독자에 영합하여 공인(公人)이나 사인(私人)의 사생활에 관한 것들을 마구 보도하는 경우도 있다.

이런 잘못된 보도나 사생활에 관한 보도는 순식간에 나라 전체, 더 나아가 지구촌에 전파된다. 이 때문에 발생하는 피해자의 정신적 고통은 옛날에 비할 바가 아니다. 언론의 허위 보도로 인한 피해는 보도 당시에 일시적으로 생기고 마는 것이 아니다. 보도 후에도 피해의 규모와 범위가 계속 확산된다. 따라서 허위 보도로 인한 피해를 신속하게 구제할 필요성도 보도 당시에만 존재하는 것이 아니라 보도 후에 계속되고 더욱 커진다.

(2) 표현의 자유 vs. 인격권

언론의 자유는 사람에게 가장 중요한 기본권의 하나로, 인간의 존엄성에 필요한 개성 신장의 수단이자 민주주의 통치 질서가 성립하기 위한 전제조건이다. 그렇기 때문에 이는 '도덕적으로 필요한 생명의 공기'를 공급해 주는 것이나 다름없다. 오늘날 우리는 자유민주주의적 기본 질서를 유지하기 위한 여론 형성에서 언론이 차지하는 비중을 결코 과소평가할 수 없다. 동시에 민주주의를 지키고 발전시키기 위해서 표현의 자유에 부여하는 우월적 지위도 반드시 보장해야 한다.

우리나라 현대 언론사를 되돌아볼 때, 언론의 공적 책무 중에서 언론이 국익이나 공익에 관련될 때에는 자유언론 우선이라는 인식이 민주국가 형성에 기여한 측면이 많았다. 그런데 근래에는 언론의 자유만이 강조되고, 이에 비해 언론의 윤리와 책임의 문제는 상대적으로 드러나지 않았다. 과거 권위주의 체제하에서 자행되었던 외형적인 권력 통제가 사라진 지금도 언론은 여전히 권력의 편에 있고, 이미 그 자체가 권력화 되었다는 의심마저 받고 있다.

언론의 자유가 전제되지 않고서는 언론의 책임이 성립될 수 없다는 점에서 언론의 자유는 아무리 강조해도 지나치지 않는다. 그러나 언론의 자유가 나름대로 보장되고 있는 상황에서는 언론이 가져야 할 윤리와 책임의 문제도 함께 고려해야 한다. 그래서 우리 헌법은 국민의 기본권으로서 언론의 자유를 보장하고 있으면서도 다른 한편으로는 다음과 같이 규정한다.

"모든 국민은 인간으로서의 존엄과 가치를 가지며, 행복을 추구할 권리를 가진다(제10조). 모든 국민은 사생활의 비밀과 자유를 침해받지 아니한다(제17조). 언론·출판은 타인의 명예나 권리 또는 공중도덕이나 사회윤리를 침해하여서는 아니 된다. 언론·출판이 타인의 명예나 권리를 침해한 때에는 피해자는 이에 대한 피해의 배상을 청구할 수 있다(제21조 제4항)."

개인의 기본권인 언론의 자유와 타인의 인격권인 명예는 모두 인간으로서의 존엄과 가치, 행복추구권에 뿌리를 두고 있다. 그래서 두 권리의 우열은 쉽사리 가를 수 없다. 그러나 자기의 사상과 의견 표현에 아무런 제한도 받지 않고 타인의 인격권인 명예를 함부로 침해할 수 있다면 언론의 자유는 자기모순에서 헤어나지 못한다. 그러므로 우리 헌법은 언론·출판의 자유는 보장하되 명예 보호와의 관계에서 일정한 제한을 받는다는 점을 분명히 밝힌다.

이처럼 국민의 알 권리와 다양한 사상·의견 교환을 보장하는 언론의 자유는 민주제의 근간이 되는 핵심적인 기본권이고, 명예 보호는 인간의 존엄과 가치, 행복을 추구하는 기초 권리이다. 이런 사실 때문에 언론의 자유와 개인의 인격권이 충돌할 때 이를 조정하는 것은 매우 어려운 문제다. 구체적인 사례에 따라 사회적인 이익을 비교하고, 표현의 자유로 얻어지는 이익, 가치와 인격권을 보호함으로써 달성되는 가치를 형량하고, 규제의 폭과 방법을 정해야 한다.

만약 개인 대 개인 간의 사적 관계라면 언론의 자유보다 명예 보호라는 인격권이 우선한다. 그러나 해당 표현이 공공적·사회적·객관적인 의미를 가진 정보라면 평가는 달라진다. 왜냐하면 국민이 알아야 할 정보는 개인의 인격 형성과 자기실현은 물론 정치적 의사 형성 과정에 참여하는 자기 통치를 실현하는 공적 성격도 갖고 있기 때문이다. 개인의 명예 보호를 구체화한 일반법으로는 민법과 형법을 들 수 있다.

민법은 제750조, 제751조에서 고의 또는 과실로 인한 위법한 명예훼손적 표현으로 타인에게 손해를 가하거나 타인의 신체, 자유 또는 명예를 해하거나 정신상 고통을 가한 경우에 손해배상책임을 지는 규정을 두고 있다. 형법은 제307조 내지 제309조에서 공연히 사실(또는 허위의 사실)을 적시하여 명예를 훼손하거나, 사람을 비방할 목적으로 신문, 잡지 또는 라디오, 기타 출판물에 의해 명예를 훼손하는 행위와 공연히 모욕하는 행위에 형사제재를 과한다.

형법 제310조는 위법성의 조각(형식적으로는 범죄 행위나 불법 행위로서의 조건을 갖추고 있어도 실질적으로는 위법이 아니라고 인정할 만한 특별한 사유가 있음)으로 처벌하지 않는 경우에 대한 규정을 두고 있다. 이외에도 언론중재 및 피해구제 등에 관한 법률(언론 중재법)과 방송법에서는 언론 보도로 인한 피해 구제 방법으로서 반론보도 및 정정보도청구제도 등을 담고 있다.

표현의 자유와 인격권의 관계는 국제조약에서도 찾아볼 수 있다. 1948년 제3차 UN총회에서 만장일치로 채택된 세계인권선언은 제19조에서 "사람은 누구나 자유롭게 자기의 의사를 가지고 이를 발표할 권리를 가진다."라고 밝힌다. 그러나 제12조에서는 "누구도 그의 사생활, 가족, 가정, 통신에 대하여 자의적인 간섭을 받거나 명예와 신용에 대하여 공격받지 아니한다. 인간은 모두 이와 같은 공격에 대하여 법의 보호를 받을 권리를 갖는다."라고 규정하여 일반적인 인격권의 보장을 선언했다.

또 1966년 UN 제21회 총회에서 채택되어 1976년 발효된 '시민적 및 정치적 권리에 관한 국제규약(International Covenant on Civil and Political Rights, 흔히 'B규약'이라고 함)'도 두 기본권을 천명했다(우리나라는 1990년 4월 10일 이 조약에 가입했고, 같은 해 7월 10일 정식 발효되었다).

(3) 명예훼손의 판단기준

어떤 표현이 명예훼손인지의 여부는 그 표현에 대한 사회적 통념에 따른 객관적 평가에 따라야 한다. 따라서 가치중립적인 표현을 사용했더라도 사회 통념상 그로 인하여 특정인의 사회적 평가가 저하되었다고 판단되면 명예훼손이 성립한다. 가령 사실은 피해자가 동성애자가 아닌데도 인터넷사이트에 7회에 걸쳐 피해자가 동성애자라는 내용의 글을 게재한 것은 피해자의 명예를 훼손한 행위다. 현재 우리 사회에서 자신이 스스로 동성애자라고 공개적으로 밝히는 경우 사회적으로 상당한 주목을 받는 점을 고려해야 하기 때문이다.

반면 "(주)진로가 일본 아사히 맥주에 지분이 50퍼센트 넘어가 일본 기업이 됐다."라는 내용은 가치중립적인 표현이다. 즉 이로 인해 일부 소비자들이 해당 기업의 소주 구매에 소극적이 될 여지가 있지만, 사회 통념상 피해자 회사의 사회적 가치 내지 평가가 침해될 가능성이 있는 명예훼손적 표현이라고 볼 수 없다. 우리나라와 일본의 특수한 역사적 배경과 소주라는 상품의 특수성이 존재하기 때문이다.

한편 언론매체가 쓴 특정인에 대한 기사가 명예를 훼손하는 내용인지의 여부는 그 기사가 독자에게 주는 전체적인 인상을 기준으로 판단해야 한다. 즉 일반 독자가 기사를 접하는 통상의 방법을 전제로 기사의 전체적인 취지와의 연관하에서 객관적 내용, 사용된 어휘의 통상적인 의미, 문구의 연결 방법을 종합적으로 고려한다.

여기에 더해 기사의 배경이 된 사회적 흐름 속에서 그 표현이 가지는 의미까지 함께 고려한다. 언론 인터뷰를 통한 진술도 그것이 언론 보도의 내용이 된 이상 같은 방법으로 명예훼손 여부를 판단한다. 다만 그 경우에는 보도 내용에 나타난 진술자와 진술의 대상이 된 자의 관계, 진술자의 의도를 고려해야 한다.

언론사 소속 기자들에게 보도자료를 배포한 다음 이를 토대로 구두 설명하는 방식으로 기자회견을 여는 것도 명예훼손에 해당할 수 있다. 이 경우 마찬가지로 기자회견의 전체적인 취지와의 연관하에서 보도자료와 설명의 객관적 내용, 사용된 어휘의 통상적인 의미, 문구의 연결 방법 등을 종합적으로 고려한다.

만약 기자회견 보도자료 중 일부 내용의 진위가 분명하지 않아 오해할 소지가 있거나 특정인에 대한 비판이 부가되어 있다면, 이를 전체적·객관적으로 파악하여 그것이 허위 사실의 적시에 해당하는지 여부를 가려야 한다. 취지가 불분명한 일부 내용만을 따로 떼어 내어 허위 사실이라고 단정해서는 안 된다.

(4) 명예훼손의 대상과 피해자 특정

명예훼손의 대상이 되는 '적시되는 사실'은 피해자의 사항에 관한 것이어야 한다. 그러므로 배우자가 간통했다는 사실이나 범죄자라는 사실은 상대방 배우자의 명예를 침해하지 않는다. 개인뿐만 아니라 법인도 명예를 가지고 있다.

법인의 목적사업 수행에 영향을 미칠 정도로 법인의 사회적 명성, 신용을 훼손하여 법인의 사회적 평가가 침해된 경우에는 그 법인에 대하여 불법행위를 구성한다. 사망한 사람의 인격권도 보호된다. 가령 역사 드라마가 역사적 인물의 명예를 훼손하거나 인격권을 침해하면 유족이 손해배상청구의 권리를 행사할 수 있다.

명예훼손에 의한 불법행위가 성립하려면 피해자가 특정되어 있어야 한다. 이때 반드시 사람의 성명이나 단체의 명칭이 명시되어야 하는 것은 아니다. 두 문자나 이니셜만 사용했어도 표현 내용을 주위 사정과 종합해 볼 때 그 표시가 피해자를 지목하는 것을 알아차릴 수 있을 정도라면 피해자가 특정되었다고 본다. 가령 대학교수가 학생들 앞에서 피해자의 이성 관계를 암시하는 발언을 했다면 그 학생의 명예를 훼손한 것이다.

또 어떤 사정을 모르는 자에게는 표현 자체로부터 누구를 가리키는지 알 수 없어도, 그 사실을 아는 자가 다수이며, 이들에게는 그 표시가 누구를 가리키는 것인지 알 수 있을 때에도 피해자가 특정되었다고 본다.

즉 'A 변호사'나 'B 사무장' 등으로 익명 처리를 해도 변호사업계 종사자나 주변 사람들이 그가 누구를 가리키는지 쉽게 알아차릴 수 있다면 피해자가 특정된 것이다. 또 기자가 수기를 조작하여 실명이 아닌 가명으로 보도했더라도 그것이 특정인의 인적사항과 일치하여 적어도 그가 생활을 하는 범위 내의 주변 사람들 사이에서는 이 보도가 누구인지 충분히 알 수 있다면 당사자가 특정되었다고 할 수 있다.

(5) 공인(公人)과 공적인물

우리나라의 법원은 일반 사인(私人)의 범죄에 대해서는 철저하게 익명 보도할 것을 요구하고 있다. 범죄를 보도하는 것 자체는 사회적 경각심을 일깨우고 범죄의 예방 효과가 있어서 공공성이 있다고 보지만 범인이 누구인지, 범죄 혐의자가 누구인지 등은 국민의 알 권리 대상이 아니라고 단언하고 있다.

그렇다면 공직자를 비롯한 공적인 인물과 공적인 사안들에 대해서도 언론은 익명 보도를 해야 하고 명예훼손 보도에 대해 엄격한 책임을 져야 하는가? 이 점에 대해 대법원은 2002년 1월 22일 선고한 2000다37524, 2000다37531(병합) 판결에서 분명한 기준을 제기하고 있다. 대법원의 이 판결에 나타난 특성을 다음 5가지로 요약해 본다.

첫째, 대법원은 진실오신의 법리가 명예훼손 소송에 적용됨을 밝히면서 '오로지 공공의 이익에 관한 때'라 함은 언론의 보도 내용이 객관적으로 공공의 이익에 관한 것으로서 언론인의 주요한 목적이나 동기가 공공의 이익을 위한 것이라면 부수적으로 다른 사익적 목적이나 동기가 내포돼 있어도 무방하다고 보았다.

둘째, 자유로운 표현과 공개된 토론 과정에서는 다소 잘못되거나 과장된 표현은 피할 수 없다는 것이다. 표현의 자유에는 생존에 필요한 숨 쉴 공간이 필요한데 진실 여부를 판단할 때 전체적인 취지를 중시해야 하고 세부적인 문제까지 완전히 객관적 진실과 일치할 것을 요구해선 안 된다고 판시했다.

셋째, 표현의 자유와 명예보호의 이익을 조정할 때는 보도 내용이 사적 관계에 관한 것인지, 공적 관계에 관한 것인지 차이를 두어야 한다고 제시했다. 피해자가 공적인 존재인지 사적인 존재인지, 표현이 공적인 관심 사안인지 순수하게 사적인 영역의 사안인지, 표현이 객관적으로 국민이 알아야 할 공공성, 사회성을 갖추고 있어서 여론 형성이나 공개 토론에 기여하는 것인지 등을 따져보아 공적인 존재에 대한 공적 사안과 사적인 영역의 사적 사안간에는 심사 기준의 차이를 두어야 한다고 판시했다. 공적 존재의 공적 사안에 관한 표현에 대해서는 언론 자유의 제한이 완화되어야 하고 피해자가 명예훼손적 표현의 위험을 자초한 것인지 여부도 고려해야 한다고 보았다.

넷째, 공적인 존재는 국가·사회에 미치는 영향이 크기 때문에 공적인 존재의 정치적 이념은 더욱 철저히 공개되고 검증되어야 하며 공적인 존재의 정치적 이념에 대한 의문이나 의혹은 그 개연성이 있는 한 광범위하게 문제 제기가 허용되고 공개 토론을 받아야 한다. 공적인 존재에 대한 의혹의 제기가 공적인 존재의 명예 보호라는 이름으로 봉쇄돼서는 안 된다고 보았다. 공적인 존재의 정치적 이념에 대한 의혹 제기와 평가는 엄격하게 진실, 진실오신의 상당성을 입증 요구해서는 안 되고 구체적인 정황을 제시하는 것으로 입증 부담을 완화해 주어야 한다.

다섯째, 그러나 공적 존재의 공적인 관심사에 대한 문제제기라고 하더라도 구체적인 정황의 뒷받침 없이 악의적으로 모함하는 것은 허용되지 않고 비판의 대상일지라도 모멸적인 표현으로 모욕을 가해서는 안 된다.

대법원의 이 판결은 헌법재판소가 1999년 6월 24일 선고한 97헌마265결정의 취지를 수용한 것이다. 헌법재판소는 이 결정에서 '공적 인물·공적 사안'의 법리라고 이름을 붙일 수 있는 이익 조정의 법리를 제시했는데 공적 인물과 사안, 공적사안과 사적 사안의

심사 기준을 달리해야 한다고 판시했다.

더불어 헌재는 공적인 사안에 대하여 자유로운 비판과 토론을 하지 못하게 형사 벌로 규율하려는 것은 언론의 자유를 위축하고 질식시키게 될 터인데 이는 다수결 원리의 형해화(形骸化), 허명뿐인 민주주의로 이어진다고 경고했다.

헌재는 나아가 명예훼손죄 사건에서는 첫째, 진실오신(眞實誤信)의 상당성이 있을 때 명예훼손죄는 성립하지 않으며 둘째, '오로지 공공의 이익에 관한 때'는 그 적용 범위를 넓혀야 하고, 셋째, '비방할 목적'은 엄격한 증거로써 입증되는 때에 한하여 폭을 좁혀 제한하는 해석이 필요하다고 판시했다. 이러한 헌재 결정의 취지가 대법원에 의해 수용되기까지 2년 반의 시간이 소요되었던 셈이다.

2002년 1월 공적 인물·공적 사안의 법리를 수용한 이후 대법원은 이 법리를 더욱 정교화하고 공적 사안에 대한 언론의 면책을 확장해 왔다. 특히 공직자의 도덕성과 청렴성, 업무처리에 대한 언론의 감시와 비판 기능은 '악의적이거나 현저히 상당성을 잃은 공격이 아닌 한' 쉽게 제한되어서는 안 된다는 입장을 유지하고 있다. 대법원은 1988년 '진실오신의 상당성' 법리를 수용하여 이를 언론의 명예훼손 소송에 지속적으로 적용하고 있는 한편, 2002년 '공적 인물·공적 사안'의 법리를 새로 수용하여 공적 사안에 대한 언론 보도의 면책 범위를 확장해 왔다.

그렇다면 공인, 공적인물은 누구를 의미하는 것일까? 전통적으로는 사전적 의미를 중시하여 고위 공직자를 공인이라고 불렀다. 저명한 사람도 공인에 포함시켜 점차 넓어지기 시작했다. 공적 인물이라는 용어도 통용되고 있다.

그러나 공인 개념에 관한 사회적 합의가 있는 것은 아니다. 유명 연예인이 음주운전이나 마약, 성폭력 범죄 등 사회적 물의를 빚으면 으레 '공인'으로서의 책임을 다하지 못했다고 사과하지만 연예인이 무슨 공인이냐는 비아냥거림도 있다. 판례에서 사용하는 공적 인물이나 공인이라는 용어는 언론이나 일반인들의 언어 용법 또는 인식과는 차이가 있지만, 연예인이나 뉴스 앵커 같은 유명인도 공인 내지 공적 인물로 보고 있다.

그러나 공적 관심사에 관한 사회적 영향력이 있는 인물, 뉴스 가치가 있는 저명성이나 매체의 노출빈도에 근거하여 유명한 인물을 공인 범주에 포함시키는 것은 문제가 있다. 그들에게 공직자와 같은 공인으로서의 높은 도덕성과 책임감을 요구하는 것도 그렇지만 그들의 사생활 영역을 좁힐 수 있기 때문이다.

공적 인물의 범주를 넓히면 넓힐수록 표현의 자유는 확장되지만 공적 관심사나 유명도라는 모호하고 추상적인 개념표지 때문에 개인의 인격권이 침해될 소지는 더 커지기 마련이다. 간혹 연예인이나 유명인 대해서는 과도한 언론의 자유가 발휘되지만, 정치적 책임과 공공성이 강조되어야 할 공인에 대해서는 과잉의 명예보호가 되는 역전현상도 나타난다.

공인이란 사회정의와 공익을 실현하고, 도덕적이고 정당한 공적 활동으로 국민의 귀감이 되어야 하는 존재다. 이들에 관한 정보는 공공성을 갖춘 것이므로 알권리에 포함되며 언론보도를 통한 감시와 비판의 대상이 되는 것이다. 이런 관점에서 보면 연예인이나 유명인을 공인 내지 공적 인물이라고 보기는 어렵다. 언론이나 일반인이 통상 인식하는 것처럼 공공의 관심사 또는 유명도를 기준으로 공적 인물이라는 범주에 포함시키더라도 그들에 관한 언론보도를 넓게 허용해야 하는 것은 아니다.

방송인, 유명 스포츠 선수, 뉴스앵커 같은 유명인과 연예인은 공직자인 공인과는 다르다. 그래서 제한적인 공적 인물이라는 개념으로 그들의 사적 공간이나 사생활을 공직자보다 더 넓게 보호하려 한다. 언론은 항상 알권리를 주장하지만 국민은 그들의 내밀한 사생활 영역까지 들여다보고 싶어 하진 않는다.

(6) 익명(匿名)보도의 원칙과 실명(實名)보도

개인은 자신의 성명 표시 여부를 스스로 결정할 권리를 가지고 있다. 그런데 현행법에서는 특별한 경우 실명보도를 금지하거나 규제하고 있는 조항이 있다. 우선 소년법에 따라 조사 또는 심리 중에 있는 보호사건이나 형사사건에 대하여는 그자가 당해 사건의 당사자라고 짐작할 수 있는 정도의 사실이나 사진을 신문이나 출판물에 싣거나 방송할 수 없다(소년법 제68조). 이를 위반하면 형사처벌의 대상이 된다. 가정법원에서 처리 중이거나 처리한 사건도 본인이 누구인지 짐작할 수 있을 정도의 사실이나 사진을 신문, 잡지, 그 밖의 출판물에 게재하거나 방송할 수 없다고 규정하고 있다(가사소송법 제10조, 제72조).

또 성폭력범죄의 처벌 등에 관한 특례법에서도 성폭력범죄의 피해자의 신원과 사생활 비밀은 그 공개나 누설을 엄격히 금지한다(제22조). 그러나 청소년이 아닌 성폭력범죄의 피의자가 죄를 범하였다고 믿을 만한 충분한 증거가 있고, 국민의 알권리 보장, 피의자의 재범 방지 및 범죄예방 등 공공의 이익을 위하여 필요할 때에는 피의자의 신상에 관한 정보를 공개할 수 있다(제23조).

특정강력범죄의 처벌에 관한 특례법도 강간이나 강도죄 등 특정강력범죄로 수사 또는 심리 중에 있는 사건의 피해자나 사건을 신고한 사람을 알릴 수 없다고 정의한다. 즉 그가 동의하지 않은 한 성명, 나이, 주소, 직업, 용모 등 그가 피해자이거나 신고한 사람임을 짐작할 수 있는 사실이나 사진을 신문 또는 출판물에 싣거나 방송할 수 없다(제8조).

따라서 위와 같은 범죄 사건을 보도할 경우 피해자의 실명을 보도해서는 안 되는 것이 원칙이다. 그런데도 과거 우리 언론은 이른바 지존파 사건이나 온보현 사건, 막가파 사건이 발생했을 때 그들에게 성폭행이나 강도, 살인을 당한 피해자를 상세히 밝혀 버렸다. 피해자의 이름과 주소, 나이, 다니는 학교와 학과, 부모의 직업을 포함한 인적사항이 공개되었고, 신고한 여자의 옆모습을 찍은 사진도 보도했다. 이와 같은 보도는 무분별하고 선정적인 보도라 할 수 있다.

한편 실명보도를 할 수 있는 경우도 있다. 우리 대법원은 최근 범죄 보도에서 익명보도의 원칙을 받아들이는 경향을 띤다. 즉, 범죄 자체를 보도하기 위해 반드시 범인이나 범죄 혐의자의 신원을 명시할 필요가 없고, 범인이나 범죄 혐의자에 관한 보도가 반드시 범죄 자체에 관한 보도와 같은 공공성을 가진다고 볼 수도 없다는 것이다.

언론기관이 범죄 사실을 보도하면서 피의자를 가명이나 두 문자 내지 이니셜로 특정하면 오직 주변 사람들만이 제한적 범위에서 피의자의 범죄 사실을 알게 된다. 하지만 피의자의 실명을 공개해 범죄 사실을 보도하면 피의자의 범죄 사실을 아는 사람들의 범위가 훨씬 확대된다. 게다가 피의자를 더욱 쉽게 기억할 수도 있다. 결과적으로 피의자에 대한 법익침해도 훨씬 커진다.

그렇다고 모든 경우에 익명보도 원칙을 지켜야 하는 것은 아니다. 특히 공인의 범죄 혐의 또는 살인처럼 중대한 범죄를 저지른 혐의를 받는 용의자에 대해서 그러하다. 그러므로 범죄 사실과 함께 피의자의 실명을 보도함으로써 얻는 공공의 정보에 대한 이익

과 피의자의 명예나 사생활이 유지됨으로써 얻는 이익을 비교 형
량해야 한다. 만약 전자의 이익이 후자의 이익보다 더 우월하다고
인정되면 피의자의 실명을 공개할 수 있다.

(7) 좌익, 극우, 종북, 북변

보수와 진보, 좌익과 우익 등 이념에 관한 논쟁은 아직도 우리
사회에서 현재 진행형이다. 보수는 우익, 진보는 좌익과 동의어로
사용되나 정확하지는 않다. 실제로 좌익 혹은 좌파는 진보주의,
사회주의, 공산주의 등을 의미하고 우익 또는 우파는 보수주의,
국가주의 등을 의미한다. 물론 이런 구분이 명확한 것은 아니다.
예를 들면 오늘날 좌·우파를 막론하고 국가개입주의 경향을 보이
고 있기 때문이다.

법원은 위와 같은 특정 이념에 언급, 비판을 다음과 같은 기준
에 따라 판단한다. 기본적으로 법원은 이념문제, 통일문제에 대
한 표현의 자유는 넓게 보장되어야 한다는 입장이다. 특히 이념에
대한 언급이 상대방의 기본입장을 왜곡시키지 않는 한, 어느 정도
의 오류나 과장은 용인될 수 있다는 태도까지 보이고 있다. 이 때
문에 법원은 특정 이념 등에 대한 지적이 진실인지를 판단하면서,
'전체적으로 보아 진실에 합치하면 이를 진실한 사실로 인정할 수
있다'는 입장을 취하기도 한다.

한편 북한에 우호적인 입장을 취하는 정치인에 대하여 '종북(從北)'이라는 수식어를 써서 '종북세력', '종북인사'로 지칭하며 비판하는 글이 공표되는 일이 많이 나타나고 있다. 이에 대하여 '종북'으로 지목된 정치인이 자신은 단순히 북한에 대하여 유화적인 입장일 뿐인데, '종북'은 '북한을 무비판적으로 추종하는 입장'이라는 뜻의 매도라며 허위사실의 적시로 명예훼손에 해당한다고 주장하며 정정보도나 손해배상을 구하는 소를 제기하기도 한다.

이러한 경우 '종북'으로 표현하는 것은 사실 적시의 명예훼손에 해당한다는 판결이 있기도 하였으나, 최근 대법원 2019. 4. 3. 선고 2016다278166 판결은 성남시장 시절의 이재명 前 경기도지사를 '종북'으로 비난한 사안에 대하여 '종북'이란 표현은 의견이거나 '수사적 과장'에 해당할 여지가 있다고 하여 명예훼손을 인정한 원심판결을 파기하였다.

첫째, 수사적 과장은 어떤 표현이 문자적으로는 명예훼손적 의미를 가지고 있더라도 문자적 의미 그대로 의도한 것이 아니고 그러한 의미로 받아들여지는 것도 아니라는 점이다. 수사적 과장이란 '사상이나 감정 등을 효과적으로 표현하기 위하여 사실보다 불려서 나타내는 표현'을 의미하며, 이는 일반적으로 진술자도 문자적 의미 그대로를 의도하는 것은 아니며 청취자도 문자적 의미 그대로 받아들이지 않는다는 점이 특징이다.' 대법원 2007. 11. 30. 선고 2005다40907 판결에서 '야당에 의한 정치공작사건'이라는 표현이 수사적 과장표현으로 판단된 바 있다.

둘째, 수사적 과장은 사실의 적시라기보다 의견의 표명에 해당하여 명예훼손이 될 수 없다는 것이다. 이러한 의미에서 우리 대법원은, 원고 노동조합의 투쟁과 운동방식 등을 "정권타도투쟁", "북한조선노동당의 이익을 위한 노동당운동" 등으로 표현한 부분은 모두 피고들의 주관적인 평가를 그에 비유한 수사적 과장표현으로서 의견에 해당하여 명예훼손에 해당하지 않는다고 판시한 바 있다(대법원 2002. 12. 22. 선고 2000다37524, 37531 판결).

다시 '종북'이라는 표현이 등장한 원래 판결로 돌아오면, 공인인 고위공직자의 정치적 이념에 대한 논쟁에서 표현의 자유를 폭넓게 보장한다는 취지로 보아야 할 것이다. 이러한 판례의 흐름에 따르면, 앞으로 '종북'이나 나아가 '주사파'라는 표현으로 지칭하였다는 사실 자체만으로 명예훼손이 성립한다고 볼 수는 없을 것이다. 이는 대법원 전원합의체 판결의 다수 의견이 밝힌 것처럼 '극우', '극좌', '보수우익'이란 표현으로 지칭하는 경우도 마찬가지일 것이다.

그러나 수사적 과장이라 하여 함부로 '종북' 또는 '극우' 등의 표현을 쓰는 것에는 주의할 필요가 있다. 어떤 표현이 문자적 의미 그대로로 사용된 것인지 수사적인 과장으로 사용된 것인지의 구별이 명확한 것은 아니며, 상대방의 정치적 위상, 표현의 전체 취지나 맥락에 따라, '종북'이 원래 의미 그대로의 사실을 적시하는 것으로 인정될 가능성을 완전히 배제할 수 없을 것이기 때문이다.

관련 2019년 12월, 대법원은 "민변 안에 북변인 분들 꽤 있죠"
라는 내용의 글을 써서 위자료 지급 판결을 받았던 하태경 의원
사건에 대해 하의원의 글이 사실의 적시가 아니라 의견의 표명으
로 볼 여지가 있다며 명예훼손이 아니라는 취지로 파기환송 판결
을 내렸다.

2. 형법상 명예훼손죄

'형법'은 타인의 명예를 훼손한 경우 처벌하고 있는데, 이러한 명예훼손 책임에서 면책되기 위해서는 '진실성'과 '공익성'이 있어야 한다. 이러한 진실성과 공익성이 좁고 엄격하게 해석된다면 면책 가능성이 줄어들어 결과적으로 표현의 자유가 부당하게 제한될 수 있다. 따라서 법원은 비록 진실이 아니더라도 진실이라고 믿은 데 '상당성'이 있으면 표현행위자를 면책함으로써 표현의 자유에 보다 넓은 '숨 쉴 공간'을 마련하고 있다.

(1) 형법상 조항

명예훼손의 기본적인 법리는 공연히 진실이든 허위든 사실을 적시해 타인의 명예를 훼손한 경우 민형사상 책임을 지우는 것이다. '형법'상 명예훼손죄에는 기본적으로 제307조에 규정된 일반 명예훼손과 제309조에 규정된 출판물에 의한 명예훼손이 있다.

일반 명예훼손의 경우 제307조 제1항은 '공연히 사실을 적시하여 타인의 명예를 훼손한 자는 2년 이하의 징역이나 금고 또는 500만 원 이하의 벌금에 처한다'고 규정하고 있다. 제307조 제2항의 경우 '공연히 허위의 사실을 적시하여 타인의 명예를 훼손한 자는 5년 이하의 징역, 10년 이하의 자격정지 또는 1000만 원 이하의 벌금에 처한다'고 규정하여 허위 사실 적시에 의한 명예훼손을 가중처벌하고 있다.

언론 매체에 의한 보도인 경우 제309조 출판물 등에 의한 명예훼손이 문제가 된다. 제309조는 사실 적시 행위가 '사람을 비방할 목적'으로 '신문, 잡지 또는 라디오 기타 출판물'에 의하여 이루어진 경우 일반 명예훼손죄보다 가중처벌하고 있다.

판례는 적시한 사실이 공공의 이익에 관한 것인 경우 특별한 사정이 없는 한 비방의 목적은 부인된다고 보고 있으며, 비방의 목적이 없는 경우 제309조에 의한 출판물 명예훼손죄가 아닌 제307조에 의한 일반 명예훼손죄 성립 여부가 검토될 수 있다(대법원 2003.12.25. 선고 2003도6036 판결).

(2) 면책 요건

'형법' 제310조는 제307조 제1항에 규정된 사실 적시 명예훼손의 경우 '진실한 사실'로서 오로지 '공공의 이익'에 관한 때에는 처벌하지 않는다고 명시, 위법성 조각 사유를 규정하고 있다. 즉, '진실성'과 '공익성'이 위법성 조각의 요소로 규정되어 있다.

먼저, 보도의 진실성이란 보도 내용 전체의 취지를 살펴볼 때 중요한 부분이 객관적 사실과 합치된다는 의미이며 세부에서 진실과 약간 차이가 나거나 다소 과장된 표현이 있어도 무방하다. 이에 대해 대법원은 다음과 같이 판시했다.

"자유로운 견해의 표명과 공개된 토론에서 다소 잘못되거나 과장된 표현은 피할 수 없는 것이며, 표현의 자유를 위해서는 '숨 쉴 공간'이 있어야 하므로 표현의 전체적인 취지가 중시되어야 하는 것이고 세부적인 부분까지 완전히 객관적 진실과 일치할 필요는 없다." (대법원 2002.1.22. 선고 2000다37524 판결)

그렇다면 표현 내용이 진실이 아닐 경우에는 모두 처벌되는가?

그렇지는 않다. 우리 법원은 '상당성' 요건을 추가해 진실성의 증명이 없더라도 행위자가 그것을 진실이라고 믿을 상당한 이유가 있는 경우에는 위법성이 없다고 판시했다(대법원 1996.8.23. 선고 94도3191 판결). 이러한 상당성 요건의 추가는 진실성 요건을 완화해 표현의 자유를 보다 폭넓게 보호한다는 점에 그 의의가 있다.

수사기관과 법원은 기자가 보도 당시 진실이라고 믿을 만한 상당성이 있었는지는 어떻게 판단하는가?

이에 대해 법원은 기자가 해당 기사를 작성하면서 사실 확인 작업을 충분히 거쳤는지를 검토한다. 따라서 기자가 마감시간이 임박했다는 이유만으로 당사자에게 사실 확인을 시도하지 않거나 진실을 제대로 검토해 보지 않은 채 오보를 냈다면 법정에서 상당성이 인정되지 않을 것이다.

판례는 상당성 판단에 대한 일률적인 기준을 제시하지는 않으나, 대체로 진실이라고 믿게 된 근거나 자료의 확실성과 신빙성, 사실 확인의 용이성, 보도로 인한 피해 등의 여러 사정을 종합해 기자가 보도 내용의 진위를 확인하기 위해 충분한 조사를 다했는지 또는 그 진실성이 객관적인 자료에 의해 뒷받침되는지 등을 고려해 판단해 왔다(대법원 1990.10.27. 선고 98다24624 판결).

피의 사실 공표로 인한 명예훼손의 경우 공표한 피의 사실의 진실성에 관한 기자의 오신(誤信)에 상당성이 있는지 여부는 발표 당시 시점에서 판단되는 것이 원칙이나, 전후의 수사 과정 등을 참고해야 발표 시점의 상당성 여부를 가릴 수 있는 것이므로 발표 후 수집된 증거 자료도 상당성 인정의 증거로 사용할 수 있다(대법원 1996.8.20. 선고 94다29928 판결).

실제 판례를 살펴보면 기자가 수사기관의 발표에 근거해 피의 사실을 보도했다면 피의자가 나중에 무죄 확정되었더라도 진실 오신에 상당성이 있다고 보거나(대법원 2002.10.9. 선고 2003다24406 판결), 기자가 의혹 보도를 하기 위해 관계자의 증언을 폭넓게 취재하는 등 기사의 정확성을 위해 최대한 노력한 정황이 있다면 상당성을 인정하는 등(대법원 1996.8.23. 선고 94도3191 판결) 법원은 기자의 취재 과정과 진실 보도를 위해 노력한 정도를 살펴 상당성 유무를 판단하고 있다.

한편 기자가 진실 확인을 위해 취재 과정에서 충분한 노력을 하지 않았다면 상당성이 부정된다. 가령 유명 여배우의 불법 유학 관련 혐의 사건을 보도하기 위해 다른 신문의 기사를 참고로 기사를 쓰면서 그 진위를 확인하려 별도의 노력을 하지 않은 경우에는 상당성이 부인된다.(대법원 1996.5.28. 선고 94다33828 판결)

잡지의 경우 신문에 비해 신속성이 덜하므로 내용의 진실 여부에 관해 더 충분히 조사 활동을 거쳐야 한다고 보거나(대법원 1988.10.11. 선고 85다카29 판결), 공직자 비위 관련 기사를 작성하기 위해 공직자의 직속상관에게 문의하여 비위 사실을 부인하는 답변을 들었음에도 제3자의 일방적인 제보만을 바탕으로 기사를 작성한 경우 상당성이 부정되었다(대법원 1997.9.30. 선고 97다24207).

제보에 미심쩍은 부분이 있었음에도 제보자의 말만 듣고 폭설 피해 현장을 시찰 나갔던 국무총리가 양주 파티를 벌였다고 보도한 경우에도 역시 상당성이 부정되었다(대법원 2008.11.13. 선고 2008다53805 판결).

행위자의 표현이 '공공의 이익'을 위한 것이라는 것은 적시된 사실이 객관적으로 봤을 때 공공의 이익에 관한 것으로서, 행위자의 주요한 목적이나 동기가 공공의 이익을 위한 것이라면 부수적으로 다른 사익적 목적이나 동기가 내포되어 있더라도 무방하다고 법원은 넓게 판단하고 있다(대법원 2007.9.16. 선고 2005다62761 판결).

(3) 사실(fact)적시와 의견(opinion)표명

명예훼손이 성립하기 위해서는 해당 기사가 구체적인 사실을 적시하는 것이어야 한다. 그러나 해당 기사가 구체적인 사실을 적시하고 있는지 아니면 의견 표명에 해당하는 것인지를 판단하는 일은 쉽지 않다. 가령 신문이 음악회에 관해 보도하면서 '연주가 형편없다'는 표현을 기사에서 썼다면 이는 연주 수준에 대한 사실의 적시로 볼 것인가 아니면 글쓴이의 의견 표명으로 볼 것인가. 이는 한국뿐만 아니라 외국에서도 까다로운 법적 이슈다.

일례로 2009년 미국에서 유명 여성 연예인 킴 카다시안(Kim Kardashian)이 '나는 건강에 좋지 않은 쿠키 다이어트를 하지 않는다!(I would never do this [Cookie Diet] unhealthy diet!)'라고 자신의 트위터 계정에 글을 썼다가 쿠키 다이어트 회사로부터 명예훼손으로 고소를 당한 적이 있다.

카다시안은 이러한 표현은 자신의 의견 표명에 불과하다고 주장했으나 쿠키 다이어트 회사 측은 '건강에 좋지 않은'이라는 표현은 사실 적시에 해당한다고 맞섰다. 이 사건은 법원이 트위터와 관련된 온라인상의 사실 적시와 의견 표명의 경계에 대해 어떠한 판단을 내릴지 세간의 주목을 끌었으나 당사자들이 합의하고 고소를 취하하는 것으로 마무리되었다.

우리 법원은 구체적인 사실의 적시 여부를 판단하는 기준으로서 문제가 된 표현과 함께 그 기사 전체의 취지, 배경이 된 사회적 흐름과 연관해 당해 표현이 갖는 의미를 살펴야 하고 그 표현의 진위를 결정하는 것이 가능한지 여부도 살펴보아야 한다고 판시했다(서울지방법원 1995.12.22. 선고 94가합17753 판결).

또한 기사의 객관적인 내용과 아울러 일반 독자가 기사를 접하는 통상적인 방법을 전제로 기사의 전체적 흐름, 사용된 어휘의 통상적 의미, 문구의 연결 방법 등을 종합적으로 고려하여 그 기사가 독자에게 주는 전체적인 인상도 판단기준으로 삼고 있다(서울고등법원 2002.8.14. 선고 2001나65160판결).

사실의 적시는 반드시 직접적으로 표현한 경우에 한정되지 않으며 간접적이고 우회적인 표현에 의하더라도 표현의 전 취지에 비추어 볼 때 사실의 존재를 암시한다면 인정된다(대법원 2000.7.28. 선고 99다6203 판결). 따라서 '내 의견에 따르면', '내 생각에는' 등의 표현을 덧붙였더라도 사실적 주장의 존재가 인정된다면 사실 적시에 의한 명예훼손이 성립할 수 있다.

법원도 '일설에 의하면'이라는 표현을 덧붙여 타인의 주장 또는 풍문을 전파하는 방식을 취했더라도 시청자나 독자가 받는 인상을 기준으로 사실의 적시가 이루어진 것으로 보인다면 명예훼손 책임을 져야 한다고 판단했다(서울지법 1998.8.19. 선고 97가합93499 판결).

반면에 기사 제목에서 '검찰 자기 식구 싸고돌기'라고 표현하거나 기사 내용에서 '축소 수사라는 지적이 나오고 있다' 등의 표현을 사용한 것은 사실 적시라기보다는 검찰이 검찰 직원에 대해 엄정하게 수사를 하지 못한 것이라는 기자의 의견 표명으로 보았다(대법원 2004.8.16. 선고 2002다16804 판결).

신문이 '주사파', '종북'이라는 표현을 사용한 경우 그러한 표현은 특정인을 반사회세력으로 몰리게 하고 그의 사회적 평판을 손상할 것이므로 단순한 특정인에 대한 평가를 넘어 충분히 사람의 사회적 평가를 저하시킬 구체적인 사실의 적시에 해당, 명예훼손이 성립한다고 법원은 판단했다(서울중앙지방법원 2013.5.15. 선고 2012가합34257 판결).

한편 대법원은 하태경 의원의 '민변 안에 북변' 글이 사실의 적시가 아니라 의견의 표명으로 볼 여지가 있다며 파기환송 판결을 내린데 이어, 2021년 9월, "문재인은 공산주의자"라는 발언으로 명예훼손 혐의로 기소된 고영주 前 방송문화진흥회 이사장에게 명예훼손에 해당하지 않는다며, 징역 10개월에 집행유예 2년을 선고한 원심을 파기하고 사건을 서울중앙지법으로 돌려보냈다(2020도12861).

3. 명예훼손 피해와 구제절차

　언론의 보도나 타인의 발언으로 인하여 개인의 명예 등 인격권이 침해된 경우 언론은 그에 대한 민·형사상 책임을 진다. 반면 피해자는 민·형사상의 구제 수단을 갖는다. 피해자는 민사상으로는 민법상 불법행위책임에 따른 손해배상청구(민법 제750조~제766조)와 사전적 구제 방법으로서 신문의 발행, 배포 금지를 구하는 가처분신청을 제기할 수 있다(민사집행법 제300조 이하). 언론중재 및 피해구제 등에 관한 법률에 따라 언론사에 대해 정정보도와 반론보도 그리고 추후보도를 해 줄 것을 청구할 수도 있다.

　형사적으로는 형법상 명예훼손죄(제307조), 사자(死者)의 명예훼손죄(제308조), 출판물 등에 의한 명예훼손죄(제309조)에 해당됨을 이유로 들어 수사기관에 고소할 수 있다. 물론 피해자가 언론사에 대해 위와 같은 법적 절차를 취하기 전에 임의로 적절한 피해 구제를 요청하는 경우도 있다(통상 내용증명 우편으로 보낸다). 그러나 언론사의 '우월적 지위'로 인하여 아직까지 그 실효성은 그다지 크지 않다.

(1) 손해배상 및 명예회복처분 청구

민법 제750조는 불법행위에 대한 일반적 원칙으로서 "고의 또는 과실로 인한 위법행위로 타인에게 손해를 가한 자는 그 손해를 배상할 책임이 있다."라고 규정한다. 특히 민법 제751조 제1항은 "타인의 신체, 자유 또는 명예를 해하거나 기타 정신상 고통을 가한 자는 재산 이외의 손해에 대하여도 배상할 책임이 있다."라고 명시하고 있다. 따라서 명예 등 인격권을 침해한 사람은 피해자에게 피해자가 입은 재산상의 손해와 정신적인 손해(위자료)를 모두 배상해야 한다. 손해는 원칙적으로 금전으로 배상한다.

불법행위로 인한 손해배상청구권은 피해자나 법정대리인이 손해 및 가해자를 안 날로부터 3년간 이를 행사하지 않으면 소멸한다. 또 불법행위를 한 날로부터 10년이 경과되면 역시 시효로 인하여 소멸한다(민법 제766조). 특히 언론중재 및 피해구제 등에 관한 법률은 언론의 고의 또는 과실로 인한 위법행위로 인하여 재산상 손해를 입거나 인격권 침해, 그밖에 정신적 고통을 받은 자는 그 손해에 대한 배상을 언론사에 청구할 수 있다고 규정한다(제30조 제1항). 법원은 손해가 발생한 사실은 인정되나 손해액의 구체적인 금액을 산정하기 곤란한 경우에는 변론의 취지 및 증거 조사의 결과를 참작하여 그에 상당하다고 인정되는 손해액을 산정해야 한다.

또 피해자는 인격권을 침해하는 언론사에 대하여 침해 정지를 청구할 수 있으며, 그 권리를 명백히 침해할 우려가 있는 언론사에 대하여 침해 예방을 청구할 수 있다. 침해 행위에 제공되거나 침해 행위에 의해 만들어진 물건의 폐기나 그 밖의 필요한 조치도 청구할 수 있다. 그런데 우리나라 법원에서 명예훼손에 따른 재산상 손해배상에 대해서는 이를 인정하는 예가 거의 없다. 또 정신적 손해배상(위자료)으로 지급을 명하는 액수가 대부분 수백만 원에서 수천만 원에 그친다. 그래서 무책임한 언론의 횡포에 대한 실질적인 제재 수단으로는 미흡하다는 비판이 제기되고 있다.

즉 금전배상만으로는 피해자의 구제가 실질적으로 불충분하거나 불완전할 수 있다. 이러한 결함을 해소하기 위하여 민법은 특칙을 두어 제764조에서 "타인의 명예를 훼손한 자에 대해서 법원은 피해자의 청구에 의해 손해배상에 갈음하거나 손해배상과 함께 명예회복에 적당한 처분을 명할 수 있다."라고 규정한다.

이는 금전에 의한 손해배상만으로는 부족한 피해자의 인격적 가치 훼손에 대한 사회적·객관적인 평가 자체를 회복시키기 위해서다. 이에 따라 과거 우리 법원은 '명예회복에 적당한 처분'으로써 언론사에 대해 사죄 광고를 게재하도록 명한 바 있다. 그런데 헌법재판소는 1991년 명예회복처분으로서 언론사에 대하여 사죄 광고를 명하는 것은 언론사가 가지고 있는 양심의 자유를 침해하는 것이므로 위헌이라고 결정한 바 있다. 이후 '정정보도'를 청구하는 경우가 점차 많아지고 있다.

구체적인 손해배상 청구방법을 살펴보자. 통상 다음의 4단계로 진행한다.

〈1단계 증거수집〉

① 가해행위에 대한 입증자료 : 게시글의 캡쳐사진(작성자, 작성일, 작성내용이 모두 포함되어 있을 것)

② 가해행위의 위법성에 대한 입증자료 : 형사처벌결과(기소유예, 약식명령 기타 형사판결 등)

③ 이로 인하여 발생한 피해에 대한 입증자료 : 정신적 손해만을 청구하는 경우 별도의 진단서가 필요한 것은 아니나, 극심한 스트레스로 인하여 정신질환(우울증, 대인기피증 등)이 발생하였다면 이에 대한 진단서 등

명예훼손에 따른 위자료 산정에 관하여, 대법원이 발표한 연구자료 [불법행위 유형별 적정한 위자료 산정방안]에 따르면, 명예훼손에 따른 피해의 경우 일반피해와 중대피해를 구분하여 위자료 기준금액을 구분(5,000만 원/1억 원)하고 있다.

'중대 피해'는 피해자의 기존 개인생활·사회생활·경제활동에 미친 영향이나 훼손된 명예·신용의 가치가 중대한 경우를 의미한다. 대표적으로 직업 또는 사회적 지위가 박탈되거나 직업적·사회적 활동에 현저한 지장이 있는 경우, 사업자의 신용, 상호·상표의 가치가 현저히 저하되어 영업을 유지하기 어려운 경우 등을 말한다.

'일반 피해'는 피해자의 기존 개인생활·사회생활·경제활동에 미

친 영향이나 훼손된 명예·신용의 가치가 경미한 정도를 넘어 상당한 정도에 이른 경우로서 '중대 피해'에 이르지 아니한 경우를 의미한다.

〈2단계 피고의 특정〉

민사소송을 제기하기 위해서는 피고(가해자)의 이름, 주소 등을 특정해야 한다. 그러나 인터넷을 통한 명예훼손의 경우 대부분의 글이 실명이 아닌 아이디 또는 닉네임으로 기재되기에 피해자로서는 상대방의 인적사항을 확인하는 것이 매우 어렵다. 이럴 때는 다음과 같은 방법을 이용하여 상대방의 인적사항을 파악할 수 있다.

① 소 제기 전

  1) 방송통신심의위원회에 이용자 정보제공청구 (약 30일 소요) : 이름, 연락처, 주소 등에 관한 정보를 얻을 수 있음

  2) 확보한 인적사항에 근거하여 상대방의 주소지 법원에 소장을 제출

② 소 제기 후

  1) 피고의 이름을 '성명불상'으로 기재한 후 자신의 주소지 법원에 소장 제출(소장 제출 시 사실조회신청을 통하여 피고의 인적사항을 보완하겠다는 계획을 기재하는 것이 좋음)

  2) 해당 인터넷 서비스 사업자(네이버, 다음 등 해당 게시글이 작성된 인터넷 카페 등의 사업자)에게 해당 글 게시자의 이름, 연락처 등에 대한 사실조회신청

  3) 사실조회를 통하여 회신된 전화번호 및 이름 등을 근거로 이동통신사

업자(SK, KT, LGT 등) 상대방의 주민등록번호, 주소에 대한 사실조회신청(3군데 모두 신청해야 함)

4) 위 절차를 통하여 확인한 주소로 당사자표시정정 신청

5) 확인된 상대방의 주소지 관할법원으로 이송신청(별도로 신청하지 않아도 법원이 이송결정을 내리는 것이 일반적임)

6) 이후 이송된 법원에서 소송절차를 수행

③ 형사고소를 하여 가해자에 대한 처벌이 이루어진 경우

1) 관할 검찰청에 형사기록 열람등사를 청구하여 가해자의 인적사항 파악

2) 위 절차를 통하여 파악한 인적사항에 기초하여 상대방의 주소지 관할 법원에 소장 제출

〈3단계 소송 수행〉

민사소송은 변론주의 원칙을 유지하고 있으므로 앞서 언급한 요건사실의 존재를 원고가 입증해야 한다. 변론주의 원칙이란, 사건의 시시비비를 재판부가 알아서 판단해주는 것이 아니라 원고가 청구한 것의 당부만을 소극적으로 판단하는 원칙을 말한다.

만일 원고가 청구원인을 충분히 입증하지 못할 경우에는 패소 판결의 불이익을 받게 되며, 판결의 기판력으로 인하여 다시 동일한 청구권원에 기초하여 소송을 제기할 수 없다. 아울러 소송절차에는 언제나 피고의 항변이 있기 마련인 바, 피고가 청구원인을 반박할 경우에는 이에 상응하는 재항변과 이를 입증할 수 있는 증

거를 확보하여 법원에 제출해야 한다.

〈4단계 판결문 확보 및 강제집행〉

만일 위와 같은 소송절차를 통하여 승소판결을 받았다면, 해당 판결문 송달일로부터 2주 내에 항소를 제기할 수 있다. 원고와 피고 중 어느 한 쪽이라도 기간 내에 항소장을 제출하였다면, 1심 절차와 유사한 항소심 절차(2심)를 거치게 되므로 1심 절차와 동일한 요령으로 소송을 수행해야 한다.

만일 판결이 선고된 후 항소기간(송달일로부터 2주) 내에 양 당사자가 이의를 제기하지 않았다면 해당 판결이 확정되고 집행력이 발생하게 된다. 이 경우 상대방에게 판결문에 따른 손해배상금을 지급할 것을 요구하되, 상대방이 이에 불응할 경우에는 상대방의 재산(일반적으로는 예금채권, 보증금반환채권, 자동차, 부동산 등)을 압류하여 현금화함으로써 판결금 채권을 집행할 수 있다.

그렇다면 손해배상 위자료의 적절한 금액은 얼마일까? 금액을 알아보기에 앞서 우리가 인지해야 할 사실 한 가지가 있다. 우리나라 법원이 정신적 손해배상의 인정에는 상당히 인색한 편이라는 점이다. 연예인, 정치인, 기타 유명인사 등은 모욕이나 명예훼손을 당하였을 경우 수천 내지 수억 원까지 받는 경우도 있지만, 일반인의 경우에는 아무리 심한 모욕이나 명예훼손을 당하였다고 하여도 2,000만 원 수준을 넘어서기가 쉽지 않다.

다만 모욕, 명예훼손으로 인해 후발사태(추가적 피해)가 발생한 경우, 예를 들어 정신과 치료를 받고 있다든지 직장에서 퇴사하였다든지 학교에서 자퇴하였다든지 등의 사정이 있는 경우에는 위자료 인정액이 증가할 수 있다.

모욕죄 정신적 손해배상 인용액 사례는 다음과 같다.

① 위자료 10만 원 : 인터넷게임 중 8명이 있는 대화창에서 피해자가 게임을 잘하지 못 한다는 이유로 심한 욕설을 하여 피해자가 모욕감과 스트레스로 인한 우울증을 겪음

② 위자료 500만 원 : 시부모가 며느리에 대해서 "결혼 이전 행실이 문제되어 결혼할 수 없다. 처녀성이 문제된다."는 소문을 공공연하게 내고 다닌 사건.

③ 위자료 2,000만 원 : 부하직원의 책상과 컴퓨터를 빼거나 책상의 위치를 격리시켜 반성하라는 취지로 인격을 모독하고 따돌려 해당 직원에게 적응장애, 우울장애 등 정신질환 발생

④ 위자료 5,000만 원 : 학교에서 "장애인새끼, 병신새끼, 천식새끼, 나가서 죽어라, 왜 사냐."라는 등의 발언으로 16회 모욕하여 해당 피해자에게 '외상 후 스트레스장애, 적응장애'가 발생

명예훼손죄 정신적 손해배상 인용액 사례는 다음과 같다.

① 위자료 100만 원 : "×××씨 그리 먹튀 정신으로 영업하지 마세요… 사기나 마찬가지니… 싹아지 없는 문자 한 통 달랑 보낸 후 연락 없군요…

사기혐의로 감옥에 넣을 수 있다네요."라고 sbs 글 게재

② 위자료 200만 원 : 남편의 외도사진을 남편의 직장동료 등 수십 명에게
   전송

③ 위자료 500만 원 : 어린이집에서 "××보험은 사고가 났을 때 보상을 제
   대로 안 해준다. 도대체 언제부터 누가 이런 잘못 적용된 보험을 원장님
   께 추천했는지 뒤지게 패주고 싶은 심정입니다."라는 내용의 전단지를
   배포

　다음 실제 사례를 통해 더욱 자세히 알아보도록 하자. 사안의
중대성에 비해 명예훼손 금액은 턱없이 부족한 현실이다. 명예훼
손으로 1억을 배상받은 판례가 매우 이례적일 정도이며, 온 국민
앞에 자신의 누드사진이 공개된 사건도 8,000만원 손해배상에 그
쳤다.

　대법원은 고 김광석의 타살의혹을 제기한 이상호 고발뉴스 기
자에게 1억 원과 손해배상이자액 2000여만 원을 지급하도록 판
시했다. 이 기자는 자신이 연출한 영화 '김광석'에서 타살 의혹을
제기하고 그 용의자로 서씨를 지목했고, 이후 고인의 딸 서연 양
의 사망과 관련해서도 배후로 서 씨를 언급했다. 또 고발뉴스에
"서 씨가 타살 유력한 혐의자다.", "서 씨가 강압으로 저작권을 시
댁으로부터 빼앗았다." 등의 기사를 게재하고 자신의 페이스북에
서 씨를 '악마'라고 지칭하는 등의 글을 올렸다.

　서울고법은 학력위조 파문을 일으켰던 신정아 前 동국대 교수가

자신의 누드사진을 게재하고 성 로비 의혹을 제기한 문화일보를 상대로 낸 손해배상 청구소송에서 "신 씨는 정정보도와 손해배상 등 모든 법률적 청구를 포기하고 문화일보는 신 씨에게 8000만 원을 지급하라"고 조정 결정을 내렸다. 신 씨는 문화일보가 2007년 9월 '신정아 누드 사진 발견'이라는 제목으로 기사와 누드 사진을 싣고 성 로비 의혹을 제기하자 "초상권과 인격권을 침해당했다"며 10억 원의 손해배상과 정정보도를 요구하는 소송을 냈다.

윤갑근 전 대구고검장 측이 자신과 건설업자 윤중천 씨의 유착 의혹을 제기한 JTBC를 상대로 낸 손해배상 청구 소송에서 일부 승소했다. 서울중앙지법은 윤 전 고검장이 JTBC와 손석희 JTBC 대표이사, 해당 취재기자를 상대로 3억 원 상당을 물어내라며 낸 소송에서 피고들이 공동해 원고에게 7천만 원을 지급하고, 소송 비용 5분의 4는 원고가, 나머지는 피고가 부담하라고 밝혔다.

(2) 정정보도 청구

정정보도는 언론의 보도 내용의 전부 또는 일부가 진실하지 않은 경우 이를 진실에 부합하게 고쳐서 보도하는 것을 말한다. 사실적 주장에 관한 언론 보도가 진실하지 않아 피해를 입은 자(피해자)는 해당 언론 보도가 있음을 안 날부터 3개월 이내에 그 언론 보도의 내용에 관한 정정보도를 언론사·인터넷뉴스서비스사업자 및 인터넷 멀티미디어 방송사업자에게 청구할 수 있다(언론중재 및 피해구제 등에 관한 법률 제14조 제1항). 다만 해당 언론 보도가 있은 후 6개월이 경과하면 정정보도를 청구할 수 없다. 여기서 규정하는 정정보도청구권은 민법상 불법행위에 대한 청구권이나 반론보도청구권과는 전혀 다른 새로운 성격의 청구권이다.

허위 언론 보도로 피해를 입었을 때 피해자는 기존의 민·형사상 구제제도로 보호를 받을 수도 있다. 하지만 언론사 측에 고의나 과실이 없거나 이를 입증하기 어려운 경우, 위법성조각사유가 인정되는 이유로 민사상의 불법행위책임이나 형사책임을 추궁할 수 없는 경우에는 그렇지 않다. 이때 피해자는 언론 보도의 전파력으로 말미암아 심각한 피해 상황에서 벗어날 수 없다. 그러므로 피해자가 그러한 심각한 피해 상황으로부터 벗어날 수 있도록 하는 구제책이 필요해진다. 이에 적합한 구제책은 언론사나 기자 개인에 대한 책임추궁이 아니라, 문제의 보도가 허위임을 동일한 매체를 통하여 동일한 비중으로 보도·전파하도록 하는 것이다.

정정보도청구는 언론사의 대표자에게 서면으로 해야 한다. 청구서에는 피해자의 성명, 주소, 전화번호 같은 연락처를 기재하고 정정 대상인 언론 보도의 내용 및 정정을 구하는 이유와 청구하는 정정보도문을 명시해야 한다(제15조 제1항). 다만 인터넷신문 및 인터넷뉴스서비스의 보도 내용이 해당 인터넷홈페이지를 통하여 계속 보도 또는 매개 중인 경우에는 그 내용 정정을 함께 청구할 수 있다. 청구를 받은 언론사의 대표자는 3일 이내에 그 수용 여부에 대한 통지를 청구인에게 발송해야 한다(제15조 제2항).

다음은 정정보도의 예시이다.

[인용] 2020년 1월 31일 금요일, 20년 2월 3일 월요일 인터넷 경향신문

> 📰 경향신문 📖 A2면 1단 2020.01.31. 네이버뉴스
> **[정정보도]'아리랑TV 입찰비리 의혹' 기사 관련 정정보도문**
> 심사과정에 부당하게 개입한 비리가 있었다는 취지로 보도하였습니다. 그러나 사실 확인 결과, **아리랑TV** 김모 편성팀장은 입찰 심사과정에 부당하게 개입한 사실이 없는 것으로 밝혀졌으므로, 이를 바로잡습니다.
>
> │ ['아리랑TV 입찰 비리 의혹' 기사 관련 정... 경향신문 2020.01.31. 네이버뉴스
>
> 📰 경향신문 📖 A1면 1단 2020.02.03. 네이버뉴스
> **'아리랑TV 입찰비리 의혹' 기사 관련 정정보도문**
> 있었다는 취지로 보도하였습니다. 그러나 사실 확인 결과, **아리랑TV** 김모 편성팀장이 입찰 심사과정에 부당하게 개입한 사실이 없고, **아리랑TV**의 입찰과정에도 비리가 없는 것으로 밝혀졌으므로, 이를 바로잡습니다.
>
> │ ['아리랑TV 입찰 비리 의혹' 기사 관련 정... 경향신문 2020.02.03. 네이버뉴스
> │ ['방석호 재임 시절, 14억대 외주사 입찰 ... 경향신문 2020.02.03. 네이버뉴스

(3) 반론보도 청구

반론보도라 함은 보도 내용의 진실 여부에 관계없이 그와 대립되는 반박적 주장을 보도하는 것을 말한다. 예를 들어 사실적 주장에 관한 언론 보도로 인하여 피해를 입은 자는 그 보도 내용에 관한 반론보도를 언론사에 청구할 수 있다(제16조 제1항). 반론보도 청구권이 인정되는 취지로는 다음의 두 가지를 들 수 있다. 첫째, 언론기관이 특정인의 일반적 인격권을 침해한 경우 피해를 받은 개인에게도 신속·적절하고 대등한 방어수단이 주어져야 한다. 특히 공격 내용과 동일한 효과를 갖도록 보도된 매체 자체를 통하여 방어 주장의 기회를 보장하는 반론권제도가 적절하고, 형평의 원칙에도 잘 보합할 수 있다.

둘째, 독자 입장에서는 언론기관이 시간적 제약 아래 일방적으로 수집·공급하는 정보에만 의존하기보다는 상대방의 반대 주장까지 들어야 비로소 올바른 판단을 내릴 수 있다. 때문에 이 제도는 진실 발견과 올바른 여론 형성에 중요한 기여를 할 수 있다. 반론보도청구권은 그 자체가 인격권을 보호하고 공정한 여론을 형성하기 위한 도구일 뿐 진실을 발견하여 잘못을 바로잡아 줄 것을 청구하는 권리가 아니다.

그렇기 때문에 비교적 형식적인 사유에 의한 제한적 예외 사유가 없으면 가급적 이를 인용하도록 완화되어 있다. 따라서 반론보도의 청구에는 언론사의 고의·과실이나 위법함을 요하지 아니하며, 보도 내용의 진실 여부를 불문한다(제16조 제2항). 자연히 민사상 손해배상책임이 성립된다고 하여 반드시 반론보도청구권이 인용된다고 볼 수 없고, 그 반대도 마찬가지다.

(4) 추후보도 청구

언론에 의해 범죄 혐의가 있거나 형사상의 조치를 받았다고 보도된 자는 그에 대한 형사절차가 무죄판결이나 이와 동등한 형태로 종결된 때에는 언론사에 이 사실에 관한 추후보도 게재를 청구할 수 있다. 단 그 사실을 안 날부터 3개월 이내에 한한다(제17조 제1항). 이런 추후보도에는 청구인의 명예나 권리회복에 필요한 설명과 해명이 포함되어야 한다(제17조 제2항).

추후보도청구권은 특별한 사정을 제외하고는 정정보도청구권이나 반론보도청구권의 행사에 영향을 미치지 않는다(제17조 제4항). 따라서 반론보도나 정정보도를 했거나 손해배상을 했다고 하더라도 다시 이와는 별도로 추후보도를 하는 경우도 있다. 추후보도청구권에 관해서는 정정보도청구권에 관한 규정을 따른다(제17조 제3항).

그러나 현실에서는 기자들이 보도에만 치중한 채 막상 문제가 생기면 책임을 회피하거나 수동적으로 대처하는 모습을 보여 비난과 빈축을 사는 일이 많다. 특히 부당하게 범죄 혐의를 받았던 피해자가 혐의를 벗었음을 알리고자 추후 보도청구를 할 경우, 보도해줄 수 있음에도 불구하고 언론을 탄압하는 것으로 간주하거나, 정정·반론보도를 게재하거나 기사를 삭제하면 그만이라는 식의 태도를 보인다. 사실 확인 절차를 소홀히 한 채 보도함으로써 명예를 훼손하거나 피해를 초래할 경우 당연히 책임을 져야 한다. 언론사 스스로보다 신중하고 책임지는 보도 자세를 견지해 나갈 때 진정으로 국민들로부터 신뢰와 사랑을 받을 것이다.

(5) 조정 및 재판절차

정정보도청구나 반론보도청구, 추후보도청구 그리고 민사상 손해배상청구와 관련하여 분쟁이 있으면 피해자 또는 언론사는 바로 법원에 제소할 수 있다. 또한 언론중재위원회에 조정을 신청할 수도 있다(제18조제1항). 언론분쟁 조정제도는 화해에 의한 해결 기회를 부여하는 우리 법제의 독특한 제도이다.

언론의 입장에서 보면 법원의 재판절차 이전 단계에서 절충할 기회를 갖는 이점이 있다. 피해자의 입장에서 보면 재판절차상의 비용과 번잡함을 피하여 피해 구제를 시도할 수 있다는 제도적 장점이 있다. 한편 언론의 보도로 인한 분쟁조정·중재 및 침해 사항을 심의하는 언론중재위원회는 실무상 조정 성립률을 높이기 위하여 한 단계 낮은 수준의 조정을 시도해 왔다. 즉 손해배상 조정 신청인 경우에는 일부 정정보도나 반론보도를 하는 방식으로, 정정보도 조정 신청인 경우에는 일부 반론보도를 하는 형식이다.

그런데 조정이 성립되면 피해자로 하여금 조정 신청의 대상도 아닌 민·형사상의 모든 권리(손해배상 청구나 형사고소권 등)를 포기하도록 하는 경우가 많다. 이 때문에 오히려 피해자의 다양한 법적 구제 수단을 제한하고 있다는 비판이 제기되고 있다.

이로 인해 마치 언론중재위원회가 피해자나 언론사의 화해 거부에도 불구하고 직권으로 언론분쟁에 대해 정정보도문이나 반론보도문 게재 등 중재 결정을 하는 기관인 것처럼 오인되고 있다. 이런 상황 때문에 언론중재위원회의 명칭 자체가 부적절하며, 정정 대상이라고 보는 본질적인 지적도 제기되고 있다.

조정은 비공개가 원칙이다. 다만 참고인의 진술 청취가 필요한 경우 참석 또는 방청을 허가할 수 있다. 중재부는 조정 신청이 부

적법한 때에는 이를 각하하고, 신청인의 주장이 이유 없음이 명백한 때에는 조정 신청을 기각할 수 있다. 만약 당사자 간 합의 불능 등 조정에 적합하지 않은 현저한 사유가 있다고 인정되면 조정절차를 종결하고 조정 불성립 결정을 해야 한다.

그런데 당사자 사이에 합의가 이루어지지 않거나, 신청인의 주장에 이유가 있다고 판단되면 중재부는 당사자들의 이익과 그 밖의 사정을 참작하여 신청 취지에 반하지 않는 한도 안에서 직권으로 조정에 갈음하는 결정(직권조정결정)을 할 수 있다. 단 이 기간은 조정 신청 접수일로부터 21일 이내이다. 직권조정결정에 불복이 있는 자는 결정 정본을 송달받은 날부터 7일 이내에 사유를 명시하여 서면으로 중재부에 이의신청을 할 수 있다. 이 경우 그 결정은 효력을 상실한다. 직권조정결정에 관하여 이의신청이 있으면 이의신청이 있을 때에 소가 제기된 것으로 보며, 피해자를 원고로, 상대방인 언론사를 피고로 한다.

만약 조정 결과 당사자 간에 합의가 성립하거나 직권조정결정에 이의신청이 없으면 재판상 화해와 동일한 효력이 있다. 한편 당사자 쌍방은 정정보도청구·반론보도청구·추후보도청구 또는 손해배상의 분쟁에 관하여 중재부의 종국적 결정에 따르기로 합의하고 중재를 신청할 수 있다. 중재신청은 조정 절차 도중에도 할 수 있다. 중재 결정은 확정판결과 동일한 효력이 있다.

언론중재위원회에서 언론사와의 조정이 불성립된 경우, 피해자는 해당 언론 보도가 있음을 안 날부터 3개월 이내에 소를 제기할 수 있다. 또는 언론중재위원회에 조정 신청을 하지 않고 직접 법원에 정정보도청구의 소를 제기할 수도 있다(제26조 제3항).

정정보도청구의 소는 민사소송법의 소송 절차에 관한 규정에 따라 재판하고, 반론보도청구 및 추후보도청구의 소는 민사집행법의 가처분 절차에 관한 규정에 따라 재판한다. 법원은 정정보도청구의 소가 접수된 후 3월 이내에 판결을 선고해야 한다. 청구가 이유 있으면 법원은 정정보도·반론보도 또는 추후보도의 방송·게재 또는 공표를 명할 때 구체적인 사항을 정해야 한다. 여기에는 방송·게재 또는 공표할 정정보도·반론보도 또는 추후보도의 내용, 크기, 시기, 횟수, 게재 부위 또는 방송 순서가 포함된다.

법원이 정정보도·반론보도 또는 추후보도의 내용 등을 정할 때는 청구 취지에 기재된 정정보도문이나 반론보도문 또는 추후보도문을 참작하여 청구인의 명예나 권리를 최대한 회복할 수 있도록 정해야 한다(제27조 제3항). 그러나 실제로는 당초 보도한 기사의 내용이나 분량, 크기에 비하여 현저히 미치지 못하는 내용이나 분량, 크기를 명하는 판결이 선고되는 경우가 많아 피해자의 명예나 권리를 구제하기에는 여전히 미흡하다는 비판이 제기되고 있다.

(6) 형사고소고발과 그 한계

명예에 관한 죄는 공연히 사람의 명예를 훼손하거나 모욕하는 것을 내용으로 하는 범죄이다. 현행 형법은 단순명예훼손죄(제307조 제1항), 허위사실적시명예훼손죄(제307조 제2항), 사자(死者)명예훼손죄(제308조), 단순출판물명예훼손죄(제309조 제1항), 허위사실적시출판물명예훼손죄(제309조 제2항) 및 모욕죄(제311조)를 규정하고 있다. 명예훼손죄와 출판물명예훼손죄는 피해자가 명시한 의사에 반하여 공소를 제기할 수 없는 반의사불벌죄이다. 사자명예훼손죄와 모욕죄는 고소가 있어야 공소를 제기할 수 있는 친고죄이다(제312조).

허위 사실 적시 출판물에 의한 명예훼손죄가 성립하려면 피고인이 적시 사실이 허위임을 인식해야 한다. 이러한 인식, 즉 범의(犯意)에 대한 입증책임은 검사에게 있다. 단지 공표된 사실이 진실이라는 증명이 없다는 것만으로는 허위 사실 공표에 의한 명예훼손죄가 성립할 수 없다.

그런데 객관적으로 국민이 알아야 할 공공성·사회성을 갖춘 사실(알권리)은 민주제의 토대인 여론 형성에 기여한다. 그러므로 형사제재로 인하여 이러한 사안의 게재를 주저하게 만들어서는 안 된다. 신속한 보도가 생명인 신문의 속성상 허위 사실을 진실한 것으로 믿고서 발표할 수도 있다.

이런 명예훼손적 표현에 정당성이 인정되는 경우, 또는 사소한 부분에 대한 허위 보도는 모두 형사제재의 위협으로부터 자유로워야 한다. 시간과 싸우는 신문보도에 오류를 수반하는 표현은 사상과 의견에 대한 아무런 제한 없는 표현을 보장하는 데 따른 불가피한 결과이다. 이러한 표현도 자유 토론과 진실 확인에 필요한 것이므로 함께 보호되어야 한다.

따라서 첫째, 명예훼손적 표현이 진실이라는 입증이 없어도 행위자가 진실한 것으로 잘못 알고 행위를 했고, 그런 오인에 정당한 이유가 있으면 명예훼손죄는 성립되지 않는 것으로 해석한다. 둘째, 형법 제310조 소정의 "오로지 공공의 이익에 관한 때에"라는 요건은 언론의 자유를 보장한다는 관점에서 적용 범위를 넓혀야 한다. 셋째, 형법 제309조 소정의 "비방할 목적"은 그 폭을 좁히는 제한된 해석이 필요하다. 법관은 엄격한 증거로써 입증되는 경우에 한하여 행위자의 비방 목적을 인정해야 한다.

추후 자세히 살펴보겠지만 위의 세 가지 이유가 명예훼손 범죄에서 형사고소고발의 한계를 가져오는 근본적인 이유가 된다. "허위 사실을 진실한 것으로 믿고서 발표"했다면 허위 사실 보도에 대한 책임을 면하는 구조로 되어 있는데, 악의적 의도를 가진 기자가 법리를 완벽히 이해하고 "그렇게 믿었다"라고 주장할 알리바이까지 준비해서 악용한다면 사실상 이지스(Aegis)의 방패를 가진 것이나 마찬가지이다. 때문에 현재로선 명예훼손 범죄에서 형사고소고발은 한계점이 명확하다 할 수 있다.

"사람을 비방할 목적"이란 가해 의사를 요하는 것으로서, 행위자의 주관적 의도의 방향에 있어 공공의 이익을 위한 것과 서로 상반된다. 그러므로 적시한 사실이 공공의 이익에 관한 것이라면 특별한 사정이 없는 한 비방할 목적은 부인된다. 그러나 허위라는 것을 알거나 진실이라고 믿을 수 있는 정당한 이유가 없는데도 진위를 알아보지 않고 게재한 허위 보도는 면책을 주장할 수 없다. 언론 보도가 타인의 업무를 방해하였다면 형법상 업무방해죄(제314조) 또는 신용훼손죄(제313조)가 성립될 수 있다.

인터넷 등 정보통신망을 통하여 명예훼손이 이루어진 경우에는 형법이 아니라 '정보통신망 이용촉진 및 정보보호 등에 관한 법률'에 의해 처벌된다.

이 법 제70조는 제1항에서 "사람을 비방할 목적으로 정보통신망을 통하여 공공연하게 사실을 드러내어 다른 사람의 명예를 훼손한 자는 3년 이하의 징역이나 금고 또는 2천만 원 이하의 벌금에 처한다."고 규정한다. 또 제2항에서 "사람을 비방할 목적으로 정보통신망을 통하여 공공연하게 거짓의 사실을 드러내어 다른 사람의 명예를 훼손한 자는 7년 이하의 징역, 10년 이하의 자격정지 또는 5천만 원 이하의 벌금에 처한다."고 밝히고 있다. 다만 피해자가 구체적으로 밝힌 의사에 반하여 공소를 제기할 수 없다.

4. 사례로 보는 명예훼손(Q&A)

(1) 허위사실 보도와 처벌

허위사실을 보도하고 공공의 이익과 무관한 악의적 비방으로 인정받게 되면 처벌을 받게 된다. 다음은 몇 가지 사례들이다.

① '여배우 명예훼손' 개그맨 출신 기자 이재포 씨 법정구속

2018년 5월, 서울남부지법 형사9단독 류승우 판사는 여배우에 대한 악의적 내용을 담은 허위기사를 작성하여 정보통신망 이용 촉진 및 정보보호 등에 관한 법률 위반(명예훼손) 혐의로 불구속 기소된 개그맨 출신 기자 이재포에게 1년 2개월 실형을 선고하고 법정구속했다.

류 판사는 피고인들이 작성한 허위 기사가 인터넷을 통해 공개되면서 피해자 인격이 크게 훼손됐고 배우로서의 평판에 부정적인 영향을 미쳤음에도 피고인은 이해할 수 없는 해명을 하면서 반성을 하지 않았고 책임을 회피하려는 태도를 보였다고 질타했다. 이어 기사의 내용은 허위일 뿐 아니라 공공의 이익과는 무관한 개인의 일탈 여부를 다룬 것에 불과해 이를 '공공의 이익'으로 볼 수 없다고 판시했다.

즉, 기사 내용이 허위사실이며, 공공의 이익에 부합하지 않는 경우 처벌받은 사례이다.

② 악질 허위기사 수십여 차례 세종시 기자 '이례적 중형'

2020년 1월, 대전지방법원 제1형사부(재판장 심준보)는 세종시 무료급식소 '밥드림'을 겨냥해 수십여 차례나 악의적 허위 기사를 보도하여 '출판물에 의한 명예훼손'과 '업무방해' 혐의로 기소된 전 충청권 모 일간지 A기자에 대한 항소심에서 징역 6개월에 집행유예 2년을 선고했다. 또 같은 언론사 B기자에게도 벌금 300만 원의 형을 내렸다.

재판부는 범행의 방법 및 횟수 등에 비추어 죄질이 나쁜 점, 동종 및 이종 범죄로 형의 집행유예를 포함해 여러 차례 처벌받은 전력이 있음에도 범행을 반복해 저지른 점, 피해자의 명예나 업무에 회복하기 어려운 피해가 발생한 점 등을 고려해 중형을 선고했다.

사회공공의 이익을 위해 활동하는 기자가 이처럼 강한 법적 제

제를 받은 깃은 무척 이례적이다. 그만큼 이들의 행위가 '악질적'
이란 의미이기도 하다. 무엇보다도 사실 확인을 거치지 않은 채
특정인의 진술이나 주장, 또는 의혹만을 집중적으로 기사화해 특
정인에게 피해를 입힌 점이 인정되면서, 일부 언론사들의 허위 보
도에 경종을 울렸다는 평이다.

 '공익'을 위장하였어도, 사실 확인의 책임을 다하지 않은 악질적
허위 기사보도를 했다면 처벌을 받을 수 있다는 사례이다.

 ③ "故 김광석 아내는 악마" 이상호 손해배상 1억인데 형사는 무죄?

 2021년 7월, 서울고법 형사6-1부(부장 김용하 정총령 조은래)는 고
(故) 김광석의 타살 가능성을 제기한 영화 '김광석'을 통해 김 씨의
아내 서해순 씨의 명예를 훼손한 혐의로 재판에 넘겨진 이상호 고
발뉴스 기자의 항소심에서 1심과 같이 무죄를 선고했다. 재판부
는 이 기자가 김광석의 사망에 대해 '자살이 아니라고' 단정적으로
표현하긴 했지만, 여러 의혹이 제기됐고 허위성을 인식했다고 단
정하기 어렵다고 밝혔다.

 이 사건은 '서 씨의 인격권을 심각하게 침해'했다면서 1억 원의
손해배상을 대법원에서 판결 받았음에도 '공적관심 사안에 대한
의혹 제기'라고 보아 형사에서는 무죄판결을 받은 사건이다. 그만
큼 명예훼손으로 인한 형사처벌이 쉽지 않음을 단적으로 보여주
는 사례이다.

(2) SNS 상의 허위사실 유포

① 前 여친 지인들에게 '꽃뱀' 메시지 보냈더라도, 대법원 "전파가능성 없
    어… 명예훼손 성립 안돼" 무죄 선고 원심 확정

前 여자 친구의 지인 두 명에게 전 여친을 험담하는 허위사실이
담긴 문자메시지를 보낸 것을 명예훼손죄로 처벌할 수는 없다는
대법원 판결(2018도11720)이 나왔다. 피해자의 10~20년 지기들이
이 같은 허위사실을 다른 사람들에게 전파할 가능성이 없다는 이
유에서이다.

2021년 1월, 대법원 형사3부(주심 민유숙 대법관)는 A씨가 피해자
의 지인들에게 허위사실이 담긴 문자메시지를 보낸 경우에도 전
파가능성이 있는지에 대해, "피해자와 C씨 등의 관계를 비춰보면
공연성 인정에 필요한 검사의 엄격한 증명이 있다고 볼 수 없다."
며 검사의 상고를 기각하고 원심 무죄 판결을 확정했다.

명예훼손죄는 허위사실이라도 사적으로 특정 소수인에게 유포
한 경우에는 성립하지 않는다는 사례이다. 둘이서 나눈 대화를 명
예훼손죄로 처벌하려면 불특정 다수에게 전파될 위험(공연성)이 있
는지 엄격한 증명이 필요하다는 판단이다.

② 이혼소송 중 거짓소문 퍼트리는 바람피운 남편

이혼소송 중에 남편이 사연자에 대해서 의부증, 과소비, 부정행위를 했다고 주위 사람들에게 퍼트린 것은 명예훼손에 해당된다. 본인에게 유리한 재판 결과를 얻기 위해 또는 소송으로 인한 피해를 최소화하기 위해 허위 사실을 유포하는 경우, 이는 공연성이 인정되고 가치평가 침해가능성이 인정되기 때문이다.

개별적으로 한 사람씩 말을 했다고 하더라도, 그 사실을 들은 사람들이 불특정 또는 다수인에게 전파할 가능성이 있다면 공연성이 충족된 것이고, 퍼트린 내용 자체가 당연히 사연자의 사회적 가치 평가가 침해될 가능성이 있는 내용이면 명예훼손죄가 성립된다. 반면 법원에 제출되는 탄원서는 법원이나 수사기관에 제출하는 용도로 사용되었다면 공연성이 없고 공익성이 인정되는 경우도 있기 때문에 문제되지 않는 것으로 본다.

탄원서 내용에 누군가를 비난하거나 잘못된 내용을 평가한 것을 적더라도 자신이 직접 겪은 일이라거나 자신의 의견을 재판부에 알리는 정도는 문제 되지 않는다. 그 내용에 당사자에 대한 비난이 조금 있다고 해도 탄원인이 직접적인 자신의 경험을 말하는 내용 정도는, 공연성은 없고, 경우에 따라서 공익성도 인정될 수 있다.

③ "5일 전에 JTBC 출신 여기자가 교도소에 수감됐습니다"

2020년 8월, 수원지법 형사5단독(김명수 판사)는 일명 '골뱅이 웨

딩클럽 사건'에 연루된 A씨에게 징역 8개월을 선고하고 법정구속했다. 과거 A씨는 JTBC 기자로 재직했던 것으로 알려졌다.

재판부는 "이 사건 범행은 소비자 지위에서 거래상 불만을 제기하는 것으로 포장해 허위 사실을 적시, 피해자 명예를 훼손하고 영업을 방해해 죄질이 매우 불량하다."며 "피고인이 글을 올린 곳은 결혼을 준비하는 사람이 즐겨 찾는 정보통신망으로 그 파급력을 고려하면 피해가 가볍다고 할 수 없다. 실제로 피해자는 운영하던 업체를 폐업하는 등 심각한 피해가 야기됐다."고 판단했다.

JTBC 출신의 A모 기자는 결혼식 사진이 마음에 안 든다는 이유로 웨딩 컨설팅 업체를 비방하는 글을 올렸는데, 기자가 법정구속까지 당한 가장 큰 이유는 악질적으로 허위 사실을 적시했기 때문이다. 실제 웨딩 사진 촬영업체는 C사였으나 G사를 비방하는 글을 올려 G사는 파산하였고 대표는 자살시도까지 한 것으로 확인되었기 때문이었다. 또한 A씨는 환불금 500만 원을 받았는데, 입금 받은 나흘 뒤에야 해당 글을 삭제했다는 점도 참작되었다.

(3) 인터넷 명예훼손

2021년 4월, 헌재는 "개인의 명예, 즉 인격권을 보호하기 위해 정보통신망에 공공연하게 거짓을 적시해 피해자의 명예를 훼손한 행위를 형사 처벌하는 것은 목적이 정당하고 수단도 적절하다."고 판단했다.

해당 조항은 사람을 비방할 목적으로 정보통신망을 통해 공공연하게 거짓 사실을 드러내 다른 이의 명예를 훼손한 자는 7년 이하 징역, 10년 이하 자격정지 또는 5000만 원 이하 벌금에 처하도록 규정한다.

또한 피해자가 처벌을 원하지 않는다는 의사를 밝지 않는 한 재판에 넘겨 처벌할 수 있도록 한 온라인 명예훼손죄 처벌 조항이 헌법에 어긋나지 않는다고 판단했다. 관련 정보통신망법 70조3항은 온라인 명예훼손에 대해 '피해자가 구체적으로 밝힌 의사에 반해 공소를 제기할 수 없다'고 명시하고 있다.

그리고 온라인 상에서 발생한 명예훼손죄를 피해자가 아닌 제3자가 고발할 수 있도록 한 정보통신망법은 합헌이라고 판단했다. 정보통신망법의 명예훼손죄를 '반의사불벌죄(反意思不罰罪)'로 정한 것에 대한 최초의 결정이다. 정보통신망에서 명예훼손 행위는 빠른 전파성과 광범위한 파급효과로 그 피해가 심각할 수 있고 피해 회복도 쉽지 않은 것으로 본 것이다.

해당 조항은 온라인 명예훼손에 대해 '피해자가 구체적으로 밝힌 의사에 반해 공소를 제기할 수 없다'고 명시하고 있다. 청구인 A씨는 연예인의 팬들로부터 명예훼손죄로 고발당해 벌금 70만원을 선고 받자 피해자가 아닌 제3자가 고발한 것은 과잉금지원칙과 죄형법정주의의 명확성원칙에 위배된다며 근거가 된 조항에 대해 헌법소원을 청구했다. 실제 사자명예훼손죄와 모욕죄의 경우 온라인 명예훼손죄와 달리 피해자 등의 고소가 필요한 '친고죄'다.

(4) "허위인 줄 몰랐다?"

① '한동훈 명예훼손' 유시민 측 "계좌사찰 허위인 줄 몰랐다"

2021년 6월, 한동훈 사법연수원 부원장이 대검 반부패강력부 재직 당시 노무현재단의 계좌를 사찰했다고 주장한 혐의(라디오에 의한 명예훼손)로 기소된 유시민 노무현재단 이사장 측이 첫 심리에서 혐의를 부인했다. 발언 내용은 허위였지만 명예훼손이 성립하지 않는다는 논리다. 유 이사장 측은 사건을 수사한 검찰이 명예훼손 범죄에 대한 수사권이 없어 소송 요건에도 흠결이 있다고 지적했다.

변호인은 또한 "유 이사장이 발언 당시 해당 내용이 허위라는 인식을 하지 못했다."고 밝혔다. 유 이사장이 검찰이 계좌사찰을 했다고 믿을 만한 근거가 있었다는 주장이다. 이어 변호인은 "무엇보다 (유 이사장의) 발언 취지는 검찰의 공무집행에 대한 비판이지 한 부원장 개인에 대한 비방이 아니었다."고 강조했다.

유 이사장 측 주장인즉 발언은 허위였지만, 발언 낭시 내용이 허위 사실인지 몰랐다는 이유로 명예훼손이 성립하지 않는다는 것이며, 발언의 대상이 검찰 조직에 대한 비판이지 개인에 대한 비방이 아니었다는 것이다.

유시민은 왜 스스로 잘못을 인정했을까? 그리고 스스로 잘못을 인정한 경우에도 명예훼손이 성립할까? 이와 관련 두 가지 이슈를 따져 볼 수 있다. 첫째 당시 유 이사장은 계좌 열람의 주체로 한동훈 검사장을 지목했고 한 검사장도 피해를 당했다고 주장했다. 따라서 실제 수사가 이뤄질지 관건은 개인 피해자가 특정되느냐 하는 문제가 있다.

둘째 유무죄를 가르는 척도는 허위사실을 알고도 말했느냐이다. 유 이사장이 스스로 잘못을 인정한 건 발언 당시엔 거짓인 줄 몰랐다는 반증이라는 주장이다. 즉 "당시에는 진실로 믿었다."는 주장이다. 이 부분이 사실로 받아들여질 경우 위법성조각 사유(처벌의 필요성이 없게 됨)에 해당 할 수 있기 때문이다.

② 추미애 아들청탁·거짓말·명예훼손 고발 건은 왜 각하되었나?

2021년 6월, 추미애 前 법무부 장관이 아들과 관련해 부정 청탁을 하거나 국회 등에서 허위진술을 했다는 혐의로 고발당한 사건들이 검찰에서 모두 각하됐다. 서울동부지검은 법치주의 바로 세우기행동연대(법세련)가 추 전 장관을 4차례 고발한 사건을 수사한 후 모두 각하 처분을 내렸다. 검찰에서 각하는 사건이 기소나 수사를 이어갈 요건을 갖추지 못했다고 판단돼 내리는 불기소 처분이다.

법세련은 2017년 추 전 장관이 아들 서모씨를 평창올림픽 통역병으로 선발해 달라는 등 부정 청탁을 했다며 직권남용·권리행사방해·청탁금지법 위반 혐의로 검찰에 고발했다. 이에 검찰은 참고인 진술 등을 종합할 때 추 전 장관 측의 전화가 일반적인 문의 수준이었을 뿐 부정청탁으로 인정되긴 어렵다고 봤다. 또 그가 문의한 내용이 국회의원으로서 직권에 해당한다고 보기도 어려워 직권남용 혐의가 성립되지 않는다는 판단을 내놓았다.

검찰은 이어 추 전 장관이 자신의 집 앞에서 대기하던 사진 기자의 사진을 자신의 사회관계망서비스(SNS)에 올려 명예훼손 혐의로 고발된 사건도 비방 목적이 있다고 보기 어렵다며 각하 처분했다.

2020년 10월 추 전 장관이 자택 앞에서 취재차 대기하던 기자의 사진을 자신의 SNS에 올려 명예훼손 혐의로 고발된 사건에 대해 해당 게시물이 "단순 의견표명에 해당하고, 비방 목적이 있었다고 단정하기 어렵다"는 이유를 들었다. '의견표명'에 해당할 경우 명예훼손에 해당하지 않는 사례이다.

③ 광우병 선동 보도 무죄?

2008년 전후로 언론으로부터 비롯돼 대한민국을 뒤흔들었던 사건이 있다. 일명 '광우병 사태'라 불리는 사건이 그것이다. 다음은 위키백과 사전에 나와 있는 '2008년 촛불 시위'의 내용 중 일부이다.

[인용] 나무위키 – https://namu.wiki/w/광우병 논란 (2021년 9월 10일 방문)

2008년 대한민국 촛불 시위는 2008년 5월 미국산 쇠고기 수입 재개 협상 내용에 대한 반대 의사를 표시하기 위하여 학생과 시민들의 모임으로 출발한 촛불 시위이다. 100일 이상 집회가 계속되면서 쟁점이 교육 문제, 대운하·공기업 민영화 반대 및 정권퇴진 등으로 점차 정치적으로 확대되었다. 5월 2일 첫 집회 이후 2개월간 연일 수백에서 수십만 명이 참가하였으며, 6월 10일을 정점으로 하여 7월 이후에는 주말 집회가 계속되었다.

(중략)

일부 언론과 단체의 과장과 왜곡이 섞인 선전선동이나 근거가 없는 괴담이 문제가 되기도 하였다. 본 사태를 촉발시킨 MBC PD수첩의 광우병 관련 보도에 대해, **2011년 9월 2일 대법원**(주심 양창수 대법관)**은 "대한민국 국민이 광우병에 걸릴 가능성이 더 크다는 보도"는 명백한 허위 보도이며, 이에 정정 보도를 내보내라고 판결**하였다. 2011년 9월 5일 MBC에서는 허위사실 보도 사과방송을 하였다.

이에 PD수첩 제작진들이 반발을 하며 MBC에 소송을 걸었으나, 2016년 7월 14일 대법원(주심 박보영 대법관)은 "쟁점 부분이 허위라고 판단한 1, 2심의 판결이 확정된 이상 사과방송의 중요 부분은 사실과 합치한다"며 MBC 회사측이 사과에 대한 정정 보도를 할 필요가 없다고 최종적으로 판결하여, PD수첩의 광우병 관련 보도에 허위성이 있었고 당시 과장 및 왜곡이 있었음을 분명히 하였다.

국내 일부 주요 인사들과 언론들은 시위대의 폭력성을 지적하며 폭도라고 비판하였고, 해외 주요 언론들 역시 극심한 폭력 사태에 대해 서울에서 일어난 폭동이라고 정의하여 보도하기도 하였다. 또한 인터넷 상의 감정적인 여론몰이와 현실 여론의 거리감 역시 문제점으로 지적되었다.

시간은 진실의 편이다. 2021년 현재 당시 시위대의 주장 대부분이 과학적 근거가 없음이 드러나 미국산 쇠고기는 계속 많은 양이 대한민국으로 수입되고 있으며, 이와 관련해 아무런 의학적 문제가 발생하지 않았다.

그러나 해당 기사는 명예훼손 측면에서는 무죄 판결을 받았다. 대법원은 보도내용 가운데 허위사실이 있다고 거듭 확인했지만 공공성을 근거로 한 보도이기 때문에 명예훼손의 책임을 물을 수 없다는 최종 결론을 내렸다.

2011년 9월, 대법원 2부(주심 이상훈 대법관)는 미국산 쇠고기의 광우병 위험성에 대해 왜곡·과장 보도를 해 정운천 前 농림수산식품부 장관의 명예를 훼손한 혐의 등으로 기소된 조능희 PD 등 PD수첩 제작진 5명에게 무죄를 선고한 원심을 확정했다.

재판부는 "보도내용 중 일부가 객관적 사실과 다른 허위사실의 적시에 해당하지만, 국민 먹거리와 관련된 정부 정책에 대한 여론 형성에 이바지할 수 있는 **공공성 있는 사안을 보도 대상**으로 한 데다, 보도내용이 공직자인 피해자의 명예와 직접적인 연관이 없고 악의적인 공격으로 볼 수 없다는 점에서 명예훼손의 죄책을 물을 수 없다고 판단한 원심은 정당하다"고 밝혔다.

법원에서는 명예훼손 측면에서 위와 같이 판결 내렸지만, 사회적 파장이 막대했던 선정 보도가 과연 아무 문제가 없는 것일까?

언론중재법 개정관련 (이 법이 옳은 법이냐를 차치하고) 여당인 더불어
민주당이 "공공성 아닌 게 없다"라고 한 게 바로 이런 배경을 지적
한 것이다. 그리스 시대에는 공공(폴리스) 영역과 민간(오이코스) 영역
이 구분되어 있었지만 오늘날에는 공익과 사익의 구분조차 명확
하지 않다. 사람과 조직이 하는 거의 모든 행동은 사적이면서 공
적인 성격을 띠기 마련이다.

예로부터 전해오는 말 중에 '개 버릇 남 못 준다'는 말이 있다.
하던 짓을 반복한다는 의미이다. 우리의 주인공 강진구 기자는
2008년 무엇을 하고 있었을까? 아니나 다를까 2008년 시대에 편
승해서 열심히 광우병 기사를 작성하고 있었다. 그러다 2010년
조선일보 기자에게 2008년 허위보도를 저격당했는데, 그 내용은
다음과 같다.

[인용] 2010년 5월 12일 수요일 인터넷 조선일보
['광우병 촛불' 2년… 그때 그 사람들은 지금] [3 · 끝] '공포' 키웠던 매체들

朝鮮日報

'광우병'으로 '한국기자상' 경향신문 K기자
**"내 입장 안변해… 최근 1년 美연수 다녀왔는데 쇠고기는 물론 햄버거·피자도 전혀
안먹었다"**

경향신문 K기자는 광우병 파동 당시 농식품부를 담당하면서 "미국에는 매년 광우병
감염소 4~7마리가 있는데, 만약 이를 사료로 쓸 경우 연간 20만마리 이상의 소가 감
염될 수 있다"고 쓰는 등 잇따른 보도로 '광우병 공포론(論)'을 선도했다.

이 같은 기사로 '한국기자상'을 받았던 그는 광우병 파동 후 가족과 함께 미국에 1년
간 연수를 갔다 왔다.

그는 본지 취재에서 "(미국 쇠고기가 위험하다는) 내 입장엔 하나도 변화가 없다"며
"미국 체류 1년간 (나와 가족들이) 쇠고기를 전혀 먹지 않았다"고 주장했다.

흡사 데자뷰(deja vu)를 보는 듯하다. 2008년에도 선동 날조기사를 써서 기사 장사를 해놓곤 '한국기자상'이라는 트로피까지 손에 쥐었다. 그리곤 본인 기사에 따르면 광우병 파동의 중심지인 미국에 1년간 연수를 다녀왔다. 한국기자상을 받은 보도 역시 문제의 보도로 꼽히는 보도였으나 그 이후 아무런 처벌을 받지 않았고 당연히 반성도 하지 않았다. 이를 문제 삼는 동료 기자에게는 "내 입장엔 하나도 변화가 없다. 쇠고기를 전혀 먹지 않았다."고 이야기한다.

목적달성을 위해 수단과 방법을 가리지 않고 거짓말을 하고 추후 잘못이 드러나도 반성이라고는 전혀 모르고 뻔뻔한 모습이 2008년, 2010년, 2015년, 2020년 변함없이 동일하다.

(5) 사실적시 명예훼손

① '쏟아지는 학폭 미투' 사실적시 명예훼손?

최근 들어 SNS를 기반으로 '학교 폭력에 나도 당했다는 폭로(학폭 미투)'가 잇달아 나오고 있다. 아이돌 그룹, 배우 등 연예인들과 스포츠계를 가리지 않고 '학폭 미투' 폭로가 사회 전반에 걸쳐 걷잡을 수 없이 번지고 있다. 폭로가 꼬리를 물고 있고, 1차·2차·3차 피해자가 나와 폭로 바통을 이어가고 있는 양상이다.

미투는 기본적으로 폭로의 성격을 가지고 있기에 명예훼손과 밀접한 연관이 있다. 학폭 미투 이후 법조계에는 학폭 관련 상담 문의가 늘고, 폭로를 해도 처벌을 받는지 여부나 폭로 후 손해배상 청구가 가능한지 등에 대한 법적 문의가 많은 것으로 전해졌다. 그렇다면 학폭 미투가 명예훼손에 해당할까?

대법원은 공공적·사회적 의미를 가진 사안의 경우, '표현의 자유'에 대한 제한을 완화해야 한다고 판시한 바 있다. 따라서 공익적 성격을 띤 학폭이 촉발한 명예훼손 사건은 범죄로 인정되지 않을 가능성이 높다. 현행법에 '사실적시 명예훼손' 조항이 있는 만큼 피해자 측은 법정에서 '공익적 목적'을 강조할 가능성이 크다. 위법성 없다고 주장할 경우 이에 대한 입증 책임이 피해자 측에 있기 때문이다.

법무법인 참본의 이 변호사는 "성범죄 문제와 같은 양상인데, 피해자 진술에 의존할 수밖에 없는 상황에서 결국 누구의 진술이 구체적이고 모순됨이 없느냐가 핵심"이라며 "폭로 글의 구체적 사실 여부와 그 취지, 어휘·표현의 의미 등이 고려되기 때문"이라고 말했다.

이 때문에 사실적시 명예훼손죄에 대한 헌재의 판단이 달라질 수 있다는 전망이 조심스럽게 나오고 있다. '사실적시 명예훼손죄'가 학폭 미투 상황에서 피해자를 옥죈다는 비판이 계속돼 온 데다 최근 학폭 미투에선 공익적 성격이 강조되어서다.

앞서 헌재는 지난 2016년 온라인상의 사실적시 명예훼손죄인 정보통신망법 70조 1항에 재판관 7(합헌)대2(위헌) 의견으로 합헌 결정을 했다. 2021년 2월 25일에는 형법 307조 1항 사실적시 명예훼손죄 사건에서 유남석 재판관 등 4명이 위헌 의견을 냈다. 폐지 의견이 늘어났다는 분석이다.

유 재판관 등은 "진실한 사실 적시에 대한 형사처벌을 통해 보호하려는 사람의 명예는 진실이 가려진 채 형성된 '외적 명예'에 불과하다"며 "이를 보호하기 위해 진실한 사실을 적시하는 표현행위를 형사처벌하는 것은 헌법적으로 정당화되기 어렵다"고 지적했다. 사실적시 명예훼손 범죄에 대한 형사처벌을 강제하는 것 외에 다른 수단이 있다고 본 것이다.

② '불륜녀'를 '불륜녀'라고 했는데, 표현의 자유 어디까지?

직장 내 전산망에 설치된 자유게시판에 특정인에 대한 이야기를 썼다. 그러면 그 이야기는 그 사람과 직접적인 친분이 없는 직장 내 모든 사람들이 읽을 가능성이 있고 이런 경우에 공연성이 인정된다. 또 같은 동네에 사는 사람 몇 명과 어떤 특정인에 대한 험담을 했다. 그런데 내 얘기를 들은 사람들이 가서 다른 사람에게 그 이야기를 전파할 가능성이 있을 때, 공연성이 인정된다.

문학작품이나 예술작품에 대해 혹평을 하는 것은 평가자의 가치판단이나 의견진술에 해당하고, 또 단순한 감정을 표현하는 경우에도 모욕죄가 성립될 가능성은 있지만 명예훼손죄는 성립되지 않게 된다. 이처럼 구체적 사실의 적시가 아닌 추상적 사실과 가치판단의 표시는 모욕죄에 해당한다.

요즘처럼 인터넷과 SNS를 통해서 자유로운 의견 개진과 비판이 허용되는 상황에서는 명예훼손을 할 가능성도, 또 명예훼손을 당할 가능성도 아주 많아졌다. 따라서 과연 어디까지가 허용되는 자유로운 의견 개진이고, 어디에서부터가 명예훼손죄로 처벌되는 것인지 궁금해 하는 분들이 아주 많을 것이다.

만약 진짜 불륜을 저지른 여자를 '불륜녀'라고 지칭했다면 이는 명예훼손에 해당할까? 우리 형법은 진실을 공개한 경우라도 그것이 타인의 명예를 훼손했을 경우에는 처벌대상이 되고 다만 허위의 사실을 공개했을 때 가중해서 처벌한다는 입장을 취하고 있다. 명예훼손 여부에 해당하는지 판단하는데 핵심요소 중에 하나가 바로 공연성이다.

공연성이란 불특정인 또는 다수인에게 전파될 가능성이 있는가 하는 관점이다. 따라서 구체적인 사안이 발생했을 때 과연 이것이 명예훼손죄에 해당하는지를 판단하기 위해서는 이 공연성이 있는가, 없는가를 보게 된다.

③ 판결문 공개했다가 범죄자 된 사연

판결문이란 재판에 대한 판결 내용이 기재된 문서를 말한다. 판결문에는 재판 결과를 요약한 주문과 판결에 대한 이유가 명시되며, 판결의 근거 및 적용법조문 등이 함께 기재된다. 해당 사건의 당사자 이외에 이해관계가 없는 제3자도 일정 수수료를 납부하면 방문 또는 우편, 이메일을 통해 판결문을 열람하거나 그 사본을 교부 받을 수 있다.

이러한 판결문을 공개한다면 명예훼손죄에 해당할까? 다음 두 사례를 살펴보자.

한 건물 관리소장 이모 씨는 화를 참지 못하고 김모 씨를 폭행했다. 그는 과거 납부한 관리비 영수증을 요구했다는 이유로 건물 입주자 김모 씨를 바닥에 넘어뜨렸다. 이 씨의 동생도 가세했다. 그는 형처럼 김 씨의 멱살을 잡아 넘어뜨린 뒤 발로 차는 등 폭력을 휘둘렀다. 이 씨 형제는 공동 폭행으로 김 씨에게 약 3주간의 치료가 필요한 상해를 입혔다.

의정부지방법원(재판장 정재민)은 공동상해 혐의로 기소된 피고인 이씨 형제에게 각각 벌금 200만 원과 징역 6월에 집행유예 2년을 2016년 12월 19일 선고했다. 그러자 피해자 김 씨는 1심 선고결과가 나온 지 열흘 만인 2016년 12월 29일, 이 씨 형제의 폭력 가해가 담긴 판결문을 휴대폰으로 사진 찍어 입주자 28명에게 전송했다. 그는 이 씨 형제의 폭력을 입주자들도 알아야 한다고 생각했다.

이 씨 형제는 김 씨를 명예훼손 혐의로 고소했다. 의정부지검은 정보통신망법 위반에 의한 '사실적시 명예훼손 혐의'로 김 씨를 기소했다. 폭행 피해자 김 씨가 이번엔 '사실적시 명예훼손' 가해자로 법정에 섰다. 법원은 김 씨의 행동을 유죄로 판단했다. 의정부지법(판사 김성래)은 2018년 4월 19일, 정보통신망법 위반에 의한 '사실적시 명예훼손 혐의'를 적용받는 김 씨에게 벌금 100만 원을 선고했다. 판결문의 한 대목은 이렇다.

"개인의 형사처벌과 관련된 내용은 함부로 공개되어서는 아니 될 개인의 내밀한 정보로서, 피고인이 입주자들에게 전송한 문자 메시지로 인해 피해자들의 명예가 훼손되는 정도는 상당할 것으로 보인다. (중략) 피고인 김 씨가 보낸 이 사건 문자메시지가 객관적으로 볼 때 공공의 이익을 위한 거나, 김 씨가 이를 전송한 주요한 동기가 공공의 이익을 위한 거라고 보기 어렵다."

현행법에 따르면, 사건의 주인공이 무죄를 선고 받으려면 자신의 행위가 공익을 위한 것임을 입증해야 한다. 재판부는 공익과 무관하다고 판단했다. 이처럼 판결문 등을 공개했다고 형사처벌하는 게 합당한 일일까?

헌법 109조에는 '재판의 심리와 판결은 공개한다'라고 규정돼 있다. 이는 국민의 알권리를 보장하는 차원이다. 현행법상 특별한 경우를 제외하고는 대한민국 국민이라면 누구나 확정된 사건의 판결문을 인터넷을 통해 열람·복사할 수 있다. 국민 알권리 확대,

사법 절차 투명화 등을 실현하기 위한 최소한의 조치다.

물론, 피고인의 실명과 범죄 사실 등이 적시된 판결문 등을 불특정 다수에게 공개하면 개인정보를 침해하는 일이 될 수도 있다. 그렇다고 사실을 말한 사람에게 형벌을 가하는 건, 표현의 자유와 알권리라는 헌법상 권리를 침해하는 일이기도 하다. 간단한 문제가 아니다.

(6) 공인에 대한 의혹제기

① '윤석열 X파일' 최초 작성자 고발 사건

2021년 6월, 서울중앙지검은 시민단체 '법치주의바로세우기행동연대(법세련)'가 성명불상의 'X파일' 작성자와 송 대표를 고발한 사건을 형사1부(부장 변필건)에 배당했다. 앞서 법세련은 "대선주자에 대한 검증은 필수라 할 수 있지만 검증을 빙자해 허위사실로 후보자와 그 가족들의 인격을 말살하고 유언비어와 흑색선전으로 유권사의 판단을 흐리게 하는 것은 검증이 아니라 결코 용납될 수 없는 비열한 정치공작"이라며 성명불상의 'X파일' 최초 작성자를 명예훼손으로, 'X파일' 작성의 배후로 의심되는 송 대표를 직권남용권리행사방해 혐의로 각각 검찰에 고발했다.

과거에도 대선 국면마다 유력 대선 주자들을 겨냥한 이른바 X

파일 문건이 나돌아 논란이 되곤 했다. 대표적인 게 김대업 씨의 폭로로 2002년 대선 정국을 강타한 이른바 '병풍(兵風) 사건'이다. 이 사건은 병무 관련 의정 부사관을 지냈던 김대업 씨가 이회창 후보의 아들이 '돈을 주고 불법으로 병역을 면제받았다'고 폭로한 사건이다.

1999년 병역 비리 수사 때 부사관 진술이 담긴 녹음테이프도 검찰에 제출했다. 40%를 넘던 이회창 후보의 지지율은 급락하였고, 대선에선 낙선했다. 그런데 수사해보니 녹음테이프는 조작이었다. 2004년 2월 김대업 씨는 무고와 명예훼손 등으로 유죄가 확정됐다.

선거 때가 되면 각 진영에서 후보들의 이력을 대충 훑어보고 '냄새 나는' 포인트를 잡아내 언론에 흘린다. 일부 언론은 특종인 것처럼 사실 확인도 없이 받아쓰면서 의혹이 부풀려지고 있다. 대선 판이 되면 흔히 등장해온 네거티브이지만 벌써 개인의 사생활이나 집안에 사적인 것 까지 들추어 공격하고 있다.

대통령이 되려면 혹독한 검증이 필요하지만 과거 유력대선주자를 낙마시키는데 결정적인 역할을 한 제2 김대업 방식이 등장해 대선 판을 혼탁하게 하고 있다. 남의 인격까지 해치는 인신공격이 난무하고 있다. '줄리'니 '호스티스'니 생소했던 단어들이 네거티브 소재로 등장해 국민들의 귀와 눈을 의심케 했다. 사실 여부를 떠나 X파일 등이 퍼져 나가면서 대선 판을 흔들어 댄다.

② 박근혜 전 대통령 마약발언으로 본 명예훼손죄 요건 (박래군 무죄)

세월호 참사 당일 박근혜 前 대통령의 '7시간 행적'을 두고 "마약을 했는지, 보톡스를 맞았는지 확인했으면 좋겠다."고 한 발언은 명예훼손에 해당하지 않는다는 대법원 판단이 나왔다. 대통령의 직무수행에 대한 의혹 제기와 표현의 자유를 폭넓게 인정한 것이다.

2021년 3월, 대법원 3부(주심 김재형 대법관)는 허위사실 적시 명예훼손 등의 혐의로 기소된 박래군 '인권재단 사람' 소장의 명예훼손 혐의를 유죄로 판단한 원심을 깨고 사건을 서울고법으로 돌려보냈다.

앞서 박 씨는 지난 2015년 6월 기자회견 도중 박근혜 당시 대통령이 세월호 참사 7시간 동안 마약을 하거나 보톡스를 맞고 있었는지 확인해야 한다는 취지로 말해 명예훼손 혐의로 기소됐다.

대법원은 공적인물에 대한 의혹제기 형태의 발언에 대해서는 일반인에 대한 것과는 다르게 판단을 해야 한다, 이렇게 판단하면서 좀 더 신중하게 판단해야 한다고 판시하고 있다. 공적 관심사에 대한 표현의 자유에 있어서는 좀 더 표현의 자유를 보장하는 쪽으로 인정하고 있다.

대통령을 비롯한 유명 정치인이나 고위관료 등 공론의 장에 나선 전면적 공적 인물의 경우에는 비판과 의혹의 제기를 감수해야 할 책임이 있다. 그리고 그런 비판과 의혹에 대해서는 해명과 재반박을 통해서 밝혀야 할 일이지 형사고소나 명예훼손 고소로 밝힐 것은 아니라고 판단을 하고 있다.

이 사건처럼 기자회견과 같은 공개적인 자리에서 발언을 하게 되면 발언의 전파력이나 파급력이 훨씬 더 크게 된다. 경우에 따라서는 훨씬 더 무겁게 처벌을 받게 된다. 다만, 기자회견 등 공개적인 발언으로 명예훼손죄가 성립이 되는지 여부를 따질 때는 발언으로 인한 피해자가 공적인 인물인지 사적인 인물인지, 아니면 그 발언이 공적인 관심 사안에 관한 것인지 순수한 사적인 영역에 관한 것인지, 여론 형성이나 공개토론에 기여를 하는 것인지 이것에 따라서 결론이 달라질 수 있다.

문제된 표현이 사적인 영역에 속하는 경우에는 표현의 자유보다 개인의 인격권이나 명예의 보호가 우선돼야 할 것이고, 공적인, 사회적인 의미를 가진 경우에는 표현의 자유에 대한 제한이 완화돼야 할 것이고, 그만큼 명예훼손죄가 인정되는 범위가 줄어들게 될 것이다.

공적 인물과 공적 사안에 대해서는 표현의 자유를 폭넓게 인정해서 명예훼손죄의 성립범위를 되도록 좁히고자 하는 것이 대법원의 입장이다. 특히 정부나 국가기관의 정책결정이나 업무수행과 관련한 내용에 대해서 발언을 하는 경우에는 정부나 국가기관

자체는 명예훼손의 피해자가 될 수 없다고 보고 있다. 그 해당 정책결정과 업무수행에 관여된 공직자 개인에 대해서는 어떤 것이냐 했을 때 그 개인에 대해서도 명예훼손을 묻기가 어렵다는 엄격한 판단을 하고 있다.

하지만 발언 내용이 공직자 개인에 대해서 너무나 지나치게 악의적이거나 심하게 경솔한 공격이라거나 현저히 상당성을 잃은 것으로 평가될 경우에는 공직자 개인에 대한 명예훼손죄가 성립되는 예외적인 경우도 있다. 그러므로 의견을 개진할 때에도 표현의 내용이나 방식, 표현 정도 등에 있어서 주의를 기울여야 할 필요가 있다.

③ 설리를 괴롭힌 '악플러 처벌은?

일명 '악플' 즉 악성댓글은 그 내용과 방식에 따라 정보통신망이용촉진 및 정보보호 등에 관한 법률 위반죄나 형법상 모욕죄로 처벌 받게 된다. 모욕죄는 '타인에 대한 구체적 정보를 포함하지 않은 채' 욕설, 비속어, 수치심을 주는 단어로 여러 사람들이 있는 자리에서 특정한 타인에게 수치심을 주는 경우 성립된다.

우리가 일반적으로 말하는 상스러운 욕설의 경우 구체적인 타인의 정보를 포함하고 있는 것은 아니므로 대체로 모욕죄에 해당한다. 판례가 모욕으로 인정했던 표현에는 '무당, 첩년, 사이비, 망할X, 개 같은 X' 등으로 기분이 상할 정도의 욕설과 표현이면 충분하다.

연예인에 대한 악플의 경우 영문 이니셜로 모욕하였더라도 그 연예인인지를 알 수 있다면 피해자가 특정되었다고 보아 모욕죄가 성립한다. 반면 정보통신망 이용촉진 및 정보보호 등에 관한 법률 위반의 일명 사이버 명예훼손죄는 타인의 정보(사실이든 허위이든)를 적시하여 구체적으로 정보통신망에서 상대방을 공개적으로 비난하여 사회적인 평가를 저하시키는 경우 성립하는 범죄이다. 거짓 정보인 경우에는 가중처벌이 되고, 사실이라 하더라도 타인의 사회적인 평가를 저하시킬 수 있는 징계나 전과 사실, 민감한 의료기록을 공개하는 경우 처벌된다. 또한 악성루머를 최초로 유포한 자 외에 이를 유포하는 자도 처벌된다.

형법상 모욕죄는 1년 이하의 징역이나 금고 또는 200만 원 이하의 벌금형에 처한다. 현실세계에서 명예를 훼손한 경우 형법상 명예훼손죄로 2년 이하의 징역이나 금고 또는 500만 원 이하의 벌금에 처하고, 허위사실로 인한 명예훼손인 경우에는 5년 이하의 징역, 10년 이하의 자격정지 또는 1000만 원 이하의 벌금형으로 가중 처벌된다.

현실세계에서의 명예훼손보다 인터넷상에서의 사이버 명예훼손을 더 중하게 처벌하는 것은 정보의 바다에 명예훼손 내용이 영구히 남아 있을 뿐 아니라 그 전파속도가 빛과 같고 전파범위가 가히 전 세계에 퍼질 수 있기 때문이다.

명예훼손죄나 모욕죄는 고소인이 '살아있는 자연인'일 것을 필요로 하는데, 설리의 경우 이미 명을 달리하였기 때문에 명예훼손죄나 모욕죄에 대한 고소권이 없다. 다만 유족들이 '사자 명예훼손죄'로 악플 게시자들을 고소할 수 있다. 형법 제308조에 의하면 (사자의 명예훼손) "공연히 허위의 사실을 적시하여 사자의 명예를 훼손한 자는 2년 이하의 징역이나 금고 또는 500만 원 이하의 벌금에 처한다."고 규정되어 있다. 다음 사례에서 사자 명예훼손을 좀 더 자세히 알아보자.

(7) 사자(死者) 명예훼손

2020년 11월, 고(故) 조비오 신부에 대한 사자명예훼손 혐의로 기소된 전두환 前 대통령에게 1심에서 징역형이 선고됐다. 광주지법 형사8단독 김정훈 부장판사는 사자명예훼손 혐의로 재판에 넘겨진 前 대통령에게 징역 8개월에 집행유예 2년을 선고했다 (2018고단1685).

전 前 대통령은 2017년 펴낸 자신의 회고록에서 5·18 당시 계엄군이 헬기 사격한 것을 목격했다고 증언한 조비오 신부에 대해 '신부라는 말이 무색한 파렴치한 거짓말쟁이'라고 비난해 고인의 명예를 훼손한 혐의로 기소됐다.

사자명예훼손죄는 허위사실로 고인의 명예를 훼손한 경우에만 성립한다. 이 때문에 재판에서는 5·18 당시 군의 헬기 사격이 있었는지가 주요 쟁점이 됐다. 먼저 검찰은 목격자 증언과 광주 전일빌딩 탄흔에 대한 국립과학수사연구원 조사 결과 등을 근거로 '헬기 사격이 있었다'고 판단해 결심 공판에서 전 전 대통령에게 징역 1년 6개월을 구형했다.

재판부는 "목격자 진술과 군 관련 문서를 종합해 분석하면 기관총 사격이 있었고 조 신부가 이를 봤다는 점이 인정된다."며 "피고인은 미필적으로나마 헬기사격이 없었다는 자신이 주장이 허위라고 인식하면서 고의로 조 신부를 회고록에서 비난했다"고 판단했다. 헬기 사격 증언이 거짓이 아니었기 때문에 이를 거짓말쟁이라고 비난한 행위가 허위사실로 인한 '사자 명예훼손죄'에 해당하였고 재판부는 유죄를 선고한 것이다. 그러나 그렇기에 당시 '헬기 사격'이 있었다는 판단이 바뀐다면 재판결과 역시 바뀔 수 있다.

(8) 사실과 의견

의견(opinion)표명은 명예훼손 아니다?

명예훼손은 '공연히 구체적인 사실이나 허위 사실을 적시하여 사람의 명예를 훼손함으로써 성립하는 범죄'로 정의되어 있다. 그렇다면 두 가지 행위인 사실 또는 거짓에 속하지 않는 제 3의 내용은 명예훼손이 아닐까? 다음 사례를 보자.

위 기사는 경향신문이 성폭력 사건과 관련 2차 가해 논란은 부른 자사 강진구 기자의 기사에 대해 사과문을 냈다는 미디어오늘의 보도이다. 경향신문은 편집국 출고 승인 없이 보도한 기자를 징계하고 해당 기사를 삭제했다. 삭제된 기사에서 '가짜 미투' 당사자로 지목된 A씨는 기사 삭제 이후에도 기자의 SNS를 통해 지속적인 피해를 받고 있어 명예훼손 고소를 준비 중이라고 하였다. 이와 관련한 내용은 다음 기사에 자세히 나와 있다. 다음 기사는 2020년 8월 15일 미디어오늘에 보도된 "경향신문 '박재동 미투 반박 기사' 쓴 강진구 기자 정직 1개월" 제하의 기사이다.

[인용] 2020년 8월 15일 토요일 인터넷 미디어오늘
경향신문 '박재동 미투 반박 기사' 쓴 강진구 기자 정직 1개월

박재동 씨 성폭력 피해자인 이아무개 작가는 (중략) "다만 강진구 기자의 기사를 토대로 한 2차 피해물들은 현재도 다른 언론사 기사로, 수십만 유튜브 채널의 동영상으로, 개인들의 SNS로 빠르게 무차별 확산하고 있다. 정직 1개월이 끝나면 강진구 기자는 다시 기사를 쓸 것이고, 정직 상태에서도 페북 등을 통해 2차 피해 발언을 멈추지 않을 것으로 보인다. 이런 상황에서 정직 1개월이 피해를 얼마나 복구하고 추가 피해를 막을 수 있을지 솔직히 의심스러운 생각"이라고 토로했다.

그로부터 약 1년 후 명예훼손 소송결과가 보도되었다. 결과는 무혐의 결정이었다. 이에 관해 보도한 기사를 인용하면 다음과 같다.

[인용] 2021년 6월 4일 금요일 인터넷 오마이뉴스
'박재동 미투 반박 보도' 강진구 기자 명예훼손 무혐의 결정

당시 피해자는 **강 기자가 카카오톡 대화 내용 일부를 짜깁기해 보도하고, 보도 이후에도 페이스북에 허위사실을 올려** 자신의 명예를 훼손했다고 주장하며, 지난해 12월 29일 강 기자를 서울 남대문경찰서에 고소했다.

하지만 검찰과 경찰은 강 기자에게 허위사실 적시에 의한 명예훼손죄를 물을 수는 없다고 판단했다. 경찰은 수사결과보고서에서 (중략) "대화 내용이 박재동을 겨냥하고 있다는 주장은 구체적 사실의 적시가 아닌 가치판단을 내용으로 하는 의견 표현에 해당"한다는 점 등을 들어 '허위사실 적시'로 볼 수 없다고 판단했다. 아울러 강 기자가 페이스북에 올린 관련 글도 개인적 주장과 의견 제시

여서 구체적 사실의 적시에 해당하지 않아 범죄 인정이 되지 않는다고 밝혔다.

이 작가 소송 대리인인 하희봉(로피드법률사무소) 변호사는 4일 전화 통화에서 "강 기자가 쓴 기사 내용과 주장은 사실 관계의 문제인데, 의견 표현이어서 명예훼손죄가 성립하지 않는다는 검찰 결정은 받아들이기 어렵다"면서 "무혐의 결정에 불복해 검찰에 항고할 예정"이라고 밝혔다.

위 기사에서 인용된 수사결과보고서에서는 기자가 어떤 사건에 관해 가치판단을 내용으로 하는 의견표현, 의견표명은 허위사실 적시에 해당하지 않는다고 명시하였다. 또한 2차 피해인 SNS(페이스북)에 올린 글 역시 (기자의) 개인적 주장과 의견 제시여서 구체적 사실의 적시에도 해당하지 않아 범죄 인정이 되지 않는다고 보도되었다. 즉, 의견 제시는 명예훼손에 해당하지 않는 것이다.

'대법원 2018. 11. 29. 선고 2016도14678 판결'을 참고하면 "(전략) 사실의 적시는 가치판단이나 평가를 내용으로 하는 의견표현에 대치되는 개념으로서 시간적으로나 공간적으로 구체적인 과거 또는 현재의 사실관계에 관한 보고나 진술을 뜻한다."라고 되어있어 가치판단이나 평가로 인한 의견표현은 사실의 적시가 아니라고 판단하였다.

그럼 과연 의견표현은 아무런 제한 없이 행사되어도 정당한 것인가? 일반적으로는 그렇다고 볼 수 있다. 사회적 공기로서 필요한 언론의 주요 기능 중 하나라고 볼 수도 있을 것이다. 그러나 항상 문제는 이를 악용하는 소수의 기레기들이다.

마치 초등학교 시절 상대방을 욕하고 마지막에 "라고 철수가 말했습니다."로 마무리하는 유치한 말장난처럼, 허위사실이나 비방을 해놓은 다음 문장 끝에 "라고 볼 수 있지 않을까?"라는 한 줄을 더 한다고 해서 그 앞의 모든 잘못이 정당화되는 것은 아닐 것이다.

우리가 법체계를 부정하는 것은 아니다. 다만 현재의 체계로는 이를 악용하는 일부가 존재하기에 보완이 필요해 보이는 것은 분명하다. 명예훼손 사건을 판단함에 있어 기계적으로 "이 부분은 의견표현이기에 명예훼손 사안이 아니다."라고 판단하는 것은 이러한 기레기들의 악용을 더욱 부추기는 결과를 초래할 가능성이 있다. 피해자 입장에서는 이러한 저급한 수준의 장난질을 드러내어 더 이상 꼼수가 통하지 않도록 대응할 필요가 있다.

[인용] 2021년 8월 25일 수요일 미디어오늘

미디어오늘   ✓PICK ⓘ

경향신문, 열린공감TV 활동 강진구 기자 정직 4개월 중징계

기사입력 2021.08.25. 오전 11:23 최종수정 2021.08.25. 오전 11:25 [기사원문] [스크랩] 🌐 본문듣기·설정

유튜브 채널 '열린공감TV' 취재 활동을 해온 **강진구 경향신문 기자가 24일 정직4개월 중징계를 받았다.** 앞서 경향신문은 20일 오전 인사위원회를 통해 강 기자에 대한 징계심의 절차를 진행했다.

인사위 개최 사유는 △지난달 인사발령(7월7일자 내근발령) 이후 수차례 출근요청에 불복하고 무단결근한 사실 △열린공감TV 활동 관련 '외부강의 등 신고서'에서 신고한 횟수 초과 △회사에 신고하지 않고 열린공감TV 지배인으로 등

기 및 활동 △회사에 신고하지 않고 한 외부활동 △열린공감TV 취재 과정에서 회사 승인 없이 회사업무 이외의 목적으로 회사명 사용 등이었다.

정직 1개월을 받은 이후 강진구 기자는 또 다른 건으로 정직 4개월의 중징계를 받았다. 이에 관해 같은 기자로 동업자라 할 수 있는 조선일보 최훈민 기자는 미디어오늘과의 인터뷰에서 강진구 기자에 관해 다음과 같이 평가하였다.

강 기자가 열린공감TV 지배인으로 등기돼 있다는 사실을 처음으로 알린 조선NS 소속 최훈민 기자는 지난 5일 조선일보 유튜브 채널에서 "우리가 기자와 블로거, 기자와 유튜버가 어떻게 다른지 생각했을 때 중요한 것은 팩트를 갖고 이야기하느냐, 정제된 언어를 품위 있게 전달하느냐 여부"라며 "열린공감TV 진행자 4명 중 한 명이 현직 강진구 경향신문 기자다. 이분이 나와서 '쥴리' 이야기를 계속하는데 사실 충격을 받았다."고 말했다.

최 기자는 "(쥴리 의혹 보도를 보면서) 저조차도 창피할 정도로 말도 안 되는 행위를 하고 있다. 이걸 가만히 놔두는 경향신문이 이해가 안 된다."라며 "통상 회사와 고용계약 관계를 맺으면 겸직을 하면 안 된다. 다른 언론사(열린공감TV) 지배인을 하면서 경향신문 기자로 활동하는 건 말이 안 된다."고 지적했다. (2020년 8월 15일 미디어오늘 보도)

3부

선동언론과의 분쟁, 그 특징과 대처

FAKE NEWS

NEWS

FAKE NEWS

FAKE NEWS

NEWS

NEWS

FAKE NEWS

FAKE NEWS

1. 선동언론과의 분쟁의 특징

들어가기 : 선동언론이란?

선동언론이란 원시적 본능을 자극하고, 흥미 본위의 보도를 함으로써 선정주의적 경향을 띠는 저널리즘을 의미하는 황색언론(黃色言論, yellow journalism)의 단점이 더욱 심화된 언론이다. 언론 윤리를 저버린 채 지나치게 자극적, 편향적, 선정적인 기사를 주로 작성하는 언론들을 일컫는 말이기도 하다.

언론사의 수익 또는 기자 개인의 경제적 이득과 명예를 위해 인간의 불건전한 감정을 자극하는 범죄·괴기 사건·성적 추문 등을 과대하게 취재·보도하는 경향이 있다. 공익보다 선정성 경쟁에 입각해 기사를 작성하고, 사실관계를 파악하는 일에도 소홀하다. 경제적 이익을 위해 사회정의는 아랑곳하지 않는다.

정언(政言)유착 혹은 권언(權言)유착이 이루어질 경우 선동언론은 정권의 치부를 가리거나 정권에 불리한 기사에 대한 물타기 기사로 이용될 수 있다. 또한 대중의 여론도 언론사의 이익과 입맛에 따라 조작하고, 따라서 사회 전반에 영향력을 미친다. 이러한 선동언론은 최근 정치, 경제적 양극화 현상과 함께 갈수록 더 심화되고 있다. 정언유착.

· 진영논리와 언론의 신뢰

언론의 생명은 신뢰다. 국민이 믿지 않으면 존재할 이유가 없다. 지면 낭비, 전파 낭비일 뿐이다. 신뢰의 바탕은 공정이다. 공정한 보도가 신뢰를 구축한다. 그 공정은 민주주의 실현의 핵심 가치다. 사회 현상의 중요성에 따라 의견이나 사상의 흐름을 비례적으로 표현해야 한다. 언론이 사실을 왜곡하는 순간 공정은 사라진다.

하지만 대한민국 언론의 보도는 늘 공정성 논란을 부른다. 신뢰를 잃은 언론의 잘못을 부인할 수 없다. 국민들은 언론 보도를 접하며 '프레임(구도)'이 짜여 있다고 의심한다. 특정세력의 이익이나 의견을 옹호하거나 과하게 비난한다는 인식이 깔려 있다는 얘기다.

한겨레 출신의 안수찬 세명대 교수는 '선악 대결 선동하는 언론'('신문과 방송' 2021년 9월호)에서 "한국 언론은 스스로 정당의 구실을 한다."라고 주장했다. 그는 "한국 언론은 '상대편을 절멸하려는 선악 구도의 정파성'으로 변화해왔고, 일종의 내전 상황에서 적을 없애는 것만이 갈등을 해소하는 방법으로 간주하여, 한국의 정당, 언론, 극렬 지지자와 극렬 독자가 함께 악한 무리를 색출하고 처벌하는 일종의 '퇴마 결사체'를 형성한다."고 비판했다.

언론은 진영으로 쪼개져 있다. 진영구도가 갈수록 공고해진다. 합리적 비판·생산적 대안 등은 보도되지 않는다. '막말 논란'과 '맹목적 비난' 등 선정적 기사가 확대·재생산된다. 타락한 진영의식이 언론 내 진영도 오염시킨다. 결국 언론이 신뢰성과 공정성을 회복하려면 언론인 스스로 권력에서 멀어져야 한다. 하지만 현실은 반대다. 국회나 정치권에서 활동하는 언론인 출신이 계속 늘고 있는 게 이를 방증한다.

· 폴리널리스트(Polinulist) : 권좌로 직행하는 권력바라기

폴리널리스트란 정치(Politics)와 언론인(Journalist)의 합성어로 권력 비판과 중립성이라는 언론인의 사명을 뒤로한 채 정치권에 진출하는 권력지향적인 언론인을 일컫는 말이다. 전문가들은 유독 한국에서 폴리널리스트 현상이 도드라지며 이들이 한국 언론의 신뢰를 무너뜨리고 있다고 지적한다.

권력기관은 자신들이 원하는 '홍보전문가'를 지근거리에서 손쉽게 발탁할 수 있고, 해당 언론기관과 밀접한 관계를 맺을 수 있다. 따라서 언론인 발탁은 1석 2조의 효과를 거둘 수 있는 매우 효율적인 방법이다. 언론인 역시 권력기관의 일원으로 편입된다는 강

력한 유혹을 뿌리치기 쉽지 않다. 결국 양 쪽의 이해관계가 맞아 떨어지는 거래인 셈이다.

물론 언론인이 정치권에 진출하는 사례는 선진국에서도 없지 않다. 영국의 윈스턴 처칠 前 총리도 〈모닝포스트〉 종군 특파원이 었고, 보리스 존슨 현 런던 시장도 〈더 타임스〉 기자 출신이다. 빌 클린턴 대통령 때 백악관 대변인을 지냈던 데이비드 거겐도 〈유에 스뉴스 앤 월드리포트〉 편집장을 지낸 바 있다.

하지만 전문가들은 선진국 상황과 한국의 폴리널리스트 현상은 성격이 다르다고 지적한다. 현업 기자 생활을 하다가 곧바로 정계 에 진출하는 것은 선진국에선 매우 드문 '예외적인' 경우라는 것이 다. 최진봉 성공회대 교수(신문방송학)는 "언론의 본분은 권력 감시 와 견제인데, 한국의 경우 기자직을 권력으로 가는 징검다리로 삼 으려는 문화가 팽배하다."며 "선진국에선 현직 기자가 곧바로 정 계에 진출하는 것을 치욕으로 여긴다."고 말했다.

이준웅 서울대 교수(신문방송학)는 한국의 어떤 조직도 검찰과 언 론사만큼 강한 상명하복 체계를 갖고 있지 못하기에 충실한 심복 이 필요한 정권으로선 당연히 이들을 선호하게 되는 것이라고 분 석했다. '권력감시'를 업으로 한다는 기자 출신이 다른 각도에서 보면 오히려 충견 자질을 더 갖추고 있다는 얘기다.

· 기레기의 등장, 언론은 장삿속에 눈 먼 기업인가?

기레기는 기자와 쓰레기를 합친 합성어이다. 수준 낮은 기자들과 공익성에 부합하지 않는 가짜 뉴스, 비방 글을 쓰면서 돈을 버는 기자들의 행태를 비꼬기 위해 쓰인다. 가짜뉴스, 정치적으로 편향된 기사, 정치적인 선동과 날조, 검증이 되지 않은 자료를 사용한 기사 등 질 낮은 기사를 쓰는 기자들에게 주로 사용한다.

퓨 리서치센터(Pew Research Center)가 2018년에 38개국을 대상으로 조사한 한국 대중들의 언론 신뢰도는 모든 부분에서 37위, 종합 36위로 조사대상국 중 뒤에서 2, 3등이라는 그야말로 처참한 수준이다. 한마디로 권리는 있으나 책임은 없는 상황이다. 전문가들은 대한민국 언론이 '진영 논리'에 매몰됐기 때문이라고 분석한다. 언론이 진영에 따라 나뉘니 독자도 분열된다. 봐야하는 뉴스 대신 '믿고 싶은 신문만 본다'가 자리 잡았다.

2020년 6월 17일 서울신문 기사에 의하면, 영국 옥스퍼드대학교 부설 로이터 저널리즘연구소가 공개한 '디지털뉴스리포트 2020'에서 한국인들의 뉴스 신뢰도는 21%로 조사 대상 40개국 중 최악인 40위로 나타났다.

여기에 신문·방송 등 전통적인 언론사의 구독자가 급감하면서 '조회 수 경쟁'이 언론사들의 '유일한 생존전략'처럼 되어버렸다. 저널리즘의 위기는 세계적 현상이다. 2009년 스마트폰으로 상징

되는 모바일 혁명이 시작되면서 뉴스 생태계의 주도권은 신문·방송 같은 레거시(전통) 미디어에서 구글, 페이스북, 포털 같은 디지털 플랫폼 미디어로 옮겨갔다.

이유는 간단하다. 독자들이 디지털로 옮겨서다. 구글의 광고 수입이 2009년에 견줘 2019년 590% 늘고, 같은 기간 페이스북의 광고 수입이 9100% 늘어나는 동안, 종이신문업계는 사실상 성장을 멈췄다. 종이신문을 통한 뉴스 이용률은 2011년 44.6%에서 2020년 10.2%로 급락했고, 같은 기간 피시(PC)·모바일을 통한 뉴스 이용률은 80%대로 늘었다.

이 같은 상황에서 언론사들이 세우는 '디지털 전략'은 기껏해야 어뷰징(낚시성) 기사, 출입처에 기반한 '속보성' 기사를 늘리는 대응 정도에 불과했다. 인터넷매체뿐 아니라 이른바 '레거시 미디어'라 불리는 주요 언론사들도 몇몇 곳을 제외하곤 포털 이슈에 시시각각 대응하는 전담팀을 운영 중이다. 포털에 '복붙'(복사해 붙이기) 한 '베껴쓰기' 기사들이 넘쳐나는 이유다.

· 클릭 수 장사와 라이브러리 개설

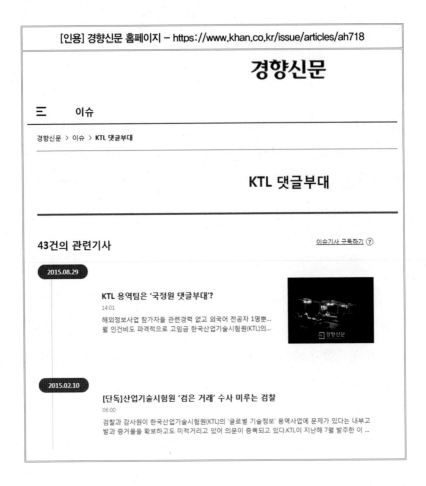

[인용] 경향신문 홈페이지 – https://www.khan.co.kr/issue/articles/ah718

이와 같은 선동언론, 진영논리, 폴리널리스트, 기레기를 총집합한 컨텐츠가 있다. 위 사진은 경향신문 홈페이지에서 '이슈'라는 카테고리로 분류되어있는 '시리즈' 기사들을 캡쳐한 것이다. 그중 'KTL 댓글부대'라는 이슈 제목으로 '43건의 관련기사'가 확인된다.

물론 지금까지 알아본바와 같이 KTL 댓글부대는 존재하지 않고, 법원에서 기자가 이야기한 변명은 "제목에 '의혹'이라는 단어를 붙여서 보도했기 때문에 허위가 아닙니다."였다. 그렇다면 이슈 제목으로 존재하지도 않는 'KTL국정원댓글부대'를 확정적으로 보도하는 것은 또 다른 허위 보도일까 아닐까?

허위기사 단 건의 보도만 하더라도 피해가 발생하는데, 허위기사를 이와 같이 시리즈로 구성하여 복합적인 피해를 주었다면 그것은 단 건 보도와는 다른 무게감으로 처벌되어야 마땅할 것이다. 이러한 '백화점 또는 라이브러리(library)' 형태의 기사 개설은 클릭수 장사를 노린 얕은 어뷰징 수법의 일종이나 마찬가지이다.

(1) 중앙일간지와 지상파방송의 신뢰성
: 말과 글의 힘 그리고 중앙일간지 보도를 신뢰하는 독자들

'중앙일간지'. 이 다섯 글자는 필자가 이 사건을 대응하면서 마치 거대한 벽처럼 느껴졌던 어려움 중의 하나이다. 요즘에는 '기레기'라는 표현이 많은 사람의 공감을 얻어 보편적으로 사용되고 있지만 2015년 당시만 하더라도 일부 기자들의 만행이 지금처럼 널리 알려지지 않은 때였고, 특히 인지도 있는 신문사에서 상식 밖의 보도를 하고 있고 그 보도로 인한 피해가 발생하고 있다는 것을 설명한다는 것은 허위보도에 대응하는 것만큼 힘든 일이었다.

왜냐하면 '중앙일간지 1면 보도'는 일반인들로 하여금 그 자체로 신뢰를 가지게 하고 기정사실화 되어버리기 때문이다. '그 신문사가 저렇게 보도를 했다면 뭔가 이유가 있을 것이다', '저렇게 대대적으로 1면 보도를 할 때는 충분한 취재와 검토를 거친 후 보도를 했을 것이다'와 같은 일반상식을 극복한다는 것은 반대로 말하면 일반인들 입장에서 상식을 뛰어넘는 일이라 결코 쉬운 일이 아니었다. 특히 상대가 그러한 이점을 잘 알고 최대한 활용하려고 한다면 더욱 그렇다.

(2) 막강 권력 제4부 언론

① 언론과 출입처의 먹이사슬

2020년 국회의원회관에서 열린 세미나 내용 중 참고할 만한 내용이 있어 인용한다. '검찰과 언론'을 주제로 열린 세미나에서 기자 출신 조성식 작가는 "검찰과 언론은 선출되지 않은 권력으로서, 선출된 권력 이상의 영향력을 행사하며, 과도한 권력을 누리고 개혁을 거부해왔다"며 "무책임하고 공정하지도 않은 자들이, 정의와 공정을 부르짖는 모습은 한 편의 부조리극"이라고 검찰과 언론을 직격했다.

조성식 작가는 "검사나 기자나 우월감에서 비롯된 선민의식이 있다"며 "(검사가) 평소 언론과 좋은 관계를 유지하면 불리한 보도를 막고, 유사시 검찰조직의 이익에 부합하는 보도를 기대할 수 있다. 권력과 여론에 민감한 검사들이 기자들과 잘 지내는 이유 중 하나"라고 봤다.

"기자의 단죄의식도 검사 못지않다. 의혹이 있다는 이유만으로 대상자를 범죄자로 낙인찍어 대중의 분노를 자극한다. 일단 단죄 대상으로 삼으면 당사자 주변을 샅샅이 뒤져 집중포화를 퍼붓는다. 마녀사냥과 인격살인을 서슴지 않는다. 사실을 밝히려는 의지보다 단죄의식이 앞선 탓"이라며 "제가 경험했기 때문에 드리는 말씀이고, 저 자신도 반성한다"고 말했다.

조 작가는 "(1987년) 민주화 이후 기존 정치권력에 버금가는 새로운 권력집단이 등장했다. 언론권력과 검찰권력, 재벌권력이다. 이 권력집단들의 먹이사슬 관계는 물고 물리는 관계인데, 유난히 언론권력과 검찰권력은 비교적 우호적인 관계를 유지한다."고 봤다.

수사팀보다는 수사정보를 종합적으로 보고받는 위치에 있는 검찰고위직, 보고라인에 있는 사람들이 (기자들에게) 선택적으로 흘려주는 정보들이 많다. 소위 언론은 그것을 '단독'이라고 받아먹는다."며 "검찰과 언론은 정보권력을 공유한다는 점에서 동업관계"라고 봤다.

"검찰은 수사에 유리한 환경을 조성하기 위해 언론을 활용한다. 여론 지지가 필요한 수사일수록 언론에 적극적으로 수사내용을 알리고 흘린다."며 "정보에 목마르고 '단독'과 '속보'에 목맨 언론은 이를 적극적으로 수용한다."고 말했다.

조성식 작가는 "(국민들은 안다) 기자단 제도는 국민의 알 권리보다는 기자의 취재 편의를 위한 제도이고, 제도권 언론사의 특권을 보장하는 장치임을, 오히려 사실보도와 진실보도의 걸림돌이 된다."며 선진국처럼 기자실 대신 브리핑 룸 운영을 제시했다.

검찰수사 내용을 받아쓰는 기자들은 그것을 사실보도라고 여긴다. 수사기관 관점에서는 사실이라 해도 진실을 추구하는 언론 관점에서는 사실이 아닐 수 있다. 그런 면에서 공소장 공개도 신중해야 한다. 혐의사실을 객관적으로 따져 보거나, 최소한 반론이라도 실어 균형을 맞춰야 한다. 언론에 피의자로 거론된 사람들은 나중에 재판에서 무죄를 선고받아도 실추된 명예를 회복하기 어렵기 때문이다.

조 작가는 "자칫 '죄 없는 사람의 삶을 무너뜨릴 수 있다'는 점에서, 기자나 검사나 좀 더 경각심을 가져야 마땅하다. 국민의 알 권리 못지않게 국민의 피해도 중요하지 않은가?"라고 반문했다.

② 초록은 동색, 가재는 게 편

권력 주변엔 늘 아부와 접대가 따라붙는다. 펜의 권력을 쥐는 언론도 예외는 아니다. 촌지로 오가던 노골적인 아부는 부동산 정보, 주식 로비, 호화 외유와 골프 접대 등으로 점점 발전하며 지

278

금에 이르렀다. 문제는 지금의 언론 환경이 과거보다 비리가 이뤄지기 더 쉽다는 데 있다. 인터넷과 스마트폰의 보급으로 언론사가 폭증했고, 언론사 사정이 어려워지면서, 회사가 나서서 협찬 · 광고성 기사를 장려하는 지경에 이르렀다. 이런 문화가 일상화하면 뒷돈을 내 지갑에 받아 챙기는 개인적 일탈도 더 쉽다.

한때 사과 상자로 인사하던 시절이 있었다. 기업이 사과 상자에 돈을 두둑이 넣어두고 핵심 권력층을 찾아가면, 이는 최고로 정중한 인사였다. 1991년 이용식 세계일보 기자의 특종으로 알려진 수서 비리다. 수서지구는 무주택 서민에게 분양될 땅이었지만, 정태수 한보그룹 회장의 로비로 정 회장과 결탁한 택지조합에 '특혜 분양'으로 넘어갔다.

이 과정엔 여러 언론인도 연루돼 있었다. 언론을 장악하고자 한 정태수 회장이 서울시청 기자들을 상대로 수백, 수천만 원씩 촌지를 돌린다는 소문이 퍼졌다. 1997년 동아일보는 중견 언론인 40명이 포함된 한보 리스트를 보도했지만, 검찰은 이 사건을 조용히 덮었다. 언론계의 자정 노력이 있었다고는 하지만 이후에도 달라진 건 없었다.

언론인이 나서서 돈을 거뒀던 사례도 있다. 1991년 보건사회부(현 보건복지부)에 출입했던 기자들이 추석 떡값과 해외여행을 명목으로 제약 · 제과 · 화장품 업계와 대우재단, 아산재단, 약사회 등에 8850만 원을 받았던 사건이다. 이 사건으로 두 명의 기자가 파면

됐고, 언론사들은 1면에 사과와 반성의 글을 실었다. 이후 기자윤리강령이 제정됐지만, 한번 뿌리박힌 촌지 관행은 사라지는 데까지 한참의 시간이 걸렸다.

빌 코바치·톰 로젠스틸의 〈저널리즘의 기본 원칙〉에서 나오는 열 번째 원칙은 "편집국 기자에서부터 이사진에 이르기까지 모든 기자들은 반드시 개인적인 윤리 의식과 책임감, 즉 '도덕적 나침반'을 지녀야 한다."다. 언론인의 정체성을 이룰 만큼 윤리와 도덕성이 강조되는 이유는 권력을 감시하고 부정부패를 고발할 정당성이 거기서 나오기 때문이다.

그러기에 언론은 철저하게 자정하고 또 반성해야 한다. 단순히 윤리강령과 규범 제정으로는 부족하다. 언론이 나서서 언론인 비리를 감시하고 비판해야 한다. '동업자 봐주기' 식으로 언론인 비리를 더는 눈감아줘선 안 된다는 말이다. 그렇지 않으면, 이 지난한 '언론 비리의 역사'는 또 반복될 것이다. (미디어오늘 2021년 7월 5일, '동업자 봐주기가 만든 언론비리의 역사' 편집인용)

③ 언론의 출입처와 동업자 의식

거대 언론과의 싸움은 구조적으로 쉽지 않다. 거대한 만큼 거악(巨惡)이 되기도 하다. 유력 정치인, 심지어 대통령도 언론과의 싸움에서 패한 사례를 우리는 알고 있다. 나름 똑똑하다는 사람들이 기자가 되고 일선 기자활동을 하면서 취재 노하우가 쌓이고 개인

인맥도 형성된다. 그리고 정치권, 청와대 대변인입네 등등 들락날락한다. 그리고 이들은 명예훼손 사건의 장본인이 되어 싸움을 해본 경험이 있다. 어떤 게 문제가 되는지 어떻게 흘러갈지 미리 다 알고 있다.

언론은 출입처가 있다. 청와대부터 법원, 검찰, 경찰, 국세청 등 권력기관을 포함한 거의 전 부처에 출입한다. 경제계, 문화계 등에도 네트워크가 있다. 출입처를 통해 얻은 정보가 이들 싸움의 무기가 된다. 게다가 언론은 사람들의 허영심을 충족시켜줄 도구가 있다. 사람들과 조직들은 자신들의 일이 홍보되기를 원한다. 그래서 사람들은 약자의 편을 들지 않고 강자인 언론 편에 서려고 한다. 피해자 입장에선 고통스런 체험이다. 또한 기레기란 악평에도 불구하고 여전히 사람들은 TV를 보고 신문을 본다. 중앙일간지 기사에 대한 신뢰가 있다. 그 무엇보다 언론은 '언론의 자유'라는 방패막 뒤에 있다.

사정이 이렇기에 누군가 언론과 싸운다는 것은 단지 명예훼손 보도를 한 기자와 싸우는 게 아니다. 또한 일 이 백 명의 기자가 일하는 회사(언론사)와 싸우는 게 아니다. 언론은 동업자 패거리라고 보면 거의 맞다. 자신들의 비위에 대해 서로 외면한다. 하지만 필요에 따라 서로 기사를 써주고 밀어준다.

다음 사례에서 미디어오늘과 오마이뉴스가 강진구 기자의 입장을 대변해주는 것이 단적인 예이다.

[인용] 2016년 5월 5일 목요일 인터넷 미디어오늘

미디어오늘

"진실을 말하고 검찰 수사받는 기자들, 이게 정의인가"

기사입력 2016.05.05. 오후 6:06   최종수정 2016.05.05. 오후 7:12   기사원문   스크랩   🌓 본문듣기·설정

　강 기자는 한국 언론이 처한 실존적 위기를 타개하기 위한 방안으로 언론 간의 연대를 제시했다. 강 기자는 "시사저널이 보도한 어버이연합 관련 의혹을 다른 언론들이 뒤이어 함께 보도해주니까 그나마 함부로 못 했던 것이다. 댓글부대 의혹은 혼자 싸우고 있다. 기자들의 연대가 절실하다. 전략적인 봉쇄 소송에 전략적인 대응 전략이 필요한 시점"이라고 말했다. 강 기자는 "6월부터 다시 (댓글부대 보도로) 칼을 빼들 것"이라고 덧붙였다.

[인용] 2016년 6월 1일 수요일 인터넷 오마이뉴스

OhmyNews

전 국정원 직원, 기자 고소... 전 검찰총장 변호사 선임

기사입력 2016.06.01. 오후 9:56   기사원문   스크랩   🌓 본문듣기·설정

　전 국가정보원(아래 국정원) 직원이 국정원 관련 '댓글부대' 의혹을 제기해온 현직 기자를 '허위 내용을 보도해 명예를 훼손했다'는 내용으로 지난달 말 고소했다. 이 직원은 또 과거 '종북 세력 척결'을 내세웠던 전직 검찰총장 한상대 변호사를 대리인으로 선임한 것으로 확인됐다.

고소인은 국정원 출신인 김흥기 전 카이스트 겸직교수다. 고소를 당한 강진구 〈경향신문〉 기자(현 논설위원)는 지난달 28일 본인 페이스북에 "한상대 전 검찰총장이 국정원 출신의 김모씨 대리인으로 선임계를 냈다. 그리고 1년 6개월 동안 국정원 댓글부대 의혹 기사를 추적 보도해온 저에 대한 고소장을 제출했다고 한다."고 썼다.

[인용] 2016년 7월 5일 화요일 인터넷 오마이뉴스

OhmyNews

"차기 대선도 댓글부대 의혹, 끝까지 추적한다"

기사입력 2016.07.05. 오전 11:10 　기사원문　 스크랩 　 본문듣기·설정

입사 24년 차 '전문기자'의 말투는 단호했다. 망설이거나 흔들리지도 않았다. 지난달 27일 오후, 서울 중구 경향신문사 논설위원실에서 만난 강진구 노동전문기자(공인노무사)의 모습이다. 1992년 입사한 그는 2013년 '500대 기업 고용과 노동 시리즈', 2014년 '간접고용의 눈물' 등으로 한국기자협회가 주는 한국기자상을 네 번 수상하기도 했다.

강진구 〈경향〉 기자는 2014년 12월부터 최근까지 국가정보원 관련 '댓글부대' 의혹을 추적보도해왔다. "정부 산하 공공기관(한국산업기술시험원·KTL)에 수출정보 용역팀으로 포장한 조직이 있고, 국가의 예산을 받아가며 2017년 대선에 대비해 자동댓글 시스템을 구축하고 있을 가능성이 있다"는 보도였다. 이는 내부 제보와 추가 취재 등이 근거가 됐다.

모든 것이 자명해진 2021년에 당시 2016년 기사를 보고 있으니 가소롭기 그지없는 내용이다. 존재하지 않는 것으로 밝혀진 'KTL국정원댓글부대' 허위기사를 '진실을 말하고 검찰 수사 받는 기자들'이라며 피해자 프레임을 가져오고 언론 간의 연대를 갈구하더니 적반하장 식으로 가해자가 칼을 빼든다는 상식을 벗어난 발언을 하고 있다.

이런 몰상식에 대응하기 위해 명예훼손으로 고소하였더니 이를 '전략적 봉쇄소송'이라며 재차 프레임을 씌워 정의의 사도인 척 쇼를 하고 있다. 미디어 오늘과 오마이 뉴스는 아는지 모르는지 마치 강진구 기자의 허위 보도가 근거 있는 것처럼 포장하는 기사를 보도하였다. 이들이 진실을 알지 못했을지라도 가해자를 동업자랍시고 무조건 옹호하는 기사로 연대하는 것은 언론 모두를 더럽히는 꼴이 되고 결국 국민의 신뢰를 잃게 된다.

혈연, 지연, 학연, 이념과 계층을 같이 하는 동업자들도 두둔하는 기사와 고발(예 : 감사원 공익감사청구, 서울시 교육청 고발) 및 기사 퍼나르기 등의 동참을 통해 힘을 가세해 준다. 언론에는 다양한 노조가 있다. 개별 노조가 있고 이들의 연합체가 있다. 이들은 또한 거대 노조(예 : 민노총)에 속해 있다.

다음 기사를 보자. 전직 언론노조 위원장들이 요즘 표현으로 강진구를 쉴드(무조건적인 옹호) 치는 모습이다.

　　한국기자협회는 한국 최대 언론단체로 소속 기자들 1만 여 명이 회원으로 활동하고 있다. 겉으로는 언론자유 수호를 외치지만 사실은 제 식구 감싸기를 위해 만들어진 조직이라는 비판에서 자유롭지 않다. KT&G가 강진구 기자의 비상식적 보도폭력에 무차별적으로 공격받다가 자구책으로 대응한 급여 가압류에 대해서 '나쁜 대기업 프레임'을 씌워 빠져나가려는 일에 적극적으로 협조하고 있다.

잘못된 사고와 편향된 관점을 가진 자들은 흔히 자신의 문제를 타인의 문제로 투사하여 스스로 정당화한다. 그래서 자신의 입장을 정당화시켜줄 게 무엇인지를 찾는다. 그래서 자기 정당화의 가치는 부풀리는 한편 상대의 결점을 부풀려 확대하거나, 문제의 책임을 돌리고 비난한다. 이처럼 오랜 시간 지속적으로 자기배반을 하면서 자기 정당화의 특성을 만들어 나간다.

자기정당화가 특성으로 자리 잡은 사람 특히 자아 정체성이 분명하지 않고 의존적인 사고방식에 젖어 있는 사람은 자신의 생각이 옳다는 것을 확인해주고 그 생각을 지지해 줄 사람들을 끌어모으게 된다. 이를 공모(collusion)라 한다.

필자가 지켜본 바로는 강진구는 2016년 6월 미디어오늘과의 인터뷰에서 피해자와 약자 코스프레를 하면서 '연대'를 부르짖는다. 여타 매체와 블로그를 통해서도 마치 자신이 세상에 없는 착하고 정의로운 기자인냥 행세한다. KTL국정원댓글부대가 존재함에도 아무도 자신을 지지해주지 않아서 싸우기가 힘드니 도와달라는 것이다.

KT&G로부터 급여가압류 처분을 받게 되자 자신이 탄압받고 있다면서 전직 언론노조위원장의 탄원서를 받고, 경향신문을 비롯하여 여타 신문방송의 연대를 주창한다. 박재동 미투 사건에서도 자신을 지지하는 패거리를 이끌고 경향신문 앞에서 데모를 한다. 내근직으로 발령이 나자 외부 신문에 자신의 펜대를 부러뜨렸다거나 황당하게도 이를 산업재해라면서 공모자들을 동원한다.

 그릇된 공모에 의해 선인(善人)이 악인(惡人)으로 인격자가 비인격자로 정상인이 사기꾼으로 뒤바뀌는 것은 어렵지 않다. 특히 이러한 공모가 중앙일간지 또는 공중파라는 신뢰성 있는 매체에 의해 언론의 자유라는 미명과 '연대(solidarity)'라는 이름 아래 사회적으로 영향력을 가지고 저질러질 때 그저 일방적으로 두들겨 맞을 수밖에 없는 한 사람의 인격을 파괴시키는 사회적 폭력과 인격살인으로 증폭되는 것이다.

(3) 언론의 눈치를 보는 사람들

 필자의 민사재판이 한창 진행되던 2018년 시기는 드루킹 댓글조작의 공범이자 배후로 재판을 받고 있는 김경수 경남지사가 2018년 1월 말 징역 2년을 선고받고 법정 구속된 이후 사법부에 대한 공격이 극성을 이룰 때였다. 당시 주요 언론들은 다음과 같이 보도하고 있다.

 2019년 3월 5일 검찰은 양승태 대법원장 시절 영장판사로 재직하며 수사기록과 영장청구서 등 기밀을 윗선에 유출 등 사법행정권을 남용한 혐의로 전·현직 법관 열 명을 불구속 기소했다. 이 열 명 중 성창호 부장판사가 있다. 그는 2017년 대선 당시 드루킹 김동원 등과 공모해 댓글공작을 한 혐의 등으로 재판이 진행 중인 김경수 지사 사건 1심 재판장을 맡아 김 지사에게 징역 2년을 선고하고 법정 구속했다.

성 부장판사는 서울중앙지법 영장전담 판사, 형사합의부 판사 등 요직을 거친 판사로 알려졌다. 그는 2017년 1월 김기춘 前 대통령비서실장과 조윤선 前 정무수석에게 구속영장을 발부해 문 대통령 지지자들로부터 영웅 대접을 받았으나, 김경수 경남지사가 연루된 '드루킹 댓글조작' 사건 때는 역적 취급을 받았다. 김 지사 지지자들은 양승태 키즈의 보복판결이라고 비난하며 오열했다.

성 부장판사는 법정에 피의자 신분으로 서서 "김경수 경남지사를 구속해서 정치 기소됐다."는 취지의 주장을 했다. 검찰은 반성하지 않고 있다면서 징역 1년을 구형하면서 징역형을 선고해 달라고 재판부에 요청했다. 재판부는 김경수 구속에 대한 보복기소라는 논란 속에 2020년 2월 13일 무죄를 선고했다.

성 부장판사는 "20년 법관으로 근무하면서, 한 인간으로서 지금까지 살아오면서 가장 당혹스럽고 참담한 순간이었다."고 심경을 밝혔다. 그 최후진술에서 "검찰의 공소사실에 따르면 영장전담 판사들이 헌법과 법률에 따라 재판한 것이 아니라 재판을 빙자해 범죄를 도모했고, 부정한 목적으로 결론마저 조작했다는 게 된다."고 말했다.

성 부장판사는 "개인으로서도 받아들일 수 없는 논리이지만, 나아가 법관과 재판을 이토록 왜곡해서 공격할 수 있는지 전혀 이해할 수 없다"고 말했다. 이어 "검사가 이런 논리로 법관을 함부로 기소하면, 법관은 혹시라도 나중에 범죄행위를 추궁당하지 않을까 조마조마한 마음으로 재판을 하게 될지도 모른다."고 우려하기도 했다.

이러한 시대적 배경이 있는 2018년 7월 18일 서울중앙지법 동관 356호에서 피고 강진구는 스스로 증인이 되어 '당사자신문(當事者訊問)'을 진행하였다. 당사자신문은 민사소송법상 제도로 법원이 직권으로 또는 당사자의 신청에 따라 당사자 본인을 선서한 후 신문(訊問)하게 하는 것이다.

이 당사자신문에서 증인인 피고에게 최후변론을 하라고 기회를 줬더니 "지금 우리나라 모든 언론이 이 재판을 주시하고 있습니다."라며 사실상 재판부를 겁박했다. 시대적 분위기를 등에 업고 자신이 피고 신분인 법정에서 판사들에게 알아서 처신(판결) 똑바로 하라고 한 것이다. 뒤에 알아볼 판결문을 보면 이러한 협박이 실제로 효과가 있었지 않나 하는 안타까운 현실을 알 수 있다.

(4) 언론중재위?

언론중재위(이하 언중위)의 구성을 보자. 필자는 당초 언중위의 설립목적에 맞는 역할을 기대했으나 결과적으로 언중위에 신청한 조정을 취하했다. 언중위 위원을 하기 위해시는 그에 맞는 경력이 필요하다. 그러나 그렇기 때문에 언론사 출신 위원들의 비율이 높은 것도 사실이다. 안타까운 현실이지만 언중위 위원들의 배경이 피해자에게 유리한 것이 아니라 오히려 불리하게 작용할 가능성이 있다.

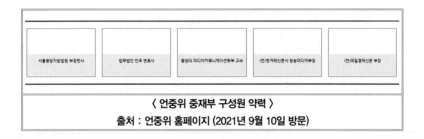

〈 언중위 중재부 구성원 약력 〉
출처 : 언중위 홈페이지 (2021년 9월 10일 방문)

왜냐하면 피해자의 입장에서 문제를 바라보는 것이 아니라 위원 본인이 평소 익숙하고 지인관계에 있을 수도 있는 언론사와 언론인 입장에서 문제를 바라보게 될 확률이 높기 때문이다. 이렇듯 언중위의 현실적 한계에 관해 직접적으로 다룬 서적은 시중에서는 찾아보기 힘들 것으로 생각된다. 그러나 본 서적의 집필 의도가 대부분의 사람들이 살면서 처음 겪어보는 폭풍과 같은 언론사의 피해를 줄일 수 있는 방법을 여러 시행착오를 겪은 필자가 알려주기 위함이기에 가감 없이 작성하였다.

언중위에 조정 또는 중재를 신청할 것인지 이 부분에 관한 결정도 반론인터뷰 그리고 기자회견처럼 전략적이고 장기적인 판단을 통해 결정해야 할 부분이다. 자칫하다가는 언중위의 조정 결과 또는 중재 결과가 후속 전략(민사, 형사 소송 등)에 악영향을 미칠 수도 있기 때문이다.

(5) 선동언론과 싸울 변호사

필자가 다윗과 골리앗의 싸움이나 마찬가지인 것을 알면서도 경향신문과 싸워야겠다고 마음먹었지만, 주위를 살펴보니 고립무원 같은 상황이었다. 나름대로 어려울 때 도움을 청할 수 있는 사람이 많다고 생각했었는데, 언론사와의 법적인 싸움에서 도움을 줄 수 있는 사람은 찾기 너무나 힘들었다.

천신만고 끝에 필자의 어려움을 자기 일처럼 이해해주고 기울어진 운동장에서 함께 싸워줄 천군만마를 만났지만, 이 책을 읽고 있는 여러분도 언론사와 싸움을 앞두고 변호사를 구하려고 할 때 필자와 비슷한 어려움에 처할 것이 예상되는 바이다.

이는 구조적 문제이다. '가재는 게 편'이란 속담이 변호사계에서도 발휘되고 있던 것이다. '언론 전문' 변호사 자체가 많지 않기도 하지만, 있다고 하더라도 대부분 경력이 기자 또는 스태프로 신문방송사에 근무한 이력이나 심지어는 언론노조 출신의 변호사들이 대다수였다. 변호사는 의뢰인의 편에서 일한다지만 언론노조 출신의 변호사에게 허위보도로 인한 피해 사건을 의뢰하는 것은 고양이에게 생선을 맡기는 것과 같은 느낌이었다.

당사자내용

구분	이름
원고(항소인)	1. 김홍기
피고1(피항소인)	1. 주식회사 경향신문사 대표이사 이동현
피고2(피항소인)	2. 강진구

대리인내용

구분	
원고(항소인) 소송대리인	
피고들(피항소인) 소송대리인	변호사 강병국

출처 : 대법원 나의 사건검색 서비스
(2021년 9월 10일 방문)

그에 비해 언론사나 기자 입장에서는 언론사 자체적으로 고문변호사를 보유하고 있는 경우도 많고 언론 전문 변호사를 골라서 쓸 수 있을 정도로 인재풀이 넓다. 필자는 경향신문의 강진구 기자와 소송을 하면서 강병국 변호사에 대해 알게 되었다. 법원사건 기록에 표기되어있는 소송대리인인 강병국 변호사이다.

강병국 변호사의 네이버 인물검색 경력은 다음과 같다. 1982년 경향신문 기자로 출발하여 1993년에는 경향신문 노조위원장을 지냈다. 이후 변호사로 변신하여 2010년에는 경향신문 법률고문도 맡았으며 현재까지 이르렀는데, 이러한 경력을 가지고 있다보니 언론의 생리에 대해 아주 잘 알고 있으며 정정보도 손해배상 등 언론분쟁 사건도 여러 건 수임하여 승소하였다. 본인의 카페 및 블로그에 승소사례를 다음과 같이 홍보하고 있다.

경력사항	학력사항	제휴사정보
2011 ~	법무법인 한민 대표변호사	
2008 ~ 2010	법무법인 경원 변호사	
2001 ~ 2007	해냄합동법률사무소 변호사	
~ 1993	경향신문 노조위원회 위원장	
1982	경향신문 기자	

	제목
19	강병국변호사 승소사례 [정정보도]
18	강병국변호사 승소사례 [손해배상]
17	강병국변호사 승소사례 [배당이의]
13	강병국변호사 승소사례 [손해배상]
12	강병국변호사 승소사례 [정정보도 등]
11	강병국변호사 승소사례 [손해배상]
10	명예훼손 손해배상청구 기각 [강병국변호사]
9	모욕죄 기각사례 [강병국 변호사]

출처 : 네이버 인물검색, 강병국 변호사 블로그(2021년 9월 10일 방문)

언론분쟁에 전문성을 가진 전문가가 가해자인 언론사와 기자의 편에서 소송대리를 진행하는 것만으로도 피해자 입장에서는 더욱 막막한 심정이 된다. 이미 피해자 입장에서는 기울어진 운동장인데 무게 추를 가중시켜줄 전문 변호사가 우리 편이 아니라 상대편이라면 더욱 승산 없는 싸움처럼 느껴지게 된다.

그런데 유유상종인 이들이 알고 보니 사회적 공기인 신문사 '지면'을 통해 일종의 거래를 하고 있다면 우리는 이 현실을 어떻게 바라봐야 할까?

다음 기사를 보자. 피고인 경향신문과 기자인 강진구가 사회적 공기인 '지면'과 '기사'를 통해서 해당 사건을 수임한 강병국 변호사를 홍보해 주고 있는 것처럼 보인다. 그것도 한 차례가 아니라 여러 차례에 걸쳐서 반복적으로. 아마도 이 부분에 대해서 문제제기를 하면 "기사에 필요한 적법한 법률 자문을 받았을 뿐 아무 문제없다."고 변명할 것으로 예상된다. 이게 과연 그러한 일인지는 독자의 판단에 맡긴다.

[인용] 2017년 6월 13일 화요일, 2018년 8월 13일 월요일, 2019년 9월 19일 목요일
인터넷 경향신문

경향신문

[단독]군산바이오발전소 '낙찰 1순위' 롯데건설 새 정부 출범 전 평가기준 바꿔 '논란'

A1면 3단 | 기사입력 2017.06.13. 오전 6:01 최종수정 2017.06.13. 오후 5:02 기사원문 스크랩 본문듣기·설정

법률사무소 올원의 **강병국** 변호사는 "공공기관이 아니더라도 입찰 접수 후 특정 업체에 유리하게 평가방법을 변경했다면 형법 315조 입찰방해죄에 해당한다"고 밝혔다.

〈탐사보도팀 | 강진구·박주연 기자 kangjk@kyunghyang.com〉

---

(6) 너무 넓은 전선, 고립무원의 전쟁

한 신문사의 섹션(section)을 보자. 정치, 국제, 사회, 경제, 스포
츠, 연예, 문화 등 한국을 통째로 섹션화 했다고 볼 수 있을 정도
로 다양한 주제를 다루고 있는 것을 볼 수 있다. 이처럼 세상에 존
재하는 모든 일을 취재하고 보도하는 것이 언론의 역할이다.

그런데 그러다 보니 언론은 선이 닿지 않는 곳이 없다. 앞서 살펴본 출입처처럼 권력과 정보에 민감한 곳을 비롯하여 정부 및 공공기관, 대기업, 민간에 이르기까지 모든 부처와 각종 단체에 선이 닿아있다. 같은 칼이라도 요리사의 손에 쥐어진 칼과 살인자의 손에 쥐어진 칼의 용도는 천지차이이다.

언론이 정상적으로 취재를 하고 정보전달을 할 때에는 이와 같은 언론의 인프라가 요리사의 맛있는 요리처럼 긍정적으로 작동한다. 국민의 알권리를 보장해주고 정보의 비대칭성을 줄여 세상의 효용을 증대시킬 수 있다. 그러나 언론이 자신을 보호하는 수단으로 이 인프라를 악용하게 되면 마치 살인자의 칼처럼 피해자가 발생하게 된다.

다음 기사를 보자. 기사에서 강진구 기자는 필자에 관해 "그는 웬만한 사람들로부터 기피 대상이었다."라는 표현을 사용했다. 마치 결과적으로 기피 대상이 된 것처럼 보도되었지만 실상은 달랐다. 2014년 말부터 1년간 비방성 허위 보도를 위한 공작을 연상시키는 취재과정에서 인터뷰를 빙자하여 필자의 주변인들에게 필자를 '범죄자'라 지칭하고 '사기꾼'에 학력을 위조하고 댓글부대를 운영하는 사람으로 만들었다.

필자를 오래전부터 알던 지인들은 필자가 그런 사람이 아니란 것을 너무 잘 알고 있지만, 필자가 주위 모든 사람과 그렇게 깊은 인간관계를 맺을 수 있는 것은 아니기에 일부 사람들은 자칭 메이저신문인 경향신문의 논설위원씩이나 되는 강진구 기자의 인터뷰에 영향을 받지 않기 어려웠다. 결과적으로 기자가 의도적으로 필자를 기피대상으로 만들어 놓고선 마치 필자가 저지른 잘못 때문에 사람들로부터 기피대상이 되었다고 우롱하고 있는 것이다.

[인용] 2016년 6월 15일 수요일 인터넷 경향신문

[단독] '댓글부대' 논란 김흥기, '청 비서관 사칭' 탄로 이후에도 우익 연사로 '맹활약'

의문은 이들이 지난 2월 개최한 일자리문화제에 김흥기씨가 어떻게 자유경제원 전 사무총장 출신의 전희경 의원(새누리당 비례대표)과 공동연사로 나란히 초청될 수 있었느냐는 데 있다. 전 의원의 경우 자유경제원 주최 토론회나 후원행사에서 이들 청년단체 대표들과 자주 얼굴을 봤기 때문에 공동연사로 초청된 것은 전혀 어색하지 않다. 하지만 김흥기씨의 연사 초청은 의외라 할 수 있다. 김씨는 <경향신문>이 2014년 말부터 근 1년간 추적보도해 온 KTL 댓글부대 의혹과 관련해 주요 인물로 계속해서 이름이 오르내렸다. 게다가 결정적으로 지난해 12월 <주간경향>에서 김씨가 청와대 안봉근 비서관 이름을 팔아 ㄷ월간지 회장 취임을 시도한 사실을 보도하면서, 그는 웬만한 사람들로부터 기피 대상이었다.

대표적인 사례가 카이스트 겸직교수 사퇴 건이다. 필자는 앞서 밝혔듯 모스크바 국립대 행정대학원의 초빙교수로서 아무런 문제가 없고, 허위 보도된 모스크바 국립대 명예 박사학위 사칭 등은 강진구가 날조한 일이다. 그런데 이를 보도한 뒤 이슈화시켜서 카

이스트에서 필자를 부담스러워하도록 조장한 다음 필자가 카이스트의 피해를 최소화 하고자 물러나자, 마치 문제가 있기 때문에 그만둔 것이라는 식으로 보도한다.

전형적인 무적의 논리다. ① 물러난다 → 문제 있다 ② 안 물러난다 → 끊임없이 이슈를 재생산해서 흔들 수 있는 명분. 기자 입장에서는 어느 쪽이건 손해 볼 일이 전혀 없다. 문제는 이런 억지 주장이 필자뿐 아니라 우리나라 기자들에게 만연해 있다는 것이다. 물론 강진구 기자는 그중에서도 최악질인 것은 분명하다.

[인용] 2015년 11월 30일 월요일 인터넷 경향신문
[단독]김흥기 '가짜 수료증' 장사에 외교관도 동원

<u>**카이스트**</u>는 사표 받는 선에서 모든 의혹 덮기로

김 전 교수의 모스크바 국립대 초빙교수와 중국과학원 한국교육원장 약력이 모두 날조로 드러났음에도 사기극에 동원된 정부기관들이 일제히 '침묵'하는 것도 마찬가지다. 김 전 교수의 가짜 모스크바 국립대 초빙교수 약력을 그대로 홈페이지에 올려놓았다가 학생회로부터 항의를 받은 후에 슬그머니 내린 카이스트 역시 석연찮기는 마찬가지다. 카이스트는 첫 보도가 나간 후 아무런 진상확인 작업도 하지 않다가 뒤늦게 보름 정도 지나서 인사위원회를 소집했으나 김 전 교수가 사표를 제출하자 곧바로 사태를 종결했다. 박상필 책임교수는 "초빙교수직을 확인할 연락처나 증명서가 있으면 달라고 했지만 본인이 사표를 제출한 마당에 더 조사를 진행하지는 않기로 했다"고 말했다. 허위약력 제출과 채용경위에 대한 아무런 진상조사 없이 사표 제출로 모든 문제를 덮기로 한 것이다.

---

(7) 과연 '히든카드'는 무엇인가?
– 회유와 공갈협박 서슴지 않는 기레기

[인용] 2016년 6월 8일 수요일 인터넷 경향신문	
보도	2016년 6월 8일 수요일
제목	경향신문 국정원 댓글보도와 장강명 소설 '댓글 부대' 같은 점과 다른 점
기사 내용 요약	장강명의 소설 〈댓글부대〉 표지. 〈경향신문〉과 〈주간경향〉이 2014년 말부터 1년여간 추적보도한 KTL 댓글부대 의혹과 소설 내용이 여러 가지 점에서 흡사한 대목이 많다. 장강명의 〈댓글부대〉에 등장하는 K신문과 합포회 싸움은 K신문의 처참한 패배로 막을 내린다. 〈경향신문〉의 댓글부대 의혹 제기는 과연 어떤 결말을 맺을 것인가. 칼자루를 다시 검찰이 쥔 듯 보이지만 꼭 그렇지는 않다. 〈경향신문〉은 아직까지 공개하지 않은 '**히든카드**'를 손에 쥐고 있기 때문이다.

강진구는 16년 6월 8일 필자에 관한 기사를 다시 쓰기 시작하면서 기사에 '히든카드'를 언급하였다. 위 기사를 보면 경향신문=본인이 '히든카드'를 가지고 있어서 칼자루가 검찰이 아닌 자신에게 있다고 주장하고 싶은 듯하다. 다음은 이 히든카드가 무엇인지 제1심 당사자본인신문(강진구 증인)에서 원고 소송대리인(원고 측 변호

사)이 질문한 내용이다.

문 : "칼자루를 다시 검찰이 쥔 듯 보이지만 꼭 그렇지는 않다. 〈경향신문〉은 아직까지 공개하지 않은 **히든카드**를 손에 쥐고 있기 때문이다."라는 부분의 히든카드는 구체적으로 무엇을 말하는 것인가요.

답 : 제가 아까 언급했을 텐데 용역을 수행했던 민진규 팀장이 저를 찾아와서 그동안 검찰에서 전혀 알려지지 않았던 몇 가지 의미 있는 사실들을 이야기했습니다.

(중략)

문 : 피고 본인이 취재한 사람들 중 2016. 6. 8 이전에 댓글부대가 있다고 직접적으로 언급한 사람은 누가 있고, 그 이후에 직접적으로 언급한 사람은 누가 있나요.

답 : **없습니다.** 없는데 아까 이야기 했던 최○○ 수사관은 수사가 끝난 뒤에 저한테 했던 이야기가 "이 조직은 뿌리가 있는 조직이다." 그리고 두 번째 저를 조사했었던 서울중앙지검의 주임검사도 수사가 거의 끝나면서 했던 이야기가 "이거 국정원 댓글수사팀에서 연락 안 왔습니까?"라고 물어봤습니다. 자기가 봐도 이상하다는 겁니다. 그리고 취재원에서 직접적으로 이 부분들을 댓글부대라고 이야기한 사람은 없습니다.

문 : 피고 본인이 원고와 관련하여 객관적인 자료에 의해 확인할 수 있었던 것은 원고가 글로벌이코노믹 회장이라는 사실뿐이어서, 원고가 댓글부대와 관련이 있다는 점에 대해서는 객관적인 사실을 보도할 수 없었고 그나마 그 배후로 의혹을 제기할 수밖에 없었던 것이 맞지요?

답 : **예**

출처 : 1심 당사자 본인신문 녹취록

기존 보도에서 강진구는 민진규가 해당 용역의 총책임자라고 수차례 보도하였을 뿐 아니라, 위 당사자 신문에서는 민진규가 원고에 관한 보도를 이어간 이유이자 '히든카드'라고까지 표현하였다. 또한 강진구는 민진규를 제외하고는 원고에 대해 '댓글부대'를

언급한 사람이 없다는 진술도 하였다. 강진구에게 민진규와의 인터뷰는 자신이 벌인 잘못을 덮을 수 있는 '면죄 찬스'였던 것으로 보인다.

그런데 이 명예훼손 사건에서 강진구는 정말 민진규 소장을 '히든카드'라고 부를 수 있었을까? 필자가 민진규 소장을 처음 만난 건 2018년 법정 앞에서였다. 이전에는 일면식도 없는 사이였다. KTL 용역사건의 형사재판이 2018년 2월 6일 서울중앙지법 서관 513호 법정에서 개최되었다. KTL 4개월 용역 알바 최 씨의 증인신문이 있었던 바로 그날이다. 필자는 당일 재판이 시작하기 30분 전에 법정에 미리 도착했다. 박형준, 노○○의 얼굴이 보였다. 그리고 경향신문 보도(특히 2015년 10월 17일)를 통해 얼굴을 알고 있는 민진규 소장도 재판장 앞 복도의자에 앉아 있었다.

필자는 그의 옆에 가서 무심하게 앉았다. 그리고 필자의 좌측에 앉아 있는 그를 향해 보면서 물었다. "안녕하세요? 민진규 소장님?" 그는 대답했다. "아… 네…" 필자가 물었다. 그런데 "혹시 저를 아세요?" 그는 큰 눈을 더욱 크게 뜨면서, 하지만 나지막하게 답했다. "모릅니다만… 무슨 일이신지요?" 이 날이 필자와 민진규가 태어나서 처음 만난 순간이었다. 물론 그 이전에 전화통화, 문자, 이메일 등 그 어떤 수단으로도 서로 연락한 적이 없었다. 우리는 그냥 서로 모르는 사람들이었다.

서로 모르는 사이였기에 원수같이 대할 일은 아니었다. 필자는 미소를 띠면서 말했고, 그도 계면쩍어 보였지만 미소를 띤 채 서로 대화를 나누기 시작했다. 필자는 말을 이어갔다. "제가 얼마 전에 강진구와 중앙지검에서 대질이 있었는데, 그때 강진구가 제가 민 소장님께 A4 한 페이지에 KTL 용역사업과 관련된 그림 한 장을 그려주었다고 진술을 했어요. 2013년 초라던가?" 민진규가 대답했다. "그런 일 없습니다. 제가 회장님을 알지도 못하는데 무슨 그런 일이 있을 수 있나요." 이처럼 필자와 민진규는 2018년에 처음 얼굴을 봤고, 당연히 2013년에는 알지 못하는 사이였기에 2016년에 필자에 관한 이야기를 민진규가 한다는 것은 불가능한 일이었다.

그럼에도 강진구는 2016년에 민진규를 만나자고 했고, 인터뷰를 요청하며 '신사협정'이란 단어를 사용했는데 여기서의 신사협정은 일종의 '거래'를 의미한다. 필자가 민진규를 만나서 확인해본 바, 강진구는 자신이 원하는 답변을 해주면 '민진규 관련 기사를 삭제해주겠다'고 거래를 제안했다는 것이다. 다음은 해당 인터뷰이다. 인터뷰를 보면 발등에 불이 떨어졌고, 목표 달성을 위해서 수단과 방법을 가리지 않는 모습을 볼 수 있다.

강: 그러니까 앞으로도 모른다고 하셔야 해요. 댓글부대의 가능성, 의혹 의문에 대해서.
민: 저는 안했다는 거죠.
강: 본인이 터무니 없다고 하지 말고 모르신다고 해야 된다는 얘기에요.
민: 아니 그러니까 저는 아니라는 거죠.
강: 저하고 신사협정을 해서 제가 얘기를 드리는 거에요.

민: 저는 아니라는 거죠. 저는 100% 아니라고..

강: 알았어요. 저도 앞으로 쓰는 기사는 제가 그 부분에 대해서 나도 신사협정을 지킬 텐데 이게 제보자 말만 믿고 터무니없이 댓글부대 의혹을 제기했다 이런 말은 하지 마시라는 거예요. 본인이 그린 부분이 아닌 곳도 많잖아요. 여기 김병욱이 시스템 관련된 거는.

출처 : 피고 강진구가 법원에 제출한 증거

해당 인터뷰는 다름 아닌 강진구 본인이 증거라며 녹음파일과 녹취록을 법원에 제출했다. 해당 부분 인터뷰 내용의 요지는 민진규에게 "(피고 강진구가) 제보자 말만 믿고 터무니없이 댓글부대 의혹을 제기했다."는 말은 하지 말고 '댓글부대의 가능성, 의혹·의문에 대해서는 모른다고 잡아떼라'는 것이다.

본인의 취재가 떳떳하고 보도가 정당했다면 굳이 위와 같은 행위가 왜 필요했을까? 강진구가 보도기사의 핵심인물인 민진규에게 '신사협정' 운운하면서 입을 막으려 할 수밖에 없었던 것은 강진구 스스로 잘못을 명확히 인식하고 있었다는 의미이다. 또한 2018년 법정 앞에서 필자를 만난 민진규 소장의 반응을 본다면 '히든카드'이자 강진구 스스로 유일한 변명거리라고 이야기한 민진규의 진술 또한 자신의 책임을 회피하려는 궁여지책임을 알 수 있다. 그렇다보니 이 녹취록에서도 조작의 증거가 발견되었는데, 이것은 뒤에 다시 다루도록 하고 필자를 고립무원으로 만들기 위한 또 다른 비열한 취재방식을 살펴보자.

강진구 기자는 필자를 고립무원 상태로 만들기 위해 글로벌이코노믹의 노부국장에게 "제(= 강진구)가 수사의 가이드라인을 제시하게 될 겁니다."라는 카톡을 송부하면서 공갈협박을 통해 필자에게 잘못을 전가하기를 종용한 바 있다.

정상적인 기자라면 객관적 사실을 드러내고, 그에 대한 해석은 독자들의 몫으로 돌려야 하는데도 강진구 기자는 자신이 나서서 직접 고소·고발하고 심지어 검찰에 수사에 가이드라인을 제시한다는 이야기까지 하고 다닌 것이다. 기자의 이러한 행태에 관해 필자의 변호를 맡았던 변호사가 쓴 문장이 있어 소개한다.

"피고 강진구는 100여건에 달하는 피고들의 보도는 정당하지만, 이에 대한 원고의 단 한 차례 기자회견은 명예훼손이고, 원고가 피고들의 보도에 대해 민·형사상 책임을 묻는 것은 언론봉쇄이나, 피고 강진구가 원고에 대해 고소·고발하는 것은 '실체적 진실'을 찾기 위한 노력이라고 주장하고 있습니다. 피고 강진구가 원고를 보도한 기사에 썼던 표현대로, 피고 강진구는 '모든 권력기관과 법 위에 군림하며' 심지어 검찰에도 수사 가이드라인을 제시할 정도로 절대적으로 옳은 존재이기에 반성할 필요가 전혀 없다고 생각하고 있는 것이 아닌가 싶습니다."

(8) 법적분쟁 과정과 결과도 왜곡하는 언론

힘든 싸움과정에서 필자를 더욱 힘들게 했던 것은 기울어진 운동장에서 마지막 목소리를 낼 권한조차 언론사에게 있다는 점이었다. 필자는 2심 끝에 필자가 원하는 수준은 아니더라도 손해배상을 받았는데, 그 중간과정인 검찰의 불기소 처분과 1심 일부승소 판결은 마치 필자가 완전히 패배한 것으로 경향신문에서 보도하였다. 필자의 결의와 사기를 꺾기 위해서 일부러 왜곡보도를 한 것처럼 느껴졌다.

다음은 검찰의 불기소 처분에 관한 기사 중 일부이다.

[인용] 2018년 1월 9일 화요일 경향신문 A12면 5단

경향신문

'KTL 댓글부대 의혹' 보도 명예훼손 아니다

A12면 5단 기사입력 2018.01.09. 오후 10:11 기사원문 스크랩 본문듣기·설정

· 검찰 "공적 관심사안"… 보도 기자에 무혐의 결정

박근혜 정부 시절 인터넷 언론사 그린미디어가 산업기술시험원(KTL)으로부터 수주한 수출정보용역사업은 댓글부대 구축 시도로 의심되며 국가정보원 출신 인사가 배후로 의심된다는 경향신문 보도는 명예훼손죄로 볼 수 없다는 결정이 나왔다. 서울중앙지검 형사1부는 국정원 출신 김흥기 전 카이스트 겸직교수와 그린미디어 박형준 사장이 명예훼손으로 고소한 경향신문 강진구 기자에 대해 무혐의 결정을 내렸다고 9일 밝혔다.

(중략)

검찰은 "김흥기 씨가 2011년 '학위브로커'에게 1500만 원을 주고 학사모와 학사복을 사서 러시아로 출국한 후 현지의 한 단체에 회비 2000달러를 내고 명예박사 증서를 받은 것으로 보인다."고 말했다.

위 기사의 마지막 문단은 검찰의 입을 빌어 필자를 다시 한 번 명예훼손한 것이다. 필자는 한·러 과학발전과 우호에 기여한 공로로 명예박사를 수여받았다. 하위브로커에게 1500만 원을 준 사실도 없고 학사모와 학사복을 사서 출국한 사실도 없다. 이것은 검찰이 언론을 상대하는 것이 부담되어 불기소 처분이란 답을 정해놓고 참고인의 잘못된 진술을 교묘하게 짜 맞춘 문구일 뿐이다. 강진구는 이것이 사실이 아닌 줄 알면서도 검찰의 처분서를 핑계거리로 삼아 또 다시 명예훼손을 저지르고 있다.

검찰의 불기소 결정이후 경향신문과 강 기자, 변호사는 이를 민사재판 1심 법원에 제출하고 법원을 압박하였다. 그 결과 1심 판결도 필자가 만족하기 어려운 원고 일부승소 판결을 받았는데 이에 관해서는 다음과 같이 보도하였다.

[인용] 2018년 9월 12일 수요일 경향신문 A10면 1단

경향신문

법원 "KTL 댓글부대 의혹 보도, 허위 아니다"

📖 A10면 1단 | 기사입력 2018.09.12. 오후 10:00 기사원문 스크랩 🔊 본문듣기·설정

· 국정원 출신 김흥기 씨, 경향신문 상대 소송 모두 기각

박근혜 정권 시절 한국산업기술시험원(KTL)이 발주한 수출정보 용역사업이 '댓글부대'로 의심되고 국정원 출신 김흥기 씨가 개입돼 있다는 경향신문 보도는 허위사실로 볼 수 없다는 판결이 나왔다.

(중략)

이번 판결로 박근혜 정권 시절 당시 청와대 안봉근 비서관과의 친분을 과시하

며 미래창조과학부, 특허청, 중소기업청 등 정부부처까지 끌어들인 김 씨의 각종 혐의에 대해 검찰이 어떤 결론을 내릴지 주목된다. 서울중앙지검은 지난해 12월 김 씨의 업무방해 등 혐의에 대해 불기소 결정을 내렸으나 서울고검은 항고 제기 후 8개월 넘게 결론을 유보하고 있는 상태다.

위 기사는 소제목에 '모두 기각'이라는 표현을 사용하여 필자가 청구한 모든 청구가 기각된 것으로 보도하고 있다. 이 때문에 필자는 가족들과 주위 지인들로부터 필자가 패소한 것이 아니냐는 이야기를 들었고 이는 2차 피해로 느껴졌다. 그러나 이것조차 사실의 왜곡이다. 위 기사 내용과 달리 1심 판결은 원고 일부승소 판결이었고, 언론사에 반론보도를 이행할 것을 판결한 후 나머지 청구를 기각한 것이다. 이러한 표현은 일부 승소한 판결에 관용적으로 쓰는 표현인데 강진구는 이를 악용한 것이다.

필자는 너무나 억울했고 법원에 탄원서를 제출했다. 그런데 정작 명예훼손이 인정되어 손해배상이 판결난 2심에 관해서는 경향신문과 강진구 기자는 일언반구도 없었다. 과거 강진구 기자는 2015년 11월 4일 기자회견 당시 만약 본인의 기사가 허위보도이면 1면에 똑같은 크기로 정정 보도를 내주겠다고 호언장담한 바 있다. 그러나 'KTL국정원댓글부대'가 존재하지 않는다는 서부지검 결정에도 "의심할 만한 근거가 있었다."고 말 바꾸기로 대응했고, 2심에서 명예훼손까지 인정되었음에도 간단한 사실보도조차 하지 않은 것이다.

그런데 필자가 5년이 넘는 송사에서 승소했음에도 불구하고 이러한 억울한 사정을 아는지 모르는지 어떤 정체불명의 기자는 "교수님이 경향신문과의 소송에서 승소했다는 보도가 없던데요?"라는 황당한 질문을 한다. 이것은 진영논리와 장삿속에 사로잡힌 선동언론과 기레기의 무책임과 비정함을 알지 못하는 무식의 폭로요 천박함과 비루함을 드러낼 뿐이다.

(9) 상처뿐인 피로스(Pyrros)의 영광

'피로스의 승리(Pyrrhic victory)'이라는 말이 있다. 고대의 유명한 일화에서 비롯된 시사용어이다. 이 말은 '이겨도 전혀 득이 없는 승리'를 의미한다. 고대 그리스 북서부 에페이로스의 왕 피로스는 로마군을 상대로 승리를 여러 번 거두었다. 그러나 승리에 비해 손실이 너무 많았다. 피로스는 승리를 축하하는 이에게 이렇게 말했다고 한다. "우리가 한 번 더 승리를 거둔다면, 우리는 완전히 끝장날 것이다".

언론과의 전쟁 같은 싸움도 그렇다. 시작부터 다윗과 골리앗의 싸움이고, 다윗은 신체차이를 도구와 지형으로 극복했지만 우리 손에는 아무것도 없다. 우리가 싸우게 되는 장소는 우리에게 전혀 유리하지 않은 콜로세움이고 관중들은 모두 골리앗의 승리를 응원하고 있다. 심지어 경기를 주관하는 심판도 내심 챔피언인 골리앗을 응원하고 있다.

우리가 언론에 한 두 번의 작은 승리는 거둘 수 있다. 그러나 그 승리가 완전하고 온전한 승리가 될 수 있는지는 의문이 든다. 여기에는 크게 두 가지 이유가 있다.

첫째, 언론과의 분쟁은 '교통사고 과실비율'과 비슷하다. 기자가 초짜거나 명예훼손 관련 지식이 현저히 부족하다면 몰라도, 처벌을 피해가는 방법을 조금만 숙지하고 기사를 작성하면 100% 언론사 또는 기자의 잘못이 절대 되지 않는다. 가령 이런 식이다. "해당 기사로 인한 피해는 인정되나, 공익성 또는 상당성에 의해 명예훼손 범죄 또는 손해배상이 성립하지 않는다." 그리고 잘못이 인정되더라도 마치 교통사고 과실비율처럼 '나에게 자초한 점'이 있다고 하면서 피해와 비교할 수 없을 정도로 작은 금액을 배상받기 때문에 이러한 결말을 승리라 부를 수 있는지 의문이 든다.

둘째, 앞서 비유를 든 다윗과 골리앗의 싸움처럼 절대적으로 불리한 싸움이다. 상대방은 싸우려는 의사를 보이면 자신이 가진 모든 역량을 총동원해서 나를 끝장내려고 한다. 승리하더라도 '피로스의 영광'처럼 손해가 너무 막심하다. 필자는 경향신문 첫 보도가 되었을 때, 착오에 의한 오보라고 생각을 했고 정상적인 기자라면 적절한 해명을 통해 문제를 해결할 수 있을 것이라 생각했다. 그러나 이는 오판이었다. 기자와 통화를 하고 이메일로 해명하고 내용증명까지 보냈으나, 그 결과는 단 하루에 1면을 포함한 9건의 인격살인 기사폭탄이었다.

전면보도로 더욱 커진 문제를 해결하고자 기자회견을 열었더니, 돌아온 것은 기자회견으로 본인의 기사의 명예가 실추되었다는 황당한 이유의 명예훼손 고소였다. 내가 받은 피해를 줄이고자 노력하면 할수록 전선은 확대되고 피해는 더욱 커졌다. 힘든 싸움 끝에 1심에서 일부승소 판결을 받아냈지만 경향신문은 이를 '모두 기각'이라는 4글자의 허위보도로 의미 없는 것으로 만들어버렸다. 그렇기에 이 승리가 과연 승리라고 부를 수 있는가 하는 의문이 드는 것이다. 개인이 부담해야 하는 변호사 비용을 생각하면 2심 끝에 손해배상을 받았지만 역시 같은 의문이 들 수밖에 없다.

그러나 아무리 상처뿐인 영광이더라도 포기할 수 없는 일이 있는 법이다. 필자가 처음 이 싸움을 선택했을 때, 필자의 변호사인 한상대 前 총장이 필자에게 해준 말이 있다. "김 교수님이 아니면 이 싸움은 아무도 못했을 겁니다." 필자가 피를 토하는 심정으로 이 같은 현실을 가감 없이 쓰는 이유는 그만큼 쉽지 않은 싸움이라는 것을 알고 시작해야 승리할 수 있기 때문이다. 정말 포기할 수 없는 싸움이라면 끝까지 싸워서 이겨내자. 필자의 경험이 여러분의 승리에 작은 밑거름이 되기를 바란다.

2. 선동언론의 취재와 보도의 특징

들어가기

The fabulist who
changed journalism

THE FEATURE

출처 : 컬럼비아 저널리즘 리뷰 홈페이지 (2021년 9월 10일 방문)

재닛 쿡(Janet Cooke, 1954~)은 언론의 '흑역사'에 어김없이 등장하는 이름이다. 워싱턴포스트(WP) 기자였던 그는 1980년 9월 28일자 1면에 〈지미의 세계(Jimmy's World)〉라는 제목의 기사를 썼다.

헤로인에 중독된 8세 소년 지미(Jimmy)의 사연이었다. 지미의 세계'는 충격적이었다. 마약 소매상과 함께 사는 마약 중독자 엄마. 약에 취한 남자가 칭얼대는 5살짜리 꼬마에게 헤로인을 주사했고, 그 뒤로 줄곧 매일 주사를 맞아왔다는 아이. 마약상이 되는 게 유일한 꿈인 그 아이가 사는, 워싱턴 남동부 마약 소굴 〈지미의 세계〉. 그의 기사로 미국 전역이 발칵 뒤집혔고, 쿡은 이듬해 풀리처상 수상자로 뽑혔다.

출처 : Hoaxes 홈페이지 (2021년 9월 10일 방문)

그러나 WP는 쿡의 수상발표 사흘 뒤에 그 기사가 날조됐다는 사실을 쿡의 사과문과 함께 보도했다. 그리고 또 사흘 후 19일자 1면과 4개 면을 털어 〈지미의 세계〉 스캔들의 전모를 낱낱이 공개했다. 〈연루자들: 장난이 아니었다(THE PLAYERS: It Wasn't a Game)〉라는 제목의 1만 8,000자에 달하는 빌 그린(Bill Green, 1925~2016)의 보고서가 실렸다.

쿡 기자는 자진 사퇴 형식으로 해고되었다. 밥 우드워드와 칼 번스타인 기자를 지휘하여 워터게이트 사건을 특종 보도한 화려한 경력의 소유자 벤 브래들리 편집국장도 책임을 느끼고 사표를 제출했다. 8년 전 현직 대통령 리처드 닉슨(Richard Milhous Nixon, 1913~1994)을 하야시킨 WP 신문의 권위는 땅 바닥에 떨어졌다.

재닛 쿡은 퓰리처 상을 수상하게 된 〈지미의 세계〉가 날조(fabrication)라고 실토하는 짧은 사과문을 썼다. 자신은 헤로인에 중독된 8세 아이를 인터뷰한 적이 없었다고 말했다. 그녀는 사직서를 제출했다. 그런데 그녀의 기사가 출고된 날이 1981년 9월 28일이라고 썼다. 정확한 날짜는 1980년 9월 28일이었다. 얼마나 형편없는 수준인지 드러난다.

그녀는 1996년 ABC 방송의 토크쇼에 나와 워싱턴 포스트 같은 일류신문사에서 쟁쟁한 기자들과 경쟁하며 살아남으려고 하다 보니, 스트레스를 너무 많이 받아 결국 그런 거짓 기사를 쓰게 되었다고 실토했다. 한 가수는 '거짓말이야, 거짓말이야'란 노래를 만들어 재닛 쿡을 조롱하기도 했다. 그녀의 이야기에 대한 영화 제작권을 한 기획사가 120만 불에 사들였으나 영화는 끝내 만들어지지 않았다.

1980년대 재닛 쿡 이후에도 언론의 흑역사는 계속 있어왔다. 뉴욕타임스 기자였던 제이슨 블레어(Jayson Blair)는 조작과 표절의 대명사가 되었다. 2003년 5월 11일 뉴욕타임스는 스스로

152년 역사상 최대 오점으로 표현한 기사를 1면에 싣는다. 제목은 Times Reporter Who Resigned Leaves Long Trail of Deception. 당시 27세, 잘 나가던 기자 블레어의 희대의 사기극(a bizarre case of fraud)이 전모를 드러낸 순간이다.

뉴욕타임스는 "지난해 10월부터 최근까지 블레어가 쓴 73건의 기사를 소사한 결과 이 중 절반가량인 36건에서 문제를 발견했다."면서 "그가 4년간 쓴 6백여 건의 기사 전체에 대해 정밀 조사에 들어갔다."고 밝혔다. 이를 위해 독자들에게 블레어가 쓴 허위기사에 대한 제보도 당부했다. 뉴욕타임스는 회장이자 발행인인 아서 설즈버거 2세 명의로 된 사과문에서 "뉴욕 타임스 1백52년 역사상 최악의 사태이자 엄청난 불명예"라면서 "신문과 독자들 간의 신뢰를 무너뜨린 배신 행위였다."고 사과했다.

블레어는 메릴랜드, 웨스트버지니아, 텍사스 등 다른 주에 직접 가서 인터뷰하고 취재한 뒤 기사를 보낸 것처럼 편집진을 속였다. 실제로 그는 대부분의 시간을 뉴욕에서 머물렀다. 그가 즐겨 다룬 소재는 이라크 전쟁에서 다리를 잃고 병실에 누워 있는 병사의 이야기 같은 휴먼 스토리다. 가공의 인물들, 절묘하지만 꾸며낸 상황이 기사를 장식했다. 그러나 인터뷰이의 절절한 멘트는 그의 머릿속에서 나온 작문(허구)이었다.

블레어는 22년의 시차를 두고 태어난 재닛 쿡(Janet Cooke)의 쌍둥이다. 학위를 속였고, 익명의 소식통을 애용했다는 점까지 블레어와 쏙은 판박이였다. 언론사 내의 비민주성과 소통의 단절 역시 빼다 박았다. 편집 간부들은 블레어와 쿡이 애용한 소위 '익명의 소식통'(unidentified sources)을 확인하려는 노력을 소홀히 했다. 정확히 말하면 노력을 거의 기울이지 않았다.

여전히 '조작과 거짓말'의 상징으로 남아 있는 블레어가 기자직을 떠나 '인생 코치'로서 새 삶에 도전하고 있다고 프랑스의 일간 르몽드가 2013년 보도했다. 그는 "내가 내고 싶은 성과와 내 능력 사이의 갭 때문에 너무나 큰 고민을 했었다."며 "가장 후회되는 것은 내가 잘못을 깨달았을 때 왜 주변에 도움을 청하지 않고 그토록 오랫동안 거짓말을 하는 길을 택했느냐 하는 것"이라고 회고했다.

(1) 선동언론의 취재의 특징

① 제보 저널리즘과 선동언론의 취재원 활용법

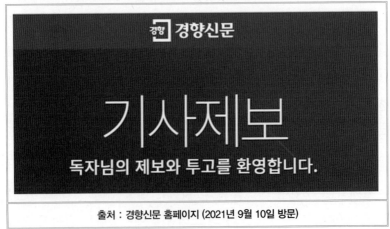

출처 : 경향신문 홈페이지 (2021년 9월 10일 방문)

세상에 털어서 먼지 안 나는 사람 없다는 말처럼 모든 사람과 좋은 관계인 사람은 세상에 없다. 그래서 나쁜 기사가 나면 그 틈을 타서 각종 제보(提報)가 접수된다. 그 틈을 타서 자신의 기회주의적인 이익을 얻으려는 나쁜 놈들도 활개를 친다. 언론은 이런 사정을 알면서도 모르는 듯 그냥 인터뷰 또는 제보라면서 보도한다. 자신의 입맛과 목적에 들어맞기 때문이다. 특히 노조가 장악한 언론의 경우 데스크의 힘이 약하고 노조(노조원 기자)의 힘이 강해서 엉터리 기사가 걸러지지 않기 쉽다.

이에 대해 박건식 前 MBC 시사교양본부 부장이 2019년 8월 〈신문과 방송(통권 584호)〉에 게재한 글을 인용한다.

문제는 제보자가 아니라 언론이다. 제보자들은 실로 다양한 의도를 가지고 언론을 상대한다. 여기에 언론이 원칙을 갖고 제보자를 대하지 않으면, 자칫 제보자의 노리개가 되기 쉽다. 언론이 특종과 속보의 욕심을 누르고 팩트들을 교차검증하고 항상 반론을 청취하며, 확인되지 않은 사실을 단정적으로 보도하는 것을 삼가야 한다는 기본원칙에 충실할 때. 언론은 가짜 제보자의 속임수에서 벗어날 수 있다.

또한 선입견과 단정의 오류에서 벗어나 반대의 경우나 다양한 가능성에 대해 항상 열려있는 자세를 취하는 것이 거짓 제보자에게 놀아나지 않는 길이다. 즉, 언론에 필요한 것은 바로 저널리즘의 기본원칙이다.

이 글은 일견 일리 있는 주장이지만 언론인의 입장에서 쓴 글이기에 아무래도 한계가 있다. 물론 제보자 중에 악의적인 제보자가 존재할 수 있다. 그러나 반대로 기자가 의도적으로 제보자의 제보를 조작, 날조하는 경우도 존재하는데 이를 외면하고 있다. 농락당하지 않도록 제보에 매우 신중해야 한다.

언론은 제보를 활용하여 취재 소스를 얻는다. 문제는 자신들이 피고로 달린 민·형사 사건에서 자신에게 유리한 제보자를 보도하여 이를 사건에 활용한다는 데 있다. 털어서 먼지 안 나는 사람 없다는 말도 있고, 살다 보면 누군가와 불편한 관계가 있을 수도 있다. 이때 기레기들은 이런 틈을 교묘히 파고들어 자신에게 유리한 증언이나 증거를 입수하고 이를 보도하거나 또는 법정에 증거로 활용하기도 한다.

취재원의 제보관련 송현주 한림대 미디어스쿨 교수는 '우리 언론의 취재원 활용법'이라는 칼럼에서, 언론이 익명을 악용하여 존재하지도 않는 취재원을 만들어 내거나 의견을 사실인 것처럼 위장하는 경우가 많다면서, 정치적 목적을 위해 기본을 뒤흔들고 싶으면 언론이기를 포기하라고 일갈한다.

필자도 언론과의 분쟁에서 위와 같은 일을 여러 차례 겪었다. 송 교수가 언급했듯 기자들이 자신의 의견을 익명 뒤에 숨어서 객관적 내용인 것처럼 보도하는데, 강진구 기자의 'KTL 국정원댓글부대'는 처음부터 존재하지 않는 기자의 뇌피셜 소설이었기 때문에 스스로 생각하기에도 객관성이 결여되어 있다고 느꼈는지 이런 장치를 곳곳에서 활용했기 때문이다. 그중 대표적 사례가 바로 다음의 사례이다.

위 기사는 KTL 용역의 PM(프로젝트매니저)이었던 민진규 소장을 필자를 연결고리로 해 '청와대'까지 소설을 확장시키려는 욕심에서 작성된 것으로 보인다. '실제 + 가상'을 섞어서 독자들을 선동하는 선동언론의 전형적 행태이다. 이때 객관성을 강화하기 위해 등장하는 '내부 고발자들'이 바로 최모 씨와 김모 씨인데 이들의 진술은 모두 허위이고 기자 본인의 의견으로 강하게 의심된다.

전술했듯 최모 씨는 필자를 처음 본다며 누군지 알아보지도 못하였고, 부채도사라는 말을 한 적도 없다고 말했다. 그 직후 강진구 기자가 필자와 최모 씨 사이에 거칠게 끼어들면서 "뭐 그런 걸 물어보고 그러세요?"라며 강하게 항의하였다. 잘못을 저지른 어린아이가 드러날까 전전긍긍하는 모습 그 자체였다. 그러자 최모 씨도 인사를 받아주던 모습에서 경계하는 눈빛으로 바뀌면서 동시에 강신구 뒤로 몸을 피했다. 마치 스톡홀름 증후군에 빠진 인질과 같았다.

② 비정상적 취재와 조작을 위한 사전조치용 취재

우리와 같은 일반인들은 취재과정에 관해 전문적으로는 알지 못하지만, 뉴스나 신문 영화와 드라마, 소설 등의 매체를 통해 '취재'에 관한 이미지가 있을 것이다. 취재의 정의는 다음과 같다. "작품이나 기사에 필요한 소재나 이야깃거리를 만들기 위해 현장에서 조사하는 일을 취재"라고 한다. 또한 기사와 관련된 사람을 면담하거나 설문 조사를 하는 것도 취재의 한 방법이 될 수 있다.

정상적인 취재라면 그것이 언론의 역할이고 그들이 말하는 사회의 공기(空器)를 위한 일이기에 협조해야 마땅할 것이다. 그러나 본 서적에서 다루고 있는 취재는 비방목적의 허위보도를 위한 비정상적 취재(공작이나 마찬가지 수준의)에 관해 다루고 있다.

경향신문은 필자에 관한 취재를 하는 과정에서 그 목적을 분명히 하였다. 바로 필자에 관해 (무엇이 되었건) '부정적 이야기'를 듣는 것이다. 취재과정에서 확보한 부정적 이야기를 보도하는 것은 다음과 같은 이유로 매우 효과적 방법이기 때문이다.

판사는 기자가 사실이라고 믿을만한 상당한 이유가 있었는지 여부를 무엇을 근거로 판단하게 되는가? 이러한 판단을 위해 판사가 보는 증거란 결국 기자가 보도한 기사와 그 보도를 위해 취재한 인터뷰와 전문 등이다. 그런데 오신의 상당성을 잘 알고 있는 기자들은 문제가 생길 경우를 대비해서 미리 빠져나갈 구멍을 만들어 둔다.

특히 비정상적인 기레기일 경우 자신의 범죄를 감추거나 수습하기 위해 마지 열심히 취재한 듯이 인터뷰를 하고 녹취를 해 둔다. 물론 그 인터뷰라는 게 피해자를 음해하고 비방하고 피해자와 인터뷰 당사자를 오히려 이간질하고 인터뷰 당사자의 말실수를 이끌어 내어 피해자에게 해로운 꺼리를 만들어 내기 위한 수단뿐인 경우가 많다.

따라서 판사가 이런 걸 증거랍시고 판단의 근거로 삼아 기레기에게 면죄부를 주면 원한을 가진 억울한 피해자를 만들게 된다. 당연히 피해자는 사법부를 불신하게 된다.

언론사가 부정적 이야기를 듣기 위해서는 어떻게 해야 될까? 가장 쉽고 확실한 방법은 취재 대상을 '범죄자'로 만드는 것이다. 필자는 경향신문에서 보도한 'KTL 용역' 관련해 용역에 관여한 바가 전혀 없기 때문에 범죄자가 전혀 아닐뿐더러 당연히 아무런 조사조차 받지 않았다. 그러나 이들은 필자를 범죄자라고 특정하여 취재를 진행하였다. 왜 그랬을까?

경향신문 강진구 기자와 김신애 통신원은 중국과학원의 원장과 중국과학원 및 중국과학원 대학교의 관계자에게 보낸 이메일과 전화통화에서 필자가 '80만 불을 횡령한 범죄자'라고 누명을 씌우고 모스크바 국립대 초빙교수도 '가짜로 드러났다'고 허위사실을 말하면서, 이런 사람(= 즉 범죄자이자 사기꾼)이 중국과학원 코리안 캠퍼스를 설립해서 가짜 수료증 장사를 하고 있는 의혹이 있는데 이것이 사실이냐고 확인을 요청했다.

한편, 김신애 통신원은 모스크바 국립대(MSU) 총장에게 보낸 이메일에서, 필자가 "80만 불을 횡령한 범죄자"라고 누명을 씌우면서 이메일을 시작했다. 그리곤 MSU가 아닌 다른 곳에서 수여받은 명예박사 학위를 제시하면서 필자가 이 박사학위를 모스크바 국립대 박사라고 주장한다고 또 다른 누명을 씌우면서, 이런 사람(= 즉 범죄자이자 사기꾼)이 모스크바 국립대의 초빙교수가 맞는지 확인해달라는 참으로 황당하고 어처구니없는 요청을 했다.

그리고 김신애 통신원은 중국과학원이 2015년 11월 18일 성명서(Statement) 발표를 통해 최고위과정이 계약에 의해 진행되었고 중국과학원이 수료증을 발급했다는 사실을 대외적으로 천명하자, 중국과학원과 중국과학원 대학교의 관계자에게 이메일과 전화를 해선, 필자가 호서대학교 교수라고 당신들을 속였는데 사실은 시간강사일 뿐이고 정체(identity)가 의심스러운 사람임을 귀띔해준다고 허위사실을 말하면서, 이런 사람(= 즉 거짓말쟁이이자 사기꾼)이 중국과학원의 이름과 로고를 사용할 권한이 있는지 알려달라고 했다.

수차례 반복된 사례에서 알 수 있듯 이는 단순 오해나 실수가 아니라 명백한 고의였다. 2000년대 초 미국 CBS TV 방송의 '60분'(60 Minutes)이라는 프로그램 중의 일화를 소개한다. 세 명의 거짓말탐지기 조사자 A, B, C에게 거짓말탐지기로 세 사람 X, Y, Z 중 회사에서 도둑질을 한 사람이 누구인지를 찾아달라고 하였다. 그리고 의심할 만한 단서가 없었지만 A에게는 X가, B에게는 Y가, C에게는 Z가 의심스럽다고 귀띔해주었다. 그래서 결과가 어떻게 나왔을까?

여러분도 짐작이 갈 것이다. A는 X, B는 Y, C는 Z를 범인으로 지목했다. 그러나 연구결과 거짓말탐지기를 이용한 조사는 주관적인 해석의 여지가 많아서 신뢰성이 떨어지는 것으로 밝혀졌다. 중요한 점은 무엇인가? 범인이 누구인지에 대해서 선입견(예 : 80만 불을 횡령한 범죄자)을 갖고 있을 경우, 조사자가 자신의 선입견을 확인하는 쪽으로 거짓말탐지기의 자료들을 해석(예 : 수료증이 이상하다)해서, 결국은 무고한 용의자를 곤경에 빠뜨릴 수도 있다.

필자의 사례에 대입해보면, 실제로 중국과학원의 이치장은 '중국과학원의 코리안 캠퍼스' 운운하는 강진구 기자와 김신애 통신원에게 속아서 '수료증이 좀 이상하다(weird)' 등 (사실관계를 잘 알지도 못하면서) '사실'과 다른 본인의 의견을 말해서 강 기자가 경향신문 보도에 신빙성 있게 보이도록 하는 데 악용되었다.

또한 그들은 이러한 비정상적 취재를 위해 다음과 같은 사전조치를 취하였다. 중국과학원(CAS)과 중국과학원 대학교(UCAS) 그리고 중국과학원 가상경제센터(CAS FEDS)는 모두 중국의 북경에 위치하고 있다. 그렇기에 정상적인 취재라면 이런 경우를 대비하여 비싼 비용을 부담하고 있는 '특파원'을 활용한 취재를 할 것이다. 실제로 그들은 경향신문 북경특파원 오관철을 통해 최초 취재를 진행하였다.

그러나 그들은 정상적 취재로는 자신들이 '원하는 목적'을 달성할 수 없다고 판단한 것인지, 갑자기 기자도 아니고 정체를 알 수 없는 인물인 '김신애'라는 캐나다 시민권자를 통해 비정상적인 취재를 진행하였다. 이에 관해서는 1부에서 알아보았다.

이처럼 비상식적, 비정상적으로 취재를 한 이유가 무엇일까? 기레기들은 '취재'가 아니라 자신들의 허위보도를 무죄로 만들 '알리바이'를 만드는 것이 목적이기 때문이다. 사법 정의를 집행하는 판사들이 이러한 기레기들의 얄팍한 수를 꿰뚫어 보고 이런 일이 반복되지 않도록 가중처벌 하는 그날이 조속히 오기를 염원한다.

③ 탐사보도의 미명아래 사칭과 속임수 남용

형사소송법 제308조의2에 '위법수집증거배제원칙'이 있다. 이는 적법한 절차에 따르지 아니하고 수집한 증거는 증거로 할 수 없다는 형사소송법과 증거법상 원칙이다. 예를 들어 고문하여 진술 받은 조서, 무단침입과 절도 등 범죄사실로 확보한 증거, 수색영장을 확보하지 않은 상태의 수사에서 발견한 증거 등이 해당한다.

　증거의 증거능력 유무는 법률에 따라서 판단된다. 증거능력이 없는 증거는 사실인정의 자료로서 인정받지 못하고, 공판정에서 증거로서의 제출도 불허된다. 이는 증거능력이 없는 증거에 대한 증거조사를 허용하면 법관의 심증형성에 부당한 영향을 줄 가능성이 있기 때문이다. 증거능력은 증거로서의 자격 유무, 즉 증거의 허용성에 관한 문제이므로, 증거의 실질적 가치를 의미하는 증명력과 구별된다. 따라서 임의성이 없는 자백, 반대신문권을 행사할 수 없는 전문증거, 당해 사건의 공소장 등은 증거능력이 없다고 인정된다.

　마찬가지로 허위나 비방 또는 두 가지 모두의 목적을 가지고 악의적으로 취재한 결과물은 그 자체로 기사로서의 가치를 부정해야 하고 보도되어서도 안 되며 법정에서 보도의 이유로 제시되어서도 안 된다. 이에 대해 이용성 한서대학교 신문방송학과 교수가 2002년 가을 〈언론중재 WebZine(통권 84호)〉에 게재한 글을 인용한다.

탐사저널리즘과 신분사칭의 유혹

탐사저널리즘은 근본적으로 추문폭로를 무기로 정치·경제·종교권력 등을 감시하고 사회개혁을 주도하는 역할을 담당해왔다. 현재 탐사저널리즘에 입각한 대표적인 시사고발 프로그램으로는 MBC의 〈PD수첩〉과 KBS의 〈추적 60분〉 등이 있다. 두 프로그램은 탐사저널리즘과 다큐멘터리가 혼합된 방식으로 제작되고

그런데 본 사건에서 강진구 기자와 함께 취재(조작을 위한 알리바이
목적)를 진행한 '김신애 통신원'은 필자가 운영한 '중국과학원 지식
재산 최고위과정'의 수료생이라고 사칭하면서 본인이 피해자라고
상대방을 속이며 중국과학원에 연락을 취했다. 당연히 이는 모두
사실이 아니다.

중국과학원 입장에서는 '범죄자'이자 '사기꾼'인 필자가 운영하
는 과정의 '피해자'가 등장해서 자초지정을 묻고 있으니, 정확한
상황파악이 안 된 상태에서는 피해자라 주장하는 김신애를 위로
하며 피해를 회복하기 위해 적극 협조겠다고 이야기하는 것이 당
연할 것이다.

그런데 그렇게 상식적 차원에서 건네진 이야기가 악의적 목적
을 가지고 부적절한 방식으로 취재되었고, 한층 더 왜곡되어 허위
보도된 후 녹취록은 법정에서도 증거로 채택되어 범죄자나 마찬
가지인 기레기에게 유리한 증거로 활용되었다는 사실은 매우 개

탄스러운 일이다.

④ 음험한 이중플레이

비정상적인 취재를 통해 확보한 필자에 관한 부정적 이야기를 보도할 때 이를 극대화시키기 위해 경향신문과 강진구 기자는 '이중플레이'를 저질렀다. 그들이 이와 같은 행위를 한 이유는 아무리 필자에 관해 '범죄자'라고 비방을 하였더라도 필자가 정당한 방식의 계약과 사실에 근거한 사람이라는 것을 취재원(취재를 받는 사람)들도 너무나 잘 알고 있었기에 그런 비방 정도로는 그들이 원하는 수준의 매우 부정적 이야기를 얻어내지 못했기 때문이다.

피고은 이중간첩과 같이 서로(필자와 중국과학원) 하지 않은 이야기를 하면서 양쪽을 이간질 시키고 상대방의 이야기를 왜곡해서 상호 간 오해를 만들고 피해를 확대시켰다.

이들은 중국과학원의 답변을 가지고 불특정인인 '누군가(Somebody)' 자리에 특정인인 '김흥기'를 끼워 넣고, '중국과학원 코리안 캠퍼스의 프로그램'을 '중국과학원 지식재산프로그램'이라고 둔갑시켜서 국내에 보도했다. 즉 피고들은 마치 중국과학원이 '김흥기가 운영하는 지식재산프로그램은 중국과학원의 승인을 받지 않은 불법이라고 확인'한 것처럼 날조하여 보도했다.

두 개 문장을 위 아래로 비교해보면 다음과 같다.

진실	누군가(Somebody)가 한국에서 중국과학원 코리안 캠퍼스의 프로그램을 운영하고 있다면 그것은 불법이라고 보아야 합리적이다. (이것은 이치장이 이렇게 말했다는 것일뿐, 중국과학원의 코리안 캠퍼스는 강진구가 비방을 위해 조작한 기관이기 때문에 기관이 존재하지 않고 당연히 그 기관을 운영하는 누군가도 존재할 수 없다.)
조작	김흥기가 운영하는 지식재산프로그램은 중국과학원의 승인을 받지 않은 불법이다.

피고들은 중국과 러시아에 이런 식의 공작을 해놓곤, [국정원 댓글부대 배후, 중국과학원 수료증 가짜 장사, 모스크바 국립대 초빙교수 가짜]식의 선정적인 제목으로 날조보도를 자행했던 것이다. 가짜와 날조를 자행한 집단이 무고한 사람을 가짜로 만든 패륜적인 범죄라고 아니할 수 없다.

러시아에서 조작한 것을 가지고 중국에다 악용하고, 중국에다 공작한 것을 가지고 사태를 잘못 인식한 답변이 오면 그것을 가지고 국내에 보도하는 기회주의적이고 악의적인 이중플레이를 이어갔다. 마치 공중곡예사처럼 위험한 줄타기를 했는데 꼬리가 길면 밟힌다는 옛말처럼 결국은 진실이 드러났다.

⑤ 반론기회 주는 척 시늉하기

언론기사는 객관성과 공정성을 담보로 해야 한다. 기사를 작성하는 취지가 분명하고, 그러한 취지가 기사제목과 기사내용에 충실히 반영돼야 한다. 뿐만 아니라 기사의 내용은 객관적인 사실에 바탕을 둬야 한다. 완전한 진실을 추구할 수는 없지만 진실을 찾기 위한 최대한의 노력은 기울여야 하는 것이 언론의 사명이다. 따라서 잘못된 기사에 대해서는 과감하게 정정을 해주거나 최소한 반론의 기회를 부여하는 것이 공기라고 불리는 언론의 태도여야 한다.

이는 대법원 판결과 방송법에 의해 규정되어있다. 방송법이 규정하는 반론보도청구권은 피해사의 권리를 구제한다는 주관적인 의미와 피해자에게 방송의 사실보도 내용과 반대되거나 다른 사실을 주장할 기회를 부여함으로써 시청자들로 하여금 균형 잡힌 여론을 형성할 수 있도록 한다는 객관적 제도로서의 의미를 아울러 가지고 있고(대법원 1996. 12. 23. 선고 95다37278 판결 참조)

그러나 비정상적인 기레기들은 취재를 악용하여 허위·비방 보도를 정당화하는 수단으로 사용했던 것처럼, 추후 문제가 됐을 때를 대비하여 "본인(기자)은 반론기회를 충분히 부여했다."는 면피용으로 반론기회를 주는 척 시늉할 수 있다. 필자의 경우에도 기자가 반론기회를 주는 척만 했을 뿐인데, 판사는 기자가 반론기회를 부여했다는 식으로 판단하여 대단히 속상한 경험이 있었다.

다음 필자의 사례를 통해 기자들이 어떻게 '반론기회를 주는 척' 시늉 하는지 살펴보자.

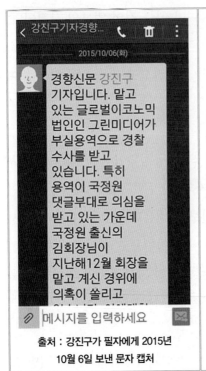

경향신문 강진구 기자입니다. 맡고 있는 글로벌이코노믹 법인인 그린미디어가 부실용역으로 경찰 수사를 받고 있습니다. 특히 용역이 국정원 댓글부대로 의심을 받고 있는 가운데 국정원 출신의 (중략) 이에 대한 설명을 듣고자 합니다. 연락이 없으면 반론 없이 기사를 출고할 예정입니다.

출처 : 강진구가 필자에게 2015년 10월 6일 보낸 문자 캡처

위 문자 이후 필자는 상대가 정상적인 기자라 생각하여 충실히 설명을 하고 반론을 했으나 10월 7일 기사에 반론은 단 한 줄 게시되었고, 기자가 만든 음모론의 장식품(근거가 있는데 본인만 발뺌하는 모양)처럼 활용되었을 뿐이다.

이후 강진구 기자는 10월 15일 저녁시간에 필자에게 다음 기사를 예고하면서 반론할 게 있으면 하라고 했다. 그리곤 문자를 통해 작성된 초고(10월 17일 보도됨)를 보내주기 시작했는데, 분량이 너무 많아서 문자로 전송이 되질 않자, 새벽 시간에 이메일로 보내왔다. 필자는 강기자에게 10월 15일 직접 전화를 걸어서 50여 분

통화를 하며 해명을 했다. 다음은 통화의 골자이다.

"나는 ㈜그린미디어의 회장이 아니라 ㈜그린미디어가 발행하는 글로벌이코노믹 신문의 명예회장을 했을 뿐이다. 무보수 명예직이었고 그나마도 작년 6월 그만두었다. 칼럼을 기고하고 '파워 인터뷰' 코너를 운영했을 뿐이다. 그렇기에 ㈜그린미디어가 관여됐다는 KTL 용역에 대해 진혀 알지 못한다. 낭상 허위보노를 그만둬라."

또한 허위보도를 시정하지 않을 경우 "펜을 꺾으라."는 경고 메시지를 강 기자 개인 이메일 계정으로 보내 적절한 시정을 요구하였다. 그러나 필자의 정당한 요구에 강 기자는 **"기사는 이미 출고일정이 잡혀서 다른 대체기사가 어렵습니다."**라는 황당한 문자를 보내왔다. 그리고는 필자의 억울함을 호소하는 반론을 10월 7일 기사에서 장식품처럼 악용하더니, 10월 17일 기사에서는 다음과 같이 어처구니없는 형태로 악용한다.

[인용] 2015년 10월 17일 토요일 인터넷 경향신문
[단독]KTL 용역업체 국정원 출신 김흥기 회장은 누구?

이 점에서 국정원 댓글부대로 의심을 받는 KTL의 글로벌기술정보 용역이 애초에는 미래창조과학부 창조경제와 관련된 사업의 일환으로 기획된 것에 주목할 필요가 있다. 용역팀의 내부고발자들은 "민진규 소장 뒤의 무채도사는 김흥기 회장일 수도 있지만 어쩌면 그보다 훨씬 강력한 배후인물이 있을지도 모른다"고 의문을 제기했다. 하지만 김 교수는 "이번 사건은 수사가 진행 중이며 수사 결과 본인이 관계가 없음이 드러날 것"이라며 의미심장한 말을 던졌다.

강진구 경향신문 기자 kangjk@kyunghyang.com

필자는 강 기자와의 통화에서 "나는 이번 사건(KTL 용역)과 무관한 사람이다. 이미 경찰이 사건 수사를 하고 있으니 만약 내가 관련이 있다면 수사 과정에서 밝혀질 것이다. 나는 정말 무관한 사람이기에 수사결과를 보면 강 기자도 내가 무관한 사람이라는 것을 알 수 있을 것이고 허위보도라는 실수를 하지 않을 수 있다. 현재 사건수사를 진행 안하고 있다면 언론이 문제를 제기하는 것이 정당해 보이지만, 이미 수사를 시작한 사건에 무관한 사람을 관련자로 추측 보도하면 피해자가 발생하는 것 아닌가?"라며 추측성 허위보도를 중단해줄 것을 요청한 것뿐이다.

그러나 위 기사 말미를 보면 마치 필자가 수사 결과를 좌지우지할 수 있을 정도의 강력한 권한을 가진 '배후인물'이라서 본인이 관계가 없음이 드러날 것이라는 '의미심장한 말'을 한 것처럼 악용했다. 그런데 과연 이러한 행위가 '반론기회를 충분히 부여'한 것인가? 그리고 그렇기 때문에 '정당한 보도'라고 할 수 있는 것인가?

2015년 10월 29일 밤 9시 5분. 강 기자에게 문자가 들어왔다. 필자와 아내, 그리고 비서에게도 같은 문자가 수신되었다. 거의 동일 시간인걸로 보아 단체 문자로 추정된다. 문자만 수신되었고, 전화는 따로 오지 않았다 아래 문자에서 보듯 반론 시간을 한 시간도 주지 않고 반론하라고 하고 반론포기로 간주하고 있다.

"김흥기 교수님 중국과학원 승인 없이 대학이름 무단도용하신

부분과 모스크바 초빙교수 허위로 드러난 부분 기사로 쓰려고 합니다. 반론하시기 바랍니다. 10시까지 연락 없으면 반론포기로 간주하겠습니다."

10월 29일 밤 필자에게 '모스크바 국립대 초빙교수 가짜'에 대해 해명하라는 짧은 문자를 보낸 바로 1시간 후 모스크바 국립대에 필자에 관해 이메일로 문의했다. 이것은 필자에게 반론기회를 줄 생각이 애당초 없었을 뿐 아니라, 모스크바 국립대 초빙교수가 가짜라는 증거가 전혀 없이 피고에게 해명하지 않으면 그대로 보도하겠다고 공갈을 쳐놓곤 그제야 부랴부랴 취재에 나섰다는 반증이다.

⑥ 오프 더 레코드의 진실 : "말할까 말까 할 땐 말하지 마라."

'오프 더 레코드(off-the-record)'란 어떤 진술을 보도하지 않거나 출처를 밝히지 않는다는 의미의 언론 용어이다. 즉 기자가 취재원으로부터 취재를 하면서 정보를 얻을 때, 취재원이 이건 밖으로 나가지 않았으면 좋겠다(=기사로 쓰지 말라)는 뜻으로 하는 관용어이다.

기자가 취재를 할 때 중요한 부분은 주로 수첩에 메모하거나 대부분의 경우 동시에 녹음기를 이용해 대화를 녹음하는데, 오프 더 레코드는 이러한 메모나 녹음 등 대화를 저장하는 행위를 일체 하지 말고 기사로도 내지 말라는 부탁을 의미한다.

엠바고(embargo)와 헷갈리는 사람이 많은데, 오프 더 레코드는 "이 내용 보도하지 말아주세요"를 말하는 것이고, 엠바고는 지금은 곤란하다. 조금만 기다려 달라." 즉 이 내용 보도 하시는 건 좋은데, 지금 내시지 말고 n일 이후에 내 주세요."(= 보도유예)를 말한다는 차이가 있다.

오프 더 레코드를 요구할 때 "녹음기 있는 거 아니까 다 끄쇼."라고 하는 경우도 있다. 사실 암행 취재가 아닌 이상 사전에 취재원에게 녹음 사실을 고지하는 것도 취재 관례이다. 몰래 녹음하는 건 취재원에 대한 실례다.

오프 더 레코드는 지켜주는 것이 언론계의 보편적 관행이지만 그렇다고 반드시 지켜야 할 절대 원칙은 아니며 법적 구속력도 없다. 대표적으로 2016년 7월 있었던 나향욱 前 교육부 정책기획관의 '민중은 개·돼지' 사건의 경우 오프 더 레코드를 전제로 한 만찬 자리에서 한 말을 보도한 것이었다. 경향신문은 오프 더 레코드를 지키지 않았다. 해당 발언을 보도하는 것이 공익에 부합한다고 생각했다는 것이다.

따라서 기자에게 특정 정보를 전달할지 말아야 할지 확신이 서지 않는다면 이것만 명심하면 된다. "말할까 말까 할 땐 말하지 말라." 경향신문의 예에서 보듯 100퍼센트 확신할 수 없다면 그건 정말로 위험천만한 일이다.

그리고 당신의 정보가 오프 더 레코드라고 말할 참이라면 적어도 그 정보를 꺼내기 전에 미리 말해야 한다. 오프 더 레코드는 소급 적용이 되지 않는다. 조심하라. 기자는 당신의 친구가 아니다. 기자들도 다른 전문가들처럼 얼마든지 착하고 품위 있게 행동할 수 있다. 하지만 한편으로는 정말로 치사하고 못되게 굴 수도 있다.

⑦ 짜여진 '기획보도'를 위한 유도신문과 기만 : 2012년?

앞서 강진구 기자가 '신사협정' 운운하며 민진규 소장을 회유했다는 것을 확인하였다. 그런데 강 기자는 해당 인터뷰를 본인이 증거라며 녹음파일과 녹취록을 법원에 제출했다. 해당 인터뷰를 보면 강진구 기자에게 불리한 내용도 일부 포함 되어있는 것으로 보인다. 이런 약점을 노출하면서 해당 인터뷰를 진행하고 법원에 증거로 제출한 이유는 무엇일까? 바로 해당 인터뷰에 2012년이라는 숫자가 포함되어있기 때문이었다.

강진구 기자에게 '2012년'은 매우 중요한 숫자이자 시점이다. 2012년에는 대통령선거가 있었다. 존재하지도 않는 '댓글부대'를 날조해 낸 이유가 바로 '댓글부대'에 '대통령 선거'를 더해 특종을 잡고 기자로서 부와 명예를 얻기 위함으로 보이기 때문이다.

강진구는 MB시절 '국정원 댓글부대'에 이어 박근혜 대통령 때에도 '댓글부대'가 존재했다는 기사를 본인이 보도하기를 희망한 것으로 보인다. (이 의견의 근거는 소설 '댓글부대'와 자신의 기사를 직접 비교해 보도한 유치한 기사에서도 확인할 수 있다.) 문제는 실제 취재를 통해 확인된 사실을 보도한 것이 아니라 WP의 '재닛 쿡 사건'처럼 실체가 없는 일을 보도했다는 사실이다.

2012년이란 숫자와 대선이란 키워드에 강진구 기자가 얼마나 집착을 보이는지 다음 사례들(기사 내용 중 발췌)을 통해 확인해보자. 다음 기사들은 2014년~2016년도에 이르기까지 강진구 기자가 작성한 기사들이다.

[인용] 2015년 12월 26일 토요일 인터넷 경향신문
'댓글부대' 김흥기 대선 · 지방선거 때 무슨 역할 했나
[인용] 2016년 7월 5일 화요일 인터넷 오마이뉴스
"차기 대선도 댓글부대 의혹, 끝까지 추적한다"
[인용] 2016년 8월 22일 월요일 인터넷 경향신문
댓글부대 논란 김흥기 · '가짜 수료증' 개입 中 교수, 국내서 버젓이 학술대회

"그는 2012년 대선과정에서"

"2012년 대선부터 새누리당 중진들과 인연"

"– '국정원 댓글부대 의혹'을 간략히 소개한다면. / 2012년 대선 후 새롭게 진화된 댓글부대 의혹을 제기한 것이다."

"실제 미국의 버락 오바마 대통령이 2012년 대선에서 재선에 성공한 이유를 빅데이터 분석에서 찾는 시각도 있다."

"하지만 세월호 특조위 조사와 경향신문의 추적보도로 2012년 대선에서 활동했던 댓글부대는 여전히 살아있음이 확인된 바 있다."

"하지만 야당은 물론 진보진영 언론들의 인식은 여전히 2012년 대선 당시 재래식 댓글부대에만 머물러 있다. 이래저래 내년 대선이 또다시 공작정치로 얼룩지지 않기 위해서는 강력한 경고 벨이 절실히 필요한 상황이다."

위 기사 내용을 보면 일련의 기사가 의도를 가지고 작성된 느낌을 강하게 받는다. 어떻게든 2012년 대선과 날조한 댓글부대 용역인 KTL 용역을 연관 짓고 다음 대선인 2017년 대선까지 엮어서 특종이라는 소설을 써내려간 느낌이다.

강진구 기자가 '2012'라는 숫자를 얻기 위한 유도신문은 교묘하고 집요했다. 우선 필자와 유일한 통화인 2015년 10월 15일 통화에서 강진구는 2012년이라는 전혀 관계없는 날짜를 언급하며 그린미디어와 최초 접촉시점을 조작하려는 수작을 부렸다. 그 후 필자가 넘어가지 않자 이를 2013년으로 조작하여 후속 기사에서 2013년부터 그린미디어와 관계가 있는 것처럼 보도하였으나, 실제 필자가 처음 만난시점은 2014년으로 이는 물리적으로 불가능한 일이었다.

필자로부터 2012년이라는 숫자를 얻어내는데 실패하자 강진구는 민진규 소장을 이용하기로 마음먹고 본인이 취재과정에서 궁금한 내용이 있어서 허심탄회하게 물어보는 자리를 가지고 싶다며 '신사협정(오프더 레코드로 녹취 안함)'이라는 달콤한 미끼로 함정을 파놓았다.

결과적으로 민진규 소장은 함정에 빠져 2014년을 2012년이라고 (착오에 의한)잘못 이야기하였고, 이것이 강진구가 약속한 신사협정과는 거리가 먼 비열한 녹취에 의해 증거로 남게 되었다. 이후 민진규 소장은 잘못을 수습하기 위해 필자에게 수차례 사실확인서를 작성해주고 본인이 직접 증인으로 진술해주기로 하였으나, 재판부는 기자의 교묘한 수법을 간파하지 못하였고 오히려 착오에 의한 이야기라는 것은 인정하지 않는 태도를 보였다. 이같이 교묘한 알리바이를 밝혀내지 못한다면 법원과 피해자는 기레기로부터 기만당할 수밖에 없다.

⑧ 기레기의 '선택적' 취재, 선택적 정의

'체리피킹(cherry picking)'이라는 용어가 있다. 주로 금융시장에서 사용하는 용어였는데, 사용범위가 점차 넓어졌다. 어떤 좋은 대상만을 골라가는 행위를 의미하다 최근에는 '일반적으로 자기에게 불리한 사례나 자료를 숨기고 유리한 자료를 보여주며 자신의 견해 또는 입장을 지켜내려는 편향적 태도를 지칭하는 말'로 정의가 구체화 되었다.

전술했듯 지금의 언론은 진영논리와 클릭 수 장사로 인해 마치 이윤극대화를 추구하는 기업과 같은 행태를 보이고 있다. 기업이 이윤극대화를 추구하는 것이 나쁜 것은 아니다. 그러나 언론은 '언론의 자유' 뒤에 숨어서 권리만 누리고 책임을 다하지 않는다는 것이 문제이다. 이러한 현실에서 체리피킹 하듯 선택적 취재와 보도를 하고 있어 문제가 되고 있다.

진영논리에 갇힌 정치 관련 기사들을 보면 체리피킹의 구체적 정의인 '일반적으로 자기에게 불리한 사례나 자료를 숨기고 유리한 자료를 보여주며 자신의 견해 또는 입장을 지켜내려는 편향적 태도'를 유감없이 보여주고 있다.

강진구 기자는 필자에게 '댓글부대' 키워드나 극우 프레임을 시도하였고, 보도 과정에 본인 기사에 불리한 내용은 선택적으로 제외하고 마치 퍼즐조각 맞추듯 본인 소설에 맞는 내용만 각색하여 보노하였나. 예를 들면, 숭국과학원에서 발표한 성명서는 1항과 2항으로 구성되어있는데 1항의 내용은 전혀 보도하지 않고 2항의 내용도 왜곡해서 보도하였다.

⑨ 북 치고 장구 치기 취재 : 스스로 고소고발한 후 그걸 다시 검찰과 다른 곳에 자신에게 유리하게 활용

'기자는 사건을 보도만 할 뿐 개입하지 않는다.' 이 보도윤리는 사건에 대한 이해관계에서 오는 편향성에서 벗어나 순수한 관찰자로서 있는 그대로의 사실만을 전달해야 한다는 기자의 역할을 강조한다. 한마디로 객관적이어야 한다는 것이다. 사건에 개입하는 순간 기자의 보도는 이해와 감정이라는 주관의 방해를 받을 가능성을 내포하며 이를 지켜보는 대중의 신뢰를 잃게 된다. 이런 논리의 전개 위에서 해당 보도윤리는 현대 저널리즘 이론에서 객관 저널리즘이라는 큰 사조를 형성하며 보도의 기본 중의 기본으로 자리매김해왔다.

그러나 필자가 겪은 강진구 기자는 위 보도윤리와 거리가 먼 기자로 보인다. 다음의 인터뷰를 보자. 2018년 10월 7일 '탐사보도와 한국'이라는 세션에서 진행된 내용이다.

[인용] 2018년 10월 24일 수요일 인터넷 뉴스타파
[IJasia18] 한국기자들의 탐사 보도 노하우 대방출

세션을 들은 김경래 뉴스타파 기자는 강진구 기자에게 이런 질문을 던졌습니다.

"실제 노무사로 대리인 역할도 하신다고 했는데 전통적으로 보면 기자를 객관적 관찰자 입장으로 보는데, 일종의 플레이어로 보일 수 있는 부분에 대해 어떤 고민이 드시나요?"

강진구 기자는 이렇게 대답했습니다.

"기자가 직접 참여하는 것에 대한 정당성에 대해 여러 가지 평가가 있죠. 저널리스트가 추구할 것은 진실이고 그 결과는 정의의 실현입니다. **제가 동원할 수 있는 수단은 모두 동원해야 한다는 것이 개인적인 철학**입니다. 알베르토 까뮈가 기자 시절에 한 말이 있어요. '치욕스러운 것은 진실을 숨기는 것이 아니라 진실을 오롯이 드러내지 못하는 것이다.'"

위 인터뷰에서 포장되어 있긴 하지만 강진구 기자는 본인의 취재 태도에 대해 '동원할 수 있는 수단은 모두 동원해야 한다는 것'이라고 말하고 있다. 직설적으로 말하면 수단과 방법을 가리지 않는다는 의미이다. 그래서 경우에 따라선 대단히 위험한 태도라고 할 수 있는데, 한 가지 예를 들어보면 왜 위험한 태도인지 쉽게 알 수 있다.

어떤 마을에 방화범이 있는데, 기자는 마을주민 중 A씨를 범인이라고 확신하고 있다. (그러나 A씨는 실제로는 방화와 아무 관계가 없고 기자

의 망상일 뿐이다.) 기자가 A씨의 행적을 취재하고 보도하여 경찰이 A
씨를 수사하게 하는 것은 정상적 취재로 볼 수 있지만, 기자가 ①
직접 불을 지르고, A씨의 집에 ② 방화 증거를 남겨둔 후 ③ 경찰
에 신고하고 이를 ④ [단독]이나 [특종]을 달고 보도한다면 이는
정상적인 취재가 아니라 오히려 심각한 범죄일 것이다. 그런데 기
자 스스로는 이와 같은 범죄행위를 정의를 실현하는 일이라고 굳
게 믿고 있다면 어떨까.

　필자가 강진구 기자에게 당한일이 이와 크게 다르지 않다. 강
기자는 본인이 취재한 사건에서 관찰자가 아니라 플레이어로서
필자를 고소, 고발, 공익감사 청구 등 직접적인 이해당사자로서
행동했다. 그뿐 아니라 강진구 스스로 고소, 고발, 감사 청구 등
을 진행해 놓고(이러한 공작에도 불구하고 모두 문제없음으로 확인되었다.) 마
치 필자가 문제가 있어서 이러한 피고소, 피고발, 피감사 청구 대
상자가 된 것처럼 날조하여 보도하였다.

　그리고는 감사원, 미래창조과학부, 외교부, 검찰, 경찰, 서울시
교육청 등 해당 기관들이 너무나 당연하게도 필자에게 문제없다
는 통보를 내리자 이를 '면죄부'를 줬다며 호도하였다. 다음은 관
련 기사들이다. 기사에 나오는 고소·고발 주체인 〈경향신문〉은
실제 경향신문사가 아니라 강진구 개인이다. 고발인으로 나오는
사람은 당연히 강진구이다.

[인용] 2016년 7월 4일 월요일 인터넷 경향신문
[단독]'댓글부대' 의혹 김흥기, 1억 받은 '표절 보고서' 감사원도 면죄부
[인용] 2016년 7월 25일 월요일 인터넷 경향신문
[단독]'댓글부대' 논란 주인공 김흥기씨 하반기 온·오프 조직 출범 예고
[인용] 2016년 9월 5일 월요일 인터넷 경향신문
[단독] '댓글부대' 빅데이터 기술에 해킹엔진도 개발 추진

"〈경향신문〉이 2014년 말 처음으로 공공기관 예산으로 운영되는 '댓글부대'의 혹을 고발한 후 근 2년이 흘렀지만 한국산업기술시험원(KTL) 글로벌 기술정보 용역팀을 둘러싼 궁금증은 풀리지 않고 있다."

"〈경향신문〉은 지난해 말 중국과학원을 사칭한 가짜수료증 장사에 장·차관을 동원한 김 씨를 서울중앙지검에 고소했지만 6개월이 넘도록 단 한 번도 소환조 사가 이뤄지지 않고 있다."

"〈경향신문〉은 지난 5월 시민 379명의 서명을 받아 감사원에 공익감사 청구를 했다."

주간경향

'댓글부대' 논란 김흥기, 감사원도 면죄부

기사입력 2016.07.06. 오전 9:59 최종수정 2016.07.06. 오전 10:22 [기사원문] [스크랩] 본문듣기·설정

경향신문

[단독]새정부 출범직전 안봉근 비호 속 '댓글부대' 구축 의심 인사 관련 고발 사건 면죄부

기사입력 2017.05.15. 오전 7:05 최종수정 2017.05.15. 오전 10:38 [기사원문] [스크랩] 본문듣기·설정

(전략) 14일 과천경찰서는 피고발인 조사 없이 각하결정을 내릴 수 있느냐는 경 향신문의 질의에 대해 "경찰은 고발내용이 명백히 죄가 되지 않는다고 판단하 면 각하결정을 내릴 수 있다."고 밝혔다. 과천경찰서는 또 "피고발인들 상대로 조서를 작성하지는 않았으나 조사는 진행했다."고 덧붙였다. (중략) 당시 고발인 상대로 조서를 받았던 (후략)

　　이와 같은 강진구 기자의 행태를 보면 다음과 같은 표현이 떠오
른다. 자가발전(自家發電)이라는 말이 있다. 본래 의미는 '전력의 소

비자가 자가용으로 사용하기 위한 발전'이라는 뜻이다. 그러나 정치권이나 언론에서는 다른 전혀 다른 의미로 쓰인다. 어떤 일을 앞두고 실제로 진행되는 검토 작업과는 상관없이 당사자가 직접 자신이 원하는 이야기를 사실처럼 흘린다는 뜻이다. 이와 비슷한 의미를 가진 속담이 '북 치고 장구 치고'이다.

(2) 선동언론의 보도의 특징

① 기사를 읽어내지 못하는 21세기 문맹과 이를 악용하는 보도행태

'21세기 新문맹'이라는 신조어가 있다. 과거 TV가 보급되며 '바보상자'라는 별명이 붙었고 생활에 변화를 가져왔지만, 스마트폰의 보급은 상상 이상의 영향력을 보이고 있다. 유튜브를 비롯한 영상매체가 이른바 대세가 되었고, TV가 유튜브의 트랜드를 따라가는 현상까지 발생할 정도이다.

스마트폰 등으로 영상 매체와 짧은 글을 보는 게 보편화하면서 다소 길거나 복잡한 내용을 아예 이해하지 못하는 '실질적 문맹'이 늘어나고 있다. 최근 유튜브와 인터넷 커뮤니티 등에서는 "○○ 쉽게 요약"과 같이 복잡한 정보나 전문지식을 짧은 자막과 영상, 사진으로 쉽게 설명하는 콘텐츠가 인기를 얻고 있다. 이런 행태가 강화되면서 본문 내용은 읽지도 않고 "그래서 세 줄로 요약하면 뭔데?" 식의 문화가 자리 잡게 되었다.

그러자 일부 기자들은 이를 악용하여 '기사 제목(헤드라인)'과 본문의 마지막 줄에 본문과는 전혀 상관없는 선동적인 문구를 넣고 본문에서는 그러한 제목과 마지막 줄에 관한 변명을 늘어놓는 기사가 많아졌다. 폐해가 커지면서 언론사나 기자들 스스로도 '제목 장사'라 부르며 내부 비판을 하고 있는 실정이다.

거짓말의 형태 중 하나로 '의도적인 기만'이라는 개념이 있다. 의도적인 기만은 단순한 거짓말이 아니라, 속이려는 의도를 가지고 사실을 교묘하게 엮는 것이다. 그래서 더 악랄한 속임이다. 의사소통의 상대방이 스스로 거짓을 만들어내도록 유도하고, 나중에 자신은 거짓을 말한 적이 없노라고 발뺌도 할 수 있다. 의도적 기만은 상대방을 속이는 것도 모자라 바보를 만들어 버린다.

언론의 '제목 장사'는 의도적 기만의 끝판왕이다. 극심한 경쟁 상황 속에서 독자의 클릭을 이끌어내어 광고료를 높이려는 이른바 '낚시' 제목이 기승을 부린다. "10대 자녀 방에 들어가니… 충격!" 같은 제목을 클릭하면 내용은 "자녀가 열심히 공부하고 있었다."는 식이다. 해당 사건의 연도나 장소를 제목에 넣지 않는 속임수도 있다. 과거에 일어났거나 외국에서 일어난 일을 지금 여기서 일어난 것으로 오해하도록 제목을 만드는 것이다.

일부 매체들은 국민들의 반감을 살만한 소재들을 기사화해 기업 압박용으로 사용한다. 낚시성 & 선정적 제목은 기업 관련 악의적 보도를 할 때 공식처럼 적용하는 방식이다. 그리고 대부분의 기사 제목 말미에는 물음표 '?'를 붙인다. 한 기업의 홍보담당자는 "낚시성 기사를 올리고 기업 오너일가를 건드리는 이유는 따로 있다. 이를 빌미로 광고 또는 협찬을 요구하기 위한 것"이라고 전했다. 필자도 이러한 낚시성 기사에 많은 피해를 받았다. 다음 기사가 대표적 기사이다.

[인용] 2016년 12월 1일 목요일 인터넷 경향신문
[박근혜 · 최순실 게이트] '국정원 댓글부대' 구축 의혹 김흥기, 안봉근과 밀착 관계 정황

경향신문

[박근혜·최순실 게이트]'국정원 댓글부대' 구축 의혹 김흥기, 안봉근과 밀착 관계 정황

A10면 TOP | 기사입력 2016.12.01. 오전 6:03 최종수정 2016.12.01. 오전 10:03   기사원문   스크랩   본문듣기 · 설정

보도	2016년 12월 1일 목요일
제목	[박근혜 · 최순실 게이트]'국정원 댓글부대' 구축 의혹 김흥기, 안봉근과 밀착 관계 정황
내용	안봉근 전 청와대 국정홍보비서관(왼쪽 사진)의 비호 아래 '댓글부대'구축의혹을 받아온 국가정보원 출신의 **김흥기 전 카이스트(KAIST) 겸직교수**(오른쪽)에 대해 검찰이 수사에 나섰다. 청와대는 그동안 안 전 비서관과 김 전 교수에 대해 '일면식도 없는 사이'라고 주장해왔으나 검찰 수사를 통해 두 사람의 관계가 밝혀질지 주목된다. 30일 경향신문 취재결과 **서울중앙지검 형사1부는 '김 전 교수가 안 전 비서관을 거론하며 창조경제를 주제로 각종 사업을 제안해왔다'**고 주장해온 ㄱ화보 사 사장 김모 씨를 지난 28일 소환조사했다. 김 씨는 검찰 조사에서 "지난해 9월 김 전 교수가 안 전 비서관을 잘 안다고 자랑하며 50개 기업들로부터 200만~300만 원씩 거둬 헌정기념관에서 ㄱ화보 주최로 창조경제인대상 시상식을 하자고 제안했다"고 진술했다.

위 기사 보도 당시인 2016. 12. 1. 검찰 조사는 원고가 명예훼손으로 고소한 피고소인 ㄱ화보의 김 사장에 대한 소환조사였으

나 강진구 기자는 이를 '원고에 대한 검찰 수사'로 교묘하게 둔갑시켜 왜곡 보도하였다. 기사 내용은 마치 서울중앙지검에서 원고가 '댓글부대'와 연관이 있는 것으로 파악하고 원고를 조사하기 위한 목적으로 ㄱ화보 김 사장을 소환조사한 것처럼 작성되어 있다.

하지만 실제는 원고가 강진구 기자, 김신애 통신원 및 ㄱ화보 김 사장 등 세 명을 고소하여 그 중 김 사장이 피의자 신분으로 조사받은 것이었다. 이처럼 위 기사만 보더라도 진실을 교활하게 왜곡하는 강진구의 행태가 드러난다. 원고의 고소로 인한 검찰의 피의자 소환까지도 원고가 수사 받는 입장인 것처럼 날조된 것이다.

필자는 최종 승소한 후에 지인들에게 저간의 억울한 사정을 얘기하게 되었는데, 이 과정에서 필자는 "김 교수가 그럴 사람이 아닌데 경향신문 보도를 믿을 수가 없었다."라는 말을 듣게 되었다. 놀랍게도 주위 지인들은 필자가 국정원 댓글부대로 수사를 받았는데 다행히 그 의혹에서 벗어난 걸로 받아들이고 있었다.

심지어 필자가 댓글부대 배후로 재판을 받게 되었다가 무죄 방면된 걸로 생각하는 경우도 있었다. 강진구는 수사기관이 필자를 수사한 것처럼 독자들이 생각하게끔 기사를 작성했던 것이다. [박근혜 · 최순실 게이트]라는 대문(大門)을 달아놓고 [국정원 댓글부대 의혹 김홍기] 라고 제목을 붙였으니, 주위 지인들이 "김 교수가 그럴 사람이 아닌데"라는 반응을 보일만 했던 것이다.

② '단독?' 그런데 수년간 혼자만의 '단독?'

언론사들의 단독 남발은 그 자체도 문제지만 최근엔 부적절한 뉴스에까지 단독을 붙여 눈살을 찌푸리게 하고 있다. 바로 유명인의 죽음과 관련된 보도에서다. 명색이 단독 타이틀을 달고 대중에게 전달되는 기사 내용이 이렇다 보니 단독의 본래 의미와 기사 가치가 바닥까지 떨어지고 있다.

단독 혹은 특종이란 기준도 우리 언론사가 아닌 타 언론과 대중에 의해 결정됐는데, 지금은 단독 타이틀을 '셀프 수여'하는 셈이다. 단독의 의미가 퇴색된 차원을 넘어 '희화화' 되고 있다. 단독이라는 표기에 딱히 규제가 없다보니 요즘엔 악화가 양화를 구축해버리는 꼴이 되고 있다. 단독다운 기사마저 허접한 단독 보도 때문에 싸잡아서 값어치 없이 여겨지는 상황이다.

[인용] 2016년 12월 1일 목요일 인터넷 경
출처 : The PR (2021년 9월 10일 방문)

좌측 사진은 현송월 단장 방남 소식과 관련해 언론의 '단독' 남발을 비꼰 비디오머그 영상장면이다. 이는 패러디이지만 실제 기사들도 이처럼 실소를 자아내는 기사들이 남발되고 있다.

경향신문은 'KTL국정원 댓글부대'에 대한 기사를 2015년부터 2018년까지 '단독' 타이틀을 달고 보도했다. 그런데 이상하지 않는가? 4년간 중앙일간지와 지상파 방송 중 언론사로서는 경향신문 혼자, 그리고 강진구 기자 혼자만 '단독' 보도했다는 게 무슨 뜻인가?

클릭 수를 올릴만한 기사라면 동물 죽음까지도 '단독'이라고 경쟁적으로 기사를 쓰고 퍼 나르는 판에, 그리고 원세훈 국정원댓글부대 사건에 대한 국정원적폐청산위원회 활동으로 현 정부와 언론의 비상한 관심이 주목된 상황에서 다른 언론사와 기자들이 이 기사를 쓰지 않은 게 이상하지 않는가?

1만 개 이상의 인터넷 언론사가 활동하는 시대에 기레기들도 넘쳐나지만 그렇다고 그들이 멍청이는 아니다. 오히려 일반인에 비해 더 배우고 더 눈치 빠른 사람들이 바로 기자들이다. 그런데 그들이 수년간 이 보도를 외면한 것은 한마디로 'KTL국정원 댓글부대'라는 토픽이 '말이 안 되는 뭔가 이상한 기사'라고 보았기 때문임에 틀림없다. 필자가 언론계 지인들에게 문의해본 대답이 바로 그랬다.

언론사들의 단독 경쟁에 대한 비판이 잇따르자 최근엔 이 표현 자체를 아예 사용하지 않으려는 움직임도 보인다. 탐사보도를 전문으로 하는 뉴스타파는 밀도 있는 기사를 전하지만 단독이라는 표현을 쓰지 않고, JTBC도 최근 단독 표기를 버리기로 결정했다. 언론이 언론으로서 스포트라이트를 받으려면 꼼수가 아닌 정공법으로 선의의 경쟁을 펼쳐야 할 것이다.

③ 단정적 표현 : '드러났다?' 또는 '확인되었다?'

2012년 6월 25일, 탤런트 최윤영은 절도 혐의로 서울 강남경찰서의 수사를 받았다. 경찰은 피해자의 신고에 따라 이 사건을 수사한 것이 아니라, 은행공통전산망의 '분실수표 신고 시스템'에 의해 이 사건을 인지했는데, 경찰로서는 분실수표가 관내 은행 ATM에 사용됐기 때문에, 이를 수사하는 것은 당연한 것이었다.

경찰 조사에서 최윤영은 "내 가방에 있기에 ATM에 입금한 건 맞다."라고 했고, 경찰은 '혐의 일부 인정'으로 언론에 알렸다. 그러자 이 사건은 연예 기사와 연예정보 방송 프로그램을 통해 〈배우 최윤영, 절도혐의 입건(KBS)〉' 식으로 널리 퍼져나갔으며, 기자와 방송인들은 기사와 프로그램을 통해 '생활고 때문에 절도를 했다', '월경증후군으로 인한 도벽이었을 것이다' 등으로 이 사건의 경위를 추측 보도했다.

2012년 8월 19일, 검찰은 경찰이 지인의 지갑을 훔쳐 절도한 혐의로 검찰에 송치한 최윤영에 대해, '절도죄'가 아닌 '점유이탈물 횡령죄'로 기소유예 처분을 내렸다. 기소유예란, 검사 입장에서 죄는 인정되지만, 피의자의 연령, 성행, 환경, 피해자와의 관계, 범행의 동기나 수단, 범행 후의 정황 등을 참작하여, 기소를 하여 전과자를 만드는 것보다는 성실한 삶의 기회를 주기 위하여, 검사가 기소를 하지 않고 피의자를 용서해주는 것을 말하고, 이는 불기소처분에 해당한다.

인터넷 언론, 각종 방송 연예프로그램에서 여과 없이 과거 사진과 동영상을 공개하며 최윤영 씨를 '설노범'으로 단정적으로 보도한 것은 매우 위험하다. 한 개인을 법적 판결도 받기 전에 사회적으로 매장하는 행태의 보도는 또 다른 형태의 미디어 폭력이기 때문이다.

최종 확정 판결이 나기 전에는 범인 혹은 절도범 식으로 단정적 표현을 하지 못하도록 하는데 왜 사건발생부터 단정적 용어를 남용하는가. 한 일간지의 제목은 "美 명문대 출신 '엄친 딸' 최윤영, 급기야 절도범으로…"라고 표현했다. 제목뿐만 아니다. 내용을 봐도 "미국 명문대 출신으로 연예계 입문 이후 '엄친 딸'로 주목받던 탤런트 최윤영이 한순간 절도범으로 전락해 충격을 주고 있다."라고 보도하고 있다. 절도 혐의를 받고 있는 것과 미디어에서 절도범으로 단정하는 것과 어떻게 다른지 고민이 필요하다.

예를 들어보자.

① A씨가 거액의 뇌물 받는 것으로 드러났다.
② A씨가 거액의 뇌물 받는 의혹이 있다.
③ A씨가 거액의 뇌물 받았는지 검찰이 수사하고 있다.

위 세 가지의 기사 제목은 비슷한 것 같지만 전혀 다르다. ①번 경우 A씨가 뇌물을 받았을 가능성이 가장 높다. 다음으로 ②번, ③번의 순서로 가능성이 내려간다. 당연히 이 기사를 접한 독자 입장에서는 ①번 경우 A씨가 뇌물을 받았다고 받아들인다. A씨 입장에서는 ①번과 ②번 기사를 쓴 언론사나 기자를 먼저 문제 삼을 가능성이 높다.

누군가의 비리나 잘못을 보도하면서 "~로 알려졌다."거나 "~로 전해졌다."라고 쓰는 것과 "~로 확인됐다."거나 "~로 밝혀졌다." 또는 "~로 드러났다."라고 쓰는 것은 선혀 다른 느낌을 준다. 당연히 확인됐다, 밝혀졌다, 드러났다고 쓰는 것이 '단정적' 보도이기에 그 내용이 틀렸을 경우(허위사실로 드러날 경우) 피해자에게 져야 할 책임도 크다.

다음은 경향신문이 필자에 관해 보도하면서 보도한 단정적 표현들이다. 당연한 이야기지만 모두 사실이 아님에도 단정적으로 보도하였다.

> **[인용] 2015년 11월 2일 월요일 경향신문 A1면 5단**
> **[단독] '댓글 용역' 김흥기, 장차관 동원해 '가짜 수료증' 장사**
>
> 김씨가 공개한 명예박사학위도 가짜로 **드러났다**.
> 김씨가 수강생들에게 자신을 소개할 때 사용한 모스크바국립대 행정대학원 초빙교수 약력도 가짜로 **드러났다**.
> 〈주간경향〉 취재 결과 김 전 교수는 글로벌이코노믹 회장을 그만둔 후 지난 9월 국정홍보 소식을 주로 다루는 ㄷ월간지 사장, 편집국장을 만나 회장직 요구를 하면서 청와대와 친분을 과시한 사실이 **드러났다**.

④ 침소봉대, 단군 이래 최대사기꾼과 같은 비중?

경향신문은 단군 이래 최대의 사기꾼이라 불리는 조희팔과 비교해도 원고의 기사를 더 크고 비중 있게 보도했다. 원고의 기사는 1면 탑 중앙에 위치한 반면에 조희팔은 좌측 하단 구석에 있다. 경향신문의의 보도는 무엇보다도 뉴스의 크기가 적절하지 않다. 뉴스 가치를 왜곡한 것이다. 누군가 실제로 외국 대학의 명의를 도용하여 가짜 수료증을 팔았다고 하더라도, 사회면의 작은 단신 1회 보도면 충분하다는 건, 굳이 언론인의 자문을 듣지 않더라도 일반인의 통념에 맞는다.

경향신문 2015년 10월13일 화요일   경향신문 2015년 11월2일 월요일

박경만 한겨레 기자는 〈조작의 폭력 : 불량신문은 어떻게 여론을 조작하는가?〉 라는 책에서 다음과 같이 신문의 지면과 기사 가치에 대해 말하고 있다.

"신문의 힘은 활자의 크기와 펼치는 지면에서 나온다. '언론에 의해 재단된 사실'과 '실체적 사실'의 '크기'에 동의하지 않는 사람들도 막상 신문의 머리에 큼지막하게 자리 잡은 활자들을 접하면 자신의 판단에 대해 멈칫거리게 된다. 그만큼 활자의 크기가 주는 위압감은 독자를 압도한다. 입맛에 맞는 기삿거리를 그럴듯한 상품으로 과대 포장하는 것은 선전언론의 특기이기도 하다. 선전언론에서 뉴스가치나 크기의 결정은 공익보다는 터무니없게도 언론사의 이익이라는 관점에서 결정되기 때문이다."

박경만 저서 〈조작의 폭력 : 불량신문은 어떻게 여론을 조작하는가?〉 중에서 발췌

강진구 기자는 1면에 보도한 이유가 사회적으로 중요한 '국정원 댓글부대' 관련기사였기 때문에 그렇게 보도했다고 주장할 것이다. 그러나 이제는 독자 여러분도 알다시피 'KTL국정원댓글부대'라는 건 애낭초 존재하지 않았고, 그 근거들도 모두 기자 스스로 공작에 가까운 취재행위를 통해 '자가발전'된 근거들이었다. 따라서 1면 보도는 완전범죄가 가능하다고 생각했던 대담함이 드러난 것이지 그만큼(1면에 보도할 만큼) 댓글부대의 존재를 믿었다는 변명은 되지 못한다.

⑤ 갈 데까지 간 '따옴표 저널리즘'

'따옴표 저널리즘'이란 인용보도의 한 형태를 낮추어 부르는 용어로서 인용 저널리즘이라고도 하며 언론계에선 일본식 용어인 '우라까이'(직역하면 베껴쓰기)라고 부르기도 한다. 영어로는 He said/She said journalism이라고 한다. 비슷한 의미로 '카더라 통신' 또는 '받아쓰기 식 기사'가 있다. 흔히 A씨, "바나나는 빨간색이다."와 같은 기사 제목을 뽑는 행태를 말한다.

이런 방식의 언론보도에서 가장 문제가 되는 것은 바나나가 빨간색인지 파란색인지에 대한 아무런 사실 확인을 거치지 않아도 (심지어 A씨가 고의로 한 거짓말이라도) 언론사는 아무런 책임을 지지 않는다는 점이다.

심한 경우 언론사 자체적으로는 아무런 취재를 하지 않고 보도를 내보내기도 한다. 이런 형태의 보도에서 언론사가 책임지고 보도한 사실관계란 A씨가 그러한 발언을 했다는 점뿐이다. 물론 사안에 따라서 누가 어떤 말을 했는지가 중요하게 다뤄지는 경우도 있지만, 대개의 언론사가 발언내용의 자세한 팩트 체크를 할 책임을 회피하기 위한 용도로 악용된다. 이 경우 신문사는 원 피인용자(A씨) 의 거대한 확성기 노릇을 하는 것이나 마찬가지다.

예를 들어, '트럼프 대통령의 속옷이 보라색'이라는 보도를 언론사가 하면 사실관계에 대한 책임을 언론사가 져야 하지만, B씨 "트럼프 대통령의 런닝셔츠는 빨간색이다."라는 인용보도를 하면 언론사 입맛에 맞는 메세지를 시청자에게 전달하면서도 사실관계 확인에 대한 책임은 지지 않는, 일석이조의 효과를 누리는 것이다.

이 언론사가 지는 유일한 책임은 B씨가 그러한 발언을 했는지 하지 않았는지 뿐이다. 물론 실제로 언론사 입맛에 맞는 발언을 해주는 B씨라는 인물이 있어야 가능한 행태이긴 하지만, 어차피 입맛에 맞는 발언을 하는 주체는 찾으면 되고, 그마저도 없으면 최악의 경우 '익명의 관계자', '익명의 소식통'의 발언이라고 해버리면 그만인 것이다. 즉 이런 행위는 궁극적으로는 언론이 존재할 가치 그 자체마저 해치게 되는 셈이다.

특히 선동언론이 자신의 입맛에 맞는 발언만 골라서 인용보도 하는 식으로 악용되는데 결국 여기서 동원되는 '따옴표'는 객관보도로 위장하려는 교묘한 장치에 불과하다. 느닷없고 엉뚱한 따옴표 보도는 언론사의 정파적 이해관계인 경우가 많고, 믿거나 말거나 식의 폭로성 보도에 동원된다.

관련 경향신문은 수년간 필자에 대해 보도하면서 'KTL국정원 댓글부대 배후 김흥기'를 마치 한 수식어처럼 기사 제목에 계속 달았다.

[인용] 2016년 12월 1일 목요일 인터넷 경향신문
[박근혜 · 최순실 게이트] '국정원 댓글부대' 구축 의혹 김흥기, 안봉근과 밀착 관계 정황

경향신문

'댓글부대' 김흥기 대선·지방선거 때 무슨 역할 했나

강진구 기자 kangjk@kyunghyang.com김신애 통신원 입력 2015.12.26. 15:41 수정 2015.12.29. 21:09 댓글 315개

보도	2015년 12월 26일 토요일
제목	'댓글부대' 김흥기 대선 · 지방선거 때 무슨 역할 했나
내용	'댓글부대'로 의심받는 한국산업기술시험원(KTL) 용역업체 그린미디어와 국정원 출신의 김흥기 전 카이스트 겸직교수는 어떻게 인연을 맺게 됐을까. 즉 시기적으로만 보면 빅 데이터 전문기관인 중국과학원 가상경제센터와 계약, **짐스 프로그램 구축**, 강미발 조직이 서로 유기적으로 연결돼 추진됐을 가능성이 높은 셈이다.

내용	물론 짐스가 어떤 과정을 통해 검증됐는지는 아직 알려져 있는 게 없다.
	하지만 언제까지 진실을 가둬둘 수는 없다. 침묵이 길어질수록 **지난 대선과 지방선거 과정에서 김 전 교수의 역할**과 KTL 별관에서 온갖 특혜를 받으며 수상한 용역을 진행한 'KTL 댓글부대' 의혹은 더욱 커질 수밖에 없다.

위 기사에서는 필자에 대한 수식어가 **'댓글부대'** 네 글자로 되어 있다. 강진구 기자는 필자에 대해 처음 기사를 쓸 때부터 **"댓글부대 김흥기"**라고 쓰고 싶은 마음이 굴뚝같았겠지만 본인의 (3류) 추리소설 전개 과정상 '기-승-전-결'의 구조가 필요했기에 결론 부분에 이르러서 대놓고 '댓글부대'라는 수식어를 사용하여 '댓글부대 김흥기'라고 사용하는 것이다.

이러한 비방성 허위보도에 관해 필자는 강진구 기자에게 수차례 강하게 항의했지만 모두 묵살되었고, 법원의 당사자신문에서야 그 답을 들을 수 있었다. 원고인 필자의 변호사를 통해 도대체 왜 그랬는지 질문하자 황당한 변명을 하였다. 그는 이전 기사에서 필자의 이름 앞에 마치 형용사처럼 사용하던 수식어인 **"'댓글부대'로 의심받는 용역업체 회장을 지낸 국정원 출신의 김흥기"**란 말을 **"댓글부대 김흥기"**로 바꾼 것뿐이라고 주장했다.

이러한 강진구 기자의 변명에 재판장까지 필자의 이름 앞에 계속 '댓글부대'를 붙인 것이냐, 기사 내용에 댓글부대 내용이 없어도 계속 붙인 거냐고 물어보았는데 "이 사건을 특정하기 위해 가장 압축적으로 표현한 것이다"라는 말만 반복했다.

한편 '괄호()'를 활용한 기사 조작도 집고 넘어갈 문제이다. 따옴표를 악용해서 하지도 않은 말을 만들어내는 기레기들은 괄호도 악용해 기사가 아닌 소설을 쓰고 있다. 다음 기사에서 괄호 안의 이야기는 실제 화자가 말한 내용이 아니라 기사가 자신의 소설을 그럴싸하게 만들기 위해 덧붙인 부분이다.

[인용] 2015년 8월 ??일 투유일 인터넷 경향신문
국정원은 검찰수사의 성역인가

하지만 국정원 개입의혹은 이것뿐만이 아니었다. 최씨와 김씨는 "주말마다 처음 보는 사람들이 사무실로 찾아와서 한참 동안 뭔가 작업을 하다 돌아갔고 민 소장과 같이 일해온 팀원들에게 '저 사람들이 민 소장 제자들(국정원 직원)이냐'고 물어보면 말없이 고개를 끄덕였다"고 했다. 민 소장은 〈경향신문〉이 '국정원 직원들이 주말마다 작업을 하다 돌아갔다고 하는데 사실이냐'고 묻자 "마음대로 생각하라"며 시인도 부인도 하지 않았다.

'KTL 댓글부대'는 세상에 존재하지 않았다는 사건의 전모가 밝혀진 이후 위 기사를 읽어보면 기사가 아니라 3류 추리소설의 한 페이지를 보는 듯하다. 괄호를 제거하고 제대로 읽어보면 위 상황에서 국정원 직원이라고 말한 사람은 기자(=강진구) 본인밖에 없다.

최씨와 김씨는 "민 소장 제자들이냐"고 물어봤을 뿐이고 기자가 민소장 본인에게 "국정원 직원들이 ~ 사실이냐"고 묻자 "마음대로 생각하라"고 했을 뿐이다. 몇 가지 퍼즐에 본인의 의견을 섞어서 마치 누군가 그런 이야기를 했고, 취재를 통해 확인한 것처럼 꾸미고 있을 뿐이다.

다음 기사도 괄호를 악용해 기자 자신이 쓴 소설의 근거를 스스로 뒷받침 하고 있다. 필자가 운영한 중국과학원 지식재산 최고위 과정의 수료증은 기자 스스로 보도한 기사에도 "March to May" 라고 3개월 과정으로 명기되어있다. 이 정식과정을 가짜로 매도 하기 위해 선택한 키워드가 바로 "반나절짜리"라는 수식어이다.

[인용] 2015년 11월 23일 월요일 인터넷 경향신문
"김흥기, 가짜 수료증 장사 한국경찰 수사 적극 협조"

중국과학원 대학 셰 융(Xie Yong) 대외협력실장은 18일 경향 신문에 보낸 e메일에서 "중국과학원 가상경제센터 쓰용 부 센터장이 한국에서 온 학생에게 수료증을 발부했으나 이것 이 한국캠퍼스 존재를 의미하는 것은 아니다"라며 "수료증 은 단지 한국 학생이 가상경제센터를 방문해 (반나절 짜리) 코스를 이수했음을 보여주는 것에 불과하다"고 밝혔다. 그

위 기사를 읽어보면 중국과학원대학 대외협력실장은 "반나절짜 리"라는 말을 한 적이 전혀 없다. 반나절짜리라는 표현은 기자(= 강진구)가 필자가 중국과학원과 공동으로 운영한 과정을 표현할 때 이후 기사에 스스로 수십 차례 사용했던 표현일 뿐이다. 그런데 놀라운 것은 기자가 스스로 만들어낸 이 표현의 사용시점이 마치 셰 융으로부터 실제로 들은 것처럼 위 기사 보도 이후부터 사용하 고 있다는 것이다.

> **[인용] 2016년 8월 29일 월요일 인터넷 경향신문**
> **'댓글부대' 논란 김흥기, 빅데이터 전문가와 계약 왜 공개 못하나**
>
> 물론 쓰용 교수는 김씨가 최고위고정을 운영할 때 입학식이나 수료식에 참석하고 김씨의 학생들에게 반나절짜리 필드트립(견학) 코스를 제공했다. 학생들에게 자신의 서명이 들어간 수료증도 발급해줬다. 하지만 고작 한 학기에 한 번 정도 견학코스를 제공하고 수료증을 발부해준 대가로 억대의 금액이 건네진 것은 상식에 맞지 않는다. 결국 이 모든 의문을 해소하기 위해서는 계약서를 공개하면 된다.

위 기사는 "반나절짜리"를 또 다시 악용한 기사 내용이다. 위 기사에서 기자는 분명히 "이 모든 의문을 해소하기 위해서는 계약서를 공개하면 된다."고 말하고 있다. 그러나 법원을 통해 계약서가 공개되었고, 이 계약서의 내용이 중국과학원이 발표한 성명서의 내용과 일치하였음에도 강진구 기자는 자신의 소설에 대해 전혀 사과하지 않은 채 지금까지도 후안무치한 태도를 유지하고 있다.

⑥ 낙인찍기와 갈라치기 - '극우'라고 딱지 붙이기, 민주주의 파괴자 프레이밍

최근 '한겨레 가짜뉴스 피해자모임'(한가모)이 구성되었다. 한가모는 〈한겨레〉신문이 가짜 뉴스 '낙인찍기'를 통해서, 가짜 뉴스 배포자로 지목한 25명의 개인적인 명예를 심각하게 훼손하였을 뿐만 아니라, 동성애와 급진 이슬람, 심각한 북한 인권 문제 등을 알려온 한국교회와 시민 사회에 대한 합법적인 활동을 위축시키려 한다고 주장한다.

한가모는 "한겨레가 이렇게 터무니없는 주장(가짜뉴스 낙인찍기)을 하는 것은 국무총리가 나서고, 법무부 장관, 이해찬 민주당 대표 등이 함께 나서서 자신의 주장과 반대되는 모든 의견을 가짜뉴스 프레임으로 낙인찍기 위함"이라며 "이것은 자신에게 비판적인 의견을 억압하는 독재 권력의 전형적인 방식"이라고 지적했다.

경향신문은 필자에 대해 '극우'라고 낙인찍기하는 한편 '사기꾼' 이라고 낙인찍기를 계속했다. 표적을 정해 공격하고 파괴하는 '딱지붙이기식' 보도방식은 특정인물, 특정 이데올로기, 특정 정부에 대한 인식의 틀을 '우파-좌파'와 같은 이분법으로 재단하여 덧칠함으로써 독자와 시청자들에게 사실과 다른 이미지를 심어준다.

언론이 특정인(정치인, 지식인 등)에게 '좌파'니 '극우'니 하는 식으로 딱지를 붙이는 것은 이들을 국민과 동조자들로부터 소외시키면서 언론권력의 힘을 과시하는 것이다. 적대 세력에게는 부정적 이미지를, 지지세력에게는 긍정적인 이미지를 심는다. '수꼴 새누리당' 이라거나 '막말 홍준표'와 같은 정치적 수사들이 신문지면 곳곳에 넘쳐난다.

이러한 낙인찍기는 정치적 영역뿐만 아니라 선동언론이 표적으로 정한 인물에 대한 공격에도 그대로 적용된다. 예를 들면 경향신문은 필자에게 '사기꾼' 이미지를 덧칠하기 위해 단 한 개의 칼럼에서만도 '사기', '사기꾼' 및 '사기극' 등 동어반복을 19차례나 계속하고 취재원의 인터뷰를 자기 편의대로 왜곡하거나 심지어 아예 날조하며 '이런 사기꾼을 왜 수사하지 않느냐'면서 경찰 수사를 압박하기도 했다.

전술했듯 중국과학원은 공식 성명서(Statement)를 통해 '계약'에 의해 '중국과학원 지식재산최고위 과정'을 공동으로 운영했고, 중국과학원에서 현지연수를 수행했고 '수료증'을 발급했다고 공식입장을 밝혔다. 최고위과정은 韓·中간에 개설된 탁월한 과정이었고 당연히 합법적이고 정상적인 과정이었다.

강진구 일당은 이런 사실을 모두 알면서도 중국과 한국 사이에서 이중플레이를 하면서 필자가 장차관을 동원하여 '가짜 수료증 장사'를 했다고 매도했다. 다행히 소송을 통해 원고의 진실함과 피고의 악의 및 위법성은 드러났으나 필자의 피해는 회복불능이다.

한번 낙인찍힌 개인이나 집단은 본질과는 상관없이 덧칠한 이미지에서 벗어나기 힘들다는 점에서 치명적이다. 그런데 2016년부터는 급기야 필자를 '민주주의 파괴자'로 프레이밍 하는 기사를 보도하였다. 이정도면 인격 모독이 아니라 인격 살인이며 사회성 말살 수준의 행위이다. 그 누가 민주주의 파괴자와 교류를 하고 싶겠는가?

"모든 권력기관과 법 위에 군림하며 거의 대놓고 우파세력의 '댓글기지'를 만들려는 김씨의 거침없는 행보 앞에서 대한민국의 민주주의와 법질서는 무너져가고 있다."

도대체 필자가 무엇을 했기에 위와 같은 평가를 빋아야 하는가? 필자는 1부에서 설명한 바와 같이 헌법에는 보장되어 있음에도 사문화된 헌법 제26조의 '청원권'을 실효적으로 만들어서 행사할 수 있는 플랫폼을 기획하고 학부모와 시민단체에게 제안했던 것이다.

이와 같은 아이디어는 댓글기지와는 전혀 무관하며 실제로 현 정부의 청와대 홈페이지에 '청원'사이트가 개설되어 현재 운영 중이다. 강진구 기자는 현 정부가 민주주의와 법질서를 무너트리기 위해 청원사이트로 위장한 댓글기지를 운영하고 있다는 기사는 왜 보도하지 않는가? 다른 언론사들은 모두 외면하더라도 강진구 기자가 단독보도를 해서라도 민주주의 파괴를 막아야 되는 것이 아닌지? 묻지 않을 수 없다.

⑦ 한 입으로 두말하는 언론

선동언론이 이랬다저랬다 말을 바꾸고 뒤집는 것은 스스로의 알량한 신뢰에 먹칠하는 행위이다. 독자들 입장에선 참으로 헷갈리고 황당한 지경이 된다.

예를 들면 조선일보는 지난 2003년 '부안 사태' 해결을 위해서 주민투표를 우회할 수 없다며 대통령이 책임지고 정부역량을 총동원해 주민 설득에 나서든지, 아니면 문제를 원점으로 돌려 촉구하고선, 대통령이 부안 핵 폐기장을 원점으로 돌리겠다는 뜻을 밝히자 '부안에서 백기를 들고 다른 곳에서 뭘 하겠느냐'고 호통을 쳤다. 정부를 비난하기 위해 자신의 주장을 20여 일 만에 뒤집은 것이다.

2003년 11월 25일	2003년 12월 11일
부안사태 대통령이 나설 수밖에 없다.	부안서 백기 들고 뭘 하겠다는 건가?

그나마 조선일보는 약과이다. '사설'을 통해 자신들과 정파적 입장을 달리하는 정부를 비판한 것이기 때문이다.

선술했듯, 경향신문이 '가짜수료증' 운운하며 허위보도를 일삼은데 대해, 중국과학원은 2015년 11월 18일 '성명서' 발표를 통해 '중국과학원 지식재산최고위과정'이 중국과학원과의 '계약'에 의해 진행되었고, 중국과학원에서 현지연수를 담당했으며, 중국과학원이 '수료증'을 발급했다고 명백히 밝혔다.

그러자 강 기자는 한 입으로는 '중국과학원이 드디어 입을 열었다. 중국대사관을 통해 한국 경찰의 수사에 적극 협조할 예정'이라고 보도하는 한편 '중국과학원이 일개 부센터장을 통해 공식입장을 밝히도록 한 데는 이유가 있었다'라고 모순된 보도를 했다. 물론 이미 전술했듯 중국과학원은 그 당시 한국경찰의 수사에 협조하겠다는 말을 한 적이 없다. 강진구 본인이 당시 명예훼손에 대한 형사고소 피의자 신분이자 민사소송 피고 신분이었다.

강진구는 성명서가 발표되자 막말을 해대기 시작힌다. 필지가 중국과학원의 성명서 내용을 설명해주자 강진구는 필자에게 "이런다고 얼마나 버틸 것 같아요?"라는 문자를 보내왔다. 하지만 이처럼 누군가의 언어가 흥분과 공격성을 띠는 것은 불안과 초조감 때문이며, 공격성을 무분별하게 표출한다는 사실 자체가 몰락의 진행이다. 사납게 짖는 개는 사실 겁쟁이인 경우가 많다.

⑧ '가짜 이름' 날조와 공작

'이름'이란 어떤 인물이나 대상을 규정짓는 상징기호, 즉 정체성(identity)의 표현으로 저널리즘에서 정확하고 객관적인 용어의 선택은 매우 중요하다. 과거 노무현 정부와 한겨레나 경향신문이 '4대 개혁법안'이라고 부르는 국가보안법, 사립학교법, 언론법, 과거사규명법을 가리켜 당시 한나라당과 보수신문은 '4대 쟁점법안' 또는 '갈등법안'이라고 부른다. 이것은 박근혜 정부 당시 추진하는 노동개혁 등 4대 개혁에 대한 당시 여권과 야권의 서로 다른 이름을 붙이는 것처럼 '이름 붙이기'는 특정 인물과 대상 및 사건에 대해 긍정, 중립 또는 부정적 관점을 규정짓는 힘을 발휘한다.

그런데 앞서 설명한 낙인찍기와 관련하여 아예 '가짜 이름'을 날조해내곤 그걸 가지고 낙인찍기를 하는 경우도 있다. 예를 들면 경향신문은 존재하지도 않는 'KTL국정원댓글부대'라는 걸 날조해내곤 필자를 'KTL국정원댓글부대 배후'라고 낙인찍는 것이다. 또는 존재하지도 않는 '중국과학원 코리안캠퍼스'라는 걸 날조해내곤 필자를 '중국과학원 코리안캠퍼스를 운영하여 가짜수료증 장사를 한 사기꾼'이라고 명명하고 이를 계속되는 보도를 통해 기정사실화 하면서 낙인찍는 것이다.

· 과감한 날조와 조작 – 중국대사관을 주중 한국대사관으로 조작보도

중국과학원 관련 사안에서 이치장은 주중 한국대사관을 언급한 일이 없다. 소송을 통해 확인한 결과 김신애가 최고위과정을 음해하려는 전화에서 있지도 않은 한국의 피해를 들먹이며, 김신애 자신을 최고위과정을 수료한 피해자처럼 속여서 접근 후 압박하자 이치장이 다음과 같이 말했다.

(중국과학원 입장에서 해외에 개설된 외국 과정이라면) **"서울에 있는 중국대사관에 도움을 청해보셔도 될 것 같다."**(=Another way it will be, you may also seek the help from **Chinese Embassy in Seoul** right.)

그리고 이에 관해 김신애도 **"서울의 대사관"**(= Emassy in Korea)이라고 받아서 추가 질문하였고, 이에 관해 이치장은 **"중국대사관은 중국과 한국 사이에 이러한 교육운영을 촉진하는 기관이다."**라고 말한다.

그런데 이 대화를 근거로 하여 강진구는 2015년 11월 2일 다음과 같이 경향신문에 보도하였다.

더구나 위 기사 내용으로 경향신문의 의견이라 할 수 있는 사설에 다음과 같이 보도하였다.

일단 이치장과 김신애의 통화내용에서 '베이징 한국대사관'은 등장하지 않기 때문에 위 기사와 사설은 날조와 조작이다. 만약 위 보도가 사실이라면 이치장이 실제로 '베이징 한국대사관'에 연락을 해서 모종의 조치를 취했어야 한다. 그러나 위 보도 이후에 아무런 조치를 취하지 않았다. 또한 강진구는 조작 날조한 기사와 모순되는 기사를 후속 보도한다. 다음의 기사가 바로 그것이다. 15년 11월 30일 보도된 기사이다.

특허청 특허관은 최고위과정 1기 때 단 1번 참석했을 뿐이나. 그 외 한국의 외교관이 중국 현지연수에 동석한 적은 없다. 피고 강진구 일당은 다음 두 개가 서로 모순된다는 사실을 깨닫지 못하고 있다.

이치장은 과학원 명성과 관계된 일로 베이징 한국대사관에 직접 연락을 취할 방침이라고 밝혔다. (11월2일 이후부터 보도)	VS.	이치장은 외교문제 때문에 자신들이 직접 나서기 곤란하니 베이징 한국대사관에 대신 확인해달라는 것이다.(11월30일 보도)

이것뿐 아니다. 아래 기사를 보자. (이치장은 필자에 대해 알지도 못하는 사람이며) 필자가 북경에 간 사실을 이치장에게 알려준 장본인이 강진구와 김신애인데, 경향신문에는 반대로 다음과 같이 보도하였다. 이쯤 되면 상습범이라 해도 무방할 정도이다.

· 실명(實名) 보도

 과거와 비교해서 한 가지 뚜렷하게 바뀐 취재관행 가운데 하나가 실명(實名) 보도와 익명(匿名) 보도에 관한 원칙의 변화이다. 관련 문헌에 따르면 거의 모든 국내의 신문·방송사들은 1990년대 중반 이후 익명보도 원칙을 따르고 있다.

 심지어 살인혐의로 기소되어 대법원에서 혐의가 최종 확정된 피고인임에도 실명을 쓰지 않고 익명으로 보도하고 있다. 주소도 공개하지 않았으며 직업도 구체적으로 쓰지 않았다. 1990년대 중반까지의 보도관행과는 뚜렷하게 차이가 난다는 것을 알 수 있다.

1990년대 중반 이전 (實名보도)	1990년대 중반 이후 (匿名보도)
경찰은 사건발생 지난달 30일 조현철 씨(30)를 유력한 용의자로 보고 오후 7시경 연행.(동아일보1990년 5월19일)	대법원은 돈 문제로 시비를 벌이다 이웃집 주부를 살해하고 불을 질러 강도사건으로 위장한 혐의로 구속 기소된 이모 씨(35)에 대한 상고심에서 무기징역을 선고한 원심을 확정했다.(동아일보 1999년 12월8일)

 물론 예외도 있다. 연쇄 살인범 유영철의 경우 익명보도 원칙에서 벗어나 실명으로 보도하였다. 당시 이 사건이 사회적으로 커다란 충격을 불러왔던 만큼 이러한 예외적인 경우에는 피의자의 이름을 밝히는 것이 국민의 알 권리 차원에서 바람직하다고 판단한 것이다.

 또한 기자나 언론사 입장에서도 익명보도가 실명보도보다 언론

분쟁에 휩싸일 위험을 확실히 줄여준다는 점에서 익명 보도원칙
은 중요하다. 소송에서 져서 손해배상을 하게 되는 경우라고 하더
라도 법원이 배상액을 결정할 때 실명으로 보도한 기사보다는 익
명으로 보도한 기사에 대해 배상액을 더 낮게 할 가능성이 높다.

사정이 이럼에도 불구하고 경향신문 강진구가 필자에 대해
2015년 10월 7일 첫 보노부터 실명으로 보도한 것은 '강진구만이
아는 특별한 속사정'이 있다고 보아야 합리적인 추론일 것이다.
열 길 물속을 알아도 한 길 사람 속은 모른다는 말이 있지만 그래
도 한 가지 분명한 것은, 사람이 거짓과 속임수에 능하더라도 꼬
리가 길면 밟힌다는 것이다.

⑨ 날조한 사실을 갖고 팩션(faction)으로 허위보도

팩트(fact)와 픽션(fiction)을 합성한 신조어로 팩션(Faction)이란 단
어가 있다. 역사적 사실이나 실존 인물의 이야기에 근거하여 픽
션을 섞어 새로운 시나리오를 재창조하는 문화예술 장르를 가리
킨다.

대표적인 팩션은 '삼국지연의'이다. 중국에는 〈삼국지(三國誌)〉와
〈삼국지연의(三國誌演義)〉 두 가지 책이 있다. 한국인들이 즐겨 보
는 〈삼국지〉는 〈삼국지연의〉를 말한다. '삼국지연의'는 중국의 삼
국시대라는 역사적 사실과 조조, 유비 등의 실존 인물의 이야기에
근거하여 만든 팩션이다. 주로 소설의 한 장르로 사용되었지만 영

화, 드라마, 연극, 게임, 만화 등으로도 확대되는 추세이며 문학계 전체에 큰 영향을 미치고 있다.

이를 통해 팩트와 팩션을 구분해보자. 〈삼국지〉는 진수(陳壽, 233~297)가 쓴 역사책이고 〈삼국지연의〉는 나관중(羅貫中, 1330~1400)이 쓴 소설책이다. 중국에는 2천여 년 전의 〈사기(史記)〉로부터 〈명사(明史)〉까지 24가지 역사책이 있는데 국가에서 편찬했기 때문에 정사(正史)라고 한다. 〈삼국지〉는 정사이므로 역사의 진실에 접근하고 〈삼국지연의〉는 문학 작품인 이상 허구가 많다. 물론 〈삼국지〉의 진실성에도 한계는 있다. 위·진 위정자를 과대 찬양하거나 그들의 잘못을 감추어준 것들이 있다.

삼국지연의는 서기 184년 황건적의 난부터 서기 280년까지 중국 대륙에서 벌어진 실제 사건을 바탕으로 명나라 때 나관중이 쓴 책으로 역사가의 기록과 민중과 이야기꾼들의 구두전설, 문인들에 의한 가공과 재창작을 거쳐 완성된 작품이다. 때문에 진수의 삼국지 정사와 나관중의 삼국지연의 소설은 매우 큰 차이가 있다. 정사는 말 그대로 진짜 사실을 바탕으로 쓰인 부분이 많지만 연의는 오직 유비 바라보기(속칭 '빠')인 나관중의 시각과 신념에 의해 각색된 소설인 것이다.

이 소설의 등장인물 중에 제갈공명(Kongming)이라는 천재 전략가가 있다. 그는 적벽대전(Battle of Red Cliffs)을 앞두고 3일 만에 10만 개의 화살을 준비해야만 했다. 그가 화살을 어떻게 마련했을까? 그는 안개가 자욱한 날을 골라 짚단으로 가짜 군인들을 만들어 빈 배에 태워서 적진으로 보냈다. 안개로 인해 시야를 확보하지 못한 적군은 공명이 보낸 배들에 화살을 쏟아 부었다. 공명의 군인들은 아무 피해 없이 배에 화살을 가득 채운 채 돌아왔다. 이것은 사실(facts)인가?

위 내용은 사실이 아니다. 나관중의 삼국지연의에는 방천화극, 청룡언월도, 장팔사모 등의 병기들이 등장하는데 이것들은 모두 삼국시대 이후의 무기이다. 장판파에서 조운이 유비의 아들 아두(阿斗)를 찾아 무사귀환한 건 사실이나 무용담은 거짓(falsehood)이다. 방통이 연환계로 적벽대전에서 조조 군을 바보로 만들었다지만 방통은 적벽과는 상관없는 인물이다. 화타가 관우를 치료하지만 사실 화타는 적벽대전 이전에 이미 사망했다. 죽은 공명이 산 중달은 이겼다는 것은 100% 가짜(Fake)이다.

그런데 오늘날 선동언론과 가짜기자의 소설같은 기사는 역사적 사실을 모티프로 삼은 삼국지연의와 비슷한 지경이다. 예를 들면 장강명의 〈2세대 댓글부대〉라는 소설은 국정원과 댓글부대라는 역사적 사실을 모티프로 삼은 팩션인 반면 경향신문 강진구 기자의 〈KTL 국정원 댓글부대〉기사는 KTL 용역사업과 필자라는 실존인물을 모티프로 삼았지만 그 기사는 사실(Facts)과 허구(Fiction)와 거짓(Falsehood)과 날조(Fabrication)의 조합의 통해서 팩션(Faction)을 창작한 셈이다.

필자가 신문사인 글로벌이고노믹 명예회장이고 파워인디뷰를 진행한 것은 여러 사실증거에 의해 뒷받침되는 사실적 참이지만, 필자가 ㈜그린미디어 회장이라거나 국정원 예산을 따는데 영향을 미쳤다거나 댓글부대 배후라는 이야기는 허구적 참에 불과하다. 왜냐하면 〈KTL 국정원 댓글부대〉 자체가 존재하지 않았기 때문이다. 나관중이 사실에 거짓을 섞어서 팩션을 만들었듯이 강진구가 상상의 나래를 펼친 것이다.

만약 소설과 기사가 모두 팩션이라면 굳이 소설과 기사를 구분할 이유가 없을 것이다. 왜냐하면 소설도 100% 허구는 아니며 허구와 가공을 전제로 한 현실 이야기가 소설이기 때문이다. 그렇다면 소설가와 기자를 구분할 이유도 없으며 기자에게 언론의 자유(Freedon of Press)를 허할 이유는 더더욱 없을 것이다. 소설은 픽션(Fiction)이고 기사는 팩트(Facts)이어야 한다. 소설은 팩션(Faction)이어도 되지만 기사는 팩트(Facts)여야만 한다.

⑩ 모든 것을 연결하는 상상력

'6단계 법칙'은 인간관계는 6단계만 거치면 지구상 대부분의 사람과 연결될 수 있다는 사회 이론이다. '좁은 세상 네트워크'라고도 불린다. 비록 지금은 망했지만 싸이월드의 촌수 역시 이러한 인간관계 연결고리의 최단 거리를 알려주는 시스템이다. 실제로 페이스북에서 15억 9천만 명 페이스북 이용자들을 분석한 결과 평균적으로 3.57명만 거치면 누구하고도 연결된다고 한다. 나무위키는 '6단계 법칙'에 대해 아래와 같이 쉽게 설명하고 있다.

너무 멀어서 도저히 도달이 불가능하다고 생각될지 모르는 상대도 의외로 다음과 같은 예시로 6단계 안으로 도달하는 게 가능하다. 평범한 대학생이 오바마까지 불과 4단계 만에 연결되고, 아예 1번 서울대생이 시작이라면 3단계로 끝난다.

0. 동국대에 다니는 평범한 학생
1. 학회에서 만난 서울대 정치외교학과 학생인 친구
2. 서울대 학생의 지도교수인 서울대 정치외교학과 교수
3. 서울대 외교학과 교수와 친한 반기문
4. 반기문과 자주 보는 오바마.

이러한 특성은 나무위키 문서의 링크에서도 엿볼 수 있다. 당장 이 문서도 박근혜–최순실 게이트 문서에서 3단계 만에 도달이 가능하다. [2] 연관성이 그다지 높아 보이지 않는 두 문서가 예상치 못한 연결점을 통해 이어진다는 점에서 이 법칙과 비슷한 성질을 보여준다.

[2] 0. 박근혜–최순실 게이트 – 1. 박근혜–최순실 게이트/재판/이재용 · 박상진 · 최지성 · 장충기 · 황성수 – 2. 국민정서법 – 3. 본 문서.

이러한 사례는 연예계의 가십거리뿐 아니라 사회적으로 큰 영향을 미칠 수 있는 정치면에서도 발견된다. 2015년 12월 13일 미디어오늘 조윤호 기자는 〈'안철수와 이석기의 우연한 인연'은 기사거리일까〉라는 기사를 보도한다. 조윤호 기자는 '인연'과 '연결'에 대해 어떻게 생각하고 있는지 보자. 아래 인용한다.

안철수와 이석기의 연결고리
2013년 〈월간조선〉 10월호에는 "안철수, 이석기의 우연한 인연"이라는 제목의 기자수첩이 실렸다. 무소속이던 안철수 의원과 이석기 당시 통합진보당 의원 사이에 묘한 연결고리가 있다는 느낌을 주는 기사이다.

[월간조선] 안철수 이석기의 우연한 인연?

최우석 월간조선 기자

입력 : 2013.09.17 14:47 | 수정 : 2013.09.18 10:22

무소속 안철수(安哲秀) 의원과 내란음모 혐의로 구속된 통합진보당 이석기 의원 모두가 서울 동작구 사당동 D 아파트에서 한때 살았던 것으로 파악됐다.

지난 9월 2일 정부가 국회에 제출한 '이석기 의원 체포동의안'에 적힌 이 의원의 자택 주소는 사당동 D 아파트 9동 130㎡호였다. 2008년 5월 10일 이 아파트를 매매한 이 의원은 흑자 이곳에 거주해 왔다. 해당 아파트의 경비원은 "(이 의원은) 오전 6시 반쯤 출근해 오후 11

하지만 정작 기사를 읽어보면 연결고리는 없다고 봐도 무방하다. "안 의원과 이 의원 모두 동작구 사당동 D 아파트에서 한 때 살았던 것으로 파악됐다."는 것이 전부였다. 이런 식이라면 "박근혜 대통령과 이석기 전 의원의 우연한 인연"이라는 기사도 가능하다. "모두 한때 영등포구 국회의사당에서 근무했던 것으로 파악됐다."라고 쓸 수 있는 것이다.

왜 이런 연결고리가 필요했을까? 당시 이석기 의원은 내란 음모 혐의로 구속 수사 중이었다. 보수 언론은 이 의원과 통합 진보당에 이념 공세를 펼치면서 여러 연결고리를 찾아 헤맸는데 그중 하나가 당시 민주당의 문재인 의원이었다.

TV조선은 2013년 9월3일 "문재인과 이석기의 이상한 인연?"이라는 리포트를 내보냈다. 이석기 의원이 2003년 국가보안법 위반 혐의로 복역 중 광복절 특사로 풀려났는데 당시 청와대 민정수석이 문재인 의원이었다는 것이다. 이석기 의원이 받고 있던 내란 음모라는 무시무시한 혐의를 토대로 야당 대선 후보(= 문재인)까지 겨냥한 셈이었다.

언론은 늘 하나의 사건이 터지면 다른 사건과의 연결고리를 찾고 의미를 부여한다. 하지만 이렇게 의도를 가지고 연결고리를 억지로 만들어 내다보면 문제가 발생한다.

언론은 늘 하나의 사건이 터지면 다른 사건과의 연결고리를 찾고 의미를 부여한다. 하지만 이렇게 의도를 가지고 연결고리를 억지로 만들어 내다보면 문제가 발생한다.

⑫ 하지 않은 일을 증명하는 방법

무죄추정의 원칙은 죄형법정주의, 증거재판주의와 함께 근대 형법의 근간을 이루는 법리로, 법치국가에서 자유인의 권리를 박탈하기 위해서는 그가 '사전에 법으로 정해놓은 죄'를 범하여 '사회적으로 합의된 형벌'을 받게끔 해야 하며, 이를 수행하는 절차가 바로 형사소송이다.

그런데 무고인일지 죄인일지 모르는 상태에서 일개 개인은 절대권력인 공권력 앞에 너무나도 무기력한 약자이므로 국가로부터 피의사실을 추궁당하는 개인의 방어권을 보장하기 위하여 유죄를 규명하는 책임은 국가에 있다. 여기서 무죄추정의 원칙은 수사기관의 논증에 따라 피고인의 범행 사실에 합리적 의심이 사라져 유죄 판결이 확정되기 전까지는 피고인의 이익을 국가의 이해관계보다 우선시한다는 형평적(衡平的) 대원칙이다.

만약 무죄추정의 원칙이 없다면, 사법부가 타락할 경우 특정 표적을 유죄로 추정, 공권력을 남용하여 제멋대로 처벌하거나 사법 살인하는 등의 폐해가 발생할 수 있다. 이런 폐해는 근대 이전의 봉건 사회에서 굉장히 빈번하게 일어났으며 역사적으로 수많은

인물이 정치다툼의 결과, 유죄로 추정당해 고문, 숙청의 대상이
되었다.

세간에는 어떤 사건이 증거가 없어서 무죄로 판결될 경우 법원
이 용의자를 두둔한다고 비난하는 사람이 있는데, 애초에 무죄추
정의 원칙 자체가 증거가 범죄 혐의를 증명하기에 충분치 않아 범
인이 맞는지 아닌지 확신이 되지 않는다면 유죄로 볼 수 없다는
뜻이다. 무죄추정의 원칙은 범죄자의 규명보다도 무고한 사람을
만들지 않는 것이 중요하기 때문에 만들어진 형사소송의 가장 큰
대원칙이다.

〈대한민국 헌법 제27조 4항〉 "형사피고인은 유죄의 판결이 확
정될 때까지는 무죄로 추정된다. 무죄추정 원칙에 따라 법리적 판
단은 오로지 이 재판 증거 위에 제시하는 '증거'로써만 구속할 수
있다"

무죄추정의 원칙은 과거 모함으로 무수한 피해자가 발생했었
고, 이를 방지하고자 현대 형법의 근간으로 매우 강력하게 작동하
는 원칙이다. 다음은 어떤 드라마의 한 장면이다. 가상이지만 무
죄추정의 원칙이 왜 필요한지 알 수 있는 사례이다.

선생 : 너는 왜 니가 한 짓을 안했다고 우기냐?
학생 : 저는 시험지 안 훔쳤어요. 사실이 아닙니다. 다 헛소문이에요.
선생 : 헛소문이란 걸 증명할 수 있냐?
학생 : 그걸 왜 제가 증명해야 합니까?

> 선생 : 니가 증명해야지! 소문의 당사자니까.
>
> 학생 : 저는 교무실을 나가면 애들에게 선생님하고 저기 윤 선생님하고 바람이 났다고 소문을 낼 겁니다.
>
> 선생 : 뭐? 달포(학생 이름) 너…
>
> 학생 : 어디 한번 잘 증명해보시죠.
>
> 선생 : 내가 그걸 왜 증명해야 되지?
>
> 학생 : 소문의 당사자시잖아요. 못하시면 선생님도 사직서 쓰셔야 될 겁니다.
>
> **SBS 드라마 '피노키오' 중**

언론 환경이 변질됨에 따라 '언론의 자유'라는 미명아래 '무죄추정의 원칙'이 무시되는 일들이 점점 증가하고 있다. 피해자가 법의 구제를 받으려고 하더라도 언론이 일단 '아니면 말고' 식의 보도를 해놓고 증명의 책임은 피해자에게 전가시킨다.

필자의 경우도 가장 답답한 것이 바로 '하지 않은 일을 증명'해야 되는 것이었다. 내가 '한 일을 증명'하는 일은 간단하다. 문서, 사진, 영상, 녹취 등 실제로 그 일을 했다면 관련 자료들이 존재한다. 관련 자료들로 증명할 수 있다. 그러나 하지 않은 일은? 나의 일거수일투족 24시간 365일을 모두 공개해서 내가 해당 사건과 아무 관계가 없다고 밝히는 것은 현실적으로 불가능에 가깝다.

시간의 힘으로 끝내 진실이 밝혀졌지만, 언론이 한바탕 폭풍우 치고 지나간 다음에는 모든 것이 안개 속이었다. 국정원에 근무한 경력이 있다는 이유만으로 내가 '국정원 댓글부대'의 배후가 되었다니? 만약 필자가 실제로 댓글부대의 배후였다면 외부활동을 전혀 하지 않고 말 그대로 배후에 은둔해 있는 것이 상식에 맞지 않을까? 대외 활동을 하고 공개되어 있는 사람이 댓글부대 운영의 배후라는 것은 상식에 맞지 않는다.

필자가 운영한 지식재산 최고위과정은 앞에서 살펴본 것처럼 한국과 중국 양국의 지식재산을 발전시키고 교류를 풍성하게 하려는 정상적이고 장려되는 과정이었다. 그런데 이런 과정을 한국 대선(大選) 조작을 위한 시스템 개발을 위한 위장 과정으로 음해한 것은 심각한 수준의 망상이다. 게다가 이런 프로세스를 내가 A4 종이에 그려서 그림을 그려줬다고 주장한다. 그런데 그 A4는 존재하지 않는다. 그려줬다는 이야기를 들었다는 강진구만 존재할 뿐이다. 그리지도 않은 그림을 그리지 않았다고 증명할 방법은 무엇인가?

전술했듯 필자는 잡지사 회장 자리를 요구한 사실이 전혀 없다. 오히려 반대로 자리를 강요받았다. 협의가 전혀 되지 않은 상태에서 일방적으로 회장 직위를 맡으라는 약정서를 이메일로 보내와 필자를 당황시켰다. 당연히 아무런 대답도 하지 않았다. 그런데도 강진구는 필자가 회장 자리를 요구했다는 기사를 보도했다.

기사 내용에는 필자가 전화를 걸었다고 되어있으나 필자는 걸려온 전화를 받았을 뿐이다. 누군가 무엇을 요구하려면 요구하는 사람이 그 무언가를 필요로 하는 것이 당연하다. 그렇다면 전화를 누가 걸고 누가 받았느냐는 매우 중요한 문제이다. 살인자와 피해자가 있을 때, 칼을 손에든 사람이 범인이고 칼에 찔린 사람이 피해자인 것은 자명한 문제이다. 필자는 그 당시 전화를 걸지 않았다는 사실을 통화기록 제출로 증명했다. 그러자 '어쨌든 통화를 한 것이 중요하다'며 누가 전화를 걸었는지는 중요하지 않은 사실처럼 치부되었다.

이처럼 하지 않은 일을 하지 않았다고 증명하는 것은 내가 무엇을 어떻게 했다는 것을 승명하는 것과 전혀 다른 문제이다. 증명하기도 쉽지 않을뿐더러 증명의 방법도 직접적이지 않고 간접적일 수밖에 없다. 문제는 기레기들이 이점을 잘 알고 있어서 파고든다는 점이다. "나는 하지 않았기 때문에 당당하다."는 태도만으로는 함정에 빠질 우려가 있으니 잘 대응해야 한다.

3. 대처 : 법적분쟁을 중심으로

들어가기 : 호랑이는 가죽을, 사람은 명예를

우리들의 인생엔 그 무엇보다 중요한 게 있다. 호사유피 인사유명(虎死留皮 人死留名)이라는 고사성어가 있다. 호랑이는 죽어서 가죽을 남기고 사람은 죽어서 이름을 남긴다는 뜻이다. 우리는 죽어서 무엇을 남길 것인가? 가장의 명예가 더럽혀지고 자신의 집안 식구조차 지키지 못한다면 가문(family)을 이루고 살아가야 할 이유가 없다.

미국 보스턴 대학살 기념관 밖에 있는 비석에 새겨진 마르틴 니묄러(Martin Niemöller, 1892~1984) 목사의 〈방관과 침묵의 대가〉라는 시가 있다. 시적인 형식으로 전해져오는 이 글의 본래 제목은 〈처음 그들이 왔을 때 First they came〉이다. 이 시비(詩碑)를 도심에 세운 것은 '침묵은 잠시 침묵자의 통행증이지만 결국 침묵자의 묘지명이 될 것'이라는 점을 시시각각 사람들에게 일깨워주기 위해

서였을 것이다.

지금 한국에선 진영논리와 상업주의에 사로잡힌 선전선동언론과 폴리널리스트의 가짜 뉴스가 극성을 부리고 있다. 이들은 언론의 자유 뒤에 숨어서 온갖 악행을 저지르고 있다. 이들의 만행을 뻔히 보면서도 이를 방관하고 침묵한 대가는 실로 끔찍할 것이다. 자유민주주의 대한민국의 죽음은 나와 나의 가족들의 죽음이란 것을 절대 잊지 말아야 한다. 특히 말뿐인 지식인과 사회지도층 인사라는 방관과 비겁은 엄청난 죄이다. 악행에는 방관하지 말고 행동하고 싸워야 한다. 다시는 종의 멍에를 메지 말라!

"하나님은 너를 지키시는 자 너의 우편에 그늘 되시니 낮의 해와 밤의 달도 너를 해치 못하리. 하나님은 너를 지키시는 자 너의 환란을 면케 하시니. 그가 너를 지키시리라. 너의 출입을 지키시리라." 하나님이 늘 우리와 함께 하신다. 그러니 싸워야 할 때 절대로 도망가서는 안 된다. 도망치면 등 뒤에 칼과 창이 날아와 꽂힌다. 두려움을 이겨내고 용기를 내서 싸워야 한다. 그리고 당신도 매를 맞을 각오를 해야 한다.

성경에 '알곡과 가라지'의 비유가 있다. 알곡은 말 그대로 곡식의 알곡인데 가라지는 모양은 곡식 같으나 알맹이가 없는 가짜를 말한다. 가라지는 중국 성서에는 패자(稗子)라고 번역되어 돌피로 인식되고 있고, 영어 성경에는 Weeds로 번역되어 잡초라는 것을 말하고 있다. 아랍어로 Zuwan이라 불리는 셈어에서 온 이름인데

민속에 나는 잡초라는 뜻이다. 목초에 섞이면 가축이 먹고 중독을 일으키는 일이 있으므로, 독보리(毒麥)라고 한다.

마태복음의 비유는 "씨를 뿌리는 이는 인자요, 밭은 세상이요, 좋은 씨는 천국의 아들들이요, 가라지는 악한 자의 아들들이요, 가라지를 심는 원수는 마귀요, 추수 때는 세상 끝이요, 추수꾼은 천사들이니, 가라지를 거두어 불에 사르는 것같이 세상 끝에도 그러하리라."라고 경고하고 있다.

흥미로운 건 가라지를 미리 뽑지 않고 추수 때 밀과 생김이 판이하여 쉽게 구별할 수 있을 때까지 두었다가 곡식에 피해를 주지 않고 가려내는 것이다. 알곡은 가라지와 함께 살면서 "심판의 날 가라지가 불살라질 때까지" 인내해야 한다는 지혜를 주고 있다.

'진짜 기자들'과 성숙한 시민들은 언론의 자유 뒤에 숨어서 부정과 불의와 부패와 패륜을 자행하는 '가짜 기자들'을 솎아내야만 한다. 우리는 세상 독(venom)을 어떻게 이겨내야 하는가?

때로는 가라지가 심판의 날 불살라지기를 기다리면서 악인들의 악행을 참고 견디기도 해야 한다. 하지만 때로는 작은 몽구스가 치명적인 독을 가진 코브라를 대상으로 싸우듯이 싸워야만 한다. 다윗이 골리앗에 맞서 싸웠듯이 싸워야 한다. 이들의 싸움의 기술을 배워야 한다. 세상 독을 이기는 해독제(antidote)는 두려움을 이겨내는 용기에 있다.

두려움을 이기고 용기를 내어 끝내 명예를 지켜낸 사례를 소개한다. 우리나라 현실에서 정말 쉽지 않은 성과를 거둔 사례이다. 박현정 前 시울시향 대표의 '손가락 폭행' 혐의 사건이다. 서울시향 직원들은 2014년 12월 박 전 대표가 직원들을 상대로 폭행, 성추행을 일삼는다는 호소문을 발표했다. 비난 여론이 거세지자 박 전 대표는 억울함을 호소하면서도 일단 사퇴했다.

박 전 대표 측은 서울시향 개혁에 반발하는 일부 구성원들이 폭행, 추행 의혹을 씌워 자신을 쫓아낸 것이라고 주장했다. 결국 사건은 고소·고발전으로 흘러갔다. 박 전 대표는 손가락으로 직원을 폭행했다는 것을 제외하고 나머지 폭행·추행 혐의에 대해 무혐의 처분을 받았다. 박 전 대표는 손가락 폭행 혐의에 대해 법원에서 300만 원의 약식명령을 받았지만 이에 불복해 정식 재판을 청구했다.

1심은 유죄를 인정하고 벌금 300만 원을 선고했지만 2심 판단은 달랐다. 명백한 증거가 없는 데다 박 전 대표가 일관되게 혐의를 부인하고 있으므로 무죄를 선고하는 것이 옳다고 봤다. 특히 직원들의 호소문에 대해 2심은 "거짓말을 보태 박 전 대표를 성희롱 등으로 고소하고 서울시향에서 내보내는 것은 물론 더 이상 사회생활을 할 수 없도록 만들기 위해 전략을 세우는 대화를 나눴다"며 호소문 내용은 거짓이었다고 판단했다.

총 6년이 넘는 싸움 끝에 2020년 3월, 대법원 3부(주심 김재형 대법관)는 박 선 내표의 폭행 혐의에 내해 무쇠를 선고한 원심 판설을 확정했다(2019도18636). 거짓 호소문 작성에 관여한 직원들은 형사재판에 넘겨졌다. 2021년 6월 서울시향은 박현정 전 대표 음해 사건에 가담한 직원 3명을 직위해제했다.

우리는 이 사건을 정리된 형태로 받아들이지만 당사자에게 6년이란 시간은 억겁의 시간이었을 것이다. 박현정 전 대표는 사건 이후 한국일보와 인터뷰를 진행했는데, 필자에게는 그가 겪었을 고통이 절절하게 느껴졌다. 박현정 대표가 힘든 싸움을 승리로 이끌 수 있던 것은 명예를 지키기 위해 끝까지 포기하지 않았던 용기덕분이다.

그러나 그 용기를 내는 것은 말처럼 결코 쉽지 않다. 특히 박현정 대표에게는 결정적 증거인 카톡과 문자메시지가 있었기에 끝까지 힘을 낼 수 있었지만, 그런 행운이 모두에게 언제나 찾아오는 것은 아니다. 악인들이 처음부터 치밀하게 기획한 함정이라면 결정적 증거를 남기는 실수는 하지 않기 때문이다. 기울어진 운동장에서 끝까지 싸워 우리의 명예를 지킬 수 있는 방법을 알아보도록 하자.

(1) 법적분쟁 준비조치

① 내용증명 송달과 반론인터뷰 및 증거수집

허위보도 대응을 위한 첫 단계로 '내용증명'을 들 수 있다. 내용증명이란 국가기관인 우체국을 활용하여 우편물의 내용인 문서내용을 등본에 의하여 증명하는 제도를 말한다. 언론사와의 분쟁에서 내용증명이 가지는 의미는 크게 두 가지이다. 증거보전의 필요가 있을 경우와 또 하나는 언론사에 심리적인 압박감을 주려할 때이다.

첫째, 증거보전의 경우이다. 내용증명은 그것을 보냈다는 것만을 가지고서는 법률상 어떤 특별한 효력을 발생하다고 볼 수는 없다. 다만 어떠한 내용의 요청이 있었다는 사실을 증거로 확보할 필요가 있을 때 사실에 대한 증거를 우체국이라는 국가기관을 통해서 남기는 것이다. 둘째, 언론사가 오보를 신속히 정정하지 아니하고 차일피일 미루는 경우에 법적절차를 강구하겠다는 강경한 의사를 발송함으로써 피해자가 후속 조치를 취할 것이라는 신호를 주게 되어 태도의 전환을 기대해 볼 수 있다.

이러한 내용증명은 사실상 소송의 시작이라고 할 수 있는데, 내용증명은 법적 분제를 조기에 해결하고 법적분쟁 상대방을 압박하는데 효과적이다. "이제부터 법적 조치에 들어갈 준비를 하고 있다. 이 문서까지 무시한다면 그 후엔 소송이 시작된다."라는 뉘앙스를 상대방에게 강하게 내보일 수 있는 것이 내용증명의 역할이다.

실제 소송으로 이어졌을 때도 "소송까지 가지 않기 위해 이러이러한 노력을 했다"는 노력 또는 상대방에게 행동의 시정을 요구했다는 명확한 증거자료로 쓰일 수 있기 때문에 여러 가지로 나에게 도움이 되는 절차라고 할 수 있다.

내용증명의 작성 및 발송방법은 다음과 같다. 내용증명이 특별한 형식이 있는 것은 아니지만 보통 A4 또는 편지지에 작성하며, 같은 서류 3통을 작성하여 우체국에 제출을 하면 우체국에서는 서신의 끝에 '내용증명 우편으로 제출하였다는 것을 증명한다'는 도장을 날인하고 1통은 우체국에 보관하고 1통은 상대방에게 발송하며 다른 1통은 제출인(발송인)에게 반환해 준다. 내용증명을 발송할 시에는 반드시 등기우편으로 발송해야 한다.(우체국에 "내용증명으로 보내려고 한다."고 이야기 하면 등기우편으로 발송한다.)

② 반론 인터뷰

이렇게 언론사와 기자에게 내용증명을 발송하게 되면, 허위보도를 한 기자로부터 '반론보도'를 해줄 테니 인터뷰를 하자는 요청이 오게 된다. 그러나 주의해야할 것은 언론사, 특히 기레기를 상대할 때 정상인들의 '상식'선에서 생각하면 안 된다는 것이다.

우리는 상식적으로 메이저 언론사가 나에 관한 허위보도를 했다면, '오해'로부터 비롯된 허위보도일 것이고 그 '오해'가 해소된다면 당연히 사과 및 정정 보도를 해서 나의 실추된 명예를 회복해 줄 것이라 기대한다. 그러나 이러한 상식을 기대하고 순진하게 대응한다면 돌아오는 것은 큰 실망과 더 큰 피해뿐이다.

시저의 "주사위는 던져졌다"라는 말처럼 언론사 입장에서는 이미 건널 수 없는 강을 건넌 셈이기 때문에 피해자가 반론을 이야기하면 이를 바탕으로 정정보도를 해주는 것이 아니라, 반론보도를 해주겠다고 피해자를 유혹해 본인들의 허위보도를 정당화 할 수 있는 논리를 보강한다. 언론사는 [단독]을 달아 1면 보도를 해놓고 불과 며칠 뒤 당사자의 요청으로 검토해본 결과 오보로 확인되어 이를 정정한다고 말한다는 것은 언론사의 신뢰를 바닥으로 떨어트리는 일로 생각하기 때문이다.

2015년 10월 필자에 관한 기사가 보도된 직후, 필자는 강진구 기자에게 이미 허위의혹 보도로 피해가 발생했으니 추가 추측성 허위보도를 중단해 피해를 최소화 해달라는 요청을 했었다. 그러나 필자의 정당한 요구에 강 기자는 **"기사는 이미 출고 일정이 잡혀서 다른 대체기사가 어렵습니다."**라는 황당한 문자를 보내왔다. 위 문자에는 '기사가 허위이건 아니건 상관없다'는 인식이 깔려있다.

때문에 나에게 피해를 준 그 언론사를 통한 반론보도는 더 큰 피해를 얻게 될 우려가 있다. 만약 가능하다면 이미 나를 '적(敵)'으로 간주한 언론사가 아니라 중립적인 입장에서 해당 허위보도를 반론할 수 있는 다른 언론사를 통해 반론보도를 하는 것이 적절한 방법이 된다.

그러나 현실적으로 다른 언론사를 통해 반론보도 하는 것도 결코 쉬운 일은 아니다. '가재는 게 편'이라는 말처럼 동종업계를 보호하는 것은 불문율처럼 되어있기 때문이다. 해당 보도를 반박하는 기사가 다른 언론사를 통해 보도되면 싸움이 언론사내 언론사로 확대될 가능성도 있기에 철저하게 계산한 후 개입을 하지 않기로 결정되면 개입하지 않는다. 필자 경우에도 뉴시스가 필자의 기자회견 내용을 보도하니, 강진구는 뉴시스 기자에게 연락하여 행패를 부렸다.

그렇기에 반론인터뷰는 치밀하게 준비해야하며 내용증명과 같이 소송을 염두에 두고 내용, 시기, 방식 등의 전략을 세운 후 진행해야 한다.

③ 서증과 녹음 – '사실확인서' 받기와 법적효력

소송을 처음 해본 사람들은 사실관계 확정을 위한 입증의 문제를 제대로 이해하기 어렵다. 본인이 주장하면 재판부가 사실 판단을 해줄 것이라고 생각하는 경우가 대부분이다. 그러나 판사는 신이 아니다. 당사자 간에는 경험에 의하여 명백한 사실도 판사는 현장에 없었기에 양측의 주장을 듣고 증거에 의하여 누구 말이 더 믿을 수 있는지를 판단할 수 있을 뿐이다. 그래서 재판은 진실을 찾는 것이 아니라 주장과 증거를 통해 분쟁을 해결하는 과정이고, 대부분의 사건은 치열한 법리다툼보다 사실관계 확정에 따라 승패가 나뉠 수밖에 없다.

그렇다면 재판에서 이기기 위해서 어떠한 증거를 어떻게 수집하고 제출하여야 할까? 증거 중에 증명력이 가장 높은 것으로는 서증(書證)을 들 수 있다. 많은 문제가 발생하는 대여금 사건에서 차용증과 같은 서증보다 대여사실을 입증할 수 있는 더 우월한 증거는 없다고 보아도 무방하다.

차용증과 같이 증명하고자 하는 법률적 행위(권리관계)가 그 문서 자체에 의하여 이루어진 문서를 법원은 '처분문서'라고 한다. 법원은 처분문서가 제출되면 그 기재내용을 부인할 만한 명백한 반대 증거가 없는 한 처분문서에 기재된 내용대로 인정하여야 하며, 만일 이를 임의대로 해석하여 판결할 경우에는 해당 판결은 채증 법칙을 위반한 것으로서 취소 대상이 된다.

법원에 증거로 제출하기 위해 작성되는 문서 중 대표적인 것이 '사실 확인서'이다. 사실 확인서는 당사자 간의 계약 또는 법률관계에서 증거자료로 활용될 수 있다. 다만, 거래 관계에 있어서 제일 중요한 효력을 갖는 것은 당사자 간에 작성된 '계약서' 또는 '합의서'이므로, 이 경우에 사실 확인서는 부차적인 증거자료로서의 효력만을 갖는 것이 보통이며, 나중에 작성자가 부인하면 휴지조각이 될 소지가 있다.

이러한 사실 확인서는 원칙적으로 특별히 정해진 양식은 없다. 다만, 사실 확인서에는 그 확인서를 통해 작성자가 확인해주고자 하는 내용이 반드시 기재되어 있어야 하고, 작성자의 이름, 작성일자, 연락처, 주소가 기본적으로 함께 기재되어야 한다. 또한 사실 확인서는 작성자의 신분증사본, 주민등록등본, 인감증명서 등을 함께 첨부하여 제출한다.

서증보다 증명력은 낮지만, 최근 많이 이용되는 증거방법으로는 녹음이 있다. 대화자 간 녹음은 위법이 아니고, 특별한 사정이 없는 한 대화과정에서 언급된 내용은 자백과 동일한 효과가 있기 때문이다. 그러나 녹취록이 제출되더라도 사실과 다르다는 주장을 할 수 있기에 녹음을 할 때에는 입증하고자 하는 사실을 명확히 특정하여 상대방이 직접 본인의 입으로 말하게 하는 기술이 필요하다.

④ 악플 채증과 형사고소 및 손해배상 청구

앞서 살펴본 바와 같이 명예훼손에 따른 법적 절차에 들어가기 위해서는 증거수집이 필수이다. 그리고 선동언론의 기사 밑에 달리는 댓글을 어떻게 처리할 것인가가 고민이 된다. 사실이 아닌 것이 마치 사실처럼 날조된 허위보도 경우 그 피해자들은 그 기사를 읽기가 매우 버겁다. 심지어 기사 밑에 달린 댓글들은 거의 쌍욕과 인신공격적인 글들로 넘치기에 댓글을 읽다보면 분노와 슬픔이 찾아온다.

그렇지만 법적 대응을 위해서는 반드시 댓글을 채증(증거수집)해 놓아야 한다. 만약 피해 당사자가 직접 채증하기 힘겨울 경우 주위 사람을 통해서라도 채증해 두기를 권한다. 캡처 툴을 이용하여 악플을 캡처해야 하고, 파일 형식은 JPG, PNG, PDF 등 관계없다.

악플 내용을 캡처할 때, 반드시 포함되어야 할 내용들이 있다. 다음의 다섯 가지이다. ① 해당 URL ② 악플 게시자의 아이디 또는 닉네임 ③ 게시날짜 ④ 악플 내용 ⑤ 만약 댓글로 악플이 달렸다면 본문도 캡처해야 한다. 캡처 된 증거들의 수가 많을 경우에는 '증거1, 증거2, 증거3 등' 이와 같이 증거번호를 구분해서 엑셀 표로 관리한다.

형법상 악성 댓글은 정보통신망법상 명예훼손죄와 모욕죄가 적용된다. 명예훼손은 7년 이하의 징역 또는 5천만 원 이하의 벌금에 처한다. 모욕죄는 1년 이하 징역이나 200만 원 이하의 벌금을 받는다. 하지만 징역형 등 높은 수위의 처벌을 받는 사례는 극소수다. 2019년 악성 댓글 관련 사건의 74.8%(134건)가 유죄 판결을 받았다. 그 중 벌금형을 받은 비율은 88%(118건)로 절대 다수를 차지한다.

벌금액의 평균은 121만 원이다. 그러나 이는 과태료가 아니고 벌금이기 때문에 악플을 달았다가 결국 전과자가 되는 것이다. 피해자 입장에서는 부족해 보이는 형량이지만 한순간의 실수로 전과자가 될 수 있기 때문에 악플을 다는 사람 입장에서도 결코 쉽게 생각할 일은 아니다.

댓글에 대해 대처하는 방식은 사람에 따라 다르다. 참고로 강용석 변호사는 3가지 카테고리로 나누어 대응했었다. 첫째, 확인되지 않은 허위사실을 계속적으로 유포하는 행위. 둘째, 입에 담기조차 힘든 원색적인 욕설. 셋째, 5회 이상 상습적이고 반복적인 악플 기재 행위. 이 중 첫째는 허위사실 유포로 명예훼손에 해당하고 둘째인 욕설은 모욕죄에 해당한다. 셋째는 반복행위로 인한 고의성을 문제 삼고 있다.

이러한 악플은 형사처벌뿐만 아니라 민사상 손해배상 청구도 가능하다. 다음은 법률신문에 실린 2020년 손해배상 판결이다.

[인용] 2020년 7월 23일 목요일 인터넷 법률신문
[판결] (단독) 도 넘은 악플러에 "2000만 원 배상"

연예인을 상대로 유튜브, 인스타그램 등 소셜미디어(SNS)에 '혼인신고 해 부부가 됐다'는 글을 올려 허위사실을 유포하고, 개인 쪽지(Direct Message)로는 '살인하겠다'며 2여 년 간 지속적으로 악성 댓글을 인터넷에 올린 남성이 2000만 원을 배상할 처지에 놓였다.

서울중앙지법 민사14부(재판장 김병철 부장판사)는 아이돌그룹 출신 뮤지컬 배우 A씨가 B씨를 상대로 낸 인격권 침해 금지 등 청구소송(2020가합520739)에서 "B씨는 A씨에게 2000만 원을 지급하라"며 최근 원고승소 판결했다.

---

⑤ 무차별적 허위보도에 어떻게 대처할 것인가? 민·형사 소송? 기자회견?

허위보도를 해명한 내용증명을 보내고 기자에게 직접 전화로 자초지종을 설명하고 시정을 요구한다고 하여도 언론사나 기자의 즉각적인 행동변화를 기대하기는 어렵다. '기사 보도'라는 행위가 그들의 다음 행동을 어느 정도 제한하기 때문이다.

그렇기에 우리는 그 다음 단계로 사회적 최소 안정망인 법에 호소하는 방법을 떠올리게 된다. 허위보도로 인한 피해가 크고 가해자(언론)의 태도가 나의 기대와 차이가 크다면 '명예훼손'이라는 죄목으로 공인된 수사기관에 처벌을 요구해야겠다는 생각이 들 수 있다. 그리고 실제로 명예훼손 범죄의 경우 '민·형사 소송'을 동시에 진행하는 경우가 많다.

그러나 각자의 상황에 따라 판단을 하여야겠지만, 현재 우리나라에서 명예훼손을 '형사고소'하여 상대방을 처벌에 이르기까지 하는 것은 대단히 어려운 일이다. 그리고 형사 소송 결과가 민사에 미치는 영향을 고려해 볼 때, 피해를 보자마자 바로 형사고소를 진행할 것인가는 좀 더 깊이 생각해 볼 문제이다.

앞서 살펴본 이상호 기자 사례를 보면 이 부분에 고민이 필요한 이유를 알 수 있다. 이상호 기자는 민사소송에서 1억 원을 손해 배상하라는 판결을 대법원으로부터 받았다. 그러나 형사에서는 무죄판결을 받았다. 그만큼 명예훼손으로 인한 형사 처벌이 쉽지 않음을 단적으로 보여주는 사례이다.

한편 기자회견의 경우 '내용증명과 반론인터뷰 및 증거수집'에서 살펴본 바와 같이, 다른 언론사의 협조를 구하는 것 자체가 쉽지 않은 일이기 때문에 전략적 접근이 필요하다. 그리고 다음 사례에서처럼 '허위보도를 반박하는 기자회견' 그 자체가 해당 언론사의 입장에서는 자신의 보도를 부정하는 '명예훼손'이라고 인지하고 억으로 이를 문제 삼을 가능성도 있다. 피해자 입장에서는 최소한의 자기방어 행위이지만 법적으로 본인도 같은 위험에 노출되는 셈이다.

결론적으로 형사고소, 기자회견 모두 피해자의 당시 감정에 따라 결정할 일이 결코 아니며 최종적인 승리를 위해 치밀하게 전략적인 판단 후에 결정할 사안이라 할 수 있다. 필자의 사례를 참고하여 여러분께 도움이 되는 선택을 하기 바란다.

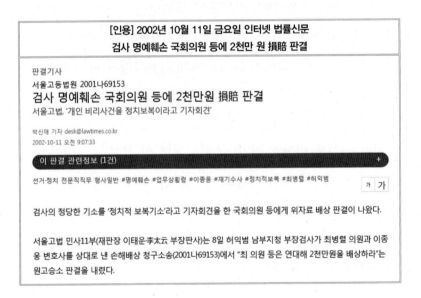

[인용] 2002년 10월 11일 금요일 인터넷 법률신문
검사 명예훼손 국회의원 등에 2천만 원 損賠 판결

판결기사
서울고등법원 2001나69153
검사 명예훼손 국회의원 등에 2천만원 損賠 판결
서울고법, '개인 비리사건을 정치보복이라고 기자회견'

박신애 기자 desk@lawtimes.co.kr
2002-10-11 오전 9:07:33

이 판결 관련정보 (1건)   +

선거·정치 전문직직무 형사일반 #명예훼손 #업무상횡령 #이종웅 #재기수사 #정치적보복 #최병렬 #허익범

검사의 정당한 기소를 '정치적 보복기소'라고 기자회견을 한 국회의원 등에게 위자료 배상 판결이 나왔다.

서울고법 민사11부(재판장 이태운·李太云 부장판사)는 8일 허익범 남부지청 부장검사가 최병렬 의원과 이종웅 변호사를 상대로 낸 손해배상 청구소송(2001나69153)에서 "최 의원 등은 연대해 2천만원을 배상하라"는 원고승소 판결을 내렸다.

⑥ 언론의 적반하장 맞고소에 대처 : 정보공개청구부터

필자는 기사가 보도 된 후 문자로 해명, 통화로 해명, 내용증명

발송, 기자회견 등 가능한 모든 수단을 동원하여 대응하였으나 해명이 악용되고 대체기사가 없다는 등의 황당한 이야기를 듣게 되었다. 게다가 허위보도로 인한 피해를 최소화하기 위해(그것도 필자가 아니라 수강생들의 피해) 기자회견을 했더니 해당 기자회견으로 인해 기자 자신의 기사가 명예훼손 되었다(기사가 사실이 아니라고 해명했다고)는 이유로 필자를 명예훼손 고소하였다.

언론은 한 개인이 감당하기에는 너무 거대한 적이기에 우리는 사회적 최소 안정망인 법에 호소하는 방법을 떠올리게 된다. 그런데 가해자인 언론이 오히려 피해자를 명예훼손으로 고소하게 되면 너무나 억울한 마음에 당황하기 십상이다. 하지만 그럴 때일수록 침착하게 대응해야 한다. 언론이 고소 또는 고발한 경우 우선 고소·고발장을 입수하여 상황을 파악하는 것이 급선무이다.

왜냐하면 우리가 피고소인·피고발인 입장이 된 것이기 때문이다. 경찰서에 출석하여 조사를 받기 전에 고소장·고발장 내용을 먼저 확인하는 것이 굉장히 중요하다. 고소장·고발장 내용을 알아야 제대로 된 방어를 할 수 있고, 방어를 하기 위해 필요한 서류(사실관계를 확인해주는 제3자의 확인서, 고소인·고발인 등과 주고받은 이메일, 문자메시지, 내용증명 등)를 준비할 수 있기 때문이다.

경찰서에서 최초로 조사 받을 때 일관된 진술과 그 진술을 뒷받침할 서류가 있는지 여부에 따라 담당 경찰관이 사건에 대해 보는 시각이 달라질 수 있고 그에 따라 후속 수사 여부가 달라질 수 있다. 또한 이러한 형사사건의 처리 방향과 결론(불기소 또는 기소)이 관련 민사사건에도 중대한 영향을 미치는 경우가 많다.

따라서 경찰서에 출석하여 최초로 조사받기 전에 고소·고발장의 내용을 먼저 확인하는 것은 매우 중요하다. 이럴 때 활용할 수 있는 제도가 바로 '정보공개제도'이다. 정보공개제도는 정부 또는 행정기관이 보유하고 있는 정보를 국민의 청구에 따라 공개하는 것으로 법인과 단체를 포함한 모든 국민이 청구할 수 있다.

피고소인·피고발인 또는 그 변호인은 고소장, 고발장을 열람·복사할 수 있고, 열람·복사는 정보공개청구의 방법으로 접수할 수 있다. 다만, 공개대상인 정보는 고소장·고발장의 내용 중 혐의사실에 한정되고, 개인정보, 혐의사실 중 참고인에 관한 사실, 증거방법 및 첨부된 제출서류 등은 열람·복사의 대상에서 제외된다. 따라서 정보공개 청구를 통해 고소장을 받더라도 최소한의 정보만 기재되어 있는 경우도 발생한다.

이러한 정보공개 청구는 우편을 통해 또는 당해 사건을 관할하는 경찰서에 직접 방문하여 신청할 수도 있고, 정보공개포털을 통해 인터넷으로 신청할 수도 있다. 단, 인터넷으로 신청 시에 청구 내용에 '고소장 일체'라고 적으면 정보공개가 거부될 우려가 있으니 구체적으로 '해당 부분 정보공개를 청구합니다'로 적어야 한다.

⑦ 언론조정과 중재절차 효과

언론사로부터의 피해는 한 개인이 감당하기 힘든 경우가 대부분이다. 그렇기에 국가에서는 법정기관(준 사법기관)으로 '언론중재위원회(언중위)'를 설립하여 '언론매체의 보도에 의한 피해자의 권익보호'를 목적으로 운영하고 있다.

언중위의 기능은 다음과 같다. 첫째, 방송·정기간행물·뉴스통신·인터넷신문·인터넷뉴스서비스·인터넷멀티미디어방송 등의 보도에 의해 피해를 입은 개인이나 단체 등으로부터 조정신청 또는 중재신청을 접수하여 정정보도, 반론보도, 추후보도, 손해배상 등의 방법으로 피해를 구제한다.

조정·중재신청은 보도가 있음을 안 날로부터 3개월, 보도된 날로부터 6개월 이내에 신청할 수 있다. 다만, 언론사에 직접 정정보도, 반론보도 등을 청구한 경우에는 언론사와 협의가 불성립된 날로부터 14일 이내에 신청해야만 한다. 조정 신청이 접수되면, 중재부는 조정기일을 정해 신청인과 언론사에 출석요구서를 보내며, 조정기일에 양쪽의 진술을 듣고 합의가 되도록 적극 조정한다. 합의가 되지 않을 경우, 중재부가 당사자의 모든 사정을 참작하여 사건의 공평한 해결을 위해 직권으로 조정결정을 내리거나 조정에 적합하지 않은 사유가 있다고 인정되는 경우에는 조정불성립결정을 내릴 수가 있다.

조정은 언론중재위원이 조정인으로서 당사자 간 합의를 도와주는 분쟁해결 방법으로 재판에 비해 신속, 저렴하며 비공개로 진행된다. 중재위원이 도와주긴 하지만 중요한 것은 당사자 간의 합의이다. 중재는 언론중재위원이 중재인으로서 중재판정을 통해 분쟁을 최종적으로 해결하는 방법이다. 중재신청서와 함께 당사자 간 중재 합의서를 제출해야 한다. 조정과 비교했을 때 중재는 중재판정에 불복하기 어렵다는 점에서 신중을 기할 필요가 있다.

직권 조정결정의 경우, 당사자가 결정을 송달받은 날로부터 7일 이내에 이의신청을 하면 이 결정은 효력을 상실하게 되며, 이경우 법원에 자동으로 소가 제기된 것으로 본다. 조정은 접수일로부터 14일 이내에 완료되며, 중재부가 직권으로 조정결정을 내릴때에는 21일 이내에 처리 완료한다.

중재는 중재부의 중재결정에 의해 분쟁을 해결하는 절차로서, 신청 전 언론사와 피해자 간에 언론중재위원회의 중재결정에 따르기로 하는 합의가 있어야 한다. 중재결정은 확정판결과 동일한 효력이 있다.

둘째, 시정권고소위원회를 통해 각종 신문·잡지 등 정기간행물의 내용을 심의하여 해당 기사의 내용이 개인의 명예나 사생활 침해할 여지가 있거나, 공중도덕 및 사회윤리, 국가안전보장 및 질서유지, 공공복리 등을 침해할 우려가 있는 경우 시정 권고한다.

언중위를 통한 피해 구제방법은 크게 4가지로 ① 정정보도 청구 : 언론보도의 전부 또는 일부가 진실하지 않은 경우, 이를 진실에 맞게 바로잡아달라고 요구하는 권리 ② 반론보도 청구 : 언론보도에서 지명되었거나 언급된 사람이 보도 내용에 대해 자신의 입장을 보도해 달라고 요구하는 권리 ③ 추후보도 청구 : 범죄혐의가 있다고 보도된 이후 무죄판결, 무혐의 처분 등을 받아 혐의가 없는 것으로 밝혀진 경우 자신의 결백함을 보도해 달라고 요구하는 권리 ④ 손해배상 청구 : 언론보도로 인해 발생한 피해에 대해 금전적인 배상을 요구하는 권리이다.

이상으로 언중위의 기능과 이용방법에 관해 알아보았다. 필자의 사례를 살펴보면, 언중위의 설립목적과 취지에 맞는 나름의 역할을 기대하였으나 결과적으로 언중위에 신청한 조정은 취하하였다. 언중위 위원을 하기 위해서는 그에 맞는 경력이 필요하다. 그러나 그렇기 때문에 언론사 출신 위원들의 비율이 높은 것도 사실이다. 안타까운 현실이지만 언중위 위원들의 배경이 피해자에게 유리한 것이 아니라 오히려 불리하게 작용할 가능성이 있다.

(2) 형사 및 민사조치

① 형사고소부터 할 것인가, 민사소송과 동시에 할 것인가?

필자는 2015년 11월부터 2020년 2월까지 만 4년 이상이 소요된 민사소송 과정에서 피고들의 거짓보도와 그 거짓을 덮기 위해 날조해낸 각종 쓰레기를 청소하기 위한 반박 증거들을 법원에 모두 제출했다. 억울한 일을 당하면 형사고소부터 하기 십상이고 심지어 필자도 그랬지만 경험을 통해 악인들이 두려워하는 것은 형사고소가 아니라 민사소송임을 배웠다. 정보가 비대칭적인 검찰의 수사와 달리 법원의 재판은 재판정에서의 공방을 통해 쌍방의 증거가 백일하에 드러나기 때문이다.

그러나 경험을 통해 알기 전에는 민·형사를 동시에 진행하라는 조언을 가장 많이 받았다. 허위보도에 대해 강경한 대응입장을 보이는 것이 나의 결백을 드러내는 측면에서 중요하기에 민사와 형사를 모두 진행하는 것이 의미 있다는 이야기였다. 그런데 막상 민·형사를 동시에 진행하게 되면 민사재판은 형사고소로 인한 수사 결과가 나올 때까지 보류되는 경우가 일반적이다. 이 때문에 어떤 변호사들은 형사 고소를 먼저 하기를 권유한다.

다음 기사는 최영호 변호사의 칼럼 중 일부이다. 최영호 변호사도 같은 이유로 형사 고소를 먼저 하기를 권유하고 있다.

> **[인용] 2021년 3월 15일 월요일 인터넷 전북일보**
> **[최영호의 변호사처럼 생각하기] 명예훼손 대처 방법(형사와 민사)**
>
> 명예훼손으로 피해를 본 경우, 법적 조치는 크게 두 가지다. 형사 고소를 통해 경찰 수사를 받고 처벌 받도록 하는 방법, 민사 위자료 청구소송을 통해 손해배상금을 받는 방법이다. 그런데 명예훼손 행위가 형사 범죄가 되는 것과 민사상 불법행위가 되는 것은 큰 차이는 없고 논리구조는 유사하다.

필자는 보통 명예훼손의 대처로 형사 고소를 먼저 하길 권한다. 형사 고소 후 기소가 되면, 이는 민사 불법행위의 명예훼손 가해와 의뢰인의 피해에 대한 유력한 증거가 되기에 민사 소송 진행이 용이하다.

그런데 지금까지 살펴본 것처럼 개인이 언론사를 상대로 명예훼손을 인정받는 것은 쉽지 않은 일이다. 기본적으로 기울어진 운동장에서 싸움을 하는 것이기 때문에 형사 고소를 먼저 진행했는데 만약 불기소 처분을 받게 된다면 민사재판도 매우 불리해진다. 언론사가 불기소 처분을 마치 면죄부처럼 악용할 가능성이 높기 때문이다. 최영호 변호사도 이 부분에 대해 다음과 같이 설명하고 있다.

[인용] 2021년 3월 15일 월요일 인터넷 전북일보
[최영호의 변호사처럼 생각하기] 명예훼손 대처 방법(형사와 민사)

그런데 간절히 가해자에 대한 응분의 조치를 요구하지만, 명예훼손의 정도나 피해가 약해 보이는 경우도 있다. 형사적으로 처리할 경우 만약 기소되지 않는다면 이는 역으로 민사소송에서 불리한 증거가 될 수 있다.

실제로 필자의 경우 강진구 기자는 같은 경향신문 다른 기자를 통해 불기소 처분 받은 것을 기사화하여 민사 재판에도 영향을 미치려고 하였다. 재판부 입장에도 검찰에서 불기소 처분을 내렸다는 것이 판결을 내릴 때 이용하기 쉬운 근거이기에 민사를 진행하려는 입장에서는 넘어야 될 산이 하나 더 생기는 셈이다. 그렇기에 명예훼손처럼 원고나 고소인에게 불리한 싸움에서는 역으로 민사를 먼저 진행해서 증거를 확보하고 이를 토대로 형사를 진행하는 것이 더 적절한 순서일 수 있다.

② 경찰서와 검찰청 어디에 고소할 것인가?

[인용] 2021년 1월 5일 화요일 인터넷 연합뉴스

연합뉴스

"경찰서로 가셔야 해요"...검찰청 찾은 민원인들 혼선

기사입력 2021.01.05. 오전 9:45   기사원문   스크랩   본문듣기 · 설정

80   22

요약봇   가   🖨   ↗

│ 검경 수사권 조정으로 검찰 직접수사 대폭 축소

2021년부터 검경 수사권 조정안이 시행됐다. 이에 따라 검찰과 경찰이 수사할 수 있는 사건의 범위가 달라졌다. 작년까지는 어느 쪽을 가도 고소·고발장을 접수할 수 있었다. 하지만 올해부터는 '제대로' 찾아가야 한다. 우선 내 사건이 '어디 담당인지 모르겠다' 싶을 때는 일단 경찰서에 가는 게 안전하다. 경찰은 모든 사건에 대한 '1차적 수사권'을 갖고 있기 때문이다. 반대로 검찰은 예외적인 사건만 맡는다. 3000만 원 이상 뇌물 사건, 5억 원 이상의 사기 등 경제범죄 등과 같은 경우다.

그런데 검·경 수사권 조정 이후에 업무가 폭증한 경찰이 어렵거나 복잡한 사건은 기피하는 '체리 피킹', '사건 골라 받기' 현상이 이어지면서 때 아닌 '형사사건의 민사화' 문제가 불거지고 있다. 우리가 알아보고 있는 '명예훼손 사건'이 대표적으로 어렵거나 복잡한 사건에 해당한다.

1차 수사종결권을 가진 경찰이 인력부족과 증거부족을 이유로 고소장을 반려하는 사례가 늘면서 고소인(피해자) 등 사건관계인들이 법원에 민사소송을 제기한 다음, 재판부에 사실조회 신청 등을 통해 관련 증거를 확보하고, 다시 경찰에 고소장을 제출하는 궁여지책을 쓰고 있기 때문이다. 수사권 조정 전에는 민사적으로 해결할 수 있는 문제를 무조건 형사 고소 등을 통해 해결하려는 경우가 많아 수사력이 낭비되고 남고소가 횡행하고 있다는 '민사사건의 형사화'가 문제로 떠올랐는데, 반대 현상이 발생하고 있는 것이다.

법조계에 따르면, 올해 초 검·경 수사권 조정 이후 일선 경찰서에서는 고소장 접수 자체를 거부하거나, 고소인 측에 구체적인 범죄피해 사실과 관련된 증거를 수집해 고소장에 포함시킬 것을 요구하는 사례가 잇따라 사건관계인은 물론 변호사들의 불만이 커지고 있다. 심지어 피해자인 고소인에게 직접 민사소송을 제기해 관련 증거를 확보해 오라고 요구하는 경우까지 나타나고 있다.

③ 명예훼손 고소절차(수사절차)

고소를 하는 목적은 아무래도 상대방에 대한 형사처벌 목적이 주이유가 될 것이다. 그 다음으로는 적어도 사과를 받아 내거나 어떤 합의조건을 제시받아 합의를 하려는 목적이 부차적인 이유가 될 것이다. 고소를 하려면 본인이 명예훼손이나 모욕 피해를 당했다는 취지와 증거를 잘 적시 및 첨부한 고소장을 작성하여 관할 경찰서나 검찰청에 제출을 하면 된다.

고소절차를 살펴보면 다음과 같다. 먼저 사실관계와 증거관계 등을 정리한다. 고소장에 증거로 첨부해야 하기 때문이다. 그 다음으로 고소장을 잘 작성하여 제출한다. 고소장을 제출하게 되면 관할 경찰서의 담당 수사관이 정해지게 되고, 고소장 제출 후 평균 1주일 이상이 지나면 경찰서에서는 우선적으로 고소인에게 연락이 오게 된다. 고소장을 제출했으니 고소인 조사를 받으러 나오라는 통지이다. 고소사건에서는 우선적으로 피해자인 고소인이 먼저 조사를 받고, 이후 가해자인 피고소인이 조사를 받게 된다.

이렇게 경찰서에서 고소인 조사를 마친 후 피고소인이 특정되어 역시 소환조사를 받게 되면 경찰서에서는 사건에 대한 1차 결론인 수사의견을 기재해 검찰청으로 사건을 송치하게 된다. 검찰청에서는 사건을 다시 한 번 검토하여 피고소인에게 있어 유죄 혐의가 인정된다고 판단하면 피의자에 대한 형사처분 여부를 결정하게 된다.

참고로 고소 사건은 보통 그 결론(기소여부)이 나오기까지 적어도 2달 내지 3달 정도가 소요된다. 명예훼손이나 모욕과 같은 양 당사자 사이에 개인적인 분쟁인 경우에는 아주 특수한 경우가 아닌 한 사건 진행이 더디다.

④ 대질신문 요령과 주의사항

고소당한 사람은 죄가 인정되면 피의자로, 피고인으로 수사기관과 법원에 불려가게 된다. 당연한 이야기다. 그런데 고소한 사람이라고 마냥 편한 것만은 아니다. 고소장을 내게 되면 경찰은 보통 고소인을 다시 부른다. 고소 내용을 보충하고 사실관계를 확인하기 위해서다. 그리고 피의자 조사를 한다.

이 때 대질신문 없이 수사를 종결하는 경우도 있지만 상대방이 범죄를 부인해 필요한 경우에는 양 당사자 간 대질신문도 벌인다. 경찰서에서 이런 조사를 마쳤다고 해서 끝이 아니다. 복잡한 사건이라면 검찰에서 다시 고소인을 부르는 때도 많다. 그뿐 아니다. 재판이 열리면 고소인은 다시 유력한 증인이 되어 증언대에 설 수도 있다.

따라서 내가 고소인이더라도 대질신문에 대해 준비할 필요가 있고, 어처구니없게 맞고소 당해 고소인이자 동시에 피고소인의 입장에서 대질신문을 진행하게 되는 경우도 있으므로 어떻게 대응해야 하는지 알아둘 필요가 있다.

우선 대질신문은 수사과정에서 가장 중요한 순간임을 알아두어야 한다. 수사를 진행하는 전체 과정에서 고소인과 피고소인이 한 자리에 앉아서 진술하는 대질신문은 가장 중요한 순간이다. 따라서 그 이전의 수사가 잘 진행됐던 다소 불리하게 진행됐든 대질신문에서 수사 결과의 향방이 결정된다는 점을 명심해야 한다.

　모든 고소사건 수사에 대질신문을 하지는 않는다. 대질신문 없이 수사를 종결하는 사건도 많다. 대질신문은, 고소사실 중 중요한 부분에 대해 고소인과 피고소인의 진술이 서로 엇갈리기에 누구 말이 맞는지 잘 판단이 안 서는 수사관이 양쪽의 말을 동시에 들어보고 누구 말이 진실인지를 파악하려는 의도에서 진행된다. 어떤 부분이 차이가 나는지, 우리 주장을 설득하기 위한 근거는 무엇인지 철저히 준비할 필요가 있다.

　대질 시 가능하다면 변호사와 같이 출두하라. 형사 사건은 초동대응이 무엇보다 중요하다. 적어도 지금까지 변호사를 선임하지 않았다 하더라도 대질신문이 잡히면 변호사를 선임해서 같이 출두하는 것이 필요하다. 심리적인 안정감을 위해서도 그렇지만, 수사 중간에 잘못된 진술 등을 바로 잡기 위해서도 필요하다. 하지만 이 경우 사건수임료와 별개로 시간당 변호사 비용을 지급해야 할 경우도 있다.

　대질신문을 하다보면 고소인과 감정싸움으로 비화되는 경우가 많다. 말싸움을 열심히 하고 나서는 왠지 유리하게 수사를 받은 것으로 착각하는데, 수사의 유불리를 그런 인상(印象)만으로 판단해서는 안 된다. 수사의 결과물은 조서에 어떻게 기재되느냐에 달려 있다. 따라서 진술이 조서에 잘 기재되었는지 반드시 확인 후 도장을 찍어야 한다.

대질신문이 끝난 후에는 보완자료를 제출해야 한다. 대질신문을 치열하게 하다보면 쟁점이 명확하게 드러난다. 또한 수사관이 가장 궁금해 하는 부분도 확인할 수 있다. 대질신문에서 아무리 자세하게 설명한다 하더라도 수사관이 즉시 내용을 조서에 잘 정리하기 힘들다. 따라서 대질신문 후 변호사와 상의한 다음, 문제가 되었던 쟁점들에 대해 자세한 반박자료나 보충자료를 제출해야 한다.

만약 변호사를 대동하지 못하는 경우에는 '자기변호노트'를 적극 활용하기를 권한다. 자기변호노트는 본인이 받는 조사의 내용을 기록하는 노트이나. 소사과성을 좀 더 살 이해하고, 추후 스스로를 변호하는 용도로 사용하도록 만들어진 용품이다. 예전에는 수사를 받을 때 수사 내용을 메모할 수 없었다. 그러나 인권위의 권고로 메모할 수 있는 권한을 보호받을 수 있게 되었다.

가장 중요한 것은 자기변호노트 설명서에도 나와 있지만 실제로 조사받은 내용을 그대로 구체적으로 작성해야 한다. 조사 받는 사람은 자신이 조사받는 내용을 왜곡해서 기억하는 경우가 일반적이다. 조사를 받는 과정이 익숙하지가 않고 긴장되기 때문이다. 죄를 다 인정하는 말을 해 놓고 자신은 무죄를 주장하고 있다고 하는 경우도 있고, 조사관이 한 말을 주관적으로 유리하게 해석하는 경우도 있다.

지금은 경찰서에서 조서의 즉시열람등사 제도를 통해 문서의 확인이 수월해졌지만, 불과 일마 전까지만 해도 조사받을 때 작성된 조서는 사건이 기소되어 법원에서 재판받기 전까지 열람등사가 불가능했다.

재판 받을 때까지 본인이 수사기관에서 무슨 소리를 했는지 착각하는 경우도 있었다. 나중에 본인이 수사기관에서 진술한 조서를 복사해 오면 "나는 이런 말 한 적이 없는데 수사기관에서 왜곡했다"고 말하는 경우가 있다. 조서는 진술을 그대로 적는 것이 아니라 요약을 하거나 정리를 해서 적는다. 그 과정에서 작성자의 의도가 반영되는 경우도 있다.

그런데 조서에는 분명히 자신의 도장 또는 지장이 찍혀있다. 본인의 지장까지 확인을 하고 나서도 자신이 잘 안 읽어보고 지장을 찍었다는 등의 말을 한다. 조사가 길어지게 되면 본인의 일인데도 생각보다 조서를 굉장히 대충대충 읽는다. 그런데 이렇게 조서가 이미 작성된 시점에서는 이미 늦었다.

이미 그 조서를 기반으로 해서 추가 수사가 진행되고, 검찰 조사가 이루어지기 때문에 일단 한 번 잘못 말한 내용을 뒤집기는 상당히 어렵다. 그렇기에 혼자 조사를 받는다면 자기변호노트의 설명서를 잘 읽어보고 수사 도중에도 자기변호노트에 메모하면서 스스로 객관화를 할 필요가 있다. 동시에 자기변호노트는 구체적으로 그대로 작성하는 것이 제일 중요하다.

⑤ 변호사 선임은 어떻게?

앞장의 '⑸ 선동언론과 싸울 변호사'에서 피해자의 입장에서 같이 싸워줄 변호사를 구하기 힘든 구조적 이유에 대해 알아보았다. 그런데 언론사를 상대로 소송을 할 때 변호사를 선임하기 쉽지 않은 이유가 또 있다. 바로 '컨플릭트(Conflict)'로 불리는 '이해상충'과 명예훼손에 대한 전문성이다. 대형 로펌의 경우 대기업을 비롯해 규모가 큰 기업은 이미 고정 클라이언트인 경우가 대부분이고, 언론사 등과 소송이 생기는 것을 피하려는 경향이 있다.

또한 '명예훼손'에 관해 전문성을 가진 로펌이 흔치 않나. 컨플릭트 문제로 인해 수임자체를 꺼려하다 보니 전문성을 갖춘 로펌을 찾기 힘들다. 이 문제로 최근에는 대기업을 상대로 또는 대기업 사이에 소송을 진행할 때 대형 로펌보다 '부티크' 로펌을 선임해 승소를 거두는 사례가 늘고 있다. 부티크 로펌은 송무를 기본으로 기업 법률 등 종합 법률서비스를 제공하는 대형로펌과 달리 특정 법률 분야만 전문적으로 취급하는 작은 규모의 로펌을 뜻한다.

이처럼 현실적으로 언론사를 상대로 나를 대신해 변호해 줄 변호사를 구하는 것이 쉽지는 않지만, 그보다 더 중요한 것이 있다. 바로 피해자인 당신과 당신의 태도이다. 아무리 훌륭한 변호사라고 하더라도 당신을 대신할 순 없다. 법률전문가는 아니지만 피해 당사자로서 해당 사안을 가장 잘 알고 있는 사람이다. 변호사는 법률 양식에 맞춰서 고소장, 준비서면 등 서류를 전환해주고 법리를 조언해 줄 수는 있지만 이것이 왜 명예훼손인지 무엇이 허위이고 진실인지를 명확히 밝힐 사람은 변호사가 아니라 바로 당신이다.

천하에 둘도 없는 의사라도 환자인 내가 의지가 없으면 백약이 무효이다. 환자인 당신이 직접 고민하고 의지를 가지고 식이요법, 수면, 운동 계획을 세우고 치료에 임하지 않으면 완치는 요원한 일이다. 마찬가지로 이 사건을 대할 때 변호사에게 모든 것을 맡기고 의지하려고 하지 말고 내가 주도적으로 책임감을 가지고 사건을 챙기도록 하자.

일부 변호사의 이야기이겠지만, 명예훼손 사안의 경우 변호사가 피해자를 공감하고 변호해 주는 것이 아니라 차가운 시선으로 거대 언론의 입장에서 판사나 검사의 때를 벗지 못한 티를 내는 변호사들도 존재한다. 세상물정 모르고 세상을 법전(法典)으로 생각하는 사람들이다. 그러나 세상에는 이런 변호사들도 존재한다는 것을 알고 마음의 준비를 단단히 하고 싸움에 임해야 혹여 정신적으로 무너지는 일이 없을 것이다.

⑥ 명예훼손 형사고소의 시효

(진실한) 사실 적시로 인한 명예훼손·모욕죄의 공소시효 기간은 5년, 허위 사실의 적시로 인한 명예훼손죄의 공소시효 기간은 7년이다.

⑦ 재고소와 재기신청

이번에는 형사고소 이후 절차에 대해 알아보도록 하자. 피해자는 검찰청 혹은 경찰서에 가해자를 상대방 피고소인으로 하여 고소장을 제출할 수 있다. 이후 경찰단계의 고소인 조사와 피고소인 조사 그리고 필요에 따라 대질심문 등을 받고 사건에 대한 검찰송치 우 검사가 사건을 수사한 후 범죄혐의가 없다고 판단하거나 증거불충분으로 혐의 없음 처분을 할 수 있다.

그 경우 불기소결정서를 고소인에게 보내게 된다. 고소인은 '불기소이유고지신청'을 하여 그 이유통지를 받은 후 검사의 불기소 처분이 합당한 이유가 없다고 판단하면 검찰항고를 할 수도 있고, 다투지 않고 마무리할 수도 있다.

다투지 않은 후 고소인(피해자)이 다시 동일 사건에 대하여 고소를 하더라도 특별한 사정이 없는 한 검사나 경찰관이 원칙적으로 사건을 재수사 않는다. 즉, 이미 혐의 없음 처분을 받은 경우에는 피해자가 사건을 다시 고소하더라도 검사는 더 이상 수사를 진행하지 않고 각하 처분을 하는 것이 일반적이다.

고소인은 자신의 억울한 점을 풀기 위해 다시 재고소를 해볼 수 있고 혹은 이미 혐의 없음 처분을 한 기존 사건을 재기하여 수사하여 달라고 수사재기신청을 할 수도 있다. 피해자가 고소한 사건에서 검사가 혐의 없음 처분을 하였다고 하더라도 증거가 불충분하다는 이유로 한 것이라면 범죄가 성립하지 않는다고 객관적으로 밝혀졌다는 의미는 아니기 때문이다.

단, 반의사불벌죄나 친고죄의 경우에는 한 번 고소를 취소하면 다시 고소할 수 없다. 명예훼손은 반의사불벌죄에 해당하고 모욕죄는 친고죄에 해당하므로 고소를 취하한 경우 다시 고소할 수 없기 때문에 유의해야 한다.

⑧ 출판금지 가처분과 급여압류 가처분

· 출판금지 가처분

명예 등 인격권 침해에 대해서 민법 및 언론법에서 정하고 있는 구제 방법은 기본적으로 사후적인 청구 절차이다. 그런데 인격권은 성질상 한번 침해되면 사후적 구제에 의해서는 쉽사리 회복될 수 없다. 그러므로 사전에 침해를 억제하고, 일단 시작된 침해에 대해서는 이를 신속히 정지 또는 제거하는 것이 가장 실효성 있는 구제 수단이다. 대표적 수단으로는 출판금지 가처분이 있다.

침해 행위의 사전 억제는 방해예방청구에 해당한다. 또 이미 발생하여 지속되는 침해 행위에 대한 정지, 제거는 방해금지, 배제청구이다. 이는 통상 긴급성을 필요로 한다. 그래서 재판 형식으로는 명예를 침해하는 방송의 금지나 신문이나 잡지의 발행, 제작, 배포 금지 등을 청구하는 부작위 가처분신청의 형태를 띤다.

민사집행법 제300조 등에 그 요건과 절차 등이 자세히 규정되어 있다.

그런데 보도금지 혹은 방영금지를 명하는 가처분을 허용하는 것이 헌법 제21조 제2항이 금지하는 사전 검열에 해당하는지, 또는 언론의 자유를 지나치게 제한하여 헌법 제37조 제2항의 과잉금지의 원칙에 위배되서나 언론자유의 본질적 내용을 침해하는지가 문제된다.

이에 대해 헌법재판소는 일정한 표현 행위에 대한 가처분에 의한 사전금지청구는 인격권 보호라는 목적에 있어서 정당성이 인정되고 보호 수단으로서도 적정하다고 밝혔다. 이에 의한 언론의 자유 제한 정도는 침해 최소성의 원칙에 반하지 않고, 보호되는 인격권보다 제한되는 언론자유의 중요성이 더 크다고 볼 수 없어 법익 균형성의 원칙 또한 충족한다는 것이다. 그래서 과잉금지의 원칙에 위배되지 않고, 언론자유의 본질적 내용을 침해하지 않는다고 했다.

그러나 어떠한 표현의 발행, 출판, 인쇄, 복제, 판매, 배포, 광고에 대한 금지청구는 표현 행위에 대한 사전제한이다. 이는 헌법 제21조 제2항에서 금지하고 있는 언론·출판에 대한 허가나 검열과 '유사한 것'이다. 즉 표현 행위에 대한 중대한 제한이다. 이런 점에서 출판의 금지청구권은 피침해자의 사회적 지위, 적시된 사실의 진실성, 침해 행위의 태양(態樣) 및 정도, 침해자의 주관적 의도, 침해자와 피해자의 관계를 고려해, 개인의 명예와 프라이버시가 심각하게 침해된 경우에만 예외적으로 인정된다. 인정되는 경우에는 소송과정 및 소송 승소 후 모두 할 수 있다.

· 급여압류와 급여압류 가처분

급여압류 가처분은 명예훼손으로 인한 피해가 확정되기 전 청구권을 확보하기 위한 가압류 제도의 하나이다. 이 역시 출판금지 가처분과 마찬가지로 예외적으로 인정되는 제도이지만, 피해자 입장에서 이러한 제도가 존재한다는 사실을 알고 있을 필요는 있다. 최근 사례로는 전광훈 목사의 성북구청장 상대 급여 1억 원 가압류 사례가 있다. 가압류된 금액은 전 목사 측이 손해배상 청구 소송에서 승소해 판결이 확정될 경우 위자료로 사용될 수 있다.

경향신문 강진구 기자도 급여압류 가처분을 받은 사실이 있다. 다음 기사는 2020년 5월 19일 조선일보에 보도된 "KT&G 비판했다고, 기자 월급 2억 가압류" 제하의 기사이다.

> **[인용] 2020년 5월 19일 화요일 인터넷 조선일보**
> **KT&G 비판했다고, 기자 월급 2억 가압류**
>
> KT&G는 지난 2월 경향신문사와 안호기 편집국장, 강진구 기자를 상대로 정정보도 및 총 2억 원의 손해배상 소송을 제기했다. 같은 날 강 기자 급여에 대해 2억 원의 가압류를 별도로 신청했다. 강 기자가 지난 2월 26일 'KT&G, 신약 독성 숨기고 부당합병 강행 의혹' 기사에서 "KT&G가 자회사 설립 과정에서 불법 약정을 체결했고, 이를 숨기기 위해 자회사 신약의 독성 성분을 확인하고도 자회사와 제약회사의 무리한 합병을 추진했다"고 보도한 것에 대한 대응이었

다. KT&G는 "일방적인 불공정 보도에 대한 최소한의 방어권 행사"라고 주장했다. 법원은 **"강 기자가 매월 수령하는 급료 및 상여금 중 제세공과금을 뺀 잔액의 2분의 1씩, 2억 원에 이를 때까지 가압류한다."**고 결정했다.

KT&G가 경향신문 강진구 기자의 급여를 압류한 사건에 대해 일반인들은 그게 갖는 의미를 잘 알지 못할 수 있기에 〈언론분쟁 뛰어넘기〉에서 A기업 19년 차 홍보팀 임원 K씨가 증언한 내용을 인용해 본다.

베테랑 홍보맨인 K씨는 전혀 사실이 아닌 기사, 특히 기업 영업이나 이미지에 피해를 주는 허위기사가 나오면 대응하지 않을 수 없다고 했다. 그럼 어떻게 '대응'한다는 걸까. 그는 "말이 대응이지 울면서 사정하는 수준"이라고 했다. K씨는 "기업에서 기자나 언론사를 상대로 소송을 하는 경우는 거의 없다."고 말했다. 그건 언론사와 '전면전'을 하자는 건데 결국은 기업이 버텨낼 수 없다고 그는 단정적으로 말했다.

그는 "허위기사를 써놓고 잘못됐으니 고쳐달라고 전화하면 '본색'을 드러내는 기자들이 있습니다. 기사에 의견을 반영해줄 테니 술을 사라거나 골프나 한 번 나가자는 건 그나마 양반이고 대놓고 인사 청탁이나 사업 청탁을 하기도 합니다."

앞서 본 것처럼 급여압류 가처분은 출판금지 가처분과 마찬가지로 신청한다고 모두 인정되는 것이 아니라 매우 예외적으로 인정된다. 그런데 KT&G 사안의 경우 법원에서 가압류를 인정했다. 법원은 어째 기자의 급여를 가압류하도록 결정했을까?

[인용] 2020년 5월 15일 금요일 인터넷 미디어오늘
KT&G, 경향신문 기자 급여에 "가압류" 신청

KT&G 측은 "강 기자의 일방적 불공정 보도에 대한 최소한의 방어권 행사"라며 "언론 자유를 훼손하는 것이라고 보는 시각은 잘못됐다"고 주장했다. KT&G 관계자는 "먼저 사태가 여기까지 진행된 것에 저희도 안타까운 마음이 크다.

언론의 자유는 존중돼야 할 것이나 언론 보도는 정확한 사실에 근거해야 한다. **회사는 "지난해 14차례에 걸친 강진구 기자의 일방적 보도에도 별다른 법적 조치 없이 인내하면서 수십 차례 직접 기자를 만나 취재 내용에 대해 최선을 다해 소명해 왔다"**고 전했다.

이어 "그런데도 강진구 기자는 올해 2월26일에도 영진약품에 관해 일방적 보도를 했다. 이에 회사는 더 이상 회사 명예와 신용이 실추되는 것을 지켜볼 수 없어 보도 건에 대해 외부 로펌 자문을 받아 언론피해구제 대상이 된다는 법률 검토 의견을 받았다"고 설명했다.

수년간 악의적 허위보도에 시달린 필자는 이 기사를 보면서 오죽했으면 법원이 중앙일간지 기자의 급여를 가압류 했을지 충분이 이해가 갔다. 독자 여러분도 위 기사를 보면 최소한 법원이 위 사안에 대해 어떤 입장을 가지고 있는지 추측해 볼 수 있을 것이다. KT&G 측이 수십 차례 기자를 직접 만나 최선을 다해 소명했다고 한다. 마치 위 내용에 나오는 홍보팀 임원 K씨의 고충을 그대로 옮겨 놓은 듯해 안타깝다.

⑩ 불기소처분, 항고, 재항고와 재정신청 및 기록열람등사

고소나 고발된 범죄 용의자에 대해 수사를 한 검사가 용의자를 재판정에 세우기 위한 공소를 제기하지 않는 결정을 불기소처분이라고 한다. 그러나 불기소처분은 확정력이 없으므로 한 번 불기소처분을 한 사건이라도 언제든지 수사를 다시 할 수 있고 공소를 제기할 수도 있다. 고소 또는 고발이 있는 사건에 대하여 불기소처분을 한 때에는 검사는 처분을 한 날로부터 7일 이내에 그 취지를 고소인 또는 고발인에게 통지하여야 한다(형사소송법 258조).

또 고소인 또는 고발인의 청구가 있는 때에는 7일 이내에 그들에게 불기소처분의 이유를 서면으로 설명하여야 하며(259조), 고소인 또는 고발인이 이 처분에 불복이 있을 때에는 항고(抗告) 또는 재정신청(裁定申請)을 할 수 있다(검찰청법 10조, 형사소송법 260조).

항고란 결정에 대한 상소를 말하는 것으로 여기에는 일반항고(一般抗告)와 재항고(再抗告)가 있다. 일반항고는 다시 보통항고(普通抗告)와 즉시항고(卽時抗告)로 나누어진다. 즉시항고는 특히 이를 허용하는 규정이 있는 경우에만 할 수 있는 항고이고, 보통항고는 특별히 즉시항고를 할 수 있다는 뜻의 규정이 없는 경우에 널리 법원이 행한 결정에 대하여 인정되는 항고이다(형사소송법 제402조 본문).

항고법원 또는 고등법원의 결정에 대하여는 판결에 영향을 미친 헌법·법률·명령 또는 규칙의 위반이 있음을 이유로 하는 때에 한하여 내법원에 즉시 항고를 할 수 있도록 되어 있는데, 이를 재항고라 한다(제415조). 보통항고는 신청의 실익이 있는 한 언제든지 할 수 있으나, 즉시항고와 재항고는 기간의 제한이 있다. 재항고를 제기할 수 있는 기간은 7일이며 즉시항고와 동일한 효력을 가진다.

항고법원은 항고절차가 규정에 위반되었거나 또는 항고가 이유 없을 때에는 결정으로써 항고를 기각하여야 한다. 항고가 이유 있을 때에는 결정으로 원 결정을 취소하고, 필요할 때에는 다시 재판을 하여야 한다.

재정신청(裁定申請)은 고소나 고발이 있는 특정범죄사건을 검사가 불기소처분 하였을 때, 고등법원이 고소인 또는 고발인의 신청에 의하여 그 사건을 관할지방법원의 심판에 부하는 결정을 하면 그 사건에 대하여 공소가 제기된 것으로 보는 절차(형사소송법 260~264조의2)이다. 준기소절차(準起訴節次)라고도 한다.

불기소처분의 통지를 받은 고소·고발인은 검찰항고를 거쳐 항고가 기각이 된 경우에, 10일 이내에 서면으로 그 검사소속의 지방검찰청 검사장 또는 지청장에게 재정신청서를 제출할 수 있다. 10일 이내에 그 결정을 내린 검사가 소속된 고등 검찰청과 그에 대응하는 고등 법원에 그 결정의 옳고 그름을 묻는다.

예외적으로 항고 이후 재수사가 이루어진 다음에 다시 불기소

처분의 통지를 받은 경우, 항고 신청 후 항고에 대한 처분 없이 3개월이 경과한 경우, 검사가 공소시효 만료일 30일 전까지 공소를 제기하지 아니하는 경우에 한하여 항고를 거치지 않고 재정신청이 가능하다(260조).

재정신청을 수리한 지방검찰청검사장 또는 지청장은 7일 이내에 관련 시류 및 증거물을 관할 고등검찰청을 경유하여 관할 고등법원에 송부하여야 한다. 만약 항고 기각을 거치지 아니하고 신청된 재정신청의 경우엔 신청이 이유 있는 것으로 인정하는 때에는 즉시 공소를 제기하고 그 취지를 관할 고등법원과 재정신청인에게 통지하여야 하며, 신청이 이유 없는 것으로 인정하는 때에는 30일 이내에 관할 고등법원에 송부하여야 한다(261조).

고등법원은 3개월 내에 비공개로 심사를 하여 신청이 이유 없을 때에는 기각을 하고, 이유 있을 때에는 공소제기 결정을 하여야 한다. 법원은 공소제기 결정을 한 때에는 즉시 그 정본을 재정신청인·피의자와 관할 지방검찰청검사장 또는 지청장에게 송부하여야 하며, 재정결정서를 송부받은 관할 지방검찰청 검사장 또는 지청장은 지체 없이 담당검사를 지정하고 지정받은 검사는 공소를 제기하여야 한다. 재정신청기각결정에 대해서는 재항고가 가능하다.

소의 남용을 막기 위하여, 재정신청이 기각되거나 취소한 경우에는 재정신청으로 인한 비용 및 피고소인이 부담하여야 하는 비용의 전부 또는 일부를 고소인이 부담하게 할 수 있다(262조의 3). 재정신청이 받아들여져 공소가 제기된 경우에는 이를 취소할 수 없다(264조의2).

불기소처분에 대응하기 위해 항고, 재항고, 재정신청 등을 하려면 진행 중인 형사사건의 기록열람, 등사 신청이 필요하다. 민사소송의 경우에는 전자소송으로 진행되기 때문에 법률대리인의 경우 전자소송 홈페이지에서 현재 진행 중인 사건들의 진행 내용과 상대측이 제출한 서면, 증거자료들을 바로 확인할 수 있다.

그러나 형사사건의 경우 전자소송으로 진행되지 않기 때문에 재판 기록이나 새로운 증거자료 등을 확인하기 위해서는 사건을 진행 중인 법원이나 검찰청에 사건기록 열람 복사 신청을 해야 한다. 형사사건의 경우 민사와는 달리 공판이 진행 중일 때 피고인은 방어권을 보장하는 차원에서 재판기록에 대한 열람등사가 가능하지만 피해자, 고소인의 열람등사 신청은 대부분 받아들여지지 않는다.

진행 중인 소송사건에 대한 기록이 외부로 유출되었을 경우 공정한 재판절차가 방해될 가능성이 있기에 사전에 차단하는 것이라고 한다. 그렇기 때문에 실질적으로 피해자나 고소인이 사건과 관련하여 열람할 수 있는 서류는 공판 진행 직전까지의 검찰서류, 또는는 공판 종료 후의 사건기록이라고 할 수 있다. 단계별 열람등사 신청이 가능한 서류는 다음과 같다.

◎ 기소 전 기록(수사 중인 사건, 불기소 기록 포함)

　피의자, 고소인, 피해자는 "본인진술서류", "본인제출서류"에 한하여 열람 · 등사 신청 가능

◎ 공소 제기 후 법원에 증거로 제출하기 전 기록

　㉠ 피고인은 법원에 증거로 제출될 증거기록 열람 · 등사 신청 가능

　　(단, 검찰보존사무규칙 제22조에 의거 제한될 수 있음)

　㉡ 고소 · 고발인, 피해자는 "본인진술서류", "본인제출서류"에 한하여 열람 · 등사 신청 가능

◎ 확정기록

　㉠ 피고인은 재판 확정기록의 열람 · 등사를 청구할 수 있음.

　㉡ 참고인, 증인 등은 "본인진술서류", "본인제출서류"에 한하여 열람 · 등사 청구 가능

⑪ 준비서면이란? 준비서면의 제출시한?

준비서면이란 당사자가 변론에서 하고자 하는 진술사항을 재판 전에 미리 법원에 제출하는 서면을 말한다. 원고는 소장에서 말을 못했던 부분이나 피고의 답변서나 법정에서 한 말을 듣고 다른 할 말들이 있는 경우, 당사자는 준비서면을 통해 주장하면 된다. 준비서면인가의 여부는 그 내용에 따라 정해지며 소장, 답변서, 상소장에 임의적 기재사항이 포함되어 있을 때에는 그 한도에서 준비서면의 성격을 갖게 된다.

한편, 변론준비절차가 종료되고 쟁점정리기일로 진행하면, 민사소송법은 변론주의 원칙상, 구술로 법정에서 그간 제출한 서면

에 대한 구두 진술을 하여야 하는데 실무상 '20××. ×. ×.자로 제출한 준비서면으로 진술합니다'라고 간단히 진술함으로써 준비서면의 모든 내용을 진술한 것으로 의제하는 것이다. 준비서면을 작성하는 목적은 변론 시 내용을 구성하고 마련하는 데 시간과 노력이 많이 소요되기 때문에 이를 간결화하기 위함이다. 그중에 피고나 피상소인의 본안신청을 기재한 최초의 준비서면을 답변서(答辯書)라 한다(민사소송법 제148조, 428조 2항, 430조).

준비서면은 상대자가 답변할 만한 여유를 두고 제출하여야 하며, 법원은 이를 상대편에게 송달하고, 재판장은 제출기간을 정할 수 있다(민사소송법 제273조). 이처럼 준비서면을 언제까지 내라고 하는 날짜가 명시적으로 기재되어 있는 것은 아니다. 그러나 변론기일 상당일 전에 제출을 해야 한다. 준비서면은 법정 진술을 명확히 하고 보충하는 것이기 때문이다.

통상적으로 법정에 가기 전에 준비서면을 미리 제출을 하는 것이므로, 변론기일이 내일인데 오늘 준비서면을 제출하면 판사가 읽어볼 여유가 없다. 준비서면은 판사가 미리 읽어보도록 하기 위한 목적인데, 변론기일에 임박해서 제출하게 되면 판사가 읽어보지를 못하기 때문에 변론기일에 도움이 되지 못한다. 이 경우 또다시 변론기일이 지정되는 경우가 많다.

이처럼 준비서면을 변론기일에 임박해서 제출하면 재판이 무의미하게 길어지기 때문에 좋지 않다. 준비서면은 상대방과 판사가 읽어볼 수 있는 충분한 시간이 주어줘야 하는 것이다. 준비서면이 제출되면 상대방에게 우편으로 송달이 되는 것이고, 우편 송달에는 3-4일 정도 소요된다. 그러니 통상 변론기일 5일 전에는 제출해야 상대방이 읽어볼 수 있는 물리적인 시간이 나온다.

그런데 준비서면이 2016년 8월 1일부터 「민사소송규칙」 제69조의4제1항이 개정되어 준비서면의 분량은 30쪽을 넘어서는 안 되도록 바뀌었다. 단, 재판장과 당사자가 합의한 경우에는 30쪽 이상도 가능하다. 만약 30쪽을 넘을 경우에는 재판장이 당사자에게 분량을 줄이라고 명령할 수 있다. 또 준비 서면에 소장이나 답변서, 이미 제출한 다른 준비 서면과 중복되는 내용은 기재하지 못하도록 했다.

이는 불필요한 자료까지 포함시켜 방대한 준비 서면을 제출하는 보여주기 식 변론 관행을 지양하고 소송 절차를 효율적으로 운영하겠다는 취지다. 제도 시행 전 민사 합의 사건 기록 분량은 평균 622쪽이었고 드물지만 준비 서면만 천 쪽이 넘은 경우도 10여 회 있었다. 소송서류 폭발적 증가의 주범으로는 대형 로펌들이 주로 지목된다. 법원에 따르면 상고이유서 분량이 70쪽이 넘는 9개 사건 중 7개가 대형 로펌이 대리한 사건이었다.

그러나 실무에서는 이러한 취지가 현실에 들어맞지 않는 경우가 있다. 특히 이 책에서 다루고 있는 명예훼손 사례의 경우 기자가 자신의 억지논리를 교묘하게 끼워 넣기 위해 기사의 분량을 늘리고 복잡하게 만들어 놓았기 때문에 이를 제한된 30쪽에 설명한 다는 것은 사실상 불가능에 가깝다. 이러한 제도가 기울어진 운동 장을 더욱 쏠리게 만드는 경향이 있다.

이처럼 복잡하고 다양한 사건에 일률적인 잣대를 적용하는 것이 맞느냐는 점에 대해서는 의견이 분분하다. 일부 변호사나 로펌은 분량제한 규제를 피하기 위해 준비서면을 Ⅰ·Ⅱ·Ⅲ 형태로 나눠 내는 등의 편법까지 사용하고 있어 제도가 형해화 되고 있다는 지적도 나온다.

민사소송규칙은 예외적으로 재판장이 당사자와 협의해 준비서면의 제출횟수와 분량 등을 조율할 수 있도록 하고 있지만, 재판부의 심기를 살펴야 하는 당사자 입장에서 이런 협의를 하자고 제안하는 경우는 거의 없어 현실적 운영이 필요하다는 목소리도 커지고 있다. 이에 관해 변호사를 인터뷰한 다음 기사를 보면 실무자들의 불만 역시 작지 않음을 알 수 있다.

> **[인용] 2018년 6월 28일 목요일 인터넷 법률신문**
> **'준비서면 30쪽 제한' 시행 2년⋯ 판사 · 변호사 반응은**
>
> 한 변호사는 "복잡한 사건일수록 쟁점이 많은 것은 당연한 것이고, 특히 어려운 사건은 그에 대한 판례가 아직 정립돼 있지 않거나 학계의 견해가 나뉘는 경우도 많다"며 "이 때문에 유리한 주장은 하나라도 더 인용할 수밖에 없다."고 지적했다. 그는 "일도양단적인 명확한 사건만 있으면 쟁점만 간략히 요약하는 것이 어렵지 않겠지만 모든 사건이 다 그런 것은 아니다."라고 꼬집었다.
>
> 또 다른 변호사는 **"판사들에겐 일상적으로 접하는 사건의 하나일 뿐이겠지만**

사건 당사자에게는 인생이 걸린 문제"라며 "게다가 큰돈을 내고 변호사를 고용했기 때문에 조금이라도 더 두꺼운 준비서면을 준비해주길 바라는 것이 의뢰인들의 마음"이라고 말했다. 그러면서 "분량이 적으면 변호사가 자기 사건에 성의가 없다고 생각하는 의뢰인들이 생각보다 많다."며 "의뢰인의 눈치를 볼 수밖에 없는 변호사업계의 현실도 고려해줬으면 한다."고 했다.

⑫ 공판준비기일과 출석

공판준비기일이란 형소법 상 법원과 검사 그리고 피고인 및 기타 소송관계인이 모여 공판절차를 실행하는 기일을 말한다. 재판장은 공판기일을 정하여야 하는데, 공판기일에는 피고인·대표자 또는 대리인을 소환하여야 한다. 또 공판기일은 검사·변호인과 보조인에게 통지하여야 한다(형사소송법 제267조). 법원의 구내에 있는 피고인에 대하여 공판기일을 통지한 때에는 소환장 송달의 효력이 있다(형사소송법 제268조).

법원은 공소의 제기가 있을 때 공소장 부본을 피고인이나 변호인에게 제1회 공판 기일 5일 전까지 송달해야 하고, 피고인이나 변호인은 공소장 부본을 송달받은 날부터 7일 이내에 의견서를 법원에 제출해야 한다.

공판준비기일은 향후 공판이 집중적·효율적으로 진행되도록 하기 위해 미리 검찰과 변호인이 쟁점사항을 정리하고 증거조사를 할 수 있도록 증거조사방법에 관해 논의하는 절차다. 공판준비기일의 개최 횟수 제한은 없으며 재판부가 사안에 따라 결정한다.

공판준비 과정은 신속한 재판 진행이 필요할 때 가진다. 본격적인 재판이 시작되는 공판과 달리 피고인의 출석 의무는 없다. 다음 기사를 보면 유시민 노무현재단 이사장은 출석하지 않은 것을 확인할 수 있다.

[인용] 2021년 6월 23일 수요일 인터넷 법률신문
유시민 측 "맥락상 검찰 등 국가기관 비판한 것. 검사장 개인 향한 게 아니다"

이후 유 이사장은 지난 1월 22일 노무현재단 홈페이지에 사과문을 올려 자신의 주장이 허위였음을 인정했고, 서울서부지검은 지난달 3일 유 이사장을 재판에 넘겼다.

유 이사장은 이날 재판에 모습을 나타내지 않았다. 공판 준비기일은 공소사실에 대한 피고인의 입장을 확인하고 향후 공판이 쟁점 사항을 정리하는 절차로 피고인은 법정에 출석하지 않아도 된다.

---

⑬ 법원의 조정제안과 그 대응

소송과정 중에 법원의 조정제안이 있을 수 있다. 이것은 법원의 일방적 제안일 수도 있고 원고나 피고 일방 당사자의 요청을 재판부가 수용한 결과일 수도 있다. 대체로 법원이 조정제안을 하게 되면 거절할 의사가 있더라도 일단은 법원의 뜻을 받아들여 조정에 임하게 된다.

조정절차는 조정담당판사, 상임조정위원 또는 법원에 설치된 조정위원회가 분쟁당사자로부터 주장을 듣고 여러 사정을 참작하여 조정안을 제시하고 서로 양보와 타협을 통하여 합의에 이르게

함으로써 분쟁을 평화적이고, 신속하게 해결하는 제도이다.

조정절차를 진행한 결과 사건의 성질상 조정을 함에 적당하지 아니하다고 인정하거나 당사자가 부당한 목적으로 조정신청을 한 것임을 인정하는 때에는 조정을 하지 아니하는 결정으로 사건을 종결시킬 수 있고, 이 결정에 대해서는 불복할 수 없다. 당사자 사이에 합의가 성립되지 않는 경우에는 조정 불성립으로 조서에 기재하고 사건을 종결하게 되는데, 이때에는 직권으로 당사자의 이익이나 그 밖의 모든 사정을 고려하여 조정을 갈음하는 결정을 할 수 있다.

조정을 갈음하는 결정에 대해서는 그 조서정본을 송달받은 날부터 2주일 이내에 이의신청을 할 수 있고, 적법한 이의신청이 있으면 소송으로 이행된다. 반면 당사자 사이에 합의가 성립된 경우에는 합의된 사항을 조서에 기재하게 되면 확정판결과 동일한 효력을 가지게 된다.

일단 법원에서 조정제안이 오면 변호사와 상담하여 조정에 응할 것인지, 그리고 응할 경우 어떤 조건이면 조정을 수용하겠다고 할 것인지 정하는 게 좋다.

⑭ 재심 청구

재심이란 통상의 방법으로 상소를 할 수 없게 된 확정판결에 중

대한 오류가 있을 경우 당사자의 청구에 의해 그 판결의 당부를 다시 재심하는 절차를 말한다. 재심은 재심을 제기할 판결을 한 법원이 관할하지만, 심급을 달리하는 법원이 같은 사건에 대해 내린 판결에 대한 재심은 상급법원이 관할한다. 재심소송은 당사자가 판결이 확정된 뒤 재심사유를 안 날로부터 30일 이내에 제기해야 하며 판결이 확정된 후 5년이 지난 때에는 재심소송을 제기하지 못한다.

(3) 기타 참고사항

① 법정증거조차 조작하는 기레기

증거에 의하여서만 재판의 전제가 되는 사실을 인정하는 원칙을 증거재판주의라 한다. 범죄사실의 인정은 감정(感情)이나 추측이 아닌 증거에 의해야 하고, 유죄판결을 하려면 합리적인 관점에서 무죄의 가능성을 생각하기 어려울 정도의 엄격한 증명이 있어야 한다는 것으로, 열 도둑을 놓치더라도 한 명의 가짜 도둑을 만들어서는 안 된다는 법언에 대응하는 형사소송의 대원칙이다.

형사소송법 제307조가 "사실의 인정은 증거에 의하여야 한다."라고 한 것은 바로 증거 재판의 원칙을 천명한 것이다. 여기서 '사실을 인정한다'라는 것은 법관이 공소가 제기된 범죄 사실의 존재에 관하여 심증을 형성하는 것을 말한다. 법관이 증거에 의하여 사실을 인정한 경우에 "사실이 증명되었다"라고 한다. 바꾸어 말하면 심증이 형성되었다는 뜻이다.

여기서 증명되었다는 이야기는 공소 사실의 존재에 대하여 '합리적 의심이 없을 정도의 확신'을 가질 것을 요한다. 의심할 수 없고, 확신이 서는 경우에만 피고인은 유죄인 것이다. 법관이 확신을 갖는 수단, 즉 매개물이 증거임은 누발알 필요도 없다.

형사소송법상 '증거'는 유형의 물증뿐만 아니라 '법원 또는 법관의 조서(동법 제311조)', '검사 또는 형사의 조서(동법 제312조)', '진술서(동법 제313조)'를 포함하는 것이다. 그러나 자필로 서명한 진술서라 해도 피의자 또는 피고인의 자백이 '유일한 증거'라면 그 어떤 경우에서도 유죄의 증거가 될 수 없다.(동법 제310조) 이는 인간의 진술이 거짓가능성과 주관성을 띄고 있기 때문으로, 사람의 의견만으로 피고인을 유죄로 인정하기에는 부족하다는 의미이다.

그런데 이 증거는 '증거로 사용할 수 있는 자격'이 있어야 한다. 이를 '증거 능력'이라고 한다. 증거는 이를 제시하는 수사 기관이 적법한 절차에 따라 수집한 것이거나, 법관이 직접 적법한 증거조사를 거친 증거만이 증거 능력을 갖게 된다. 따라서 위법하게 수집한 증거는 증거로 쓸 수 없다.

'합리적 의심(Reasonable suspicion)이 없는 정도의 증명'이란 제출된 증거를 통해 피고인이 진범임을 부정할 여지가 없어야 한다는 것을 의미한다. 증거의 논리성과 과학성은 합리적 의심을 제거하는 가장 중요한 척도로, 어떤 증거가 과학적으로 확실한 사실을 증명해준다면 이는 같은 실험을 반복해도 같은 결과를 도출할 것이므로 합리적 의심이 없는 정도의 증명이라 할 수 있다. 수사기관이 진술과 자백에 그치지 않고 물증을 수집하기 위해 노력하는 이유는 바로 이 때문이다. 증거능력을 해석하고 판단할 권리는 최종적으로 재판관에게 있다.

형사소송법은 증거재판주의를 선언하면서, 동시에 그 증거가 증거 능력이 있어야 한다는 것을 선언, 요구하고 있다. 그러므로 증거재판주의는 "증거 능력 있는 증거에 의하여 법관이 공소 사실을 합리적 의심의 여지가 없을 정도의 확신을 갖는 경우에만 유죄로 할 수 있다"라는 뜻이 된다.

그런데 기레기들은 이러한 법정증거 조차 조작한다. 다음 사례를 보자.

필자는 경향신문과 소송을 진행하는 중에 아래와 같은 이메일과 번역문을 입수했다. 이것은 강진구가 법원에 제출한 것이다. 아래 이메일은 김신애 경향신문 통신원이 2015년 10월 29일 모스크바 국립대 총장에게 보낸 이메일의 전반부이며, 그 아래는 강진구가 제출한 번역문이다.

아래 좌측의 영문은 위 이메일의 내용 그대로이며. 우측은 필자가 그것을 번역회사에 의뢰하여 번역한 것이다.

I am emailing from Korea to verify couple things which has to do with a man named Mr.Heung-Kee KIM who claims he is a visiting scholar(professor) at the Graduate School of Public Administration at the Moscow State University.	나는 모스크바국립대 행정대학원 초빙학자(교수)라고 주장하는 김흥기 씨와 관련된 몇 가지 사실을 확인하기 위해 한국에서 이메일을 보냅니다.

This is quite an urgent matter as he is also a Chairman of a company named Green Media in Korea who is under investigation by the police for embezzlement of over $800,000 of public funds.	이것은 긴급한 사항이다. 왜냐하면 그는 또한 그린미디어(Green Media)라는 회사의 회장이기도 한데, 그는 공적자금 80만 달러를 횡령한 혐의로 경찰조사를 받고 있기 때문이다.

차이점을 발견했는가?

피고 강진구 일당이 제출한 번역문에는 80만 달러를 횡령한 혐의로 경찰조사를 받는 대상이 그린미디어로 되어 있다. 하지만 이것은 영어를 모국어로 쓰는 네이티브 스피커는 물론이려니와 영어를 외국어로 배운 누가 보더라도 김홍기를 지칭하는 것이다.

첫째, 우리는 중학교 때 관계대명사와 선행사에 대해 배웠다. 아래는 관계대명사 일람표이다. 관계대명사 'who'는 선행사가 사람일 때 사용한다. 특히 위 이메일은 which와 who를 명확히 구분해서 사용하고 있고 'who'가 김홍기임은 자명하다.

관계대명사 표

선행사	주격	소유격	목적격
사람	who	whose	who/whom
사물	which	of which / whose	which
사람, 사물	that		that

출처 : 네이버 블로그 (2021년 9월 10일 방문)

두 번째 문장을 보다 명확하게 풀어쓰면 다음과 같다.

This is an urgent matter as **Mr. KIM** is also a chairman of a company named Green Media in Korea. And **he** is under investigation by the police for embezzlement of over $800,000 of public funds.

이 편지를 쓴 김신애는 캐나다 국적의 네이티브 스피커이며, 강진구는 미국에서 연수를 하며 영어로 프로젝트 발표를 한 유학파이다. 만약 강진구의 주장대로 편지를 쓰려면 그 문장은 다음과 같은 문장이 되어야 한다.

This is urgent as he is also a chairman of a company named Green Media in Korea, **which** is under investigation by the police for embezzlement of over $800,000 of public funds.

둘째, 관계대명사와 선행사라는 문법을 모르는 사람이라고 하더라도, 첫 번째 문단에서 초빙교수 김흥기에 대해 말하고 나서 두 번째 문단에서 'he is also' 라는 표현을 보면 당연히 아래 이어지는 글에서 80만 달러를 횡령한 사람은 김흥기라고 이해하기 마련이다.

셋째, 글이란 단지 텍스트(text)의 집합이 아니라 맥락과 문맥

(context)이 있는 것이다. 피고들은 이 편지를 왜 모스크바국립대에 보냈는가? 필자 김흥기에 대한 이야기를 하기 위한 것이다. 그린미디어에 대한 이야기를 하기 위함이 아니다.

그렇기에 굳이 김흥기와 그린미디어와의 관계를 말하려면 그린미디어 회장 김흥기에 대해서만 말해야지 (물론 이것도 사실이 아니지만), 관계없는 80만 달러 횡령을 가져다 붙여 쓴 것은 김흥기를 비방하고 모함하기 위한 목적 외에 다른 의도가 있을 수 없다.

发件人：강진구
发送时间：2015-11-03 18:35:37
收件人：cas_en
抄送：yqjiang
主题： URGENT - MEDIA REQUEST: Letter to President Bai Chunli FromKyunghyang Shinmun, KOREA

November 3, 2015

Dear President Bai Chunli,

My name is Jinkoo Kang and I'm the editorial writer at Kyunghyang Shinum, one of the major newspapers in Korea. We are currently covering a story about the Korean campus of the Chinese Academy of Sciences (CAS). One of the Directors of the Korean campus of CAS Mr. HeungKee Kim is currently under police investigation. He was a Chairman of a company named Green Media and recently, a parliamentary audit discovered an embezzlement of over $800,000 of public funds. As he is also the director of the Korean Campus of CAS, we request for an immediate response from CAS.

출처 : 필자가 중국과학원으로부터 입수(2015년)한 피고 강진구가 중국과학원에 보냈던 이메일

한편 위 이메일을 보면 강진구가 11월3일 중국과학원 원장에게 직접 보낸 이메일에서도 동일한 문장을 쓰고 있다. 이 문장에서는 "Mr. HeungKee Kim is currently under police investigation." 이라고 아예 대놓고 날조를 하고 있다. 결국 모스크바 국립대에 보낸 이메일도 위 문장(=필자가 경찰 조사를 받고 있다)을 염두하고 보낸 것이 확실하다.

이처럼 강진구 일당은 모스크바 이메일을 조작했다. 번역을 엉터리로 하여 수사기관과 재판부를 속이는 것이다. 또 다른 사례를 보자.

강진구는 민진규 소장과 오프더 레코드(녹음을 하지 않겠다)라는 '신사협정'을 하자고 해놓고는 대화 모두를 녹음하고 녹취록을 만들어 민사 법원에 제출했다. 강진구가 왜 이러한 녹취록을 제출했는지는 앞서 알아보았다. 강진구는 이 녹취록에서도 명백한 조작을 저질렀다.

녹취록에는 '김훈'이라는 인물이 등장한다. 김훈은 민진규 소장의 부하직원으로 민진규 소장이 잘 알고 있는 사람이며, 추후 확인해 본 결과 민진규 소장과 마찬가지로 '국군정보사' 경력을 보유한 사람이다. 따라서 국군정보사라는 단어가 등장한다면 당연히 해당 경력 보유자인 김훈에 관한 대화일 가능성이 높다.

강진구가 민진규 소장에게 물어보고 싶고, 녹음하고 싶은 내용은 필자인 '김흥기'에 관한 내용이지만, 필자와 민진규 소장은 2018년 2월 6일 서울중앙지법 서관 513호 법정에서 만나기 전까지 일면식도 없는 사이였기 때문에 물어본다 하더라도 민진규 소장이 대답할 수 있는 내용이 제한적이었다. 그럼에도 해당 녹취록에 김흥기가 많이 등장해야 민진규가 김흥기를 2016년에도 그리고 그전부터도 알고 있었다는 것이 증명되기 때문에 이런 조작을 한 것으로 보인다. 다음은 제출된 녹취록의 일부이다.

(실제 대화 내용)

> 강진구 : 김훈 씨랑은 2013년도라고요?
> 민진규 : 네
> 강진구 : 그럼 대선 끝나고 난 뒤에?
> 민진규 : 선거 끝나고. 선거와 관계없어요.
> 강진구 : 김훈 씨가 국군정보사 정보팀에서 입회한 게 2015년 3월로 되어 있는데?

(피고 강진구가 제출한 녹취록)

> 강진구 : '김흥기' 씨랑은 2013년도라고요?
> 민진규 : 네
> 강진구 : 그럼 대선 끝나고 난 뒤에?
> 민진규 : 선거 끝나고. 선거와 관계없어요.
> 강진구 : '김흥기' 씨가 국군정보사 정보팀에서 입회한 게 2015년 3월로 되어 있는데?

강진구는 민진규와의 대화를 왜곡해서 보도했을 뿐 아니라, 아예 조작한 증거를 법원에 제출했다. 피고가 제출한 녹취록에 보면, 김

훈이라는 사람이 용역 팀에 근무한 것으로 되어 있다. 강진구는 **김훈을 김홍기로 둔갑**시킨 조작한 녹취록을 법원에 제출했다.

원고 변호인이 법정에서 스크린 화면에 녹취부분을 띄워놓고 녹취 음성을 들려주자 법정에선 쥐 죽은 듯이 가만히 있다가 그 후 제출한 준비서면에선 "김신애 통신원이 잘못 번역한 실수이다."라고 변명했다. 필자가 강진구, 김신애, 김×× 3인을 서울중앙지검에 형사고소한 후 김신애는 돌연 캐나다로 출국한 바, 강진구는 이미 한국에 없는 사람에게 죄를 돌리고 있는 것이다.

② 한쪽 편드는 불기소 처분서

형사고소 결과에 따른 처분서를 받게 된다. 처분서는 기소처분과 불기소처분으로 나뉜다. 그리고 불기소처분에는 '증거없음… 등'의 이유가 명기되어 있다. 불기소처분의 이유가 궁금할 경우 '불기소처분 이유서'를 발급받을 수 있다. 그 이유를 알아야 후속 대응의 방향을 잡을 수 있기에 필요하다. 필자는 고소인으로서 불기소 처분서를 받은 바 있다.

고소인으로서 불기소처분서를 받게 되면 불기소처분을 받았다는 것만 해도 억울한데, 그 처분서의 내용을 읽어보면 정말 분통이 터진다. 왜냐하면 처분서라는 것이 고소인의 주장을 반박하기 위한 것이기에 고소인이 주장했음에도 이런저런 이유로 그 반대 증거에 의해 탄핵당했다든지 아니면 수사기관이 증거를 바라보는 시각의 차이로 고소인 입장에선 말도 안 되는 논리와 증거들을 덕지덕지 갖다 붙여 놓았기 때문이다.

　불기소처분서라는 게 이런 것이라는 걸 이해하는 게 냉정하게 다음 대응을 준비하는데 도움이 된다. 누군가에게 법적처벌을 받게 하는 게 쉽지 않고 특히 명예훼손으로 기자를 기소하여 처벌하는 것이 정말 어렵다는 것을 실감하며 증거보완과 더욱 치밀한 논리구성에 힘쓰라는 '조언' 정도로 받아들이는 게 정신건강에 좋다. 기억하고 싶지 않지만 지금도 언론과의 외로운 싸움을 하고 있는 분들을 위해 불기소처분서가 얼마나 엉터리인지 아래 공개한다.

모스크바대학교 행정대학원의 정식 영문 명칭은 'Graduate School of Public Adminstration'으로서 위 초빙교수 임명장에 기재되어 '행정대학원'이라고 번역된 'The Higher School of Adminstration'과는 다른 사실.

불기소처분서 내용

　필자는 2011년 모스크바 국립대 행정대학원 초빙교수로 위촉되었다. 그런데 행정대학원의 영문 명칭이 다르다는 것이 불기소처분의 근거(명예훼손이 아니다)로 제시되었다는 사실은 너무나 안타까운 일이다. 필자 개인적으로도 그렇지만 공인된 수사기관에서 이것을 처분 근거로 나열했다는 점이 그렇다. 모스크바국립대는 당연히 모스크바에 위치한 러시아의 대학교이다. 러시아 입장에서 영어는 우리에게 영어가 외국어이듯 외국어이다. 따라서 위 영문 명칭이 다른 것은 단순 표기상의 문제일 뿐 본질과는 관계가 없는 일이다.

모스크바국립대 영문 홈페이지(www.msu.ru)의 학과 소개 페이지에는 '인문경영정책대학원'이 존재한다. 이 대학원의 영문 명칭은 다음과 같다. 'Higher School of Policy in Culture and Management in the Sphere of Humanities'. 그런데 이 학과의 러시아어 영문 명칭은 'Высшая школа культурной политики и управления в гуманитарной сфере'이고, 행정대학원의 명칭은 'Высшая школа государственного администрирования'으로, 대학원을 의미하는 러시아어인 'Высшая школа'는 동일하다.

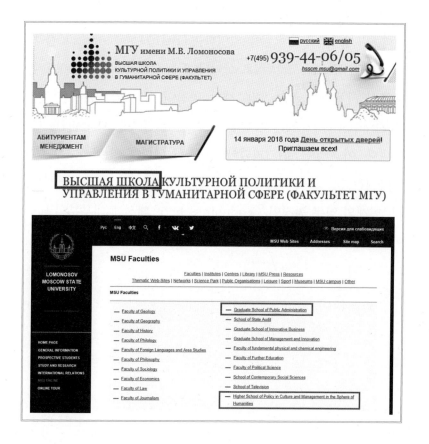

출처 : 모스크바 국립대, 행정대학원, 인문경영정책대학원 홈페이지(2015년 12월 방문)

　즉, 러시아어로 대학원을 의미하는 'Высшая школа'를 번역에 따라 Higher School로 쓰거나 또는 Graduate School로 혼용해서 사용하는 것뿐이지, 해당 명칭이 다르다고 해서 본질인 'Высшая школа'가 아니거나 또는 전혀 다른 대학원인 것은 아니다. 이 사실은 '위키피디아'에서도 확인할 수 있다. 즉 위키피디아에는 모스크바국립대 대학원의 과거 명칭도 기재되어 있는데, 현재의 영문 명칭인 'Graduate School' 대신에 대부분의 대학이 'Higher School'을 사용하고 있다.

이러한 기초적 사실까지 대한민국 검찰에 일일이 설명을 해야 된다는 사실이 피해자 입장에서 서글프고 너무나 어처구니없었다. 본서를 집필하기 위해 위 내용을 확인해보니 그 당시 감정이 다시 떠올라 글을 쓰는 것이 쉽지 않았다. 그러나 억울한 일을 당한 피해자들이 앞으로는 필자와 같은 2차 피해를 받지 않았으면 하는 마음으로 이 사례를 공개한다.

③ 사실관계조차 파악 못한 '불량판결문'

〈불량 판결문〉이라는 제목의 책을 펴낸 최정규 변호사가 있다. 오늘도 뉴스에서는 대다수의 국민이 주목했던 사건의 판결 기사가 쏟아진다. 하지만 납득할 수 있는 판결이 많지 않다. 피해자보단 가해자 편인 법 해석, 말도 안 되는 선처, 어쩐지 초범이기만 하면 집행유예가 내려지는듯한 판결도 있다.

패소한 이유가 생략되었거나 이유 같지 않은 이유가 버젓이 기록된 판결문, 판례를 기계처럼 복사 붙여넣기하고 권고 기준보다 낮은 양형을 내린 판결문까지, 믿을 수 없지만 지금도 법정에서는 이렇게 분노할 수밖에 없는 판결이 꽤 자주 탄생하고 있다. 가장 정의로워야 할 법정이 마치 불량배처럼 느껴진다. 최 변호사가 펴낸 책 제목을 '불량 판결문'으로 정한 이유다.

국회에서 법이 만들어지고 나면, 이후에 법원에서 법이 '해석'되는 과정을 거친다. 그런데 판사 역시 사람이기 때문에 자신의 경험치를 넘어서는 무언가를 하기란 대부분의 사람들이 그러하듯 어려울 것이다. 그렇게 만들어진 '판례'는 이후의 판결에 많은 영향을 끼친다. 저자는 어떤 사건을 접할 때마다 판례를 찾아보는 자신의 행위를 "나쁜 습관"이라고 설명한다. 판례가 힘 있는 자들의 논리로 만들어졌을 가능성이 큼에도, 판례를 확인하는 것 외에 생각을 멈추는 경우가 많다는 것이다.

힘 있는 자들의 논리로 가득 찬 공간인 법원은 심지어 게으르기까지 하다. 재판 시간을 어기거나 일방적으로 미루는 판사, 생략되고 왜곡되기 일쑤인 변론조서, 정확히 언제 열릴지 알 수 없는 변론 기일, 불친절한 법률 서비스 등 이런 것들이 모여 불량한 법원과 불량한 판결이 생겨나는 것이다.

할 말이 많지만 간단히 설명할 수 있는 한 가지 예만 들어보자. 1심 재판부는 다음과 같이 판결했다. "원고가 모스크바 국립대에서 재직한 바 없는 알렉산드르 두긴을 통하여 모스크바 대학교 행정대학원 초빙교수 임명장을 받은 점, 모스크바 대학교 측이 원고 등 한국인 교수가 존재한 적 없다고 확인한 점"을 이유로 들면서 반론보도 청구를 부인했다.

이 판결은 너무나도 어이가 없다.

첫째, 원고는 (두긴이 아닌) 마카로프 행정대학원 원장으로부터 2011년 초빙교수로 위촉되었다. 이는 앞서 이미 해명한 부분이라 여기서는 생략한다. 둘째, 2011년 당시 두긴은 모스크바 국립대에 사회학부 학장(director)으로 재직 중이었다.

한국에 보도된 기사에서도 두긴의 약력을 확인할 수 있다. 다음 기사는 2017년 12월 17일 프레시안에 보도된 "'도둑맞은 혁명', 소련은 왜 망했나?" 제하의 기사이다.

[인용] 2017년 12월 17일 일요일 프레시안

'도둑맞은 혁명', 소련은 왜 망했나?

[유라시아 견문] 신유라시아주의 : 페레스트로이카 2.0 <上>

이병한 역사학자 | 기사입력 2017.12.17. 23:11:57 최종수정 2017.12.17. 23:12:21

러시아제국과 소비에트연방, 두 번의 제국이 무너진 폐허에서 공히 솟아난 담론이 유라시아주의였다. 그 유라시아주의를 21세기에 계승하고 있는 이가 알렉산드르 두긴(Алекса́ндр Ге́льевич Д ýгин)이다. (중략)

두긴은 2008년에는 모스크바대학 사회학과 교수로 취임한다. 신학부터 지정학에 이르기까지 이론적, 학술적으로 신 유라시아주의를 정립했다. 2012년 푸틴이 대통령으로 복귀하자 당대의 이데올로그, 푸틴의 책사로 간주된다. 러시아의 어제와 오늘, 내일을 파악하는 데 적임자라고 생각했다. (후략)

알렉산드르 두긴. ⓒ이병한

위 기사에서 보듯 두긴 박사는 2008년 사회학과 교수로 부임했고, 2011년에는 사회학부 학장으로 재직 중이었다. 조금만 관심이 있어도 두긴 박사의 약력과 저서들은 쉽게 검색된다. 그의 약력에 'Head of the Department of Sociology of International Relations of the Faculty of Sociology of the Moscow State University'라고 명기되어있다.

셋째, 피고가 모스크바 국립대 예레민에게 받았다는 이메일은 날조된 가짜이다. 예레민은 필자에게 자신이 경향신문에 이메일을 쓴 적이 없다고 수차례 확인했다. 이 역시 본서에서 이미 다루었다. 넷째, 또한 그 조작된 이메일의 내용조차 두긴이 모스크바 국립대에 '(2015년) 현재' 재직하지 않는다는 것이지 재직한 적이 없다는 게 아니다.

필자와 두긴 박사
출처 : 두긴 박사 집무실에서 촬영(2018년)

이러니 재판부가 과연 원고가 제출한 준비서면을 읽기나 했는지 의문이 든다. 원고는 물론이고 피고들조차도 원고가 알렉산드르 두긴을 통해 모스크바 국립대 행정대학원 초빙교수 임명장을 받았다고 주장한 사람이 없다.

그런데 재판부가 (거의 만 3년간 재판을 진행해놓곤) 뜬금없이 "모스크바 국립대에 재직한 적도 없는 두긴을 통해 원고가 행정대학원 초빙교수 임명장을 받은 것은 사실이라고 볼 수 없으므로, 반론을 인정하지 않는다."고 판단한 것이다. 필자가 이 판결을 한 재판부에 대해 어떤 생각이 들었겠는가?

4부

사법적 구제의
한계와 대안

FAKE NEWS

NEWS

FAKE NEWS

FAKE NEWS

NEWS

NEWS

FAKE NEWS

FAKE NEWS

1. 명예훼손 법리와 판례
오신(誤信)의 상당성

　형법 제310조는 사실(事實) 적시 명예훼손의 경우 '진실한 사실 (事實)'로서 오로지 '공공의 이익'에 관한 때에는 처벌하지 않는다고 규정하고 있다. 즉, '진실성'과 '공익성'이 명예훼손의 위법성 조각 사유(違法性阻却事由)인 것이다.

　민사상 명예훼손으로 인한 손해배상청구는 일반 불법행위에 관한 민법 제750조와 비재산적 손해에 관한 제751조의 적용을 받는다. 그러나 민법은 명예훼손 불법행위에 대해서는 위법성 조각사유를 따로 규정하지 않고 있어 형법 제310조가 민사사건에도 적용되고 있다.

　위법성 조각사유란 구성요건 해당성이 성립하나 실질적으로 위법이 아니라고 인정할 만한 특별한 사유를 말한다. 즉, 형식상 범죄 또는 불법 행위의 조건을 갖추었지만 실질적으로는 범죄 또는 위법으로 인정하지 않는 사유이다.

위법성 조각 사유에 해당하는 경우에는 범죄의 성립요건 중 하나인 위법성이 조각된다. 범죄가 성립하기 위해서는 구성요건 해당성, 위법성, 책임이 있어야 하며 이 가운데 어느 하나라도 충족하지 못할 경우에는 범죄가 성립하지 않는다.

형법의 각칙 규정 중에 형벌을 규정한 조문에 해당하는 행위는 일단 위법한 것(형식적 위법)으로 판단된다. 그러나 그 행위가 실질적 또는 사회적으로 상당한 것으로 인정될 경우에는 그러한 위법성을 조각하게 된다.

정당행위(형법 20조), 정당방위(형법 21조), 긴급피난(형법 22조), 자구행위(형법 23조), 피해자의 승낙(형법 24조), 명예훼손의 행위(제310조)가 진실한 사실로서 오로지 공공의 이익에 관한 때 등이 형법상 위법성 조각 사유에 해당한다.

한편 형법 제309조는 출판물 등에 의한 명예훼손에 대해 [①사람을 비방할 목적으로 신문, 잡지 또는 라디오 기타 출판물에 의하여 제307조 제1항의 죄를 범한 자는 3년 이하의 징역이나 금고 또는 700만 원 이하의 벌금에 처한다. ② 제1항의 방법으로 제307조 제2항의 죄를 범한 자는 7년 이하의 징역, 10년 이하의 자격정지 또는 1천500만 원 이하의 벌금에 처한다.] 라고 규정하고 있다.

본죄는 초과 주관적 구성요건으로서 비방목적을 필요로 하는 목적범이다. 제307조의 명예훼손죄에 대하여 행위방법이 공연성 대신 전파성이 큰 매체물(신문, 잡지, 라디오, 출판물)에 의한다는 점에서 행위반가치가 높아 형이 가중되는 불법 가중적 구성요건이다.

사람을 비방할 목적으로 신문·잡지 또는 라디오, 기타 출판물에 의하여 사람의 명예를 훼손함으로써 성립한다. 따라서 '사람을 비방할 목적으로'가 매우 핵심적인 내용이 된다. 대법원 판례(대법원 2003. 12. 26. 선고, 2003도6036, 판결)에 따르면 다음과 같다.

형법 제309조 제1항, 제2항 소정의 '사람을 비방할 목적'이란 가해의 의사 내지 목적을 요하는 것으로서 사람을 비방할 목적이 있는지 여부는 당해 적시 사실의 내용과 성질, 당해 사실의 공표가 이루어진 상대방의 범위, 그 표현의 방법 등 그 표현 자체에 관한 제반 사정을 감안함과 동시에 그 표현에 의하여 훼손되거나 훼손될 수 있는 명예의 침해 정도 등을 비교, 고려하여 결정하여야 하고 (대법원 2002. 6. 28. 선고 2000도3045 판결, 2002. 8. 23. 선고 2000도329 판결 등 참조),

또 형법 제309조 제1항 소정의 '사람을 비방할 목적'이란 가해의 의사 내지 목적을 요하는 것으로서 공공의 이익을 위한 것과는 행위자의 주관적 의도의 방향에 있어 서로 상반되는 관계에 있다고 할 것이므로, 형법 제310조의 공공의 이익에 관한 때에는 처벌하지 아니한다는 규정은 사람을 비방할 목적이 있어야 하는 형법 제309조 제1항 소정의 행위에 대하여는 적용되지 아니하고 그 목적을 필요로 하지 않는 형법 제307조 제1항의 행위에 한하여 적용되는 것이고,

반면에 적시한 사실이 공공의 이익에 관한 것인 경우에는 특별한 사정이 없는 한 비방 목적은 부인된다고 봄이 상당하므로 이와 같은 경우에는 형법 제307조 제1항 소정의 명예훼손죄의 성립 여부가 문제될 수 있고 이에 대하여는 다시 형법 제310조에 의한 위법성 조각 여부가 문제로 될 수 있다(대법원 1998. 10. 9. 선고 97도158 판결 등 참조).

대법원 2003. 12. 26., 선고, 2003도6036, 판결

즉 누군가 언론으로부터 명예훼손을 당해 형사고소 또는 소송을 제기했을 경우 기자의 보도 내용이 '진실하고 공공의 이익에 해당하는 경우'에는 310조에 의거 위법성이 조각된다. 언론의 전파성을 감안 명예훼손 일반조항(307조)과 별도로 309조를 두고 '비방 목적일 경우' 가중처벌을 하고 비방목적일 경우에는 310조가 적용되지 않는다. 하지만 '공공의 이익을 위한 것'이라면 307조 1항이 적용되고, 공공의 이익을 위한 것이면 대법원 판례(97도158)에 의해 특별한 사정이 없는 한 비방목적이 부인된다.

대법원 2005. 4. 29. 선고 2003도2137 판결은 형법 제309조 제1항에 정한 출판물에 의한 명예훼손죄에 있어서 '비방할 목적'의 의미관련, 국립대학교 교수가 자신의 연구실 내에서 제자인 여학생을 성추행하였다는 내용의 글을 지역 여성단체가 인터넷 홈페이지 또는 소식지에 게재한 행위가 공공의 이익을 위한 것으로서 비방의 목적이 있다고 단정할 수 없다고 판시한 바 있다. 관련 내용은 다음과 같다.

형법 제309조 제1항 소정의 출판물에 의한 명예훼손죄는 타인을 비방할 목적으로 신문, 잡지 또는 라디오 기타 출판물에 의하여 사실을 적시하여 타인의 명예를 훼손할 경우에 성립되는 범죄로서, 여기서 '비방할 목적'이란 가해의 의사 내지 목적을 요하는 것으로서 공공의 이익을 위한 것과는 행위자의 주관적 의도의 방향에 있어 서로 상반되는 관계에 있다고 할 것이므로, 적시한 사실이 공공의 이익에 관한 것인 경우에는 특별한 사정이 없는 한 비방할 목적은 부인된다고 봄이 상당하다.

국립대학교 교수가 자신의 연구실 내에서 제자인 여학생을 성추행하였다는 내

용의 글을 지역 여성단체가 자신의 인터넷 홈페이지 또는 소식지에 게재한 사
안에서, 국립대학교 교수인 피해자의 지위, 적시사실의 내용 및 성격, 표현의
방법, 동기 및 경위 등 제반 사정을 종합하여 볼 때, 비록 성범죄에 관한 내용
이어서 명예의 훼손정도가 심각하다는 점까지를 감안한다 할지라도 인터넷 홈
페이지 또는 소식지에 위와 같은 내용을 게재한 행위는 학내 성폭력 사건의 철
저한 진상조사와 처벌 그리고 학내 성폭력의 근절을 위한 대책마련을 촉구하
기 위한 목적으로 공공의 이익을 위한 것으로서 달리 비방의 목적이 있다고 단
정할 수 없다고 한 사례.

대법원 2005. 4. 29. 선고 2003도2137 판결

출판물 등에 의한 명예훼손죄 : 비방할 목적

단순명예훼손죄와 출판물 등에 의한 명예훼손죄의 가장 큰 차
이는 보도 대상을 '비방할 목적'이 있느냐 없느냐에 있다. 여기서
'출판물'에는 정기간행물뿐만 아니라 신문, 방송, 인터넷 사이트를
통해 제공되는 모든 기사 등이 해당된다.

따라서 보도내용이 비방할 목적이 있는 것으로 판단하면 단순
명예훼손죄가 아니라 출판물 등에 의한 명예훼손죄를 적용하여
더 무겁게 처벌할 수 있다. 하지만 언론사나 기자가 보도할 때 비
방할 목적이 있었다는 것을 입증하는 책임은 피해자나 사건을 담
당하는 검사에게 있다.

결국 특정인의 사회적, 윤리적, 인격적 평가를 깎아내리거나 헐
뜯기 위해 기사를 썼다는 것을 밝혀내야 하는데 '의도'라는 것 자
체가 주관적인 것이고 드러나는 게 아니어서 실제로 입증한다는

것은 매우 어렵다.

학교법인 상지학원은 〈월간조선〉이 2002년 5월호 "원주 상지대에선 무슨 일이 일어나고 있나?" 제하의 기사에서 직접 또는 상지대학교의 전·현직 교수 등 제 3자의 말이나 보도를 인용하는 방법으로 상지대학교가 사회주의를 표방하거나 학생운동을 비호한 학교의 운영에 상낭한 문제점이 있다는 취지의 내용을 보도하자 5억 원의 손해배상 청구소송을 제기했다.

이에 대해 서울지방법원 제25민사부(재판장 임종윤)는 2003년 11월 12일 학교법인 상지학원이 주식회사 월간조선사를 상대로 제기한 손해배상 청구소송에서 "이 사건 기사는 공익 목적 보다는 원고를 반대하는 전 이사장 측의 일방적 입장만을 대변하여 원고를 비방하려는 의도에서 작성되었다."며 3000만 원의 손해배상금을 지불하라고 판결했다.

이 소송은 2002년 9월 제기되었고 대법원 판결은 2005년 7월에 내려졌다. 1심 재판에서부터 법원은 〈월간조선〉의 기사가 사실을 과장하였다는 점을 인정하여 〈월간조선〉에 패소 판결을 내렸지만 피고 측은 대법원까지 상고를 거듭했다.

'사립대학의 비리 또는 운영상의 문제점'이라는 이슈는 공익적 관심사라고 할 수 있다. 따라서 신문이나 잡지가 이 주제로 기획기사를 작성, 보도하고 그것이 명예훼손인지 여부가 법원에서 문제될 때 법원은 대체로 '목적의 공익성'을 인정할 것이다. 다만 사실과 다른 보도를 한 경우 '그 보도가 진실하다고 믿은 데에 정당한 이유가 있었는지'가 소송상 주요쟁점이 된다.

상지대학교에 대한 보도에 대해 법원은 '공익목적을 인정하기 어렵다'는 판단을 하고 명예훼손의 성립을 인정했다. 〈월간조선〉의 악의적인 의도를 법원이 정곡을 찔러 인정한 것이다. 〈월간조선〉은 기사 작성과정에서 반론을 들으려 하지 않았으며 그나마의 반론마저도 경시하여 보도했다. 기사의 애초목적이 어디에 있었는지 잘 보여주는 것이다.

3년에 가까운 시간의 끝에서 법원이 〈월간조선〉의 보도가 공익을 위한 의도로 작성한 비판 기사가 아니라는 점을 선언한 것은 의미가 있다. 피해자들에게 최소한의 위로가 될 것이고 이 기사를 떨쳐버리고 다시 출발할 수 있는 힘을 줄 것이다. 하지만 명예훼손과 반론보도 소송이 피해자들의 고통을 제대로 회복시켜 주지 못하는 현실은 피해자들을 여전히 슬프고 절망스럽게 한다.

그렇다면 '공공의 이익'이란 무엇인가? 대법원 판례는 공공의 이익을 다음과 같이 정의하고 있다. 아래에서 보듯 공공의 이익의 범위가 매우 범위가 넓다. 그리고 심지어 공익목적에 일부 사익목적이 포함되어 있더라도 대법원 판례에 의거 310조 적용이 부인되지 않는다. 즉 310조가 적용된다. 위법성이 조각된다는 뜻이다.

'공익목적'이 철갑을 두른 방패 역할을 한다. 언론으로부터 피해를 당한 피해자 입장에서는 분통이 터질 일이다. 입만 열면 '국민, 국민' 하면서 국민들 등쳐먹는 정치인과 마찬가지로 입만 열면 '공익, 공익' 하면서 사익의 칼을 휘두르는 기자들이라 할 만하다. 물론 선동 정치인과 선동 언론인은 입만 열면 '정의, 정의' 부르짖는다는 점에서 데칼코마니이자 판박이 이다. 관련 대법원 판례는 아래와 같다.

> 형법 제310조에서 '오로지 공공의 이익에 관한 때'라 함은 적시된 사실이 객관적으로 볼 때 공공의 이익에 관한 것으로서 행위자도 주관적으로 공공의 이익을 위하여 그 사실을 적시한 것이어야 하는 것인데, 여기의 공공의 이익에 관한 것에는 널리 국가·사회 기타 일반 다수인의 이익에 관한 것뿐만 아니라 특정한 사회집단이나 그 구성원 전체의 관심과 이익에 관한 것도 포함하는 것이고,
>
> 적시된 사실이 공공의 이익에 관한 것인지 여부는 당해 적시 사실의 내용과 성질, 당해 사실의 공표가 이루어진 상대방의 범위, 그 표현의 방법 등 그 표현 자체에 관한 제반 사정을 감안함과 동시에 그 표현에 의하여 훼손되거나 훼손될 수 있는 명예의 침해 정도 등을 비교·고려하여 결정하여야 하며, 행위자의 주요한 동기 내지 목적이 공공의 이익을 위한 것이라면 부수적으로 다른 사익적 목적이나 동기가 내포되어 있더라도 형법 제310조의 적용을 배제할 수 없다.
>
> **대법원 1998. 10. 9., 선고, 97도158, 판결 (공공의 이익)**

언론의 공익(公益)과 사익(私益)

언론의 선정경쟁과 대중조작이 심각한 실정이다. 선전선동언론은 사실을 사실 그대로 전달하지 않는다. 말로는 공익(公益)과 정의(正義)를 외치지만 실행이 따르지 않는 실속 없는 말(口頭禪)이며 심

지어 사익(私益)과 불의(不義)를 초래하고 개인과 단체에 대한 명예 훼손과 인격살인을 양산하고 있다.

'공익을 추구' 한다는 언론의 자유가 오히려 왜곡날조 보도를 통해 개인의 인간으로서의 존엄과 가치 및 행복권을 침해하고 있다. 이것은 물론 공익에 반하는 것이다. 언론의 가장 큰 사명은 사실 전달이지, 사회정의 실현은 아니다.

언론이 비의도적으로, 어쩌면 의도적으로, 사실이 아닌 보도를 통해 개인이나 단체의 명예를 심하게 훼손하는 경우가 '공익추구', '언론 본연의 임무'라는 이름하에서 자주 일어나고 있다. 그러한 사실 왜곡으로 인해 대중의 의사 형성과정을 심각하게 왜곡하여 자유민주주의 사회의 본질적 가치를 해할 경우 언론이 이런 식의 '공익추구'를 통해 어떤 공익에 기여하려는 지 우리는 상식적으로 이해할 수가 없다.

우리는 오늘날 선전선동언론이 활개 치는 현실을 바라보면서 우리가 추구하는 사회가 '공익을 위하여' 개인의 인격과 인권이 난도질 되어도 좋은 사회인가 질문을 던져야 한다. 대체 공익이란 무엇이며 누구를 위한 공익인가?

과거에 우리는 '민족을 위하여', '국가를 위하여', '당을 위하여' 개인이 억압되는 인권의 암흑시대를 알고 있다. 나치와 스탈린 독재로 대표되는 전체주의적 개인 탄압의 스토리가 진흙탕 역사의 수레바퀴 밑으로 들어갔다가 등장하기를 반복하는 현장을 목도해 왔다. 이것은 우리가 진정 추구하는 자유민주주의 사회의 모습이 아니다.

지금까지 언론의 자유는 대략 언론사나 언론인이 자신이 하고 싶은 말을 할 수 있으면 실현되는 것으로, 그리고 언론의 왜곡 보도에 대해서는 반론과 정정보도 및 처벌과 손해배상을 통해 해결 될 수 있다고 보았다.

그러나 문제는 거대 언론과 일개 개인이 평등한 상황에 놓여 있 지 않다는 것이다. 서양의 사회철학에서 사상의 자유의 정당성을 가장 명확하게 제시한 철학자는 존 스튜어트 밀(J. S. Mill)인 바, 그 는 〈자유론(On Liberty)〉에서 사상의 자유가 필요한 전제로서 대화 의 평등성을 강조했다.

이에 대해 아주대 홍성기 교수는 〈언론권력의 왜곡 선전선동, 해법은 무엇인가〉라는 정책토론회에서 언론과 개인의 불평등한 상황에 대해 다음과 같이 강조했다.

"메가폰이나 대형 확성기를 들고 이야기하는 자와 육성으로 이 야기하는 자가 평등한 대화 상황에 놓여 있지 않은 것처럼, 대중 사회에서 개인은 언론에 비해 비교할 수 없을 만큼 사회적 약자의 위치에 놓여 있다. 언론이 자신의 주장을 전파할 능력은 개인, 시 민단체, 기업, 정당은 물론 심지어 정부보다 훨씬 더 강하다."

필자는 홍 교수의 발표문을 인용하여 필자의 주장을 아래 피력한다.

이런 점에서 언론과 개인의 관계는 결코 평등한 대화 상황이 아니며, '언론의 자유는 언론인만의 자유'일 가능성이 극히 높다. 지금까지 국내외를 막론하고 언론의 자유, 사상의 자유가 평등한 대화상황을 전제한다는 사실을 간과한 결과 '공익이라는 이름하에' 공인에 대한 인격살인이라는 폭력을 방치한 것이다. 한 마디로 언론인과 법조인 모두 '벌거벗은 임금님'에게 공익이라는 상상의 옷을 입히고 못 본척하여 왔다.

언론 보도로 바뀌어 버린 인생행로를 어떻게 되돌릴 수 있겠는가? 자율적 책임성과 반론권 보장은 형식적으로라도 지켜지지 않고 있는 실정이다. 사후 정정 보도는 대부분 거의 효과가 없으며 한 번 발생한 명예훼손은 복구되기 힘들다. 이처럼 언론의 자유의 남용이 갖는 폐해가 시정되지 않는 이유는, 이런 폐해를 알릴 수 있는 유일한 방도가 바로 언론이기 때문이다.

'언론의 자유의 실현'은 '언론인만의 자유 실현'이 아니라 '언론과 독자', '언론과 개인' 간의 평등한 대화상황의 복구에 있다는 점이 명백하다. 우리는 언론에 일방적으로 유리하게 되어 있는 불평등한 상황을 보상할 수 있는 방안을 구상해야 한다. 언론과 개인 간의 불평등한 상황을 보상할 수 있고 현실적으로 실현가능한 유일한 방법이 '사실의 보도'라는 점에서 언론의 자율적 보도 원칙이든 사법부의 명예훼손 면책사유에든 현실적으로 존재하는 언론과 개인의 비대칭적 대화상황을 그 수준에 걸맞게 고려해야만 한다.

특히 '사실이라고 믿을만한 상당한 이유'는 대중들로 하여금 허위를 사실로 인식하게 만들어 지속적인 인지장애를 불러일으키고 있다. 이점은 아직도 미국산 쇠고기가 위험하다고 믿는 국민들과, 천안함 폭침이 북한의 소행이 아닐 것이라고 믿는 국민들이 적지 않다는 점에서 명백하다. 허위 보도를 통해서는 그것이 명백한 허위이든 사실이라고 믿을만한 이유가 있든 없든, 얻어지는 공익이란 전혀 없다는 점을 우리 모두 깨달아야 한다.

어떤 사실의 존재 여부를 보도할 때에는 단순히 '사실이라고 믿을만한 상당한 이유'만 갖고는 부족하다. 우리는 모든 허위에 대하여 그것이 '사실이라고 믿을만한 상당한 이유'를 발견하거나 만들 수 있다. 그러나 이런 '사실이라고 믿을만한 상당한 이유'라는 무의미한 표현이 나온 배경에는 '객관적 사실 확인'의 과정에서 피할 수 없다고 보이는 '주관적 사실 추정'을 배제할 경우, 언론의 사실 관련 보도의 상당부분이 불가능할 것이고, 따라서 언론의 기능과 자유를 위축시킬 것이라는 생각이 들어 있다.

언론인뿐 아니라 모든 인간은 특정한 시각에 집착할 경우 다른 가능성을 보지 않거나 배제하게 됨은 인간의 인식구조상 피하기 힘들다. 따라서 터널 효과를 언론의 주관적 추정에서 배제하기 위한 조치가 반드시 필요하다. 그것은 '사실', '의혹', '추정'과 같은 용어를 사용하기 전에 첫째, 그 이외의 모든 가능성에 대한 성찰이 전제되어야 하고, 둘째 이러한 주관적 사실 추정과 다른 가능성 간에 비교할 수 없는 개연성의 차이가 존재해야 하며, 셋째 이러한 탐사 내지는 성찰과정이 재구성 가능하도록 기록되어야 한다.

만일 이런 과정을 거쳐서 한국 언론이 미국산 쇠고기의 안전성에 대하여 국제기구나 전문가 등의 판단을 종합적으로 고려하였다면, 미국산 쇠고기를 독극물로 간주하여 '비과학적인 나라에서 사는 불행'과 같은 선동적인 표현을 사용하지는 않았을 것이다.

적어도 정론(正論)을 표방하는 언론이나 공영방송은 독자나 시청자에게 불필요한 감정을 일으키지 않도록 어휘선택, 어조, 제목을 선택하고 편집을 해야 한다. 기자 자신의 진영논리를 마치 정의감의 발로인 양 공분(公憤)을 유도하는 작태를 자제해야 한다. 언론 본연의 임무는 '사실 전달'이지 '정의의 실현'이 아니다.

그렇기에 선전선동언론과 폴리널리스트가 합작하여 정파적 관심으로 신문과 방송의 지면과 화면으로 자신들의 상업적이고 기회주의적 관심을 키운 이슈(예를 들면 경향신문 강진구 기자의 'KTL국정원댓글부대')는 공익이 아니므로 법정 안에서 '공익'을 이유로 면죄부를 주어서는 절대 안 된다. 오히려 사법농단의 죄로 더 크게 처벌해야 마땅하다.

정의의 실현은 사회 전체의 협업에 의한 것이며, 여러 단계에서

'무엇이 정의의 실현인지'에 대하여 언론 이외의 많은 구성원과 기관들에 의한 토의가 필요하다. 언론이 정의의 실현에 기여할 수 있는 것은 1차적으로 의견 표명이 아니라 사실 전달이다. 특히 언론보다 훨씬 지적이고 양심 있는 사회구성원들이 매우 많을 수 있다는 점에서 언론의 의견 표명이 오만이 되어서는 안 된다. 오만은 선동의 길로 인도하기 십상이다.

검찰과 법원은 적어도 정론직필을 지향하는 언론사의 언론인에게 종교인보다 더 강한 자기절제(self-regulation)를 기대해야 한다. 언론인은 막강한 권능에 걸맞은 책임과 사명을 발휘해야 하는 특수 집단이기 때문이다.

언론과 개인 간의 불평등한 대화 상황에도 불구하고 '공익'과 '사실이라고 판단할만한 상당한 이유'라는 무의미한 규정으로 언론에 면죄부를 주어서는 안 된다. 그렇지 않으면 현대 대중사회는 집단지성이 아니라 집단광기로 인해 순식간에 반인륜적 야만 상태로 변할 수 있는 위험이 도사리고 있기 때문이다.

혼자만의 논란

논란(論難, debate)이란 사전적으론 여럿이 서로 다른 주장을 내며 다툰다는 뜻인데, 실제 언론 등에서는 비판, 사건 등과 동치해서 사용하고 있다. 언론에서 크게 다뤄지는 대형사건 사고나 사회적으로 시끄러운 이슈일 때 생성하는 게 맞으나 극소수(주로 팬덤이나 매니아 층) 및 독자 관점에서의 혼자만의 논란 만들기, 부풀리기 등이 비일비재하게 행해지고 있다. 기자들이 신문사의 실적(조회 수, 판매부수 등)을 올리기 위해 이 단어를 애용하기도 한다.

특정 인물, 단체, 기관 등에 비호감이나 적대감을 품고 논란이라는 제목을 단 기사를 생성하거나, 소수만의 이야깃거리를 다수의 논란으로 과장하고 소수 혹은 자기 생각이면서 불특정 다수의 입장을 대변하는 듯이 행세를 한다.

논란이 있다면서 실제로 논란이 벌어지고 있는 출처를 자세히 밝히지도 않는다. 따라서 논란 문단 서술에 대해서 별다른 출처나 근거가 없을 경우 중립적으로 읽을 필요가 있다. 목적 또한 논란이 있다는 정보를 알려주기보단 논란을 빙자한 비방에 가까운 경우가 많다.

선동언론의 경우, 기자 혼자만의 호불호로 논란이라는 제목을 단 기사를 쓴다. 사실로 밝혀진 게 아닌 추측만으로 논란을 부추긴다. 보통 "~라는 (추측이 있어) 논란이 되고 있다."라고 서술한다. 논란에 대한 정보 전달을 우선시하기보다는 감정적 불만 사항을 실컷 토로한다. 일반인이나 대중 입장에서는 별 논란 같지도 않은 소소한 일화마저 애써 논란이라는 말로 선동하여 기사의 주인공에 대한 인식을 악화시킬 목적으로 서술하기도 한다. 공익을 포장하여 언론 또는 기자 개인의 사익을 위한 경우가 많다.

따라서 수사기관이나 법원은 '논란'이라는 제목이 달려 있는 기사를 액면 그대로 믿어서는 안 된다. 오히려 더욱 의심해야 한다. 왜냐하면 '논란'이라는 단어가 사회적인 찬반의 논쟁이 있는 것처럼 보이기에 공익과 공공성을 다룬 것처럼 오해되기 십상이기 때문이다.

　예를 들면 실제로 이명박 정부의 〈국정원 댓글부대〉가 사회적 이슈였을 경우 〈국정원 댓글부대〉는 논란거리로서 많은 언론이 대서특필했다. 하지만 〈KTL 국정원 댓글부대〉는 전혀 논란이 없었기 때문에 〈KTL 국정원 댓글부대 논란〉이라는 기사는 기자가 혼자 만들어낸 가짜 논란인 것이다.

　후자와 같은 경우는 공익과 공공성으로 포장했지만 실제로는 사익을 추구하거나 비방목적인 경우가 대부분이다. 따라서 수사기관과 법원은 다음과 같은 사항들을 세밀하게 살펴보아야 한다. 그 결과 그런 논란이 없었다면 이것은 공익을 포장한 비방목적의 기사로서 판단해야만 마땅하다.

　① 실제로 다른 언론사들도 경향신문이 보도한 〈KTL 국정원 댓글부대 논란〉과 같은 그런 논란을 보도했는가?
　② 몇 개의 언론이나 기자가 보도했는가?
　③ 논란이라고 보도한 기사의 출처가 무엇인가?
　④ 실제 기사제목과 기사내용이 일치하는가?
　⑤ 기사주제와 관련 없는 사실과 내용들이 포함되어 있지 않은가?

⑥ 논란이라고 보도한 기사에서 기사의 주인공의 인격권이 잘 지켜지고 있는가?

진실한 보도인가?

공익목적과 함께 '진실한 보도였느냐'가 문제 된다. 무엇이 진실인가? 진실이란 무엇인가? 사실 이것은 고대로부터 오늘날까지도 철학적 난제이다. 피해자들은 국가의 수사기관과 법원을 통해 실체적 진실이 규명되기를 바라지만, 재판을 통하여 실체적 진실을 규명한다는 명분과 달리 증거재판의 속성상 법원이 인정하는 사실이 실체적 진실이라고 선언할 수도 없거니와 이에 대한 확신도 담보할 수 없다.

특히 민사재판의 경우 변론주의 등의 원칙상 민사판결의 사실인정이 항상 진실한 사실에 해당한다고 단정할 수 없으며, 따라서 이에 대한 자유로운 견해 개진과 토론, 비판 등이 허용될 수 있음을 시사해주는 판례(대법원 2017. 12. 5. 선고 2017도15628 판결)를 접하면 더욱 이를 실감한다. 이런 사정은 직권주의가 적용되는 형사재판의 경우도 다를 바 없다. 궁극적으론 자유심증주의에 따른 사실인정이라는 면에서는 다를 바 없다.

하지만 국민은 법원이 비록 증거에 의한 사실인정이라는 한계를 벗어나지 못하지만 가능한 한 실체적 진실에 부합하는 객관적인 사실의 확정을 바란다. 배심재판이 아닌 한 직업법관이 보다

전문적인 지식을 가지고, 많은 고민 끝에 사실을 확정하고 법률을 적용해 주기를 기대한다. 국민은 법관이 법리의 영역을 어떻게 잡든 재판에서 고민을 다하지 아니한 부분이 없기를 진정으로 바란다. 이것은 단 한번이라도 억울한 입장이 되어 법정에 서 본 사람이라면 처절하게 알고 있는 바이다.

필자가 5년간 전쟁 같은 소송을 진행하면서 가장 분통터지는 부분이 바로 이 영역이었다. 기자의 보도가 "진실한 보도였느냐" 여부. 나는 내가 소송에서 쟁점으로 다투는 개개 사안들에 있어 모두 진실했고 기자의 보도는 거짓이었기에 나의 무고함과 진실을 드러내면 기자의 위법성이 드러나는 것으로 생각했었다. 기자의 위법성이 인용되면 형사고소를 통해 처벌하는 것도 당연한 귀결로서 생각했다. 이게 일반인의 상식이다.

그런데 이곳에 피해자들의 울부짖음을 외면하고 피해자들의 적절한 공격으로부터 선동언론과 기자가 위법한 상황에 처하는 것을 막아주는 최후의 보루(last ditch defense)가 있다는 것을 알게 되었다. 우리가 알 듯 최후의 보루란 여러 겹으로 적의 공격이나 접근을 막기 위해 돌과 흙, 콘크리트 따위로 튼튼하게 쌓은 마지막 진지(fort)이다. 즉 '최후의 방어선'인데 이것을 '진실의 오신(誤信)'이라고 한다.

쉽게 설명하면 기자의 보도가 거짓으로 드러나더라도 기자가 "사실로 믿었어요."라고 주장하고, 법원이 그 주장을 인정하면 위

법성이 조각(阻却)되는 것이다. "위법성이 조각된다."는 말의 의미
는 범죄혐의 구성요건이 충족되어 죄가 되기는 하지만 다른 어떤
특별한 이유로 위법성이 없다고 판단하는 경우 즉, 죄가 있지만,
무혐의 처리하는 경우를 말한다.

이로써 언론은 법정 밖에서 뿐만 아니라 법정 안에서도 만사형
통 무적의 위용을 자랑하게 된다. 언론의 보도에 대해 형사고소
또는 민사소송(정정보도와 손해배상소송)을 제기하려는 피해자들은 반
드시 이에 대해 알고 있어야만 한다.

종래의 명예훼손 법은 나라를 불문하고 표현내용이 진실하지
아니한 경우 표현행위자(예를 들면 기자)에게 명예훼손의 책임을 부
담케 하는데 거의 일치했다. 그러나 표현내용이 진실하지 아니하
다고 하여 모든 표현에 명예훼손의 책임을 지운다면 자유로운 정
보의 유통은 크게 제한될 것이고 이는 민주사회에 필수적인 의견
형성의 통로를 차단할 수 있다는 점이 강조되기 시작했던 것이다.

아래 내용은 표성수 전 국민대 교수의 〈명예훼손 면책사유로서
의 상당성 기준 : 언론의 주의의무와 관련한 판결을 중심으로〉과
배병일 영남대 법학전문대학원 교수의 〈방송보도로 인한 명예훼
손에서의 상당성 판단의 기준〉, 박아란 한국언론진흥재단 선임연
구위원의 〈팩트체크와 명예훼손: 진실 오신(誤信) 상당성 법리와
중립보도 면책특권을 중심으로〉 등을 참고하여 정리한 것이다.

미국 연방대법원은 1964년 New York Times사건에서 '진실의 오신' 문제의 해결을 헌법적 관점에서 처음 시도하였다. 미국에서도 종래 기사내용이 진실하지 아니한 경우 면책을 거의 인정하지 않았으나 이 사건에서 연방대법원은 소위 현실적 악의(actual malice)라는 새로운 책임원칙을 창조했다.

그리하여, 공적인 인물(public figure)에 대하어는 설령 표현내용이 허위라고 하더라도 표현행위자에게 현실적 악의가 없으면 명예훼손이 성립되지 않는다고 선언함으로써 공적인 인물에 대한 자유로운 비판의 장을 열어 놓았으며 이는 명예훼손법의 새로운 장을 여는 기념비적인 판결로 주목을 받았다.

한편 일본에서도 New York Times 사건의 2년 뒤인 1966년 표현내용의 진실성에 관한 중요한 판결이 등장했는데 이것이 상당성의 면책이라는 새로운 면책론을 탄생시킨 일본 최고재판소의 판결이었다.

종전에는 명예훼손의 면책을 위하여 표현내용이 진실하다는 입증이 필요하였으나 이 판결로 설령 표현내용이 진실이 아니었다고 하더라도 표현행위자가 그 내용을 진실이라고 믿었고 그와 같이 믿은 데 상당한 이유가 있는 경우에는 면책이 인정됨으로써 자유로운 정보유통을 보다 철저하게 보호하는 계기를 마련하였으며 이러한 논리는 1969년 '夕刊和歌山' 사건에서 형사사건에도 그대로 적용되었다.

우리나라에 있어서도 언론과 인격권을 둘러싼 사건이 증가하고 문제의 중요성이 부각되면서 대법원은 헌법적 차원에서 이 문제를 정리하는 중요한 판결들을 내놓게 되었는데 최초로 이 문제를 다룬 것은 1988년의 손해배상사건의 판결이었다. 전술했듯이 민법은 명예훼손 불법행위에 대해서는 위법성 조각사유를 따로 규정하지 않고 있어 형법 제310조가 민사사건에도 적용되고 있다. 대법원은 1988. 10. 11. 선고 85다카29 판결에서 진실 오신의 상당성 법리를 도입하였다.

즉 "형사상이나 민사상으로 타인의 명예를 훼손하는 행위를 한 경우에도 그것이 공공의 이해에 관한 사항으로서 그 목적이 오로지 공공의 이익을 위한 것일 때에는 진실한 사실이라는 증명이 있으면 행위에 위법성이 없으며 또한 그 증명이 없더라도 행위자가 그것을 진실이라고 믿을 상당한 이유가 있는 경우에는 위법성이 없다."

대법원은 1988. 10. 11. 선고 85다카29 판결 (진실의 오신)

1988년 대법원 판결을 통해 확립된 상당성 법리는 미국의 '현실적 악의(actual malice)'의 영향을 받은 것이라기보다는 일본 최고재판소의 1966년 판결의 영향을 더 직접적으로 받은 것이라는 견해가 있다. 이 판결은 일본 최고재판소의 1960년대의 판결과 유사한 논리에 입각하여 표현내용의 진실성에 관한 새로운 면책을 인정한 것으로 표현행위자가 그 내용을 진실한 것으로 믿었고 그에 상당한 이유가 있는 경우에는 면책이 인정된다는 취지로 요약된다.

신문사가 명예훼손으로 고소된 사건에서 1966년 일본 최고재판소는 "진실임이 증명되지 않더라도 행위자가 그 사실을 진실이라고 믿은 데에 상당한 이유가 있을 때"에는 명예훼손의 고의나 과실이 없어 불법행위가 성립하지 않는다고 판시하였다. 문재완 한국외대 법학전문대학원 교수는 1988년 상당성 법리가 등장한 이후 명예훼손 소송에서 법원은 모두 공공성, 진실성, 상당성이라는 세 가지 기준을 중심으로 그 위법성 여부를 판단하고 있다고 주장한바 있다.

관련 위법성 조각사유로서 진실성은 적시된 사실이 완벽하게 진실에 합치될 것을 요구하지는 않는다. 법원은 진실성에 대해 '내용 전체의 취지를 살펴볼 때 중요한 부분이 객관적 사실과 합치되면 충분하며, 세부 내용에서 진실과 약간의 차이가 있거나 다소 과장된 표현이 사용되었더라도 무방하다'고 판단하고 있다.

대법원 2002. 1. 22. 선고 2000다37524 판결은 표현의 자유를 위해서는 숨 쉴 공간(breathing space)이 있어야 한다면서 진실 부합 여부는 "전체적 취지가 중시되어야 하며 세부적인 부분까지 완전히 객관적 진실과 일치할 필요는 없다"고 판시한 바 있다. 대법원 1996. 8. 23. 선고 94도3191 판결은 표현이 진실이 아닌 경우에도 표현을 한 자가 진실이라고 믿을 만한 '상당한 이유'가 있다면 위법성이 없다고 법원은 판단하고 있다.

그렇다면 '진실이라고 믿을 만한 상당한 이유' 즉, '진실 오신(誤信)의 상당성'이란 구체적으로 무엇을 뜻하는가. 이는 사안에 따라 달리 판단되어야 하므로 일의적으로 정의될 수는 없으며 법원은 구체적인 사실관계와 배경, 정황 등을 종합하여 상당성 여부를 판단하고 있다. 대법원 1998. 10. 27. 선고 98다24624 판결은 표현을 한 자가 진실이라고 믿게 된 근거나 자료의 확실성과 신빙성, 사실 확인의 용이성, 보도로 인한 피해 등 여러 사정을 종합하여 법원이 오신 상당성 여부를 판단하는 것이라고 보았다.

따라서 진실 오신 상당성의 법리는 기자의 취재과정과 밀접한 연관이 있다고 할 수 있다. 관련 김재형 서울대 법대 교수는 상당성 기준은 언론인에게 진실을 확인해야 할 엄격한 의무를 부과하는 것이 아님에도 불구하고 때로는 법원이 상당성 요건을 지나치게 엄격하게 판단하여 언론의 자유를 침해하는 경우가 발생한다고 보고, 진실 확인을 위해 모든 노력을 다 할 것은 언론인의 윤리 영역으로 남겨두어야 하고 그러한 노력을 다하지 못하였다면 비난은 할 수 있을지언정 손해배상책임이나 형사책임을 지워서는 아니 된다는 점에서 상당성 법리가 너무 엄격하게 적용되지 않도록 법원은 주의할 필요가 있다고 주장한다.

실제로 법원은 기자가 취재 과정에서 진실 보도를 위해 어떠한 노력을 했는지를 검토하여 상당성 여부를 결정하고 있다. 대법원 1996. 8. 23. 선고 94도3191 판결은 가령, 기자가 의혹이 있는 사실에 대해 관계자의 증언을 폭넓게 확보하여 취재하는 등 정확한 보도를 위해 최대한 노력한 정황이 있다면 법원은 진실 오신에 상당성이 있다고 판단하였다.

서울중앙지방법원 2012. 6. 8. 선고 2011가합65346 판결은 임야 사기분양에 대해 보도한 방송 기자가 고소당한 사건에서도 법원은 기자의 취재 과정을 살펴보았다. 방송 기자가 진위 여부를 확인하기 위해 관련 군청 공무원 및 부동산 중개업자 등을 취재하였고, 그 과정에서 문제가 된 임야의 등기부등본, 지적도, 매매계약서 등 객관적 자료들을 수집하였으며, 수사가 진행 중인 지방검찰청에도 수사 내용을 문의하여 사기죄로 기소할 예정이라는 답변을 듣는 등 진위를 밝히기 위해 노력한 점을 인정하여 진실이라고 믿은데 상당한 이유가 있다고 판결했다.

반면, 대법원 1998. 10. 27. 선고 98다24624 판결은 일간신문사가 도의회 의원들이 통일원으로부터 접촉승인을 받고 북측 인사에게 전달한 편지에 대해 '김일성 애도편지' 등의 기사제목을 반복적으로 사용하여 보도한 사건에서는 언론에 의한 명예훼손이 성립되었다. 대법원은 "이름을 알 수 없는 통일원 관계자나 경찰 관계자로부터 '경고 검토 내지 결정' 또는 '수사진행 중'이라는 말을 듣고 이를 그대로 기사화한 경우"에는 진실 오신의 상당성이 없다고 판단하였다.

한편 기자가 직접 취재를 하지 않고서 다른 기자의 기사를 참조하여 기사를 썼거나 (대법원 1996. 5. 28. 선고 94다33828 판결), 피의자가 범행혐의를 받고 있을 뿐임에도 마치 자신의 직접 취재에 의하여 그 범행이 확인된 것처럼 단정적으로 기사를 게재한 경우 (대법원 1999. 1. 26. 선고 97다10215 판결)에도 언론의 진실 오신 상당성이 부인되었다.

대법원 1988. 10. 11. 선고 85다카29 판결에서 보듯 비리 사실에 대해 피의자가 부인하였음에도 불구하고 제 3자의 일방적 제보만을 바탕으로 기사를 쓴 경우 진실 오신 상당성이 부인되어 언론이 법률적 책임을 지게 되었다.

한편 진실 오신의 상당성 법리가 마련된 지 10여 년 후인 1999년, 헌법재판소는 공적 인물의 공적인 사안에 대한 명예훼손적 표현에 대해서는 제한이 완화되어야 한다는 법리를 마련하였고 이 면책론은 이제 우리 명예훼손법상 확고한 원칙으로 자리 잡게 되었다.

"…진실성의 증명과 공공의 이익이라는 위법성의 조각요건을 엄격하게 요구하면 형사제재의 범위는 넓어지고 언론의 자유는 위축된다. …따라서 명예훼손적 표현에 대한 형사법을 해석함에 있어서는 이러한 헌법적인 요청을 고려하여 첫째, 그 표현이 진실한 사실이라는 입증이 없어도 행위자가 진실한 것으로 오인(誤認)하고 행위를 한 경우, 그 오인에 정당한 이유가 있는 때에는 명예훼손죄는 성립되지 않는 것으로 해석하여야 한다.…"

진실의 오신관련 헌법재판소 판결(1999년)

판례에 의하면 기자가 진실이라고 잘못 믿은 데 상당한 이유가 있으면 면책되나 어떤 경우에 상당한 이유가 있다고 할 것인가는 쉬운 문제가 아니다. 그 범위를 어떻게 결정하느냐에 따라 '언론의 보호'와 '인격권의 보호'의 비중이 결정적으로 차이가 나게 되는 것이므로 이 문제는 대단히 중요하다.

미국이나 일본의 경우 수십 년의 운영경험을 통하여 많은 사례가 축적되고 대략적인 판결의 경향도 확립되어 있는 데 반하여, 우리나라는 미국과 일본에 비해 상당성의 원칙이 선언된 기간이 짧고 사건 수도 많지 않아 뚜렷한 원칙이 확립되었다고 하기 어려우나 몇 가지 사건을 통하여 중요한 흐름은 정리되었다고 할 수 있다.

대법원은 몇 가지 판결을 통하여 상당한 이유의 유무를 판단함에 있어서는 문제된 표현을 둘러싼 제반의 사정을 종합적으로 고려하여야 한다는 점을 강조하여 왔다. 곧 "…상당한 이유가 있는지의 여부를 판단함에 있어서는 기사의 성격상 신속한 보도가 요청되는 것인가, 정보원이 믿을 만한가, 피해자와의 대면 등 진실의 확인이 용이한 사항인가와 같은 여러 사정을 종합적으로 고려하여…"라는 표현을 사용함으로써 상당성의 존부의 판단에 있어서는 제반의 사정을 종합적으로 고려하여야 한다는 소위 사정의 종합판단이라는 준칙을 세우고 있으며 이러한 취지는 뒤를 이은 여러 건의 판결에서도 확인되고 있다.

대법원의 판결에 나타난 고려할 사정으로는 표현된 내용의 성격, 정보원의 확실성, 본인 등 진실확인의 용이성, 피해의 정도, 표현방법 등이 열거되어 있으나 이는 예시에 불과할 뿐 표현에 관한 다른 요소들도 고려대상임은 물론이다. 이러한 대법원의 경향은 상당한 이유의 유무를 판정함에 있어서 제반의 요소를 고려하되 사안에 따라서는 고려의 중점을 달리 하면서 구체적인 사건마다 적절한 해결을 도모할 수 있으나 사실의 공공성, 공익을 위한 목적 등 다른 면책요소의 판정에 있어서 이러한 요소들 특히 표현방법이나 피해의 정도 등을 고려하므로 중첩적으로 표현의 사정을 고려하게 되며 기준이 명확하지 못한 점도 문제로 지적될 수 있다.

위에서 본 대법원 판례의 논지를 보면 진실하다고 믿은 데 상당한 이유가 있다고 하기 위해서는 제반의 사정을 고려하여 "적절하고도 충분한 조사를 다하였는가, 내용의 진실성이 객관적이고 합리적인 자료에 의하여 뒷받침 되는가"를 기준으로 하여 판단하여야 한다고 정리하고 있다.

여기서 한 가지 지적할 것은 여러 사정을 종합적으로 고려한 후 상당성의 존부를 판단하는 기준은 객관적이어야 한다는 점이다. 판결에서도 객관적이고 합리적인 자료에 의하여 진실성이 뒷받침되어야 한다는 취지로 이러한 점을 반영하고 있으나 객관적이라는 의미는 자료의 객관성과 함께 법원이 객관적인 입장에서 표현행위자의 진실오신에 상당한 이유가 있는지를 판단하여야 한다는 의미로 해석된다. 따라서 표현행위자의 특이사정은 고려대상이 아니며 그 경우에 보편적인 지식을 갖춘 사람, 보편적인 언론종사자라면 객관적으로 보아 진실하다고 믿은 데 상당한 이유가 있을 것이라는 판단에 의하여 상당성 유무를 가리는 것이 타당하다.

또 한 가지 상당한 이유의 판단 기준으로 언급하고자 하는 것은 이와 같은 상당한 이유는 그러한 표현행위의 시점에 존재하여야 한다는 점이다. 이는 표현의 결과적인 정당성을 가리는 문제라기보다는 행위 시의 표현의 정당성을 가린다는 측면에서 이해될 수 있다. 우리나라의 하급심판결로 "…언론보도에 있어서 그 내용이 진실이라고 믿을 상당한 이유가 있었는지의 여부는 기사 내용을 취재하여 기사를 작성하는 당시를 기준으로 판단하여야 할 것인바…."라고 하여 기사의 작성당시를 기준으로 상당성 유무를 판단하여야 하고 그 이후의 사정은 고려의 대상이 아니라고 판시한 것이 있고, 일본의 하급심판례에도 진실성증명의 판단시점은 당해 사실의 게재 시이며 그 시점에 존재한 자료를 기준으로 진실성여부를 판단하여야 한다는 것들이 있다.

상당한 이유의 면책에 관한 입증책임 관련, 위법성조각을 주장하는 피고나 피고인이 면책사유의 존재를 증명하여야 한다는 것이 우리 대법원의 입장이며 일본의 판결도 대개 이와 같다. 진실성의 오신에 관한 상당한 이유의 존재에 관하여도 대체적으로 이와 같은 논리에 따라 피고, 피고인 측에 입증책임이 있다고 보인다.

한편 증명의 형식과 정도에 관하여 특히 형사사건에서 논란이 있었으나 근래 대법원은 "…그 증명은 유죄의 인정에 있어서 요구되는 것과 같이 법관으로 하여금 의심할 여지가 없을 정도의 확신을 가지게 하는 증명력을 가진 엄격한 증거에 의하여야 하는 것은 아니라고 할 것이므로, 이때에는 전문증거에 대한 증거능력의 제한을 규정한 형사소송법 제310조의 2는 적용될 여지가 없다고 보아야 한다."고 적시함으로써 형사적인 면책이 문제된 경우에도 증명의 형식과 정도를 완화하였다.

이에 대해 표성수 국민대 교수는 민사사건에서와의 균형을 생각하면 타당한 결론이라고 생각된다는 의견이다. 한편 일본의 판결을 보면 형사사건에 관하여 진실성의 증명은 엄격한 증명을 요하고 또한 합리적인 의심을 용납하지 않을 정도로 증명되어야 한다는 판결이 있으며 나아가 상당성의 입증에 관하여도 증명의 방법 및 정도가 소위 자유로운 증명이나 증거의 우월로는 부족하다고 한 하급심판결도 있다.

일반적으로 법원은 보도 내용이 타인의 명예를 어떤 정도로 훼손하는가에 따라서 언론기관이 취재, 자료의 확보에 있어서 취하여야 할 태도를 달리 보는 경향이 있다. 이 문제가 주로 다루어진 것은 언론이 타인의 범죄를 보도하는 경우이다.

대법원의 판결을 보면 언론의 충분한 취재와 사실 확인을 요구하고 있으며 다른 판결이나 일본의 판결에서도 이러한 취지가 인정된 경우가 적지 않다. 또한 표현내용이 대통령후보자나 저명인사의 사상성 또는 과거전력에 대한 비판을 담고 있는 경우 사회적 평가의 손상이 크므로 보도의 진실성에 대한 증명이 엄격하게 요구된다고 판결한 것이 있고 반면 일본의 하급심 판결로 당해 기사가 정치에 관한 경우에는 보도의 자유를 배려하여야 하므로 보도기관으로서 일단 진실이라고 생각될 정도의 합리적인 자료 또는 근거로 족하다고 그 정도를 완화한 것도 있다.

"…보도내용이 수사가 진행 중인 피의사실에 관한 것일 경우, 일반 독자들로서는 보도된 피의사실의 진실여부를 확인할 수 있는 별다른 방도가 없을 뿐만 아니라 언론기관이 가지는 권위와 진실을 그대로 받아들이는 경향이 있고, 신문 보도가 가지는 광범위하고도 신속한 전파력으로 인하여 사후 정정보도나 반박 보도 등의 조치에 의한 피해구제만으로는 사실상 충분한 명예회복을 기대할 수 없는 것이 보통이므로, 보도내용의 진실여하를 불문하고 그러한 보도 자체만으로도 피의자나 피해자 또는 그 주변인물들이 입게 되는 피해의 심각성을 고려할 때, 이러한 피의사실을 보도함에 있어 언론기관으로서는 보도에 앞서 피의사실의 진실성을 뒷받침할 적절하고도 충분한 취재를 하여야 함은 물론이고…"

언론이 타인의 범죄를 보도하는 경우에 대한 대법원 판결

판례에 의하면 매체가 신속성을 중요시하는 일간지나 방송의 뉴스인지 아니면 주간지, 월간지와 같이 신속성이 덜 한 경우인지에 따라서 취재의 충실성과 자료의 확실성에 대한 요구도 달라진다고 한다. 일간지의 경우 보도의 신속성이 요구된다는 점에서 이 점을 참작하여야 한다는 판결이 있고 월간지에 있어서는 더욱 충실한 자료의 수집이 요구된다는 판결도 있다.

언론이 보도를 하게 된 취재원이 얼마나 믿을 수 있는 자료, 근거인가는 대단히 중요한 문제로서 상당한 이유의 존부에 관하여 거의 핵심적인 부분에 속한다. 취재원이 고도로 신빙성을 가진 것으로서 특별한 문제가 없으면 그대로 보도를 하여도 언론사는 면책되나 그렇지 않은 경우 반드시 피해당사자 등에 대한 확인취재와 객관적인 자료를 확보하여야 한다.

언론기관이 명예훼손으로 제소당하는 것은 제보나 독자적인 정보에 따라 보도한 경우가 많다. 정부기관의 공식발표에 의하여 보도하는 것과 달리 이러한 경우에는 보다 충실한 취재와 확실한 자료를 필요로 한다. 판례는 제보자, 취재원의 단편적인 자료, 근거에 의존한 것만으로는 대개 진실이라고 오신한 데 상당한 이유가 있다고 할 수 없으며 반드시 본인 등의 확인취재를 필요로 한다고 지적한다. 이러한 것이 문제된 사례를 본다.

본인 등 확인 취재가 필요한 경우 언론기관이 지득한 자료만으로 진상의 규명이 어려우면 반드시 확인취재가 필요하고 이러한 확인취재를 다하지 않은 언론기관은 대개 민·형사 명예훼손소송에서 패소하였다. 어떤 경우에 확인취재가 필요한가를 일률적으로 설명하기는 어려우나 앞의 판례와 같이 표현에 관한 여러 사정을 참작하여 그 진실성이 객관적이고도 합리적인 자료나 근거에 의하여 뒷받침되는가에 따라 판단되어야 할 것이다. 판례에 나타난 확인취재의 핵심은 보도로 인하여 피해가 예견되는 당사자 등 핵심자료에 대한 확인이며 본인에 대한 확인이 가능함에도 확인을 하지 아니한 경우에는 대개 언론의 책임이 인정되었다.

다만 몇 사례에서는 이러한 확인을 하지 아니하였더라도 언론에 대한 책임이 부정되었는바 기사의 성격상, 혹은 취재원이 특히 신빙성이 있는 경우, 확보된 자료가 특별한 의심을 불러일으키지 아니할 정도로 확실한 경우가 이에 해당하나 이러한 판결은 예외적인 경우라고 할 수 있다.

보도에 있어서 표제를 잘못 선택하거나 표현을 잘못한 경우 언론은 명예훼손소송에서 불리한 판정을 받았다. 독자나 시청자의 주의를 끌기 위하여 자극적이거나 선정적인 혹은 단정적인 표제, 표현을 사용하는 것은 상당성의 문제라기보다 그 이전의 단계, 즉 보도목적의 공익성 등에서 언론 측의 면책주장을 부정하는 요소로 작용하나 더러 상당한 이유와 관련하여 판단된 경우도 있다.

이것은 언론이 취재 등을 통하여 확보한 자료만으로는 보도 내용의 존재를 인정하기 어려움에도 불구하고 그 범위를 벗어나 단정적인 표현을 사용하거나 나아가 대상자에 대하여 부적절한 평가를 함으로써 그러한 표현이 진실이라고 믿은 데 상당한 이유가 없다고 판단된 경우이다. 우리 판례로 혐의의 단계에 불과함에도 이를 단정적으로 표현하거나 그러한 인상을 주도록 편성하여 보도함으로써 책임이 인정된 사례가 있는가 하면 반대로 의혹의 정도를 객관적으로 보도하여 책임이 부정된 사례도 있다.

또한 일본의 판례로 범죄혐의를 받고 있는 자에게 '극악인(極惡人) 사형을', '희대의 악인' 등 과격한 표현을 사용한 경우 이는 사실의 적시에 범인의 악성을 강조한 논평의 성격을 갖는 것으로 경우에 따라서는 언론이 범인의 악성에 대한 평가를 할 수도 있을 것이나 이에는 고도의 확실한 자료가 필요하며 혐의를 받고 있는 정도로 이러한 표현을 하는 것은 상당한 이유가 없다고 한 것들이 있다.

이와 직접 관련된 것은 아니나 범죄보도에 있어서 피의자의 특정과 관련한 판결들이 선고되어 주목된다. 범죄혐의자의 실명을 공개하는 것에 대하여 우리 대법원은 공적인 인물이 아닌 경우 일반 국민들이 범인이 누구라는 것까지 알아야 할 정당한 이익이 있다고 볼 수 없다고 하면서 이는 공공의 이해에 관한 사실이 아니라고 판단하였다. 한편 일본의 하급심판례 중에는 범죄혐의자의 특정은 공공의 중요한 관심사라는 전제하에 여러 가지 요소를 고려하여 실명여부를 결정하여야 한다고 판시한 것이 있다.

대법원 판례(2007. 6. 29., 선고, 2005다55510, 판결)는 언론매체의 보도를 통한 명예훼손에 있어서 행위자가 '보도 내용이 진실이라고 믿을 만한 상당한 이유'의 존부에 대한 판단 기준을 제시하는 가운데 언론기관이 수사가 진행 중인 범죄혐의사실을 보도함에 있어 취해야 할 주의의무의 내용에 대해 판시하였다.

> 보도 내용이 수사기관이나 그에 준하는 국가기관 등에 의하여 수사 또는 조사가 진행 중인 범죄혐의사실에 관한 것일 경우, 일반 독자들로서는 보도된 범죄혐의사실의 진실 여부를 확인할 수 있는 별다른 방도가 없을 뿐만 아니라 언론기관이 가지는 권위와 그에 대한 신뢰에 기하여 보도 내용을 그대로 진실로 받아들이는 경향이 있고,
>
> 언론매체의 보도가 가지는 광범위하고도 신속한 전파력으로 인하여 사후 정정보도나 반박보도 등의 조치에 의한 피해구제만으로는 사실상 충분한 명예회복을 기대할 수 없는 것이 보통이므로, 보도 내용의 진실 여하를 불문하고 그러한 보도 자체만으로도 범죄혐의자나 피해자 또는 그 주변 인물들이 입게 되는 피해의 심각성을 고려할 때, 이러한 범죄혐의사실을 보도함에 있어 언론기관으로서는 보도에 앞서 범죄혐의사실의 진실성을 뒷받침할 적절하고도 충분한

> 취재를 하여야 함은 물론이고,
>
> 보도 내용 또한 객관적이고도 공정하여야 할 뿐만 아니라, 무죄추정의 원칙에 입각하여 보도의 형식 여하를 불문하고 혐의에 불과한 사실에 대하여 유죄를 암시하거나 독자들로 하여금 유죄의 인상을 줄 우려가 있는 용어나 표현을 사용하여서는 안 된다고 할 것이고,
>
> 한편 보도한 범죄혐의사실의 진실성에 관한 오신에 상당성이 있는지 여부는 보도 당시의 시점에서 판단되어야 하지만 보도 당시의 시점에서 판단한다고 하더라도 그 전후의 수사과정과 밝혀진 사실들을 참고하여야 보도시점에서의 상당성 여부를 가릴 수 있는 것이므로, 보도 후에 수집된 증거자료도 상당성 인정의 증거로 사용할 수 있다.

대법원 판례(2007. 6. 29., 선고, 2005다55510, 판결)

언론 보도는 타인의 인격권과 자주 충돌한다. 진실오신의 상당성 문제는 양립하기 어려운 언론의 자유와 인격권의 두 가지 가치를 어떻게 조화시키느냐에 있다. 박용상 전 언론중재위원회 위원장은 "진실 오신(誤信)에 상당한 이유가 있는 경우 명예훼손의 책임으로부터 면책시키는 법리는 표현의 자유와 인격권의 조화를 위한 것이다."라고 주장한다. 언론의 자유가 민주사회의 유지에 절대 필요한 만큼 그 보장에 소홀해서는 안 되는 것처럼 명예 등 인격권이 개인의 존엄한 권리의 하나로 결코 경시되어서는 안 된다.

이러한 권리의 충돌 상황에서 국가적, 사회적 영향이 큰 공공적 사안이거나 또는 청렴성이나 행태에 대해 적극적인 문제 제기와 검증의 필요성이 있는 공인일 경우 언론의 자유가 비중 있게 고려되어야 할 것이지만 사적 사안이거나 사인일 경우 언론 자유보다 명

예나 프라이버시와 같은 인격권이 우선적으로 고려되어야만 한다.

공적 사안 또는 공인에 대한 비판적 언론 보도는 민주 시민사회의 유지와 발전을 위해 필수적일 것이다. 하지만 이러한 점을 잘 알고 있는 일부 저질 기자들은 사적 사안을 공적 사안으로 포장하거나 또는 실상은 사적 사건을 다루는 것이면서 큰 틀에서 공적 사안을 다루는 듯 그럴듯하게 포장해놓곤 취재 상대방을 공격하거나 재벌, 정치인, 고위 공무원, 연예인, 스포츠 스타 등이 아닌 사람을 마치 공인인 듯이 포장하기 위해 사인의 사회적 이력을 늘어놓아서 공인인 듯이 부풀리거나 포장하는데 능수능란한 수완을 부릴 여지가 농후하다.

이 상당성의 문제는 언론의 자유와 인격권을 조화하기 위한 법적 장치 중 가장 중요한 부분에 해당한다고 할 수 있으며 법원은 적절한 조화의 논리를 정착시켜 정보를 제공하는 언론이나 기사의 대상이 되는 인권주체에게 행동의 준칙을 제공할 필요가 있다. 앞에서 본 바와 같은 판결을 통하여 기본적인 원칙은 어느 정도 확립되었다고 보이나 현실적인 사안은 천차만별이며 이 원칙을 개별적인 사안에 구체화할 기준은 경험과 판례의 부족으로 아직 확연하게 드러나 있지 않다. 다만 위에서 본 판결들은 실제 중요한 몇 가지 문제점을 해결하였으며 앞으로 관련 쟁점들이 계속 정리되어 나갈 것으로 기대된다.

시민들의 언론에 대한 명예훼손의 주장이 증가하고 있다. 유령

같은 가짜뉴스가 아니라 주요 일간지와 공중파 TV 등에서조차 가짜 뉴스가 빈발하고 있으며 시민들의 인격권에 대한 인식과 침해에 대한 적극 대응의 움직임이 점차 강해지고 있다. 법원은 판결을 통하여 언론의 책임을 강조하는 방향으로 가야 마땅하다.

언론이 진공상태에 존재하는 것이 아니다. 국민이 없으면 국가도 없듯이 시민이 없으면 국가도 없고 시민과 국가가 없으면 언론도 없는 것이다. 언론은 현재의 판결로도 자유로운 보도의 기능이 위축되고 있다고 불만스러워 할 것이나 적어도 거대권력인 언론이 사인을 대상으로 피해를 주었을 경우 법원은 사인의 편에 서야 정의롭다. 억울한 매질을 당한 돌쇠가 신문고를 치고 고을 원님에게 억울함을 호소했더니 오히려 원님으로부터 호통만 듣게 된다면 돌쇠에겐 원한만 남게 될 것이고 이 땅에 돌쇠가 설 자리는 없게 된다.

언론과 명예훼손의 문제에 대한 기초적이고 근원적인 해결책은 명백하고 단순하다. AP통신의 매뉴얼에서 강조된 바와 같이 언론 스스로 사실의 정확성과 논평의 공정성을 잃지 않는 것이다. 판례를 통하여 본 바와 같이 명예훼손은 대부분 정확성과 공정성을 상실한 데서 비롯된다. 한편 언론 스스로도 인권에 대한 인식을 새로이 하고 취재의 충실성, 자료의 확실성에 주의를 기울여야 한다. 자기주도 학습능력이 있는 학생에게 교사나 부모의 잔소리할 필요가 적듯이 언론의 자율적인 규제가 정착되면 외부로부터의 규제와 회초리는 감소되어 나갈 것이다.

표준국어대사전을 보면 "국가 대표 팀은 홈그라운드의 이점을 살려, 일방적인 응원 속에 경기를 펼쳐 나갔다."라는 표현이 있다. 필자가 5년간 법적 투쟁을 통해 경험한 바, 진실오신의 상당성이란 언론과 기자에게 '숨 쉴 공간'이 아니라 '홈그라운드'(Home Ground)를 제공해주는 것과 마찬가지이다. 마치 검찰과 법원이 언론의 파워를 감안하여 돈 받지 않고 면죄부(免罪符, Indulgentia)를 파는 것과 비슷하게 느껴질 정도였다.

실제로 법원은 기자가 취재 과정에서 진실 보도를 위해 어떠한 노력을 했는지를 검토하여 상당성 여부를 결정하고 있다. 대법원 1996. 8. 23. 선고 94도3191 판결은 가령, 기자가 의혹이 있는 사실에 대해 관계자의 증언을 폭넓게 확보하여 취재하는 등 정확한 보도를 위해 최대한 노력한 정황이 있다면 법원은 진실 오신에 상당성이 있다고 판단하였다.

필자에게 '진실의 오신(誤信)'이란 마치 미로(labyrinth)를 헤매서 결국 제자리로 돌아오는 뫼비우스의 띠(Möbius strip)와도 같았다. 음악의 도돌이표(repeat sign)와 같으며 군대에서 뺑뺑이 돌리는 기합을 받는 것과 같은 것이었다. 농락당한 느낌이었다. 죽을힘을 다해 싸웠건만 결국 무력감과 좌절감을 느꼈다. 아래 악보를 보라. 필자는 마치 시작 도돌이표와 끝 도돌이표의 D와 E 사이 공간에서 끝 모를 뺑뺑이를 도는 고통을 느꼈다. 첩첩산중과도 같은 것이었다. 낙타가 바늘귀를 통과하는 것과 같은 승산 없는 확률 싸움 같았다.

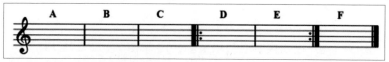

출처 : 위키피디아(2021년 9월 10일 방문)

골프에서 서로 다른 실력의 골퍼들이 함께 경기를 즐길 수 있는 것은 핸디캡(Handicap)이 있기 때문이다. 물론 약자를 배려해주는 조치이다. 그런데 명예훼손 법적분쟁에서 '진실의 오신'이란 오히려 피해자로부터 숨 쉴 공간조차 빼앗는 불의함이 있다. 모든 폭력은 불의함을 동반하기 마련인바 나는 이것이 법치주의라는 문명과 공존하는 야만성이라고 느꼈다.

필자는 가해자가 오신의 상당성을 무적의 방패(Invincible Shield)로 여기고 있는 교만함을 보았다. 그렇기에 문명적인 재판이라면 기자가 진실로 믿었다는 것으로 부족하고 피해자의 피해의 정도를 무엇보다 우선해서 고려해야 마땅하다. "착각했어요. 믿었어요. (나름 열심히) 취재한 거예요. 저 스스로 법정에 증인으로 설 만큼 지금도 굳게 믿고 있어요."라는 가증스럽고 기회주의적 변명을 액면 그대로 인정해주는 건 피해자를 비참하게 만든다.

그리고 보도 기사의 주제와 그 당시의 사회적 배경을 고려해야만 한다. 재판부는 취재기자가 보도내용의 사회적 폭발성(예를 들면 국정원 댓글부대)을 감안하여 그에 마땅한 각별한 주의를 기울였는지 피해자를 보호하기 위해 노력했는지 등을 따져야 한다. 그 시대적 상황도 충분히 고려해야 한다.

시기	내용
2015년 07월	원세훈 국정원장 댓글부대 파기환송 (유무죄 판단보류)
2015년 10월	**경향신문 허위보도 사건발생 (필자를 국정원 댓글부대 배후로 지목)**
2016년 10월	최순실 게이트 논란 및 구속
2016년 12월	박근혜 대통령 탄핵가결(국회)
2017년 01월	김기춘 비서실장, 조윤선 장관, 이재용 부회장 구속
2017년 03월	박근혜 대통령 탄핵선고(헌재) 및 구속
2017년 08월	원세훈 국정원장 댓글부대 파기환송 유죄판결
2017년 11월	국정원장 3명 구속
2018년 03월	이명박 대통령 구속
2019년 01월	양승태 대법원장 구속
2019년 08월	성창호 부장판사 징역형 구형
2019년 11월	국정원 직원 351명 적폐관련 검찰조사
2020년 02월	**항소심 승소 (피고의 상고포기로 소송종결)**

최순실 게이트가 논란이 되면서 이명박·박근혜 정부 적폐청산과 국정원 적폐수사로 흉흉한 판국에 누군가를 국정원 댓글부대 배후라고 몰아붙였을 경우 그 사람과 가족이 받게 될 고통의 무게를 생각해야만 한다. 평온한 시대가 아니라 마녀 사냥의 암흑시대에 마녀로 몰아세운 셈이기 때문이다.

이런 사정을 감안하면 하급 재판부가 대법원의 오신 상당성 판례를 금과옥조로 여겨 기계적으로 적용하는 것은 매우 순진하고 사려 깊지 못한 처사일 수 있다. 기자가 몇 건의 인터뷰를 했다는 것으로 기자로서 할 도리를 했다고 여겨서는 안 된다. 우리는 연필한 자루를 살 때와 아파트 한 채를 장만할 때 모두 의사결정을 하고 선택을 한다. 하지만 그 의사결정의 고려요인과 무게가 절대로 동일하지 않다. 이것은 취재를 하는 기자나 수사를 하는 검사와 수사관이나 재판을 하는 판사 모두에게 적용되는 이치라 할 것이다.

열 길 물속은 알아도 한 길 사람 속은 모른다는 말이 있다. 기자가 "믿었다"고 하는 말을 탄핵하기는 거의 불가능하다. 하지만 기자의 행동과 보도를 보면 알 수 있다. 밖으로 드러난 태도와 행동을 통해 그 기자가 무엇을 믿었는지 드러나기 때문이다. 우리가 빙산의 드러난 일각을 보면서도 물에 잠긴 빙산을 알 수 있는 이치이다.

나치 독일은 유대인들을 사회로부터 격리시키기 위해서, 두 가지 정책을 실시했다. 하나는 미국에서 인디언들을 인디언보호구역에 강제 이주시켜 자유를 빼앗은 것처럼, 유대인들을 게토라고 불리는 특정지역에 감금시킨 것이다. 또 하나는 노란색의 다윗의 별을 반드시 달도록 한 것이다. 사람들의 눈에 띄게 하여 사회에서 격리시킨 것이다. 실례로 안네의 일기로 유명한 안네 프랑크는 은신처로 이동하는 과정을 적으면서, "네덜란드 사람들이 우리들을 가엾게 보았지만, 노란별을 단 우리를 그들은 도와주고 싶어도 돕지 못했다"라고 했다.

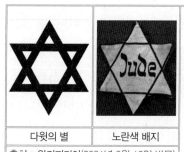

다윗의 별	노란색 배지

출처 : 위키피디아(2021년 9월 10일 방문)

다윗의 별이란 '다윗 왕의 방패'라는 뜻을 가진 히브리어 Magen David에서 비롯되었으며, 유대인과 유대교를 상징하는 표식이다. 다윗 왕의 아들 솔로몬 왕은 이스라엘과 유대를 통합한 후 다윗의 별을 유대 왕의 문장으로 삼았다고 전해지며, 때문에 다윗의 별은 오늘날 이스라엘 국기에 조상의 얼을 기리기 위해서 그려져 있다.

나치 독일은 일반인들 중에서 유태인을 식별하여 게토로 보내기 위해 광장에 사람들을 모아 놓고 게슈타포가 앉은 책상 앞 땅바닥에 '다윗의 별' 표식을 놓고 사람들이 순서대로 책상 앞으로 오도록 했다. 일반인들은 앞에 놓인 다윗의 별을 밟고 책상 앞으로 갔지만 유태인은 다윗의 별을 밟지 못해 게토로 끌려갔고 홀로코스트의 희생이 되었다. 이렇듯 사람의 믿음과 신념은 밖으로 드러나는 법이다.

기자가 오히려 피해자를 괴롭히기 위해 고소고발을 남발하고 (특히 고소한 시점을 보면 그 악의성이 드러난다) 기사를 통해 피해자를 왕따 만들고, 무관하고 기억하고 싶지 않은 기억들을 까발려서 망신 주는 짓거리들은 가해자의 악의(Ill Will, Malice)를 단적으로 드러내는 증거이다. 만약 재판부가 "믿었어요."라거나 "착각했어요."라는 가해자의 말과 그럴 듯하게 포장된 거짓 증거(예를 들면 취재수첩 또는 인터뷰)를 믿고 가해자를 위법하지 않다고 판결하려면 이런 점에서 가해자가 선의(Good will)이었어야 한다.

우리 민법상 선의(bona fide)와 악의는 "착하다와 악하다"의 뜻이 아니라 "선의(= 모른다)와 악의(= 안다)"의 뜻이다. 이 점에서 오신이란 마치 "몰랐다"와 같다. 선의란 어떠한 사정을 알지 못하는 것이고, 악의란 어떠한 사정을 알고 있음을 말한다. 오신이란 사실이 아닌데 사실이라고 믿었다는 것이며 이것은 사실인 줄 알았다는 것이다. 이 말은 '어떤 사정' 즉 '사실이 아니라는 것'을 알지 못했다는 뜻이다.

이 경우 재판부는 과연 기자가 취재와 보도과정에서 충분히 주의를 기울였는지 제반 증거를 살펴보게 된다. 그래서 재판부는 기자가 주의를 기울였다 하더라도 알 수 없었는지 즉 무과실인지, 또는 좀 더 주의를 기울였다면 알 수 있었음에도 충분한 주의를 기울이지 않아 몰랐는지 즉 부주의로 인한 과실인지를 살펴보게 된다. 그런데 이 제반 증거라는 게 가해자인 기자가 제출한 증거들이라는데 문제가 있다.

만약 재판부가 보기에 기자가 나쁜/사악한(evil & wicked) 마음을 먹거나, 진영논리 등에 휩싸여서 상대를 괴롭히는 악질적인 행태였다면 오신의 상당성을 배제하고 가해자를 엄중히 처벌하고 피해자에게 손해 배상을 인정해야 마땅하다. 기자가 "믿었다"는 걸 피해자인 상대방이 입증하기는 어렵다. 따라서 판사가 어떻게 보느냐에 달렸다. 이현령 비현령(耳懸鈴鼻懸鈴)이어서는 곤란하다.

판사는 기자가 사실이라고 믿을만한 상당한 이유가 있었는지 여부를 무엇을 근거로 판단하게 되는가? 이러한 판단을 위해 판사가 보는 증거란 결국 기자가 보도한 기사와 그 보도를 위해 취재한 인터뷰와 전문 등이다. 그런데 오신의 상당성을 잘 알고 있는 기자들은 문제가 생길 경우를 대비해서 미리 빠져나갈 구멍을 만들어 둔다. 알리바이를 만든다.

특히 비정상적인 기레기일 경우 마치 열심히 취재한 듯이 인터뷰를 하고 녹취를 해 둔다. 물론 그 인터뷰라는 게 피해자를 음해하고 비방하고 피해자와 인터뷰 당사자를 오히려 이간질하고 인터뷰 당사자의 말실수를 이끌어 내어 피해자에게 해로운 거리를 만들어 내기 위한 수단뿐인 경우가 많다. 따라서 판사가 이런 걸 증거랍시고 판단의 근거로 삼아 기레기에게 면죄부를 주면 원한을 가진 억울한 피해자를 만들게 된다. 사법부를 불신하게 된다.

2. 언론의 자유와 인격권의 보호
패러다임 시프트

〈언론의 자유〉와 〈인격권의 보호〉를 균형 있게 지키는 길은 무엇인가?

그것은 무엇보다 먼저 인간은 존엄한 존재이지만 "언론은 인간이 아니다."라는 점을 자각하는 데서 출발한다. 대한민국 헌법 제10조는 인간의 존엄성과 기본인권보장 규정으로 우리 헌법 최고의 근본규범이다. 헌법의 개정을 통해서도 위 규정은 폐지될 수 없다. 인간의 존엄과 가치는 모든 기본권 보장의 목적이고 모든 국가권력을 구속한다. 국가는 국민을 위해서 존재하는 것이므로 상호 간에 긴장과 갈등이 발생하면 국민의 이익을 우선한다는 원칙을 천명한 것이다.

대한민국의 헌법이 천명한 인간의 존엄과 가치를 볼 때, 현재 '진실의 오신'의 근거가 되는 대법원 판례는 〈언론의 자유〉에 치우진 감이 있다. 언론은 인간이 아니다. 재판부를 구성하는 판사도 신이 아니라 인간이라는 것을 명심해야 한다. 그리고 "사기꾼은

못 당한다."는 말이 있듯이 글과 말로 온갖 사기를 치는 희대의 사기꾼 기자들의 "사실이라고 믿었다."는 거짓말과 그들의 거짓 증거에 속아서는 안 된다.

그들의 거짓은 그들이 쓴 기사와 행동에 드러난다. 다만 재판부가 〈언론의 자유〉라는 시각이 아니라 〈인격권의 보호〉라는 시각으로 패러다임 시프트하면 된다. 기자가 취재를 위한 상당한 노력을 했는지 여부를 먼저 보지 말고, 기자의 기사와 행동이 피해자의 인권과 인격을 어떻게 대우했는지 먼저 보면 된다. 그러면 모든 게 자명하게 보이기 시작한다. 이것은 "무엇을 먼저 볼 것인가"의 문제이지 〈언론의 자유〉를 외면하라는 권면이 아니다.

from	Paradigm Shift	to
〈언론의 자유〉 시각	→	〈인격권 보호〉 시각
기자 입장	→	피해자 입장
기자가 인용한 인터뷰 확인	→	피해자를 어떻게 묘사했는가?
사실이라고 믿을만한 상당한 이유가 있는가? 취재에 상당한 노력을 기울였는가?	→	이 기사를 왜 썼을까? 기사를 이렇게 쓰는 게 상식에 맞는가?

허블망원경은 우주에 떠 있는 망원경으로 1990년 궤도에 오른 이래, 별과 행성들에 초점을 맞추었다. 그것이 망원경의 목적이었기 때문이다. 그러다 1993년 로버트 윌리엄이라는 천문학자가 허블망원경의 새로운 책임자로 오면서 처음으로 천체가 아닌 다른 것에 관심을 갖기 시작한다. 그는 별이나 행성에 관심을 가진 것이 아니라 아무것도 안 보이는 검은 하늘을 보고 싶어 했다. 우주망원경을 운영하는 데 드는 비용을 생각했을 때 이건 미친 생각이었다.

그러나 아무것도 없다고 생각했기에 단 한 번도 망원경으로 바라보지 않은 검은 하늘에서 무려 만여 개의 은하를 발견했다. 그 은하는 각각 2천억 개의 별로 구성되어 있었다. 이처럼 평소에는 관심을 기울이지 않았던 부분도 사실은 많은 의미를 가지고 있는 경우가 있다. 아무것도 없는 곳인 줄 알았는데 그곳에 수많은 은하가 있었다.

그동안 재판부는 '언론의 자유'에만 초점을 맞춰온 감이 있다. 이제 재판부는 그동안 소외되어 있던 '인격권 보호'와 '인권보호'에 보다 초점을 맞출 필요가 있다. 검은 하늘에 수많은 은하처럼 수많은 개인들이 기다리고 있을 것이다. 칠흑 같은 어둠 속에서 외롭게 숨죽이고 있는 고단한 개인들이 있다. 오직 허블망원경이 그들을 바라보기만을 기다리고 있다.

아마도 강진구뿐만 아니라 명예훼손으로 피의자 신분으로 경찰과 검찰 수사를 받거나 피고 신분으로 법정에 서는 기자들은 예외 없이 자신은 공익을 위해 취재했고 보도했다고 주장할 것이다. 하지만 질문을 던져보자. 예를 들면, 왜 경향신문 혼자만 수년간 단독으로 보도했을까? 경향신문이 1면 탑(Top), 9면 전면(全面) 등 하루에만 해도 9건의 기사와 칼럼 및 하단광고 및 주간경향 표지까지 동원해서 기사 폭탄을 쏟아내는데 다른 모든 매체들은 왜 단한 줄도 보도하지 않았을까?

다른 신문과 방송은 기사가치(news value)가 없다고 보았기 때문이다. 경향신문에 의해서 재단된 사실과 실제 사실에 대해 다른 언론들은 거짓이라고 판단하여 믿지 않았으며 그렇기에 보도하지 않은 것이라고 보아야 합리적이다. 경향신문은 '국정원댓글부대'라는 입맛에 맞는 기삿거리를 활자와 지면의 크기가 주는 위압감을 악용하여 장사가 되는 그럴듯한 상품으로 과대 포장한 것이다.

국정원댓글부대 라는 뉴스 소재의 선정뿐 아니라 뉴스 크기와 그 지속보도를 볼 때 공익을 위한 기사가 아니라 기자의 소아적 공명심과 신문사의 이익이 결합된 여론조작에 불과하다. 2015년 11월2일 부터 3일 연속으로 경향신문 하단에 11월 10일자 주간경향 표지와 목차(국정원 댓글부대 용역업체 회장, 중국과학원 명의도용 가짜 수료증 장사 장차관 동원)를 담은 광고(advertisement)를 내보냈다. 주간경향 잡지를 사보라는 마케팅과 다름 없다.

| 주간경향 1150호 표지 | 경향신문 2015년 11월 2일 14면 하단 통 광고 |

심지어 매 기사마다 [단독]이라는 표시를 달아서 [특종]인 듯 호도했으며 전혀 관련 없는 기사에도 [댓글부대] 제목과 리드문(Lead)을 썼다. 리드문이란 신문 기사의 첫 문장으로써 본문의 내

용을 함축하여 설명할 수 있도록 육하원칙에 따라 구성하고 그 글을 읽으려는 독자들의 관심을 사로잡는 부분이다. 경향신문과 강진구는 필자가 가짜 수료증 '장사'를 했다고 허위보도를 했다. 경향신문과 강진구야말로 필자를 패륜적으로 악랄하게 이용해서 '장사'를 한 것이다.

출처 : 2017년 8월 4일 다음(www.daum.net) 홈페이지 캡처

그리고 이를 갖고 포탈 다음(Daum)에 탑으로 올려서 엄청난 조회 수를 올렸고 기사 어뷰징(abusing)을 통해 클릭 수를 높여서 장사를 한 것으로 보인다. 또한 경향신문 홈페이지에 아예 'KTL 댓

글부대' 섹션을 마치 온라인전용쇼핑몰처럼 만들어 이곳에 들어가면 댓글부대 모든 기사를 원 스톱 으로 읽고 퍼 나를 수 있도록 세일즈마케팅 해 놓았다. 삼척동자가 보더라도 장삿속으로 한 짓이라고 생각하는 게 합리적일 것이다.

언론은 스스로 지면을 통해 기사가치(news value)를 만든다. 기사가치가 없는 기사도 그럴듯한 제목을 붙이고 중요 지면에 비중 있게 보도하고 연속해서 시리즈로 보도하면 중요하지 않은 것도 마치 중요한 기사인 것처럼 환상과 착각(illusion)을 불러일으킨다. 그러나 질문을 해보면 된다. 예를 들면 재판부 스스로 다음과 같은 상식적인 질문을 던져보는 것이다.

> 이 기사의 주인공(예 필자)이 기사 내용처럼 정말 중국과학원 최고위과정의 가짜 수료증을 만들어 팔고 모스크바 국립대 초빙교수가 가짜일 경우라고 가정하자. 이런 경우 적절한 기사의 크기와 횟수는 어느 정도일까? 사회면 단신 한 번이면 족하지 않을까? 그런데 1면 탑, 전면, 칼럼, 반면, 주간경향 표지 등 이게 상식에 맞나? 그리고 칼럼에서 원고를 사기꾼이라고 17회나 언급하는 게 정상적인가?
>
> **재판부가 던져 볼 상식적인 질문**

위와 같이 질문을 던져보면, 누가 보더라도 비방목적의 기사이며, 피해자의 인권과 인격을 짓밟고 있다고 판단이 된다. 이런 시각(Viewpoint)에서 출발해야 하는 게 마땅하다. 기자들은 언론의 자유가 세상 모든 공간에서 지켜져야 할 만고의 진리처럼 여기고 있다. 필자는 언론의 자유를 〈법정 밖의 언론의 자유〉와 〈법정 안의 언론의 자유〉로 구분해야 한다고 말하고 싶다.

언론은 이미 법정 밖에서 거대 권력으로서 통제 불능의 권력을 향유하고 있다. 국민의 알권리는 진실한 보도에 해당하는 것이지 허위사실까지 알권리를 핑계로 면책되어서는 안 된다. 더구나 고의적이고 악질적인 기자들은 법정 밖에서 충분히 언론의 자유를 만끽한 만큼 법정 안에선 만약 법을 위반했다면 그에 상응하는 법의 철퇴를 맞아야 마땅하지 않겠는가.

언론 명예훼손 소송에 있어 재판부는 가해자의 시각이 아니라 피해자의 시각에서 보는 게 옳다. 예를 들면 위안부 문제를 가해자인 일본의 입장과 시각에서 바라보는 것과 피해자인 위안부의 입장과 시각에서 바라보는 것은 천지차이이다.

관련 하토야마 유키오(鳩山 由紀夫, 1947~) 前 총리는 "일본군 위안부 문제는 (일본이) 크게 사과해야 하는 무한 책임의 문제이며 일본은 그분들이 더 이상 사과할 필요가 없다는 말을 할 때까지 항상 사죄해야 한다."라고 말한 바 있다. 선동언론과 악질 기자는 하토야마 前 총리의 말을 귀담아 듣고 반성해야 한다.

필자가 직접 싸워본 바, 언론을 피고로 하는 소송은 그 원고들(공인과 사인을 가리지 않고)에게 피고(언론과 기자) 측으로 유리하도록 기울어진 운동장이었다. 기울어진 운동장 정도가 아니라 피고의 홈그라운드(home ground)였다. 법정 밖은 '기울어진 운동장'이고 법정 안은 '기울어진 저울'이었다. 법정 안과 밖이 모두 언론에 기울어졌다면 이건 편파적이고 정의롭지 못하다.

'잘못'을 저지른 자가 처벌받아야 하고 '피해'에 합당한 배상을 하는 것이 마땅하다. 이것은 교정적 정의(corrective justice)를 거론하지 않더라도 일반인의 상식적인 정의(Justice)의 개념에 맞다. 문재인 대통령은 취임사 전문을 통해 "기회는 평등. 과정은 공정, 결과는 정의로울 것"이고 "특권과 반칙이 없는 세상을 만들겠다."고 말하지 않았던가.

같은 피해자(원고)일 경우라도 그 원고가 유력 정치인이나 재벌과 같은 '강자(强者)인 공인'이 아니라 '약자(弱者)인 사인'일 경우라면 재판부는 약자에겐 비할 수 없이 더 큰 어드밴티지(Advantage)를 인정해줘야 한다.

40년 동안 '정의' 한 주제만을 파고든 정치철학자 존 롤스(John Rawls, 1921~2002)는 사회경제적 불평등이 존재하는 상황에서 상대적으로 약자에게 이익을 주는 것이라면 불평등해도 정의롭다고 말했다.

요약하여 부연하면, 재판부는 언론의 자유가 아니라 피해자의 인권(human rights)과 인격권(personal rights) 보호라는 입장에서 먼저 바라봐야만 한다. 왜냐하면 공인과 사인을 가리지 않고 언론이 법정 밖과 안 모두에서 일방적으로 유리하기 때문이다. 여기에 더해 재판부는 특히 피해자가 (공인이 아니라) 약자인 사인일 경우 더 큰 어드밴티지(Advantage)를 인정해줘야 한다. 약자가 숨 쉬고 살아갈 공간을 마련해줘야 한다.

중세에 로마 가톨릭교회가 금전이나 재물을 바친 사람에게 그 죄를 면한다는 뜻으로 면죄부(免罪符)를 발행하였다. 하지만 중세 시대의 면죄부뿐만 아니라 오늘날의 상식으로도 돈 많고 '빽' 좋은 누군가의 악행 및 비행들을 미화하려고 하거나, 혹은 가벼운 솜방망이식 처벌만 내리려고 하는 것을 면죄부를 준다고 표현한다. 면죄부를 준다는 말이 책임이나 죄를 없애 주는 조치나 일을 비유적으로 이르는 말로 쓰이는 것이다.

그러나 혹시라도 재판부의 가벼운 솜방망이 판결이 언론에 면죄부를 준 것이라고 선동언론이 생각하면 큰 오산이다. 중세 신학에서 면죄부는 죄를 사해주는 것이 아니라 죄에 따르는 벌을 면해주는 효능을 가질 뿐이기 때문이다. 죄인은 단식, 자선과 순례 등의 '벌'로 속죄하여야 했다. 생전에 그 일을 하지 못한 사람들은 연옥에서 오랜 고통을 받아야 한다. 그리고 면벌부(免罰符)라는 말이 암시하듯, 죄(罪)는 영원히 사라지지 않는다.

독일 막스 프랑크 연구소의 게르트 기가렌처(Gerd Gigerenzer, 1947~)는 그의 책 〈생각이 직관에 묻다(Gut feelings)〉에서 우리의 지성이 우리의 생각처럼 논리의 법칙에 인도되는 의식적인 행동이 아니라고 말하면서 미국의 공항에서 마약 밀수꾼들을 검거하는 단속요원들이 처한 문제를 흥미롭게 소개한다.

마약밀수꾼을 검거하는 데 있어서 다년간의 경험이 있는 수사관은 어떤 용의자를 볼 때 그나 그녀가 마약을 가졌는지 그렇지 않은가에 대한 감(gut feelings)을 느끼는 일이 있다. 뭐라 정확히는 그 자신도 말할 수 없지만 그는 사람들의 행동에서 뭔가 수상한 점을 느낀다. 마약밀수꾼도 마찬가지다. 그들도 딱히 왜 그런지는 말할 수 없지만 경찰을 쉽게 알아본다. 그것은 주변을 둘러보는 태도일 수도 있고 들고 있는 가방을 확인하는 버릇일 수도 있다. 하지만 그게 뭔지는 정확하지 않다. 그건 그저 감이다. 그리고 그 감에 따라 그 용의자를 수색해 보면 역시 종종 마약이 발견되곤 하는 것이다.

그런데 그 수사관이 판사 앞에서 섰을 때에는 문제가 발생한다. 판사는 사법당국이 이유 없이 시민을 수색하지 못하도록 막을 의무가 있다. 경찰이 아무나 맘대로 수색하고는 자기 기분이 좋지 않았기 때문이라고 말해도 된다면 그것은 시민들에 대한 모독과 억압이 될 것이다. 그래서 판사는 수색영장을 발부하기 전에 수사관에게 애초에 왜 이 사람을 수색해야만 하냐고 물을 수 있다. 영장 없는 불법수색으로 발견된 범죄의 증거는 증거로서의 효력이 없어지게 되므로 이런 판사의 질문에 대해서 단속요원이 그저 감이 그렇다고 대답하면 문제가 생기게 된다.

그래서 수사관은 용의자를 수색해야만 하는 논리적인 이유를 꾸며댄다. 사실 솔직하게 말하면 자신도 설명할 수 없는 주관적인 직관(intuition) 때문에 용의자가 마약을 가지고 있다는 것을 느낀 것이지만 그는 뭔가 말이 되는 객관적인 이유를 대야 한다. 자기 스스로에게도 그건 그래서라고 설득해야 한다. 자신은 논리적인 이유로 그렇게 행동했다고 말이다.

게르트 기가렌처 〈생각이 직관에 묻다〉

이런 수사관의 처지는 프로야구선수와는 매우 다르다. 우리는 프로야구선수가 홈런을 쳤을 때 어떻게 홈런을 칠 수 있었냐고 묻기는 하지만 그 대답을 제대로 못했다고 해서 홈런을 취소시키지는 않는다. 다시 말해서 프로 야구선수는 자신이 왜 이런 저런 행동을 하고 선택을 했는가를 설명할 수 없어도 경험적으로 그 결과가 좋으면 좋은 선수로 인정받는다. 설사 그것이 논리적이라고 해도 이번에는 앞발에 좀 더 힘을 빼야 했어 라는 식의 의식적인 생각이 반드시 홈런을 만드는 것은 아니다.

그러나 수사관의 경우에는 문제가 좀 더 복잡하다. '감(感)'이나 '촉(觸)'으로 사람들을 수색하는 요원은 판사나 시민들로부터 불신 어린 시선을 받게 되기 쉽다. 이러한 이치는 기자에게 적용해볼 수 있다. 자신의 감을 믿고 즉흥적인 판단을 잘 해서 성공해왔다고 믿는 베테랑기자들이 있다. 인용문의 등장인물 중의 마약수사관을 기자로, 용의자를 취재원으로 바꿔보라.

마약수사관	솔직하게 말하면 자신도 설명할 수 없는 주관적인 직관 때문에 용의자가 마약을 가지고 있다는 것을 느낀 것이지만 그는 뭔가 말이 되는 객관적인 이유를 대야 한다. 자기 스스로에게도 그건 그래서라고 설득해야 한다. 자신은 논리적인 이유로 그렇게 행동했다고 말이다."
기자	솔직하게 말하면 자신도 설명할 수 없는 주관적인 직관 때문에 취재원이 ( )라고 느낀 것이지만 그는 뭔가 말이 되는 객관적인 이유를 대야 한다. 자기 스스로에게도 그건 그래서라고 설득해야 한다. 자신은 논리적인 이유로 그렇게 행동했다고 말이다."

몇 년간 소송을 하며 알게 된 사실 중 하나는 기자들은 '합리적 의심'이란 말을 입에 달고 산다는 것이다. 자신들이 갖는 '의심'은 '합리적'이라는 강변이다. 강진구도 필자와 주고받은 문자를 통해 자신이 내게 '합리적 의심'을 제기하는 것이라고 주장했다. 이게 무슨 뜻일까? 정영목 통번역대학원 교수가 한겨레에 기고한 칼럼이 흥미롭기에 일부 편집하여 소개한다.

> 언제부터인가 '합리적 의심'이라는 말이 눈에 자주 띈다. 명백한 증거는 없지만 어떤 잘못이 있다고 추측할 때 이 표현을 사용하는 듯한데, 의심이라는 말도 거북하지만 그 앞에 합리적이라는 말이 붙으니 숨이 턱 막힌다. 합리성을 선점, 독점하여 의심에 대한 반박을 비합리적이라고 몰아붙이려는 비합리적 태도가 엿보이기 때문이다. 또 입을 다물고 있으면 합리성에 굴복한 것이고 그로써 잘못은 입증되었다고 비합리적인 선언을 해버릴 것 같기 때문이다. 합리성이 도구가 되었다는 말은 들은 지 오래지만 이 정도면 거의 무기 수준인 듯하다. (후략)
>
> **'합리적 의심'의 종류 (한겨레 2021년 5월28일)**

데카르트는 모든 걸 의심한다. 신의 존재도 의심한다. 모든 걸 의심하고 있지만 내가 의심하고 있다는 사실은 의심할 수 없다. 그래서 의심하는 내가 있다는 걸 알 수 있다. 이게 그 유명한 코기토 에르고 숨(라틴어: Cogito, ergo sum, 해석: 나는 생각한다. 그러므로 나는 존재한다.)이라는 명언이다. 데카르트의 의심은 doubt 이다.

한편 형사소송법에는 "범죄 사실의 인정은 합리적인 의심이 없는 정도의 증명에 이르러야 한다."는 구절이 있다. 가령 미국의 유죄 확정 과정에서 법적 입증의 수준은 대체로 육감, 합리적 의심, 상당한 근거 순서로 엄격해지며, 마지막으로 합리적 의심의 배제라는 관문을 통과해야 한다. 여기에도 합리적 의심이라는 말이 반복되지만, 이것은 우리가 통상 suspicion과 doubt를 모두 의심이라고 번역하기 때문에 생긴 일이다.

그러나 둘은 다른데, 그것은 "I doubt that's true."와 "I suspect that's true."라는 예를 보면 알 수 있다. 앞은 그게 사실

이 아니라고 의심하는 것이고, 뒤는 사실이라고 의심하는 것이다. 쉽게 예를 들면 다음과 같다.

빵소니 사건이 일어났다. 누군가(A)가 범인이라고 의심된다. 이 때 갑과 을 두 사람은 서로 다른 방식으로 A에 대해 '의심'을 할 수 있다. 말하자면 갑은 "A는 범인이 아닐 것이다."라고 생각한다. 한편 을은 "갑은 범인일 것이다."라고 생각한다.

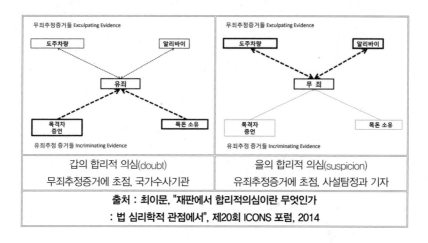

출처 : 최이문, "재판에서 합리적의심이란 무엇인가
: 법 심리학적 관점에서", 제20회 ICONS 포럼, 2014

이렇게 생각하기 위해서는 갑은 A가 범인이 아닌 근거와 증거를 찾고, 을은 A가 범인이라는 근거와 증거를 찾게 된다. 갑은 A가 범인이 아니라고 생각되는 근거들을 찾고 또 찾다가 아무리 봐도 A가 범인일 수밖에 없다는 생각이 들면 그때 A를 범인이라고 결론 내린다. 한편 을은 A가 범인이라는 근거가 어느 정도 마련되면 A가 범인이라고 결론 내린다.

인기드라마 〈로스쿨〉을 보면 국민 참여재판에서 합리적 의심

(reasonable doubt)의 정도를 설명하는 수단으로 이른바 '코끼리 퍼즐'을 사용하는 경우가 있다. 커다란 코끼리 그림이 그려진 퍼즐 장난감은 50개의 퍼즐조각들로 구성되어 있다.

그 퍼즐조각들 중 6~7개만 맞추었을 때는 그냥 회색이 칠해진 조각들이 흩어져 있구나 싶다. 20여개를 맞추자 회색의 기다랗게 늘어진 무언가가 코끼리 코인가 싶기도 하지만 단정할 수 없다. 그러면 44~45개를 맞추면 어떠할까. 몇 부분 구멍이 있지만 회색몸통과 커다란 귀와 기다란 코. 보통 사람들은 이것을 코끼리라고 말할 것이다.

이때 이것을 코끼리라고 하지 않고 의심하는 것은 더 이상 합리적인 의심이라고 할 수 없으므로 44~45개의 퍼즐을 맞춘 정도라면 합리적 의심이 없는 증명이 되었다고 설명하는 식이다.

초기 기독교의 역사에서, 의심을 품고는 있지만 무고한 사람에게 유죄평결을 내리는 사람들은 큰 죄를 짓는 것이라고 여겨졌다. 윌리엄 블랙스톤은 이미 1765년에 "열 명의 범죄자들을 풀어주는 것이 한 명의 무고한 사람을 가두는 것 보다 낫다."라고 말했다. 이런 점에서 보면 '합리적 의심을 넘어서'라는 원칙은 배심원들에게 그들이 안전할 것이라는 점을 재확인시켜 주는 것이다.

경찰, 검찰과 같은 국가수사기관과 법원은 지목된 누군가가 범인이 아닐 거라는 의심 즉 doubt에서 시작해야 한다. '무죄추정의

원칙'을 명심해야 한다. 그래서 45개 이상의 조각이 맞춰지고 누가 보더라도 코끼리(여기서 범인)가 맞게 보일 때 비로소 무죄추정원칙을 깨고, 영가설(零假說, null hypothesis)을 깨고 범인이라고 판단해야 한다.

한편 기자는 누군가가 범인일거라는 의심(suspicion)을 갖고 취재에 응하기 쉽다. 그래야 쌈빡한 기사거리가 되기 때문일 것이다. 사건, 범죄, 분란, 전쟁이 기사거리이지 화목, 평화는 흥밋거리가 안 되기 때문이다.

문제는 취재와 보도의 속성이 '황색'(= Yellow Journalism 의미)이기에 죄 없는 사람을 죄인으로 만들 수 있다는 위험성을 경계해야 한다. 선동언론의 쓰레기 기자는 섣부른 추측으로 기획기사를 쓴다. 그리곤 분쟁거리가 되면 부랴부랴 알리바이를 만든다. 그러다 보니 자신이 그 기사를 쓴 이유 즉 누군가를 범인이라고 지목했던 이유, 또는 자신이 그걸 진실이라고 믿었던 이유가 18개에서 25개, 30개식으로 계속 늘어난다.

기레기는 자신이 궁지에서 벗어나기 위해 무고한 사람을 파멸의 구덩이에 밀어 넣는 짓을 서슴지 않는다. 자신의 죄악을 감쪽같이 감출 아이디어와 알리바이가 마련될 때 '신의 한 수'라거나 '히든 카드(hidden card)'를 외친다. 자신의 똑똑함을 혼자만 알고 있는 걸 견딜 수 없기에 TV와 신문에 자신의 영웅적 행동을 자랑질한다. 범인은 반드시 흔적을 남긴다.

언론의 고의중과실에 의한 허위조작 보도에 대해 최대 5배 손해배상청구를 규정했던 약칭 '언론중재법' 개정에 대해 사회가 시끄러웠다. 언론과 그 동업자들은 '독재망령'이라고 거품을 물었지만 '기레기'라는 모욕적인 표현이 유행어처럼 사용되고 있는 현실에서 보듯 일반 국민들은 이참에 언론이 바뀌어야 한다는 여론이 대세인 것으로 보인다. 시민들이 바라는 것은 피해자들에 대한 실질적 피해구제일 뿐이다.

정준희 한양대 겸임교수는 언론이 말하는 자유 중에 대표적인 이 언론 자유는 다른 언론의 자유를 억압하기도 하고, 다른 사람들의 표현의 자유를 억압하는 방식으로 쓰이고 있는데도 특정한 언론 자유는 무한정 보장 받아야 될 것처럼 이야기하며 이것에 손대는 것은 독재국가로 회귀하는 것처럼 두려움을 양산해낸다고 언론계를 비판했다.

관련 신뢰받는 냉철한 언론인의 몰락을 다룬 〈더 로드: 1의 비극〉의 결말이 흥미롭다. 영향력 있는 언론인 백수현(지진희 분)은 오랫동안 탐사 취재한 보도를 앞두고 있다. 백수현은 제강그룹회장 서기태(천호진 분)의 비자금의혹을 취재하면서 나락으로 떨어진다. 백수현은 자신을 "진실보도의 신념을 갑옷처럼 입은 위선자"로 규정하면서 무너진다.

진실보도라는 신념의 왜곡과 확증편향, 그리고 기자로서의 헛된 사명감이 과잉되면 사회적 공기로서 언론의 역할을 수행하기 어렵다. 드라마 내용처럼 비극은 도처에 있고 구원은 어디에나 있다. 비록 황폐하고 쓸쓸하더라도 거짓과 위선과 자기기만의 탈을 벗고 진실에 직면(confrontation)할 때 한 줄기 구원이 있지 않을까?

명예훼손 고의(故意)? 미필적 고의?

미필적 고의(未必的故意, gross negligence)란 자기의 어떤 행위로 인해 범죄 결과가 일어날 수 있음을 알면서도 그 행위를 행하는 심리 상태를 말한다. "내가 하면 누가 죽을지도 몰라. 그렇지만 누군가 죽어도 할 수 없지"라는 인식으로 요약될 수 있다. 예를 들어, 통행인을 칠 수 있다는 것을 알면서도 골목길을 차로 질주하는 경우, '피해자가 죽을 수도 있겠다'라는 생각을 하면서도 폭행을 지속하는 것'을 '미필적 고의가 있다'라고 말한다.

기자는 가설(hypothesis)을 세우지 말아야 한다. "있는 사실(fact)을 사실 그대로" 보도하면 된다. 그렇지 않을 경우, 자신의 주관적 확률과 소망적 사고에 기초해서 "드러났다."거나 "확인되었다."는 식의 무책임한 보도를 하게 될 위험이 다분하다. 이런 오보는 객관적 오보가 아니라 주관적 오보이며 특히 기자가 악의(malice)를 가지고 조작과 날조보도를 했을 경우 비방 목적의 고의(criminal intent) 또는 미필적 고의(gross negligence)에 의한 것으로 처벌받아야 마땅하다.

김상준 변호사는 2017년 11월 매일경제에 기고한 〈숙고와 직관 사이의 논쟁〉이란 글에서, 자신이 판사 시절 과연 재판 시작에서 판사가 빈손으로 법정에 들어오게 하는 것이 편견을 막는 일인지, 그렇게 재판을 시작하면 후일 편견을 갖지 않는다는 보장은 있는 것인지. 오히려 마음의 준비를 단단히 해 두지 않았다가 거짓 증거에 휩쓸릴 위험은 없는 것인지 늘 마음에 걸렸다고 밝히고 있다. 그의 글을 인용한다.

> 실제로 재판을 끝까지 해도 진상이 확연히 분간되지 못하는 사건이 심심치 않게 있다. 이 말을 들어보면 그런 것 같고 또 저 말을 들어보면 그 말도 옳은 것 같다. 재판을 거듭하다 보면 두툼한 기록 무더기만 쌓이게 되고 갈피를 잡지 못한 채 이런저런 가정적 추론을 가지고 혼미에 빠지곤 한다. 그렇기 때문에 재판을 시작할 때 아무것도 알지 못하게 한 채 법정에 들어오는 것에 불안감을 가질 수도 있다.
>
> 〈숙고와 직관 사이의 논쟁〉 (김상준 변호사 기고문, 매일경제 2017년 11월 24일 30면)

과연 판사들은 당해 사건에 적용될 법률과 법조문을 대전제로 하고 인정된 사실을 소전제로 하여 논리적이면서도 단계적 추론 과정을 거쳐 결론에 이르는 것인가? 아니면 적용법규를 검토하기도 전에 이미 사건 결론에 대해 선호하는 견해를 가지고 있는 것일까? 후자에 따르면 판결이란 결국 판사들이 정의관념, 이념, 공공 정책적 선호도, 판사 개인의 개성과 같은 것에 기초하여 내린 결론을 나중에 합리화하는 작업의 소산인 셈이다.

경찰과 검찰의 수사와 법원의 재판과정에서 수사관, 검사 및 판사는 기자가 취재과정에서 상당한 주의를 기울였는지 고려함과 동시에 기자가 객관적 확률과 반례와 반증을 정당하게 살펴보았는지 고려해야만 한다. 기자가 보고 싶은 것만 보는 믿음을 갖고 그 믿음에 일치하는 증거를 아무리 열심히 모았다고 하더라도 그 반대의 입장에 모순되는 반례와 반증들을 애써 무시하거나 외면했을 경우 이것은 고의 또는 미필적 고의라고 판단함이 바람직하다.

재판을 하는 판사의 마음도 직관과 숙고가 교차하는 과정 속에 있을 것이다. 직관이 빠르게 먼저 등장하고 여기에만 머물다 보면 자칫 편견의 노예로 전락할 수 있다. 대량 정보의 확산 시대에 들어와 이런저런 재판외적 정보의 노출이 심하다. 그런 정보 중에는 편파적이거나 허구적인 것도 심심치 않게 섞여 있을 터. 이를 잘 분간해 내어 좋은 재판을 해야 억울한 사람을 만드는 우(愚)를 범하는 것을 줄일 수 있을 것이다.

재판부는 원고(피해자)와 피고(가해자, 언론)의 사실주장과 증거가 대립할 경우, 대립한다는 이유로 법원의 판단을 유보하고 손쉽게 언론이 취재과정에서 적절한 취재를 위한 노력을 한 것으로 보아서는 절대 안 된다. 모순되는 증거상황라면 더욱 적절한 취재를 해야 했음이 마땅함에도 불구하고, 자신의 취재가 옳다는 주관적 믿음으로 보도한 것 자체가 문제이기 때문이다. 특히 그 보도로 인해 피해자의 인권과 인격권이 심하게 침해되었을 경우, 피해자의 손을 들어주어야 정의(Justice)에 합치할 것이다.

저울(balance)은 라틴어 bi(두 개)+lanx(접시) Abilanx(두 개의 접시)에서 비롯된 단어로 고(古)프랑스어 balance를 그대로 영어로 차용한 것이다. 한 개의 가로대에 두 개의 접시를 달아 그 위에 물건을 올려놓아 균형을 이룰 때 바로 양쪽의 무게는 같다는 원리에서 바로 저울(천칭)이 만들어진 것이다. 이처럼 저울이 공정거래에 기초가 됨으로써 나중에는 정의(justice)를 상징하게 되었다. 오류를 범한 저울은 그 어느 경우든 '정의를 실현한 저울'은 아니다.

존 롤스에 따르면 불평등한 사회에서 최소 수혜자인 소수의 불평등자가 그 사회를 정당하게 여긴다면 그것은 정당한 사회라 할 수 있다. 그리고 그 정당한 불평등을 허용할 수 있는 방법이 바로 절차적 정의이다.

화투놀이를 생각해보자. 고스톱에서 돈을 잃었을 때 우리는 억울하다고 느끼는가? 그렇지 않다. 우리가 억울하다고 느끼는 경우는 돈을 잃었을 때가 아니라 누군가가 속임수를 쓰거나 게임의 진행이 불공정하게 이루어졌을 때이다. 그것은 우리가 게임을 시작하기 前 게임 규칙에 자발적으로 동의했기 때문이다. 이것이 바로 절차적 정의이다. 쉽게 말해 게임의 법칙이 공정하다면 게임의 불평등한 결과 또한 공정하다는 것이다.

롤스는 자신의 견해인 순수 절차적 정의를 설명하기 위해 절차적 정의의 유형을 세 가지로 구분한다. 첫째, 완전한 절차적 정의이다. 어떤 결과가 정의로운지 결정하는 독립적인 기준이 존재하며 또한 그런 결과를 보장하는 절차도 존재한다. 예를 들면 피자 분할이다. 그는 다음과 같이 말했다.

몇 사람이 피자를 나눈다고 할 때 공정한 분할을 동등한 분할이라고 한다면 도 대체 어떤 절차가 이런 결과를 가져올 것인가? 전문적인 방법을 제외하면 분 명한 해결책은 어떤 한 사람이 피자를 자르고 다른 사람들이 그보다 먼저 피자 조각을 집어가게 한 후 그는 나중의 조각을 갖는 것이다. 이 경우에 그는 피자 를 똑같이 자를 것인데, 왜냐하면 그렇게 해야 자신에게도 가능한 최대의 몫이 보장되기 때문이다.

존 롤스의 〈정의론(A Theory of Justice)〉 중 '완전한 절차적 정의'

둘째, 불완전한 절차적 정의이다. 올바른 결과에 대한 독립적인 기준은 이미 존재하지만 그것을 보장할 만한 절차가 없다. 예를 들면 형사재판이다. 롤스는 다음과 같이 말했다.

형사 재판의 바람직한 결과는 피고가 자신이 고발당한 범죄를 저지를 경우에 만 그에게 유죄판결이 내려지는 것이다. 재판절차는 이러한 관점에서 진실 여 부를 조사하고 확인하기 위해 이루어진다. 그러나 언제나 올바른 결과를 가져 오도록 법의 규칙들을 정한다는 것은 불가능하다고 생각된다.

재판에 관한 이론은 법의 다른 목적들과 더불어 이러한 의도를 가장 잘 달성해 주리라고 생각되는 모든 절차와 증거의 규칙 등이 어떠한 것인가를 검토하고 있다. 언제나 그런 것은 아니나 적어도 대체로 상이한 여건 아래서는 상이한 심문체제가 정당한 결과를 낳으리라고 기대하는 것은 당연하다.

그런데 재판은 불완전한 절차적 정의의 한 예다. 비록 법을 주의 깊게 따르고 절차를 그대로 공정하게 밟는다 해도 그릇된 결과에 이를 수도 있다. 죄 없는 사람이 유죄를 선고 받을 수도 있고 범인이 풀려날 수도 있다. 이런 경우를 우 리는 그릇된 심판(Miscarriage of Justice)이라 할 수 있는데, 그 부정의는 인간의 잘 못으로부터 생겨는 것이 아니고 법적인 규칙의 의도를 그르치는 우연한 여건들 의 결합에 의한 것이다. 불완전한 절차적 정의의 두드러진 특징은 올바른 결과 에 대한 독립적인 기준은 있으나 그것을 보장할 만한 절차가 없다는 것이다.

존 롤스의 '정의론' 중 '불완전한 절차적 정의'

마지막으로 올바른 결과에 대한 독립적인 기준은 없으며, 그 대신에 바르고 공정한 절차가 있어서 그 절차만 따르면 내용에 상관없이 그 결과도 바르고 공정하게 된다. 즉 공정한 절차가 그 결과에 공정성을 부여한다. 도박이 대표적인 예이다.

> 몇 사람이 일련의 공정한 내기에 가담했다면 마지막 판이 끝난 후의 현금 분배는 내용에 상관없이 공정하거나 적어도 불공정하지는 않을 것이다. 여기에서 가정된 공정한 내기란 이득에 대한 0의 기댓값을 갖는 내기이며 그 내기가 자발적으로 성립되고 아무도 속이지 않는 것이다.
> **존 롤스의 '정의론' 중 '순수 절차적 정의'**

　존 롤스는 사회계약론의 전통을 계승해 정의의 원칙을 사회적 합의의 대상으로 간주한다. 정의의 원칙은 신의 계시나 자연법을 통해 주어지는 것이 아니라 사회 구성원들이 합리성과 정의감을 바탕으로 합의를 통해 구성하는 것이다. 결국 롤스에게 있어서 정의는 공정성으로서의 정의이고 이때의 공정성이란 절차의 공정성을 가리킨다. 사회 구성원들이 공정한 절차를 거쳐 일정한 정의 원칙에 합의한다면 그러한 정의원칙은 정의로운 것이 된다.

　롤스가 말하는 공정한 절차는 사회 구성원들이 자유롭고 평등한 상태에서 출발한 합의에 도달해야 한다. 그래서 그가 고안해 낸 것이 '원초적 입장'이다. 합의를 위한 최초의 출발점이 공정한 상태가 되게 하기 위한 것이다. 여기서 구성원들은 '무지의 베일' (the Veil of Ignorance)을 쓰고 있기 때문에 자신의 선천적 능력이나 지위 등을 전혀 모른다고 가정한다. 만약 자신의 능력이나 지위를 알고 있다면 뛰어난 사람들은 자신에게 유리한 정의원칙을 선택하려고 할 것이다.

쉽게 말하면, 분배원칙을 정할 때 계급장 떼고 자기가 누군지 모르는 상태에서 정해야 한다는 것이다. 성별, 학력, 지위, 재력 등 모든 임의적 요소가 개입하지 않을 때 가장 공정한 분배 규칙이 정해질 수 있다는 것이다. 이런 원초적 입장에서 개인의 득징은 '무지의 베일'과 '상호 무관심한 합리성' 그리고 '정의감'이다.

사회는 도박판이 아니다. 따라서 절차만 공정하다면 그 결과를 묻지 않는 것은 약자를 위한 정의에 합당하지 않다. 그렇다면 과연 이미 사회경제적으로 유리한 고지를 선점하고 있는 사회적 강자와 기득권자들이 정의의 원칙 또는 완전한 절차적 정의를 실현하기 위해 굳이 원초적인 입장인 무지의 베일을 쓰려고 할 것인가? 그리고 불완전한 절차적 정의를 개선하기 위해 무지의 베일을 적용할 여지는 있는가?

롤스는 죄 없는 사람이 유죄를 선고 받기도 하고 범인이 풀려나기도 하는 그릇된 심판(Miscarriage of Justice)을 언급하면서 그 부정의가 인간의 잘못으로부터 생겨나는 것이 아니고 법적인 규칙의 의도를 그르치는 우연한 여건들의 결합에 의한 것이라고 말했다.

경제학자들은 인간이 합리적으로 행동한다고 가정한다. 합리적으로 행동한다는 것은 사람들이 자신의 이익이 극대화되도록 행동한다는 것을 의미한다. 그러기 위해 어떤 행동을 할지 말지를 결정할 때 그로 인해 얻게 될 것(예상 편익)이 더 크면 그 행동을 하고, 반대로 그로 인해 잃게 될 것(예상 비용)이 더 크면 그 행동을 하지 않는다는 것이다.

그렇다면 범죄자들도 합리적으로 행동할까? 경제학자들은 범죄자들도 합리적으로 행동한다고 본다. 범죄는 위험하지만 수지맞는 사업이다. 범죄자는 어리석지 않다. 손익계산서를 미리 머릿속에 짠다. 금전적 이익을 우선 따져본다. 재수가 없어 붙잡히면 뇌물을 주거나 변호사를 사는 등 빠져나갈 구멍을 생각해둔다. 감옥에 갇히는 최악의 경우를 상정해 형벌의 무게와 수감생활의 고통·불이익을 계산한다. 이런 모든 가능성을 열어 놓고 득과 실을 비교해본 뒤 실행에 옮긴다. 범죄경제학에서 분석하는 관점이다. 지능형 범죄에 상당히 설득력이 있다.

1992년 노벨 경제학상 수상자인 게리 베커(Gary Becker, 1930~2014) 前 시카고대 교수는 범죄는 범법 행위의 기대이득과 기대손실을 고려하여 이루어진 합리적인 선택의 결과라면서 이를 합리적 범죄(rational crime)라고 했다. 그는 사회손실함수(social loss function)를 통해 합리적인 범죄자는 기대이익(쾌락)이 지불해야 할 기대비용(불쾌)보다 클 때 특정행위(범죄)를 한다고 설명했다. 다음과 같은 등식이 성립한다.

기대비용 = 적발 확률(체포·구속 등) × 처벌 강도(형량)

범죄행동의 편익은 범죄행위로부터 얻을 수 있는 금전적 이익, 제도나 타인에 대한 복수 및 그로부터 얻는 심리적 보상 등을 말한다. 범죄행동의 비용은 체포 및 처벌될 가능성과 불안, 형벌의 크기, 형벌 집행의 고통, 기회비용(범죄행동을 하지 않고 합법적 행동을 할 때 얻는 것) 등이다. 이런 범죄행동의 편익과 비용에 구애되지 않고 범죄행동을 하는 범죄자들도 있지만, 대다수의 범죄자들은 합리적으로 행동한다는 것을 많은 연구들은 보여준다.

범죄를 막으려면 검거될 확률과 형량을 높여 가혹할 정도의 '죗값'을 치르도록 하는 게 효율적이다. 저울은 법에 곧잘 비유된다. "저울은 가벼움과 무거움을 있는 그대로 달 수 있지만 움직인다면 바르게 달 수 없다."고 중국 법가(法家)의 한비자는 설파했다. 죄와 벌이 균형을 이루는, 즉 죗값을 제대로 매겨야 법의 권위가 선다는 뜻이다.

범죄의 편익을 줄이고 비용은 높이는 것이 범죄를 줄일 수 있는 길임을 알 수 있다. 범죄의 편익은 범죄자에 의해 결정되는 것이므로 주어진 것이라고 보면, 형벌을 강화하거나 범인 검거율을 높이는 등 범죄의 비용을 높이는 게 범죄 예방 및 감소의 정책 방향이 될 것이다.

잠재적 범죄자들(즉, 범죄를 저지를 수 있는 사람들)이 합리적 인간이라면, 범죄를 저지르면 반드시 검거되고, 검거되면 유죄가 선고되며 중형이 집행된다고 하면 범죄의 비용이 너무 커서 함부로 범죄행위를 하지 않을 것이다. 하지만 검거되지 않을 가능성이 높고, 검거되더라도 유죄를 받지 않고 빠져나갈 수 있거나, 유죄를 선고받더라도 가벼운 형벌을 받을 가능성이 높다면 범행의 유혹을 받기 쉽다.

따라서 범죄를 줄이고 예방하기 위해서는 범죄의 비용이 되는 범인검거율과 유죄 선고율, 형벌 등을 높이는 것이 필요하다. 이 중에서도 범인 검거율을 높이는 것이 가장 효과적임을 여러 연구들을 통해 알 수 있다.

미국은 1960년대 초부터 폭력 범죄가 급증하였다. 1980년대 말경에는 1960년대에 비해 폭력범죄가 80%나 증가하였다. 이러한 범죄 증가는 진보적인 판사들에 의한 관대한 판결이 주요한 원인의 하나라는 것이 정설이다. 관대한 판결로 인해 유죄 판결의 비율이 감소했고, 유죄 판결을 받은 죄수의 형벌도 가벼워졌다. 이러한 범죄 비용의 감소가 범죄를 증가시키는 요인으로 작용한 것이다. 또한 경찰관의 수가 많이 감소한 것도 중요한 요인이다. 경찰관 수의 감소로 범인 검거율은 그만큼 떨어졌다.

그런데 1990년대가 되자 범죄율이 급격히 감소하기 시작했다. 경찰관을 늘려 범죄 검거율을 높이고, 유죄 선고율을 높이며, 형량을 증가시킨 결과이다. 1990년대에 미국의 국민 1인당 경찰관의 수는 14%나 증가하였다. 그리고 과거에는 그냥 풀려났을 죄목으로도 유죄가 선고되었고 감옥에 가야 했다. 그 결과, 범죄율이 감소하였다.

이 시기에 범죄율이 가장 많이 감소한 곳이 뉴욕이다. 뉴욕은 범죄율이 가장 높던 도시에서 이제는 가장 안전한 도시로 바뀌었다. 미국 연방수사국(FBI)이 발표한 〈2005년 예비범죄 통계조사〉에 따르면 범죄율이 가장 낮은 도시는 뉴욕 시로 폭력범죄율이 1.9% 하락했고, 절도 등을 포함한 전체 범죄율도 같은 기간 4.3%가 하락했다. 블룸버그 통신은 뉴욕 시의 범죄율이 낮아진 이유를 미국 최대의 경찰 인력 덕분이라고 지적했다.

뉴욕 시의 치안 상황은 루돌프 줄리아니(R. Giuliani) 뉴욕 시장의 공헌 덕분에 크게 개선되었다. 1994년 취임한 그는 절망적인 뉴욕의 치안 상태를 개선하기 위해 우선 경찰관을 대폭 증원하였다. 1991~2001년 사이에 뉴욕 경찰의 수는 45% 증가하였다. 이는 미국 전체 평균의 3배가 넘는 수치이다.

줄리아니 시장은 새로운 범죄 퇴치 방법을 시도하였다. 그것은 범죄학자 제임스 윌슨(J. Q. Wilson)의 '깨진 유리창 이론(Broken Window Theory)'을 실천에 옮기는 것이었다. 깨진 유리창 이론이란 작은 범죄를 관용하면 더 큰 범죄로 발전한다는 범죄 이론이다. 비유하자면, 누군가 유리창을 깨뜨렸는데 집주인이 그것을 바로 수리하지 않고 내버려둔다면 사람들이 그것을 나머지 유리창을 다 깨뜨리거나 심할 경우 집에 불을 질러도 된다는 신호로 여긴다는 것이다.

줄리아니 시장이 임명한 경찰청장 브래튼은 곧바로 깨진 유리창을 때우는 작업에 착수했다. 즉, 이전까지 그냥 눈감아주곤 했던 사소한 범죄를 모두 단속하기 시작했다. 지하철 무임승차, 노상 방뇨, 노상 음주, 구걸 등을 하는 사람들을 모두 잡아들였다. 그 결과, 뉴욕 시의 범죄율은 다른 어떤 도시보다 획기적으로 감소했다. 줄리아니 시장의 첫 임기 중에 뉴욕 시의 전체 범죄 건수가 40% 감소하였고, 살인 사건은 4년 만에 48%나 감소하였다.

범죄 퇴치에 성공한 뉴욕 시의 사례는 강력 범죄가 증가하고 있는 우리나라가 타산지석으로 삼을 만하다. 특히 솜방망이 처벌로 인해 각종 상상을 초월하는 사기와 한탕주의가 만연한 금융 분야와 온라인과 오프라인에서 전염병처럼 퍼지고 있는 욕설과 명예 훼손 범죄를 감소시키기 위해 강력한 처벌이 요구된다.

무엇보다도 거대 언론이 약한 시민을 대상으로 자행하는 명예 훼손 범죄는 엄단되어야 한다. 왜냐하면 거대 언론과 시민 간에는 절대적인 힘의 차이가 있고 법의 판단이 이뤄지는 무대조차도 완벽하게 기울어진 운동장이기 때문이다. 강 기자가 자신의 글에서 썼듯이 "정의가 '강자의 이익'이 돼서는 안 된다."

범죄자들이 죗값을 치르지 않고 풀려나서 활개를 치게 되면 다양한 사회적 비용(social costs)이 발생한다. 공공 안전과 삶의 질이 손상되고, 범죄 억제 효과의 신뢰성이 떨어지고, 시민들은 피해자에 가해진 불의(injustices)를 인식하는 경향이 점차 증대되고 정부 일반이 아니라 수사기관과 법원을 포함하는 사법 시스템에 대한 불신이 증대된다. 결과적으로 사회의 정의 시스템이 총체적으로 위협받게 된다.

절차적 정의란 사람들이 일정하게 규정된 조건 아래에서 공정한 절차적 규칙에 따라 합의했다면, 그 절차를 통해 나온 결과 또한 정의롭다고 보는 관점이다. 이렇게 공정한 상황에서 공정하게 합의된 원칙에 따르는 것이 정의롭다고 보는 관점을 공정으로서의 정의(Justice as Fairness)라고 부른다.

그런데 존 롤스가 지적했듯 우리 앞에 수사와 재판과정은 불완전한 절차적 정의의 영역으로 남아 있다. 필자가 관심을 갖는 곳은 바로 이 영역이다. 필자는 언론과의 법적 분쟁과정에서 특히 언론의 자유로 인해 침해받은 개인의 인권과 인격권을 구조적으로 '불완전한 절차적 정의의 영역'인 수사와 재판과정에서 어떻게 보호할 것인가에 관심을 갖게 되었다.

우리는 선동언론이 자행한 명예훼손과 프라이버시 침해로부터 우리의 인권과 인격권을 정의롭게 보호받고 있는가? 인권과 인격권뿐 아니라 헌법상의 모든 기본권이 정의롭게 보호받고 있는가? 우리는 현재의 수사관행과 재판절차가 공정한 것이라고 합의한 적이 있는가? 만약 우리가 현재의 절차적 규칙에 합의하지 않았다면 그 절차를 통해 나온 결과 또한 정의롭지 못하다고 보아야 한다. 공정으로서의 정의(Justice as Fairness)에 부합하지 않기 때문이다.

헌법 제21조 제1항은 "모든 국민은 언론·출판의 자유와 집회·결사의 자유를 가진다."라고 언론의 자유를 규정하고 있고, 제4항에서 "언론·출판은 타인의 명예나 권리 또는 공중도덕이나 사회윤리를 침해해서는 아니 된다. 언론·출판이 타인의 명예나 권리를 침해한 때에는 피해자는 이에 대한 피해의 배상을 청구할 수 있다."라고 규정하고 있다. 제1항 규정에서 보듯 언론의 자유의 주어(subject)는 모든 국민이다.

우리는 '언론의 자유'와 '언론인의 자유'를 혼동해서는 안 된다. 물론 흔히 혼동하는 자들은 언론인들이다. 헌법이 보장하는 것은 언론의 자유일 뿐 언론인의 자유가 아니다. 이것은 헌법 제22조의 규정과 비교할 때 자명하다. 제22조 제 1항은 "모든 국민은 학문과 예술의 자유를 가진다." 2항은 "저작자·발명가·과학기술자와 예술가의 권리는 법률로써 보호한다." 라고 규정하고 있다.

대한민국의 모든 국민은 언론·출판의 자유를 가지고, 대한민국의 모든 국민은 학문과 예술의 자유를 가진다. 언론의 자유는 국민의 자유이다. 언론의 자유는 언론사의 자유도 아니고 언론인의 자유도 아니다. 헌법이 보장한 언론의 자유는 언론사와 언론인으로 하여금 시민들이 서로 의견을 알리고 토론을 촉진하고 여론을 형성하도록 돕는 권리인 것이다. 저작자 등의 권리는 법률로써 특별히 보호하지만 언론인의 권리는 법률로써 특별히 보호하지 않는다.

일반들의 상식에서 볼 때 통상 '언론의 자유'에서 말하는 '언론'이란 즉 언론사 또는 언론인을 의미한다. 하지만 헌법의 규정에서 보듯 헌법은 언론으로 하여금 국민의 알권리를 신장하고 여론을 형성하는 '동료 시민'의 역할을 할 것을 기대하고 있다.

출처 : 우승용 화백 作 일러스트

    따라서 수사기관과 법원은 언론의 명예훼손 등 관련 사건에서 실제 현실의 권력자인 언론사의 자유 또는 언론인의 자유라는 관점이 아니라, 헌법의 규정대로 국민이 주어(subject)이자 주인인 언론의 자유라는 관점에서, 언론이 국민의 알 권리 신장을 위한 취재와 보도과정에서 언론의 자유의 실제 주어(subject)인 국민의 인권과 인격권을 제대로 보호하고 있는지 주의 깊게 살펴보아야 한다.

    헌법 제10조는 "모든 국민은 인간으로서의 존엄과 가치를 가지며, 행복을 추구할 권리를 가진다."라고 규정하고 있다. 이것은 헌법이 보장하는 국민의 모든 자유와 권리가 궁극적으로는 인간의 존엄과 가치를 지키고 실현하기 위함에 있다는 의미이다. 헌법이 보장하는 언론의 자유도 궁극적으로는 인간의 존엄과 가치를 지키고 실현하기 위함에 있다. 수사기관과 사법부를 포함하여 국가는 언론의 자유라는 이름으로 인간의 존엄과 가치라는 누구도 침해할 수 없는 기본적 인권이 유린되는 일이 없도록 확인하고 보장할 의무를 진다.

  피자 조각을 어떻게 나눴을 때 공정한 결과가 나왔는가? 무지의 베일을 썼을 때 절차의 공정과 결과의 공정이 이루어졌다. 언론관련 사건을 다룰 때 무지의 베일을 적용해보면 된다. 검사와 판사는 언론사(언론인), 공인 또는 사인 등 경기에 참가한 선수들 중 누구라도 될 수 있다. 그 절차와 결과가 공정하기 위해서는 어떻게 수사하고 재판해야 하는가? 도박판이 아니라면, 피해자(특히 사회적 약자인 사인)의 입장이 되어보면 된다. 더구나 언론의 자유는 (언론사나 언론인의 자유가 아니라) 국민의 자유이다.

에필로그

   참나무(Oak)는 진한 녹색으로 수령이 수백 년에 이르며 심은 지 70년이 지난 후에야 비로소 그 열매를 맺는다. 보통 200년 이상 나무를 베지 않기 때문에 울창한 고목이 많아서 나무의 왕 또는 숲의 군주라는 별명을 가지고 있다. 영국 수상이자 노벨문학상을 받은 처칠 경(Sir Winston Churchill, 1874~1965)은 "영국산 오크는 살아서는 숲속의 왕으로 군림하고 죽어서는 바다를 지배한다."고 이 나무를 격찬했다. 아마도 오크 재목으로 만든 배가 해상을 제어한다는 뜻일 것이다.

출처 : 프리픽 사이트(2021년 9월 10일 방문)
(https://kr.freepik.com/premium-photo/old-oak-tree-in-the-age-of-585-years-standing-in-the-woods-in-winter_8867493.htm)

19세기 영국 빅토리아 시대의 시인 알프레드 테니슨(Alfred Lord Tennyson, 1809~1892)의 〈참나무(The Oak)〉라는 시가 있다. 이 시의 마지막 행은 벌거벗은 힘(naked strength) 이다. 나뭇잎을 다 떨군 겨울나무는 자신의 몸을 가릴 것이 없다. 한때 무성했던 나뭇잎과 나뭇가지에 둥지 틀었던 새, 그늘 밑에 와서 쉬던 사람들조차 모두 떠나고 없다. 오직 자신의 벌거벗은 몸, 둥치와 가지만으로 겨울을 나야 한다. 나목(裸木)의 힘으로.

참나무(The Oak)

네 일생을 살라,
젊은이여 늙은이여,
저 참나무 같이,
봄엔 찬란히
살아 있는 금으로.

여름엔 풍성하게
그 다음엔, 그리고 그 다음엔
가을답게 변하여,
은근한 빛을 가진
금으로 다시.

모든 그의 잎은
끝내 떨어졌다,
보라, 그는 우뚝 섰다,
줄기와 가지뿐,
벌거벗은 힘(Naked strength)

알프레드 테니슨(Alfred Lord Tennyson)의 〈참나무(The Oak)〉

테니슨이 80세에 쓴 이 시는 그리스 경구 시처럼 잘 다듬어진 훌륭한 시로서 인생의 일생을 이 나무에다 비유하고 있다. 그리고 연세대 명예교수 조신권 박사는 2001년 영어영문학과 고별 강연에서 〈나목(裸木)의 힘으로〉라는 제목으로 테니슨의 참나무를 우리의 일생에 아름답게 비유했다. 아래 발췌하여 인용한다.

봄에 돋아나는 참나무의 새순은 금빛이기 때문에 인생의 봄에 비유되고, 여름에는 참나무의 가지가 크게 뻗고 잎이 무성하게 되기 때문에 인생의 중년에 비유되고, 가을의 참나무의 누런 은은한 색깔은 인생의 장년에 비유되며, 겨울에는 다 떨어져 줄기와 가지뿐이지만 우뚝 서있는 참나무의 모습이 인생의 말년에 비유되고 있다.

겨울나무는 봄처럼 찬란하고 신선한 희망을 얘기하지도 않고, 여름처럼 성숙의 풍요로움을 말하지도 않으며, 가을처럼 황금빛 결실을 얘기하지도 않는다. 봄과 여름의 무성한 삶의 자취를 거두고 겨울에는 겉옷마저 벗고 온몸을 드러낸 채, 가지마다 스치는 차가운 바람 속에 스산한 모습으로 서 있다. 하지만 겨울나무는 죽은 게 아니다. 숨을 고르며 인내로 기다리고 있을 뿐, 생명의 힘은 더욱더 세게 고동친다. 다시 한 번 천국에서 부활하게 될 영원한 봄을 기다리면서 발가벗은 힘을 발휘하고 있다.

인생의 마지막은 결국 다 벗고 흙으로 돌아가지만, 인생은 그 순간까지 굳게 서 있는 힘을 보여야 한다. 하루하루 사는 게 발가

벗고 찬바람 맞으며 서 있는 나무같이 춥고, 꽤나 힘들고 삭막한 것이 사실이다. 그래도 우리는 하나님의 존귀한 형상이다. 믿음만 갖고 살면 절대 죽지 않는다. 저기 서 있는 나목처럼 다시 한 번 일어설 부활의 그날을 기다리며 내공의 힘을 쌓게 되는 것이다. 나뭇잎을 다 떨어뜨린 겨울나무는 자신의 몸을 가릴 것이 없다.

한때 무성했던 나뭇잎과 나뭇가지에 둥지를 틀었던 새들, 나무 그늘 밑에 와서 쉬던 사람들조차 모두 떠나고 없다. 오로지 자기 자신의 벌거벗은 몸, 줄기(등치)와 가지만으로 겨울을 나야 한다. 인생도 마찬가지로 겨울에 가까워지면, 지위나 배경의 도움을 다 내려놓고 인간 실존에게 주어진 본래적인 힘과 의지, 곧 '발가벗은 힘'으로 우뚝 서야 한다.

그렇다. 나약한 동물은 시베리아의 겨울에서 생존할 수 없다. 울창한 자작나무 숲도 추위를 막아주지 못한다. 나는 긴 겨울잠을 잤다. 생명을 위한 절박한 선택. 잠과 함께 사라진 가능성의 공간. 부활을 위한 에너지의 비축. 나는 이제 긴 겨울잠에서 깨어난다. 시간을 내어준 대신 마련한 삶의 공간. 죽은 듯이 자야만 했던 아픈 과거. 이제 나는 다시 대지를 두 발로 굳게 딛고 일어선다.

오스트리아 작곡가 프란츠 슈베르트(Franz Peter Schubert, 1797~1828)는 겨울처럼 추운 인생을 보냈지만 생의 마지막 순간까지 따뜻한 봄날을 동경했다. 그는 자신의 대표곡집인 '겨울 나그네'란 이름처럼 31년 짧은 인생을 늘 외롭고 춥게 보냈다. 궁핍한 가운데 자신의 예술을 알아주는 친구들 몇 명 사이에서만 행복을 느꼈다. 그랬기에 슈베르트가 맞이하는 봄은 더욱 감격적이었을 것이다.

그가 세상을 떠난 해인 1828년 만든 가곡 '바위 위의 목동'은 피아노와 성악, 클라리넷이 함께 연주하는 특별한 구성의 노래이다. 전반부는 사랑하는 연인을 떠나보내고 슬픔에 빠진 목동의 허전한 마음을 나타내고, 빠른 속도로 진행되는 후반부는 따뜻한 봄이 오기를 고대하는 목동 모습을 그리고 있다. 서로 다른 두 가지 악상을 나타내기 위해 슈베르트는 빌헬름 뮐러와 헬미나 폰 셰치라는 두 시인의 작품을 가사로 삼았다.

'나는 높은 언덕에 올라서서 깊은 계곡을 내려 보며 노래한다. 가슴 깊이 들어있는 고뇌로 나의 기쁨은 끝나고 세상의 모든 희망은 내게서 떠났다…(중략) 숲속의 노래는 동경하듯 울리고 황홀한 힘에 의해 마음을 하늘로 이끈다. 봄이 왔다. 봄은 나의 기쁨. 이제 나는 여행을 준비한다. ….'

겨울이 항상 춥고 외로운 것이 아니듯 봄이 항상 아름다운 것만은 아니었다. 만발한 진달래꽃이 내겐 슬픔이었다. 하지만 바울이 빌립보서 4장 11절에서 "나는 자족하기를 배웠노라"라고 말했듯, 필자도 오히려 고난 속에 두신 하나님의 자비하신 목적 안에서 자족함을 얻었다. 마음속에 찾아온 봄을 기쁘게 노래한 슈베르트의 노래를 들으면서 내가 맞는 어떤 봄날이라도 감사하고 사랑하게 되었다. 행복은 언제나 마음속에 있는 것이었다.

필자는 오스트리아 작곡가 요한 슈트라우스 2세(Johann Strauss II, 1825~1899)의 '봄의 소리'(voice of spring)를 감상하면서 이 책의 대단원의 막을 내리려 한다. 작품번호 410. 이 곡은 슈트라우스 2세를 대표하는 작품으로, 봄맞이 음악회에서 빠지지 않고 연주되는 곡이다. 슈트라우스 2세가 60세를 바라보던 1882년에 작곡한 곡이지만, 봄날처럼 용솟음치는 청춘의 기운이 가득하다.

왈츠풍이지만, 애초 춤을 위한 곡이 아니라, 소프라노 독창을 위해 작곡됐다. 무도회의 반주가 아닌 연주회 아리아인 셈이다. 당시 유명 콜로라투라 소프라노(coloratura soprano)였던 버사 슈와르츠(예명 비앙카 비앙키)가 1883년 3월 1일 빈에서 열린 자선음악회에서 초연, 대성공을 거두었다. 이 왈츠는 겨울이 유난히도 긴 러시아에서 뜨거운 사랑을 받았다.

콜로라투라는 '색채가 있는'이란 뜻으로, 모차르트의 밤의 여왕 아리아를 소화할 정도로, 고음과 화려한 기교를 갖춘 소프라노를 가리킨다. 봄의 소리는 이후 피아노곡으로 편곡되면서 유명세를 탔는데 지금은 성악 버전뿐 아니라 관현악으로 많이 연주된다. 리하르트 게네(Richard Genée, 1823~1895)가 쓴 가사는 다음과 같이 시작한다.

종달새 푸른 하늘로 날아
오르고, 훈풍은 사랑스럽고
부드러운 숨결로 벌판과 초원에
입 맞추려 봄을 일깨우네.

밤 꾀꼬리 노래, 그 행복한 소리,
아 정말 사랑으로 빛나는 소리.

만물은 봄과 함께 그 빛을
더해가고, 아 모든 고난은
이제 끝이네. 슬픔은 온화함으로
행복하게 다가왔노라

리하르트 게네(Richard Genée)의
'봄의 소리'(voice of spring) 가사

참고문헌

· 강내원 외, 〈저널리즘의 이해〉, 한울, 2010
· 강승구·김진환·이은택, 〈미디어비평과 미디어윤리〉, 한나래, 1999
· 강준만, 〈권력과 언론〉, 학민사, 1993
· 강준만, 〈언론플레이〉, 도서출판 풀빛, 1996
· 강준만, 〈다시 문제는 언론플레이다〉, 개마고원, 1997
· 강준만, 〈언론권력도 교체하라〉, 개마고원, 1998
· 권태호, 〈공짜뉴스는 없다〉, 페이퍼로드, 2019
· 게르트 기가렌처(Gerd Gigerenzer), 〈생각이 직관에 묻다(Gut Feelings)〉, 안의정
  역, 추수밭, 2008
· 김광기, "당연시되는 세계와 자기기만 : 일상성에 대한 피터 버거의 현상학
  적 사회학", 〈철학과 현상학연구〉 18, 2001
· 김남희, "PD수첩 광우병보도 관련 형사판결에 대한 평서—공인에 대한 명예
  훼손의 면책법리와 국가기관의 명예훼손 성립여부에 관한 분석, 평가를 중
  심으로", 〈언론과 법〉 10권 2호, 2012
· 김내훈, 〈프로보커터(Provocateur)〉, 서해문집, 2021
· 김대중, 〈언론, 조심하라구〉, 신원문화사, 1994
· 김 석, 〈영화로 보는 두 얼굴의 미디어—언론의 재발견〉, 책보세, 2015
· 김성돈, "진실적시 명예훼손죄 폐지론", 〈형사정책연구〉 제27권 제4호,
  2016
· 김신규, "사이버명예훼손, 모욕행위에 대한 형사규제의 개선방안", 〈비교형
  사법연구〉 제 19권 제 4호, 2018
· 김장겸, 〈정권의 품에 안긴 노영방송 MBC〉, 팬앤북스, 2019
· 김재협·김종훈·박형상·이광범·이수형·이항수·전원열·함석천, 〈한국언론
  과 명예훼손소송〉, 나남, 2002
· 김재형, "인격권 일반", 〈민사판례연구 21〉, 박영사, 1999

· 김정탁, "현행 피해구제보도문의 크기위치 분석과 발전적 운영을 위한 제
언", 〈언론중재〉 2011년 가을호, 2011
· 김종배, 〈누가 거짓말을 하고 있는가〉, 쌤앤파커스, 2012
· 김종서, "정책비판보도에 대한 정부 대응과 언론의 자유", 〈언론중재〉 29권
2호, 2009
· 김지영, 〈피동형 기자들〉, 효형출판, 2011
· 김창룡, "취재관행과 법 윤리상의 일고찰", 김진홍 편, 〈한국저널리즘의 쟁
점〉, 법문사, 2001
· 노암 촘스키(Noam Chomsky), 〈촘스키, 누가 무엇으로 세상을 지배하는가〉, 시
대의 창, 2002
· 노암 촘스키 & 데이비드 바사미언, 〈프로파간다와 여론〉, 아침이슬, 2002
· 노혜령, 〈가짜뉴스 경제학〉, 워크라이프, 2020
· 니콜라스 카, 〈생각하지 않는 사람들(The Shallows)〉, 최지향 역, 청림출판,
2011
· 대법원, 〈2010년 언론과 사법심포지엄〉, 법원행정처, 2010
· 데이비드 에드워즈 & 데이비드 크롬웰, 〈미디어렌즈(Medialens)〉, 복진선 역,
한얼미디어, 2006
· 데이비드 헤즈먼댈치(David Hesmondhalgh), 〈미디어생산〉, 김영한 역, 커뮤니케
이션북스, 2010
· 랄프 게오르크 로이트(Ralf Georg Reuth), 〈괴벨스 대중선동의 심리학〉, 김태희
역, 교양인, 2006
· W.랜스 베넷(W. Lance Benett), 〈뉴스, 허깨비를 좇는 정치(News : The Politics of
Illusion, 1983)〉, 유나영 역, 책보세, 2009
· 로버트 트리버스(Robert Trivers), 〈우리는 왜 자신을 속이도록 진화했을까 : 진
화생물학의 눈으로 본 속임수와 자기기만의 매커니즘, 2011〉, 이한음 역,
살림, 2013
· 리처드 니스벳(Richard E. Nisbett), 〈마인드웨어 : 생각은 어떻게 작동되는가
(Mindware)〉, 이창신 역, 김영사, 2016
· 마샬 맥루한(Marshall McLuhan), 〈미디어의 이해(The Extensions of Man)〉, 이한우
공역, 커뮤니케이션북스, 1997

· 문재완, 〈언론법〉, 늘봄, 2008

· 문재완, "허위사실의 표현과 표현의 자유", 〈공법연구〉 제39집 제3호, 2011

· 문재완, "인터넷상 권리침해의 구제제도 : 헌법재판소 결정과 향후과제", 〈외법논집〉 37권 1호, 2013

· 미디어공공성포럼, 〈한국사회와 미디어 공공성〉, 한울, 2012

· 미하엘 셸레, 〈소문 : 나를 파괴하는 정체불명의 괴물〉, 김수은 역, 열대림, 2007

· 바비 젤리, 〈왜 저널리즘은 항상 제자리걸음이었나?(Taking Journalism Seriously)〉, 이강형·최현주 역, 커뮤니케이션북스, 2010

· 박경만, 〈조작의 폭력 : 불량신문은 어떻게 여론을 조작하는가?〉, 개마고원, 2005

· 박경신, "진실적시에 의한 명예훼손 처벌제도의 위헌성", 〈세계헌법연구〉 제16권 제4호, 2010

· 박선영, "언론에 의한 명예훼손에서의 공익성과 진실성 및 현실적 악의", 〈언론중재〉 69호, 1998

· 박선영, 〈언론정보법연구 1〉, 법문사, 2002

· 박아란, "팩트체크와 명예훼손 : 진실 오신(誤信) 상당성 법리와 중립보도 면책특권을 중심으로", 〈언론정보연구〉, 서울대언론정보연구소, 2018

· 박아란, 〈미디어와 명예훼손〉, 커뮤니케이션북스, 2015

· 박용상, 〈언론과 개인법익〉, 조선일보사, 1998

· 박용상, 〈명예훼손법〉, 현암사, 2008

· 박정태, "샤르트르의 실존주의 도덕 : 자기기만의 극복과 가치를 창조하는 삶", 〈동서철학연구〉 49, 2008

· 배리 글래스너(Barry Glassner) , 〈공포의 문화(Fear), 1999〉, 윤영삼 역, 라이스메이커, 2021

· 배병일, "방송보도로 인한 명예훼손에서의 상당성 판단의 기준", 〈동북아법연구〉 제9권 제3, 전북대학교 동북아법연구소, 2016

· 배상균, "사실적시 명예훼손행위의 규제문제와 개선방안에 관한 검토", 〈형사정책연구〉 제29권 제3호, 2018

· 백태균, "언론기관의 범죄보도에 있어 피의자의 실명보도가 허용되기 위한

조건", 〈판례연구〉 22집, 2011
· 버나드 골드버그, 〈뉴스의 눈속임〉, 박정희 역, 청년정신, 2003
· 빌 코바치(Kovach, Bill) & 톰 로젠스틸(Rosenstiel, Tom), 〈저널리즘의 기본원칙 (The Elements of Journalism)〉, 이재경 역, 한국언론재단, 2014
· 사와다 노부시게, 〈논리학 콘서트〉, 고재운 역, 바다출판사, 2007
· 서옥식, 〈가짜뉴스의 세계〉, 해맞이미디어, 2019
· 성병욱, "언론과 언론인의 윤리", 2002 편협 논설·해설위원 세미나, 2002
· 성장경, 〈미친 인론〉, 나눔사, 2018
· 손석춘, 〈신문읽기의 혁명〉, 한겨레신문사, 2000
· 손석춘, 〈어느 저널리스트의 죽음〉, 후마니타스, 2006
· 신 평, 〈명예훼손법〉, 청림출판, 2004
· 안상운, 〈명예훼손이란 무엇인가〉, 살림지식총서, 2014
· 안수찬, 〈스트레이트를 넘어 내러티브로〉, 한국언론재단, 2008
· 안창현·임미영, 박근혜에 대한 보도 프레임 분석 : 조선일보와 한겨레를 중심으로, 〈언론과학연구〉 제10권 3호, 2010
· 앤 코올터(Ann Coulter), 〈중상모략(Slander)〉, 이상돈·최일성 역, 브레인북스, 2007
· 언론인권센터 엮음, 〈언론에 당해봤어?〉, 커뮤니케이션북스, 2013
· 언론중재위원회, 〈2010년 언론관련 판결분석 보고서〉, 언론중재위, 2011
· 에릭 번스, 〈메인호를 기억하라 : 허위의 시대 언론의 거짓말〉, 책으로 보는 세상, 2010
· 엘리엇 래런슨&캐럴 테브리스, 〈거짓말의 진화 : 자기정당화의 심리학〉, 박웅희 역, 추수밭, 2007
· 오무철, "자기기만 인식 프로그램이 의사소통 능력 및 변혁적 리더십에 미치는 효과, 전남대 박사논문", 2011
· 이광범 외, 〈한국언론과 명예훼손소송〉, 나남출판, 2002
· 이동훈·김원용, 〈프레임은 어떻게 사회를 움직이는가〉, 삼성경제연구소, 2012
· 이상록, 〈언론분쟁 뛰어넘기〉, 한울아카데미, 2011
· 이승선, "위법적 취재보도에 대한 법적 규제의 특성연구", 〈한국방송학보〉

통권14-1호, 2000

· 이승선, "언론소송에 나타난 보도의 개별적 연관성과 당사자적격", 〈한국언론정보학보〉, 한국언론정보학회, 2006

· 이승선, "PD수첩 관련 판례에서 보이는 사법부의 사실성에 대한 인식의 차이 연구", 〈방송통신연구〉 74호, 2011

· 이승선, 〈표현자유 확장의 판결〉, 커뮤니케이션북스, 2013

· 이재상, 〈형법각론〉, 박영사, 2014

· 이재진, 〈언론과 명예훼손 소사전〉, 나남출판, 2003

· 이재진, 〈언론과 공인〉, 한양대학교출판부, 2018

· 이재진, 〈언론자유와 인격권〉, 한나래, 2009

· 이종은, 〈존 롤스〉, 커뮤니케이션북스, 2016

· 이창근, "은폐적 취재의 필요조건", 〈저널리즘 비평〉 통권 25호, 한국언론학회, 1998a

· 이창근, "은폐적 취재행위의 위법성과 헌법적 구제에 대하여", 〈한국방송학보〉 가을호, 1998b

· 임동욱, 〈미디어 바로보기〉, 커뮤니케이션북스, 2012

· 임영주 외 25인, 〈기자가 말하는 기자〉, 도서출판 부키, 2005

· 장남철, "행정형 ADR과 언론조정중재제도", 〈언론중재〉 2010년 겨울호, 2010

· 전성희, 〈거짓말 학교〉, 문학동네, 2009

· 정연주, 〈기자인 것이 부끄럽다〉, 비봉출판사, 2002

· 정철운, 〈뉴스와 거짓말 : 한국 언론의 오보를 기록하다〉, 인물과 사상사, 2019

· 제프 앤셀 & 제프리 리슨, 〈깐깐한 기자와 대화하는 법 : 악성기사를 어떻게 막을 것인가?(When the headlind is you)〉, 구세희 역, 유아이북스, 2013

· 조갑제 외, "언론의 난 : 마녀사냥 인민재판 촛불 우상화 오보와 왜곡", 조갑제닷컴, 2016

· 조윤호, 〈나쁜 뉴스의 나라〉, 한빛비즈, 2016

· 존 롤스(John Rawls), 〈정의론(A Theory of Justice)〉, 황경식 역, 이학사, 2012

· 표성수, 〈언론과 명예훼손〉, 육법사, 1997

· 표성수, "명예훼손 면책사유로서의 상당성 기준 : 언론의 주의의무와 관련한 판결을 중심으로", 〈언론중재〉 75호, 2000
· 필립 휴스턴 외, 〈거짓말의 심리학〉, 추수밭, 2013
· 최경영, 〈9시의 거짓말〉, 시사인북, 2010
· 최성환, 〈선동의 기술〉, 인간사랑, 2019
· 최은창, 〈가짜뉴스의 고고학〉, 동아시아, 2020
· 최이문, "재판에서 합리적의심이란 무엇인가 : 법 심리학적 관점에서", 제20회 ICONS 포럼, 2014
· 최인석, "언론의 범죄혐의 보도와 손해배상 책임", 〈판례연구〉 21집, 2010
· 최정규, 〈불량 판결문〉, 블랙피쉬, 2021
· 하인리히 뵐(Heinrich Böll), 〈카타리나 블룸의 잃어버린 명예〉, 김연수 역, 민음사, 2008
· 한국기자협회 엮음, 〈기자는 무엇으로 사는가〉, 도서출판 포데로사, 2016
· 한국언론연구원 편역, 콘라드 핑크 저, 〈언론윤리〉, 한국언론연구원, 1995
· 한국언론재단 엮음, 〈멋진 편집 좋은 신문〉, 한울아카데미, 2003
· 한국편집기자협회 엮음, 〈세상을 편집하라─신문편집의 이론과 실제〉, 한국편집기자협회, 2011
· 한스 로슬링(Hans Rosling), 〈팩트풀니스(Factfulness)〉, 김영사, 2019
· 한위수, "명예의 훼손과 민사상의 제문제", 〈사법논집〉 24집, 법원행정처, 1993
· 한학수, 〈여러분! 이 뉴스를 어떻게 전해드려야 할까요? : 황우석 사태 취재파일〉, 사회평론, 2006
· 해리 마이하퍼(Harry J. Maihafer), 〈링컨은 신문과 싸우지 않았다〉, 염정민 역, 이매진, 2004
· 허버트 실러(Herbert I. Schiller), 〈여론조작(The Mind Managers)〉, 기린원, 1992
· 허영, 〈헌법이론과 헌법〉, 박영사, 2017
· 헥터 맥도널드 (Hector Macdonald), 〈만들어진 진실〉, 이지연 역, 흐름출판, 2018
· 현진권 편저, 〈용어전쟁〉, 북앤피플, 2016
· 황경식, 〈존 롤스 정의론〉, 샘앤파커스, 2018

· Johnson, B.E.H., Is the New York Times rule relevant in a breitbarted world?, Communication Law & Policy 19, 2014

· John, Rawls, 〈A Theory of Justice〉, Oxford University Press, 1971

· Kelvin, Jr.H., The New York Times case : A note on "The central meaning of the first amendment", Supreme Court Review, 1964

· Meiklejohn, A., Political freedom : The constitutional protection of the people, London, Oxford University Press, 1965

· Messenger, A., Reflections on New York Times Co. v. Sullivan, 50 years later, First Amendment Law Review 12, 2014

· Smolla, R.A., Free speech in an open society, New York, Random House, 1992

· Soloski, J., Bezanson, R.P., Reforming libel law, New York, Gilford Press, 1992

· Stein, L, Speech rights in America : The first amendment, democracy, and the media, Urbana, University of Illinois Press, 2006

함께 보면 좋은 책들

발달장애인 핸드볼 매뉴얼

서수진, 김정진 지음 | 값 16000원

본서는 발달장애인 지도를 위한 핸드볼 매뉴얼이다. 각 발달장애의 특성을 정리하고, 이에 따른 핸드볼 지도전략을 수록하였으며 부상을 예방하고, 안전하게 훈련할 수 있는 놀이, 게임, 경쟁모델을 각각 소개한다. 또한 발달장애를 가진 이들이 참가할 수 있는 스페셜올림픽에 대한 설명과 스페셜올림픽 핸드볼 경기 규정 또한 덧붙이고 있어 처음 핸드볼에 발을 담그는 발달장애인들에게 좋은 지침서가 될 수 있을 것이다.

대한민국 운명

최익용 지음 | 값 28,000원

본서는 작금의 시대에 대한민국이 마주한 운명을 고찰해 보며 어떻게 부국강병의 행보를 이어나가야 할지 다각도로 살피면서 대한민국이 나아가야 할 가이드라인을 제시한다. 여기에 더해 한국의 리더십은 어디로 가야 할 것인지, 과연 우리나라는 언제쯤 가정·사회·국가의 리더십 부재 현상을 극복하고 진정한 리더십의 모습을 회복할 수 있을 것인지에 대한 질문을 던지고 나름의 해법을 여러 각도에서 제시한다.

'행복에너지'의 해피 대한민국 프로젝트!
〈모교 책 보내기 운동〉

대한민국의 뿌리, 대한민국의 미래 **청소년·청년**들에게 **책**을 보내주세요.

많은 학교의 도서관이 가난해지고 있습니다. 그만큼 많은 학생들의 마음 또한 가난해지고 있습니다. 학교 도서관에는 색이 바래고 찢어진 책들이 나뒹굽니다. 더럽고 먼지만 앉은 책을 과연 누가 읽고 싶어 할까요?
게임과 스마트폰에 중독된 초·중고생들. 입시의 문턱 앞에서 문제집에만 매달리는 고등학생들. 험난한 취업 준비에 책 읽을 시간조차 없는 대학생들. 아무런 꿈도 없이 정해진 길을 따라서만 가는 젊은이들이 과연 대한민국을 이끌 수 있을까요?

한 권의 책은 한 사람의 인생을 바꾸는 힘을 가지고 있습니다. 한 사람의 인생이 바뀌면 한 나라의 국운이 바뀝니다. **저희 행복에너지에서는 베스트셀러와 각종 기관에서 우수도서로 선정된 도서를 중심으로 〈모교 책 보내기 운동〉을 펼치고 있습니다.** 대한민국의 미래, 젊은이들에게 좋은 책을 보내주십시오. 독자 여러분의 자랑스러운 모교에 보내진 한 권의 책은 더 크게 성장할 대한민국의 발판이 될 것입니다.

도서출판 행복에너지를 성원해주시는 독자 여러분의 많은 관심과 참여 부탁드리겠습니다.

도서출판 행복에너지 임직원 일동